DANO MORAL

NAS RELAÇÕES DE CONSUMO

NEHEMIAS DOMINGOS DE MELO

DANO MORAL

NAS RELAÇÕES DE CONSUMO

3ª edição

Revista e ampliada

2023

EDITORA JusPODIVM

www.editorajuspodivm.com.br

EDITORA *Jus*PODIVM
www.editorajuspodivm.com.br

Rua Canuto Saraiva, 131 – Mooca – CEP: 03113-010 – São Paulo – São Paulo
Tel: (11) 3582.5757
• Contato: https://www.editorajuspodivm.com.br/central-de-relacionamento

Capa e Diagramação: Marcelo S. Brandão *(santibrando@gmail.com)*

M528d Melo, Nehemias Domingos de
Dano Moral nas Relações de Consumo / Nehemias Domingos de Melo – 3.ed., rev. e ampl. – São Paulo: Editora JusPodivm, 2023.

400 p.

Inclui Bibliografia
ISBN: 978-85-442-4480-7

1. Direito do Consumidor. 2. Dano Moral. 3. Consumo. I. Melo, Nehemias Domingos de. II. Título.

CDD 342.5

BIBLIOTECÁRIA RESPONSÁVEL

Ana Carolina Ribeiro Mois – CRB7 – RJ 007348/0

** Esta obra passa a ser publicada pela Editora Juspodivm em sua 3ª edição.*

Dedico esse trabalho à Ana Ligia, como sempre, parte integrante da minha vida e do meu trabalho (thanks god!). *Agradeço o apoio e o incentivo, sem os quais nada teria realizado, além da inestimável ajuda na revisão ortográfica e gramatical do presente trabalho.*

AGRADECIMENTOS

Dedico este trabalho ao ilustre mestre Dr. Carlos Roberto Gonçalves.

Uma das maiores autoridades do Brasil no estudo da responsabilidade civil. Desembargador aposentado que dignifica e orgulha a magistratura paulista.

Advogado militante, professor, árbitro, escritor e doutrinador renomado.

Aceite esta singela homenagem de quem muito o admira!...

OBRAS DO AUTOR

I – LIVROS

1. *Responsabilidade civil por erro médico: doutrina e jurisprudência.* 4. ed. Leme: Mizuno, 2023.
2. *Dano moral – problemática:* do cabimento à fixação do quantum. 3. ed. Leme: Mizuno, 2023.
3. *Da culpa e do risco como fundamentos da responsabilidade civil.* 3. ed. Leme: Mizuno, 2023.
4. *Lições de direito civil – Teoria Geral – Das pessoas, dos bens e dos negócios jurídicos.* 5. ed. Indaiatuba: Foco, 2023. v. 1.
5. *Lições de direito civil* – Obrigações e responsabilidade civil. 5. ed. Indaiatuba: Foco, 2023. v. 2.
6. *Lições de direito civil* – Contrato e Atos Unilaterais. 5. ed. Indaiatuba; Foco, 2023. v. 3.
7. *Lições de direito civil* – Direito das coisas. 5. ed. Indaiatuba: Foco, 2023. v. 4.
8. *Lições de direito civil* – Família e sucessões, 5. ed. Indaiatuba: Foco, 2023. v. 5.
9. *CPC Anotado e Comentado.* 3. ed. Indaiatuba: Foco, 2023.
10. *Manual de prática jurídica civil para graduação e exame da OAB.* 5. ed. Indaiatuba: Foco, 2022.
11. *Lições de processo civil* – Teoria geral do processo e procedimento comum. 3. ed. Indaiatuba: Foco, 2022. v. 1.
12. *Lições de processo civil* – Processo de execução e procedimentos especiais. 3. ed. Indaiatuba: Foco, 2022. v. 2.
13. *Lições de processo civil* – Dos processos nos tribunais e dos recursos. 3. ed. Indaiatuba: Foco, 2022. v. 3.

14. *Como advogar no cível com o Novo CPC* – Manual de prática jurídica, 4. ed. Araçariguama: Rumo Legal, 2018.
15. *Novo CPC Comparado* – 2015 x 1973. Araçariguama: Rumo Legal, 2016.
16. *Dano moral trabalhista*. 4. ed. Salvador: Juspodivm, 2023 (prelo).
17. *Da defesa do consumidor em juízo*. São Paulo: Atlas, 2010 (esgotado).

II – CAPÍTULOS DE LIVROS EM OBRAS COLETIVAS

1. Breves considerações a respeito das tutelas provisórias (em coautoria com Marcia Cardoso Simões). In: DEL SORDO NETO, Stefano; DITÃO, Ygor Pierry Piemonte (coord.). *Processo Civil Constitucionalizado*. Curitiba Instituto Memória Editora, 2020.
2. O direito de morrer com dignidade. In: GODINHO, Adriano Marteleto; LEITE, Salomão Jorge e DADATO, Luciana (coord.). *Tratado brasileiro sobre o direito fundamental à morte digna*. São Paulo: Almedina, 2017.
3. Dano moral pela inclusão indevida na Serasa (indústria do dano moral ou falha na prestação dos serviços?). In: STOCO, Rui (Org.). *Dano moral nas relações de consumo*. São Paulo: RT, 2015.
4. Uma reflexão sobre a forma de indicação dos membros do Supremo Tribunal Federal brasileiro. In: ARAGÃO, Paulo; ROMANO, Letícia Danielle; TAYAH, José Marco (Coord.). *Reflexiones sobre derecho latinoamericano*. Buenos Aires: Editorial Latino Americano, 2015. v. 20.
5. O princípio da dignidade humana como fonte jurídico-positiva para os direitos fundamentais. In: BALESTERO, Gabriela Soares; BEGALLI, Ana Silvia Marcatto (Coord.). *Estudos de direito latino americano*. Brasilia: Kiron, 2014. v. 2.
6. Fundamentos da reparação por dano moral trabalhista no Brasil e uma nova teoria para sua quantificação. In: ARAGÃO, Paulo; ROMANO, Letícia Danielle; TAYAH, José Marco (Coord.). *Reflexiones sobre derecho latinoa- mericano*. Buenos Aires: Editorial Latino Americano, 2014. v. 13.

7. Comentários aos artigos 103 e 104 do CDC e à Lei Estadual dos Combustíveis. In: MACHADO, Costa; FRONTINI, Paulo Salvador (Coord.). *Código de Defesa do Consumidor interpretado*. São Paulo: Manole, 2013.
8. La familia ensamblada: una analisis a la luz del derecho argentino y brasileño. In: BALESTERO, Gabriela Soares; BEGALLI, Ana Silvia Marcatto (Coord.). *Estudos de direito latino americano*. São Paulo: Lexia, 2013.
9. Da dificuldade de prova nas ações derivadas de erro médico. In: AZEVEDO, Álvaro Villaça; LIGIEIRA, Wilson Ricardo (Coord.). *Direitos do paciente*. São Paulo: Saraiva, 2012.
10. O princípio da dignidade humana como fonte jurídico-positiva para os direitos fundamentais. In: ARAGÃO, Paulo; ROMANO, Letícia Danielle; TAYAH, José Marco (Coord.). *Reflexiones sobre derecho latinoamericano*. Rio de Janeiro: Livre Expressão, 2012. v. 8.
11. Reflexões sobre a inversão do ônus da prova. In: MORATO, Antonio Carlos; NERI, Paulo de Tarso (Org.). *20 anos do Código de Defesa do Consumidor:* estudos em homenagem ao professor José Geraldo Brito Filomeno. São Paulo: Atlas, 2010.

PREFÁCIO

Agradeço o honroso convite para prefaciar a terceira edição da obra "Dano Moral nas Relações de Consumo" escrita pelo estimado Professor Nehemias Domingos de Melo e, tal como na primeira e segunda edição, gostaria de manifestar publicamente minha satisfação em assumir essa tarefa, tendo em conta o renome e o profundo conhecimento jurídico de Massami Uyeda, Carlos Roberto Gonçalves e Jorge Shiguemitsu Fujita, juristas que prefaciaram as obras anteriores do autor e que asseveraram a relevância de tais obras, as quais muito contribuíram para a evolução do estudo da responsabilidade civil - e em particular do dano moral - em nosso país.

Tive o prazer de atuar, ao lado do autor, na Comissão de Defesa do Consumidor da OAB Seccional de São Paulo, na qual este demonstrou notável envolvimento, aliado ao estudo constante das relações jurídicas de consumo, em especial no tema já mencionado e que envolve diretamente sua especialidade, qual seja, o dano moral.

Em tal contexto, surgiu a obra que tenho a honra de prefaciar, que aliou uma criteriosa análise teórica, própria de um docente que desenvolve notável carreira acadêmica à objetividade nas informações apresentadas, inerente a um advogado militante como o autor.

Na primeira parte, o autor desenvolveu breve análise histórica, versando sobre as origens do consumerismo e seus reflexos no ordenamento jurídico brasileiro, por meio da Lei n. 8.078/90 (Código de Defesa do Consumidor), como decorrência de uma atuação legislativa sensível ao desequilíbrio entre consumidor e fornecedor no mercado de consumo, precedida por diversas leis esparsas que culminaram no diploma legal mencionado, que passou a constituir o núcleo do sistema protetivo do consumidor, integrando as leis anteriores e posteriores a esta terceira edição de sua consagrada obra.

Em seguida, discorreu acertadamente sobre a defesa do consumidor, tendo como pressuposto o texto constitucional, indicando neste a prevalência das normas que protegem o consumidor, mediante o critério hierárquico utilizado para a eliminação das antinomias normativas para, logo após, realizar oportuna introdução ao tema central de seu trabalho, por meio da análise da responsabilidade civil na Lei n. 8.078/90, examinando a responsabilização objetiva dos fornecedores, bem como as exceções em que a culpa é exigível para caracterizar a responsabilidade civil, concluindo com as excludentes, aplicáveis às duas espécies de responsabilização.

Na sequência, versou a respeito da aplicabilidade do Código de Defesa do Consumidor, analisando os conceitos jurídicos essenciais para que seja estabelecida a relação jurídica de consumo (consumidor, fornecedor e objeto), examinando ainda a polêmica acerca da admissibilidade da pessoa jurídica e dos profissionais como consumidores (tema que há muitos anos desperta nosso interesse), da mesma maneira que o enquadramento do Estado como fornecedor e a discutível controvérsia criada pelas instituições financeiras (e bancárias, em particular) acerca de sua condição de fornecedoras.

Merece destaque ainda, em seu trabalho, o exame da teoria da causa final (defendida pelos professores Roberto Senise Lisboa e Claudia Lima Marques) com o escopo de estabelecer o momento em que ocorre a destinação final; o que denota, tal como dissemos no início, novamente a preocupação de unir aspectos teóricos ao caráter prático, como é possível depreender em seguida por meio da jurisprudência indicada.

A preocupação com a principiologia do Código de Defesa do Consumidor é seguida pelo estudo do dano moral, previsto entre os direitos básicos do consumidor, e que constitui a especialidade do autor desta obra, sendo que a lei já mencionada teve a primazia de efetivar, infraconstitucionalmente, o dano moral de forma ampla.

No tema principal, que envolve o dano moral nas relações de consumo, o autor aborda o dano moral coletivo, assim como o dano moral causado à pessoa jurídica, e propõe uma nova teoria para a reparação do dano moral, que conjugaria o caráter compensatório para a vítima, o caráter punitivo para o agente causador do dano e a natureza exemplar para evitar que danos semelhantes ocorram, e, não restringindo sua visão a ponderações de ordem doutrinária, propõe nova redação para o art. 944 da Lei n. 10.406/2002 (o Código Civil, que, subsidiariamente, também é utilizado nos conflitos decorrentes das relações de consumo), mediante o acréscimo de um parágrafo prevendo uma indenização adicional que reverteria para o fundo estadual de assistência judiciária.

Além disso, não olvidou o autor de abordar tanto as questões processuais relevantes no Direito do Consumidor como, principalmente, dedicar toda uma segunda parte aos danos morais em espécie, analisando as muitas hipóteses em que tal dano poderia ocorrer, desde o comércio até as atividades de transporte, passando pelas instituições financeiras (da contratação do serviço até a inclusão indevida no cadastro de consumidores inadimplentes na Serasa), pelo erro médico e pelos planos de saúde.

Por fim, refuta o autor a existência de uma suposta indústria do dano moral, uma vez que o que ocorre nada mais é do que um reflexo da reiteração de práticas ilícitas, com a consequente coibição pelo Poder Judiciário, pois, se existem inúmeras ações pleiteando o ressarcimento dos danos morais, é porque igualmente ocorrem violações a direitos fundamentais da pessoa humana e, por extensão, da pessoa jurídica.

Parabenizo o autor, uma vez mais, por sua inegável contribuição para a cultura jurídica brasileira com a publicação desta obra, que norteará seguramente os operadores do Direito de nosso país, tal como ocorreu em seus trabalhos anteriores.

Acrescento, no prefácio a esta edição, que as duas primeiras edições da obra de Nehemias Domingos de Melo tiveram o inegável mérito de contribuir para diversas reflexões doutrinárias e para a fundamentação de sentenças e acórdãos em todo o país, o que denota sua importância.

Antonio Carlos Morato

Professor Associado do Departamento de Direito Civil da Faculdade de Direito da Universidade de São Paulo (USP). Professor do Curso de Mestrado em Direito Médico da Universidade Santo Amaro (UNISA). Livre-Docente, Mestre e Doutor em Direito Civil pela Faculdade de Direito da Universidade de São Paulo (USP). Bacharel em Direito pela Pontifícia Universidade Católica de São Paulo (PUC-SP).

SUMÁRIO

Segunda Parte

DANO MORAL EM ESPÉCIE

Primeira Parte

FUNDAMENTOS DOS DIREITOS DO CONSUMIDOR

Capítulo 1

Histórico do Consumerismo

1. BREVE SINOPSE HISTÓRICA

As relações de consumo são tão antigas quanto a própria existência do homem. Não nos esqueçamos de que nos primórdios da humanidade as mercadorias eram objeto de troca como forma de satisfazer as necessidades humanas. Com o surgimento da moeda apenas tornou-se mais fácil o mercado de trocas em face da equivalência que o dinheiro passou a ter, facilitando as relações negociais, de tal sorte a permitir que aquele que tivesse excedente de produção de determinado bem pudesse trocá-lo por valor equivalente em dinheiro, o qual lhe permitiria adquirir outros bens que não poderia produzir por economia própria.

Quanto à regulação do mercado de consumo, se voltarmos no tempo, é possível encontrar fragmentos de proteção ao consumidor no antigo Código de Hamurábi, datado de aproximadamente 1.700 anos a.C. Informa José Geraldo Brito Filomeno que havia previsão expressa no que diz respeito, por exemplo, ao arquiteto que projetasse uma casa que viesse a apresentar problemas de construção: era obrigado a reconstruí-la ou sanar os defeitos apresentados, a suas próprias expensas, e, se da empreitada resultasse desabamento com vítimas fatais, o empreiteiro, além de reparar o dano material, sofria a punição de morte, na proporção da morte causada. Por exemplo: se o chefe da família morresse, a punição para o empreiteiro era a sua própria morte. Se morresse um filho do dono da obra, a pena para o empreiteiro era a morte de um equivalente parente seu. Informa ainda aquele mestre que havia também previsão com relação à construção de barcos, assim como para as atividades médicas, encontrando-se aí as raízes do que hoje conhecemos como vícios redibitórios.[1]

No direito romano são por demais conhecidas as ações que visavam proteger o adquirente de produtos com defeitos ocultos, o que se resolvia por meio da *actio redhibitoria* e da *quanti minoris*.

2. ORIGENS DO CONSUMERISMO MODERNO

As origens do consumerismo moderno remontam à segunda metade do século XIX, como fenômeno derivado diretamente da Revolução Industrial, que significou a substituição da produção doméstica e artesanal pela produção tecnológica e de massa, o que implicou, em última análise, relações negociais impessoais e distanciamento de controle da qualidade e da produção pelos consumidores e usuários de produtos e serviços.

A Revolução Industrial fez surgir também a classe dos operários das indústrias, os quais, por sua vez, organizaram-se para exigir melhores salários e condições de trabalho, originando assim o movimento sindical, cujo marco foi o movimento dos frigoríficos de Chicago, em 1º de maio de 1886.[2]

Foi da união dos movimentos sindical e consumerista que resultou o "movimento consumerista" com as características que hoje conhecemos. Essa união foi materializada com a criação do Consumer's League em Nova York, em 1891,[3] instituição que veio, ao depois, dar origem à atual Consumer's Union, entidade de caráter civil, reconhecida pelo governo americano e poderosíssima no que diz respeito ao controle dos produtos colocados no mercado consumidor norte-americano.

1. FILOMENO, José Geraldo Brito. Manual de direitos do consumidor, p. 22-23.
2. Movimento grevista promovido pelos trabalhadores dos frigoríficos Armour, Swift, Fields, Medills e MC visando a redução de jornada de trabalho de quatorze para oito horas diárias. Durante uma das concentrações, uma bomba explodiu matando centenas de pessoas. Os líderes do movimento foram acusados pelo crime; cinco deles foram condenados à forca e dois, a quinze anos de prisão. Anos depois, houve a revisão do processo, quando então se constatou que o Tribunal de origem havia sido corrompido pelos frigoríficos, o que motivou a revisão das condenações, libertando os dois presos e reabilitando a memória dos mortos. Os líderes do movimento que foram condenados ficaram conhecidos como os "mártires de Chicago" e o movimento originou o 1º de maio – Dia do Trabalho.
3. Cf. José Geraldo Brito Filomeno, Manual de direitos do consumidor, p. 24.

Do ponto de vista legislativo, a proteção ao consumidor nos Estados Unidos da América originou-se da Lei de 1872, que, de forma genérica, taxava os atos fraudulentos de comércio. Essa proteção foi ampliada com a criação da Comissão de Comércio entre os Estados, encarregada de regulamentar e fiscalizar o tráfico ferrocarril.[4]

O desenvolvimento industrial e tecnológico ganha novo impulso com o fim da Segunda Guerra Mundial; o surgimento de novos produtos e a melhoria dos já existentes promovem uma outra revolução no mercado consumidor, internacionalizando as economias, expandindo os mercados, com o agigantamento da indústria e do comércio, agora impulsionados pela publicidade e por novas formas agressivas de marketing.

Foi a partir do discurso do Presidente John Kennedy, em mensagem enviada ao Congresso americano em 15 de março de 1962,[5] que surgiu a preocupação de ordem pública no que concerne aos direitos dos consumidores, em face dos quatros direitos fundamentais por ele elencados: a) o direito à segurança; b) o direito à informação; c) o direito de escolha; e d) o direito de ser ouvido ou consultado.

Aliás, foi com base nesse discurso do Presidente Kennedy que a Organização das Nações Unidas (ONU) editou a Resolução nº 39/248, datada de 10 de abril de 1985, conferindo ao direito do consumidor o *status* de direito da humanidade e que, "em última análise, traçou uma política geral de proteção ao consumidor destinada aos Estados filiados, tendo em conta seus interesses e necessidades em todos os países e, particularmente, nos em desenvolvimento, reconhecendo que o consumidor enfrenta, amiúde, desequilíbrio em face da capacidade econômica, nível de educação e poder de negociação".[6] Tal resolução influenciou, de maneira marcante, a elaboração de nosso Código de Defesa do Consumidor.

Assim como nos Estados Unidos, nos países europeus o movimento consumerista também se desenvolveu, tanto que em 1971 foi criado o Comitê Europeu de Cooperação Jurídica (CCJ), o qual, por intermédio de um Subcomitê de Proteção Legal ao Consumidor, promoveu pesquisas e recolheu informes sobre as práticas comerciais

---

4. SIDOU, J. M. Othon. Proteção ao consumidor, p. 13.
5. Data em que se comemora o "dia internacional do consumidor".
6. FILOMENO, José Geraldo Brito. Manual de direitos do consumidor, p. 25.

adotadas em quinze países, dentre eles a Alemanha, Espanha, França, Itália e Inglaterra, concluindo que havia preocupação legislativa com relação ao tema em todos, além da existência de movimentos sociais organizados atuando em juízo e administrativamente em defesa dos consumidores.[7]

Em julho de 1985, a Comunidade Econômica Europeia (CEE) editou a Diretiva nº 85/374, regulamentando a responsabilidade do produtor por danos causados aos consumidores pelos produtos defeituosos, adotando a responsabilidade objetiva como regra, conforme estipulado em seu art. 1º: "O produtor é responsável pelo dano causado por um defeito de seu produto". Advêm dessa resolução as influências que nortearam os elaboradores do anteprojeto de nosso código consumerista no que diz respeito aos produtos e serviços e à segurança que deles legitimamente se pode esperar.

Apesar de toda a evolução do direito do consumidor em diversos países, da Resolução da Organização das Nações Unidas e das Diretivas da Comunidade Econômica Europeia, o Brasil foi o pioneiro em sistematizar a legislação consumerista, visto ter sido o primeiro país a aprovar um Código de Defesa do Consumidor, antecipando-se, inclusive, a outros anteprojetos que o inspiraram, tal qual o Code de la Consomation francês.

3. EVOLUÇÃO DA LEGISLAÇÃO CONSUMERISTA NO BRASIL

No âmbito das relações de consumo, a legislação brasileira tem merecido elogios de toda parte. Podemos até afirmar que o nosso Código de Defesa do Consumidor (Lei n° 8.078, de 11 de setembro de 1990) significa hoje, a legislação sistematizada de defesa do consumidor mais moderna e avançada do mundo.

No caso brasileiro, esta lei significou um avanço que até hoje o próprio consumidor não se apercebeu, em que pese já se ter passado mais de 30 anos de sua aprovação. Para uma sociedade que foi educada dentro dos princípios privativistas, os abusos cometidos amiúde pelos detentores do poder econômico, em certas situações, até pareciam "normais".

7. Cf. J. M. Othon Sidou, Proteção ao consumidor, p. 18-41.

Antes de sua edição, os absurdos cometidos contra os consumidores eram tantos que, conforme diz Rizzatto Nunes "poder-se-ia dizer que antes (do Código de Defesa do Consumidor), por incrível que isso possa parecer – o risco do negócio era do consumidor. Era ele quem corria o risco de adquirir um produto ou serviço, pagar seu preço (e assim, ficar sem seu dinheiro) e não poder dele usufruir adequadamente ou, pior, sofrer algum dano. É extraordinário, mas esse sistema vigeu até 10.03.1991, em flagrante injustiça e inversão lógica e natural das coisas".[8]

Importante destacar que, mesmo antes da edição do Código de Defesa do Consumidor, diversas leis foram editadas no Brasil, ainda que de maneira esparsa, com a finalidade de proteger os consumidores nas relações de consumo. No estágio inicial de proteção ao consumidor, as normas editadas tinham caráter penal, como tendência geral que pontificava em outros países, cujo exemplo marcante pode ser o Código Penal brasileiro, onde se encontram medidas protetivas da saúde pública dos consumidores no que tange, por exemplo, à adulteração de produtos alimentícios e medicinais (arts. 272 a 280).

O nosso Código Civil de 1916 era silente sobre essa matéria, assim como o Código Comercial de 1850. Rememore-se que, à época da promulgação do Código Civil de 1916 (Lei nº 3.071, de 1-1-1916), a produção de massa ainda engatinhava, o que, de certa maneira, justificava a inexistência de preceitos consumeristas, porquanto ainda não se falava em direitos transindividuais, prevalecendo a doutrina privativista que dominou aquele diploma legal.

Apesar dessa constatação, há um registro anterior ao Código Civil que, bem provavelmente, foi a primeira legislação brasileira a proteger o usuário consumidor de serviços: o Decreto nº 2.681, de 7 de dezembro de 1912, no qual foi disciplinada a responsabilidade civil das estradas de ferro no que diz respeito à guarda, conservação e transportes de mercadorias e bagagens, além, naturalmente, da proteção aos usuários-passageiros.[9]

---

8. (1° TaCivil – 4a. Câm., ap. n° 836.448-9, j. 06.10.199, v.u., in LEX – JTACSP – Vol. 180 – Pág. 79).

9. O Decreto nº 2.681 significou um instituto legal revolucionário para a época em que foi editado, pois fez prever a culpa presumida das estradas de ferro por perda, furto ou avaria de mercadorias transportadas (art. 1º), assim como por acidentes com as pessoas (art. 17). Traçou parâmetros para a culpa concorrente (arts. 2º e 18), definiu como nulas as cláusulas

Quanto às normas constitucionais, a primeira manifestação de preocupação com a ordem econômica e social surgiu com a edição da Carta Constitucional de 1934, que, seguindo as orientações das demais Constituições editadas após o final da Primeira Guerra Mundial, reconheceu, expressamente, os direitos econômicos e sociais do cidadão.[10]

Foi também na década de 1930, mais precisamente em 7 de abril de 1933, que foi editada a chamada Lei da Usura (Decreto nº 22.626), a qual procurou restringir a cobrança abusiva de juros nas relações contratuais, estabelecendo patamar máximo para a cobrança dos juros legais. Esclareça-se, por oportuno, que nossos Tribunais têm afastado a incidência dessa norma em se tratando de instituições financeiras, tanto que o Supremo Tribunal Federal editou súmula nesse sentido.[11]

O Decreto-Lei nº 869, de 18 de novembro de 1938, pela primeira vez, no Brasil, caracterizou o que seria economia popular e regulamentou os crimes contra a economia popular, tanto por usura como por abuso do poder econômico.

Já em 11 de setembro de 1946, com a edição do Decreto-Lei nº 9.840, racionalizaram-se os atos abusivos e configuraram-se os crimes contra a economia popular.

O mais importante diploma legal pré-codificação foi a Lei de Economia Popular (Lei nº 1.521, de 26-2-1951), que previu sanções penais e pecuniárias para aqueles que atentassem contra a economia popular, fixando normas sobre peso, medida, composição, qualidade, preço, dentre outras. Destaque-se que referida lei, nos aspectos mencionados, encontra-se em plena vigência; não foi derrogada.

A Lei nº 4.137, de 10 de setembro de 1962 (a chamada Lei de Repressão ao Abuso do Poder Econômico), estabeleceu normas quanto à livre concorrência e à transparência do mercado, beneficiando

---

que diminuíssem ou exonerassem a responsabilidade do transportador (art. 12) e previu, também, a possibilidade de indenização por atrasos das composições que resultassem em prejuízo para os viajantes (arts. 24 e 25), assim como a possibilidade de indenização para os proprietários lindeiros por danos que lhes pudessem resultar da operação das estradas de ferro (art. 26).

10. Cf. José Afonso da Silva, Curso de direito constitucional positivo, p. 175.

11. Súmula 596 do STF: As disposições do Decreto nº 22.626/33 não se aplicam às taxas de juros e aos outros encargos cobrados nas operações realizadas por instituições públicas ou privadas, que integram o sistema financeiro nacional.

de forma indireta o consumidor. Autorizou, também, a criação do Conselho Administrativo de Defesa Econômico (CADE), que foi regulamentado pelo Decreto nº 52.025, de 20 de maio de 1963.

Com a Lei Delegada nº 4, de 26 de setembro de 1962, a União ficou autorizada a intervir no domínio econômico,[12] visando assegurar a livre distribuição de produtos e serviços necessários ao consumo da população. O Decreto-Lei nº 422, de 20 de janeiro de 1969, promoveu importante alteração na Lei Delegada nº 4 para fixar a competência da Superintendência Nacional do Abastecimento (Sunab) no concernente à fixação de preços máximos de taxas e anuidades escolares.[13] Registre-se, ainda, que essa autarquia teve papel fundamental, ao longo de sua existência, no que diz respeito às políticas de controle de preços e de abastecimento adotadas pelo governo federal.[14]

Em 1965 foi promulgada a Lei nº 4.717 que regulou a ação popular, com o objetivo de permitir ao cidadão pleitear em juízo a anulação de quaisquer atos lesivos ao patrimônio público perpetrados contra a administração pública direta (União, Estados, Municípios e Distrito Federal) ou indireta (autarquias, empresas públicas, fundações etc.).

Depois, mais precisamente em 20 de dezembro de 1971, foi editada a Lei nº 5.768, que alterou a legislação sobre distribuição gratuita de prêmios, mediante sorteio, vale-brinde ou concurso, a título de propaganda, estabelecendo normas de proteção à poupança popular e criando o sistema de administração de grupos de consórcios. Tal instituto foi regulamentado no ano seguinte, pelo Decreto nº 70.951, de 9 de agosto de 1972, estabelecendo normas para disciplinar o sistema de consórcios e de proteção à poupança popular.

---

12. A esse respeito, veja-se o princípio da intervenção estatal insculpido no art. 4º, II, da Lei nº 8.078/90.

13. Art. 7º É da exclusiva competência da Superintendência Nacional do Abastecimento (Sunab) a fixação de preços máximos de taxas, anuidades de estabelecimentos de ensino e ingressos em diversões públicas populares, inclusive cinema, bem como a aplicação de qualquer outra forma de intervenção prevista no art. 2º da Lei Delegada nº 4, de 26 de setembro de 1962, com relação a esses serviços.

14. A Sunab foi criada pela Lei Delegada nº 5, de 26 de setembro de 1962, e foi extinta pelo Decreto nº 2.280, de 24 de julho de 1997, em face da autorização legislativa oriunda da Medida Provisória nº 1.576-1, de 3 de julho de 1997, convertida na Lei nº 9.618, de 2 de abril de 1998.

Visando dar maior proteção ao poupador, em face da eventual liquidação de instituições financeiras, foi editada a Lei nº 6.024, em 13 de março de 1974; em seguida, disciplinada a correção monetária para esses casos por meio do Decreto-Lei nº 1.477, de 26 de agosto de 1976.

Posteriormente, a Lei nº 6.463, de 9 de novembro de 1977, instituiu a obrigatoriedade de o vendedor informar, nas vendas a prestação de artigos de qualquer natureza, o preço de venda à vista, além do número de prestações e seus valores, discriminando a taxa de juros mensal e demais encargos financeiros a serem suportados pelo comprador. Além disso, estabeleceu que na respectiva publicidade, escrita e falada, seria obrigatória tal informação.

Ainda no final da década de 1970, foi promulgada a Lei nº 6.766, em 19 de dezembro de 1979, que procurou regulamentar as transações imobiliárias através do compromisso entre vendedor e comprador, quando envolvessem o parcelamento do solo urbano.

A partir da década de 1980, a defesa do consumidor toma contornos mais efetivos, com a edição de diversos diplomas legais que buscaram, de forma direta ou indireta, alargar a rede de proteção ao consumidor. Dentre estes, destaca-se a Lei nº 7.347, de 24 de julho de 1985 (LACP), que regulou a ação civil pública com o objetivo de proteger os interesses e direitos difusos, coletivos ou individuais dos consumidores, como também o meio ambiente, o patrimônio histórico, estético, turístico e paisagístico. Nessa linha de evolução, o Decreto nº 91.469, de 27 de julho de 1985, criou o Conselho Nacional de Defesa do Consumidor, substituído, ao depois, pelo Departamento Nacional de Proteção e Defesa do Consumidor, criado pelo Decreto nº 94.508, de 23 de junho de 1987. Merece também destaque a Lei nº 7.492, de 16 de junho de 1986 (Lei do Colarinho Branco), que pune os crimes contra o Sistema Financeiro Nacional e a Lei nº 8.884, de 11 de junho de 1994, chamada de Lei Antitruste, que transforma o CADE em autarquia e fixa normas de prevenção e repressão às infrações contra a ordem econômica.

Verifica-se assim que o legislador pátrio demonstrava preocupação com a matéria atinente aos consumidores, e, embora não tivéssemos uma legislação sistematizada, diversos aspectos do mercado de consumo foram regulamentados antes do advento do Código de Defesa do Consumidor. Apesar disso, faltava disciplinar melhor as relações de consumo, pois havia lacunas em alguns aspectos, em especial no tocante à responsabilidade civil do fornecedor e à possibilidade de indenização ao usuário prejudicado, bem como em relação aos contratos de adesão, nos quais, via de regra, encontravam-se inseridas cláusulas que a doutrina e a jurisprudência consideravam abusivas, tais como: cláusula de não indenizar, cláusula-mandato, cláusula de transferência de riscos, cláusula que permitia a alteração unilateral do contrato, cláusulas que permitiam a cobrança de juros extorsivos e até com a previsão expressa de juros capitalizados, dentre tantas outras.

Considere-se, ademais, que em muitas situações era de todo impossível o consumidor fazer a prova de seu direito, assim como do nexo de causalidade entre o evento danoso e o responsável pela atividade, muitas vezes em razão da insuficiência de informações técnicas sobre o produto ou serviço e, outras vezes, em face da impossibilidade de se identificar o verdadeiro responsável pela colocação do produto ou serviço no mercado.

Por essas razões, o legislador constituinte de 1988, ao elaborar a Constituição Federal hoje vigente, tão bem nominada por Ulysses Guimarães de "Constituição Cidadã", colocou uma pá de cal sobre o tema ao impor ao legislador ordinário a obrigação de, no prazo que assinalou, elaborar o Código de Defesa do Consumidor (CF, ADCT, art. 48).

Mas não foi só isso!...

A mesma Carta Magna de 1988 previu entre os direitos individuais e coletivos que "o Estado promoverá, na forma da lei, a defesa do consumidor" (art. 5º, XXXII). Também no art. 24, XIV, ao tratar da competência concorrente entre a União, Estados e Dis trito Federal, previu a possibilidade de que todos esses entes pudessem legislar sobre responsabilidade por dano ao meio ambiente e ao consumidor. Quando disciplinou a ordem tributária, o mesmo legislador consignou que "a lei determinará medidas para que os consumidores sejam esclarecidos acerca dos impostos que incidam sobre mercadorias e serviços" (art. 150, § 5º), com o claro objetivo de impedir que o consumidor possa ser iludido pelos fornecedores no que diz respeito a embutir nos preços valores estranhos à tributação incidente. Nessa mesma linha de proceder, inseriu, no título que trata da ordem econômica, que os princípios gerais da atividade econômica devem respeitar a defesa do consumidor (art. 170, V).

O legislador ordinário, consoante o mandamento da Lei Maior (ADCT, art. 48), editou a lei consumerista na qual foi reconhecido, em várias passagens, os direitos extrapatrimoniais dos consumidores, tais como: proteção à vida, à saúde e à segurança (art. 6°, I); direito à reparação por danos morais ou patrimoniais (art. 6°, VI); a responsabilização objetiva do fornecedor de produto ou serviço, adotando-se a teoria do risco da atividade, nos casos de acidentes de consumo (art. 12 a 14), ensejando a reparação inclusive daquele que possa ter sido exposto aos efeitos danoso, o consumidor por equiparação chamado de 'bystander' (art. 17).

Dentre os consumeristas brasileiros, o saudoso Roberto Senise Lisboa talvez tenha sido o que melhor sintetizou os avanços que representou a legislação brasileira protetiva do consumidor ao vaticinar que "o Código de Defesa do Consumidor não se limitou a proteger o patrimônio do adquirente ou utente final de produtos ou serviços", indo mais além, haja vista que "o microssistema em questão se constitui, a bem da verdade, na legislação brasileira que melhor sistematizou a responsabilidade por danos morais cujo fundamento moderno é a ofensa a algum direito extrapatrimonial".[15]

O brilhante Ruy Rosado de Aguiar Junior, ex-Ministro do Superior Tribunal de Justiça, dissertando sobre a matéria, assim prelecionou: "a lei (8.078/90) significa avanço da nossa legislação no rumo da modernidade, isto é, procura dar adequada resposta jurídica à realidade da nossa vida econômica. É especialmente elogiável porque introduziu conceitos novos, que servirão de parâmetro para outros institutos jurídicos do Direito das Obrigações e mesmo do Direito Público. Caracteriza, enfim, uma tentativa de aperfeiçoamento que deve ser aplaudida". Discorrendo sobre estas inovações, ilustre magistrado faz referência, em especial, à boa-fé objetiva, aquele *standard* presente no Código de Defesa do Consumidor, como um dever de conduta ética a ser seguida, especialmente pelo fornecedor, em suas relações com os consumidores, senão vejamos: "O princípio da boa-fé, como é sabido, serve para a determinação de deveres secundários de conduta, a serem satisfeitos ainda que não estipulados expressamente pelos contratantes; serve também para amordaçar pretensões que, embora contratualmente convencionadas e formalmente conformadas à lei,

15. LISBOA, Roberto Senise. Responsabilidade civil nas relações de consumo, p. 110-111.

violam o dever de lealdade e caracterizam o uso abusivo do Direito. A consequência da ofensa é a invalidade da cláusula ou do próprio negócio".[16]

Finalmente, em 11 de setembro de 1990, com previsão de vigorar cento e oitenta dias a contar da data de sua publicação, foi sancionada a Lei nº 8.078, que instituiu o Código de Defesa do Consumidor, criando o microssistema consumerista, que, pela sua estrutura legislativa, pode ser considerado uma das legislações mais avançadas do mundo atual.

16. AGUIAR JUNIOR, Ruy Rosado de. Aspectos do CDC, Ajuris 52, p. 187.

Capítulo 2

O Código Brasileiro de Defesa do Consumidor

1. A CONSTITUIÇÃO FEDERAL DE 1988 E O CONSUMIDOR

É de fundamental importância destacar, inicialmente, que o Código de Defesa do Consumidor nasceu por expressa determinação constitucional. Rememore-se que o constituinte de 1988 alçou a defesa do consumidor a *status* constitucional ao inserir, dentre os direitos e garantias fundamentais, a defesa do consumidor (art. 5º, XXXII). Ademais, ao regular os princípios pelos quais se deve reger a ordem econômica, incluiu a defesa do consumidor como postulado a ser respeitado (art. 170). Não bastassem essas duas inserções, ao tratar das Disposições Constitucionais Transitórias o legislador constituinte determinou ao legislador ordinário que elaborasse o Código de Defesa do Consumidor (ADCT, art. 48).

Dessa forma, o Código de Defesa do Consumidor (Lei nº 8.078/90), ao ser elaborado por expressa determinação constitucional e ao se autodenominar norma de ordem pública e de interesse social (art. 1º), assegurou sua aplicação, enquanto microssistema legal, a todos os ramos do direito onde a presença do consumidor possa ser encontrada. Daí se poder afirmar que, sempre que houver uma relação de consumo, a lei a ser aplicada será a lei consumerista, não importando tratar-se de relação contratual ou extracontratual, isso porque as regras principiológicas do Código de Defesa do Consumidor hão de permear todo o sistema jurídico vigente, para assegurar a sua prevalência diante de qualquer outra norma que com ele colida. Sem temer exageros, podemos fazer coro às palavras de Sérgio Cavalieri

Filho ao afirmar que o Código de Defesa do Consumidor, enquanto emanação da própria Constituição, "não é uma mera lei geral; ele é uma sobre-estrutura jurídica multidisciplinar aplicável a todas as relações de consumo, qualquer que seja o ramo do direito onde vierem a ocorrer".[1]

Fazendo uma analogia, podemos dizer que o Código de Defesa do Consumidor é para o consumidor o que a Consolidação das Leis do Trabalho é para o trabalhador: ambas são legislações dirigidas a determinado segmento da população, visando ofertar proteção especial aos mais fracos na relação jurídica. Ambos revolucionaram conceitos quando de suas promulgações. Ambos são prevalentes em face de qualquer outra norma legal que com eles colidam na matéria que regulam.

Em face de seu caráter protecionista, o Código do Consumidor não se limitou a conceituar o consumidor tão somente como destinatário final de produtos; criou outras figuras, tais como o consumidor por equiparação (arts. 2º, parágrafo único, 17 e 29), o consumidor vulnerável (art. 4º, I), o consumidor carente (art. 5º, I), o consumidor hipossuficiente, que pode vir a ser beneficiário da inversão do ônus da prova (art. 6º, VIII), e o consumidor que necessita da proteção do Estado, ao assegurar o acesso aos órgãos judiciários e administrativos, com vistas à prevenção ou reparação de danos patrimoniais e morais, individuais, coletivos ou difusos (art. 6º VII).

Exultando a existência da legislação protecionista do consumidor, Ênio Santarelli Zuliani com maestria singular fez a seguinte observação: "o clima de insatisfação coletiva com os abusos no comércio obrigaram o Estado a intervir em busca de pacificação social, o que ocorreu com o advento da Lei nº 8.078, de 1990, um estatuto que orgulha o sistema jurídico brasileiro, justo porque seguindo a evolução do pensamento filosófico que protege o indefeso comprador do poder das grandes companhias de mercado, criou regras que moralizam o contrato de adesão" e as demais relações de consumo.[2]

De destacar que, apesar de nosso Código ser o resultado de pesquisa em várias legislações alienígenas, ele foi a primeira legis-

---

1. CAVALIERI FILHO, Sérgio. Programa de responsabilidade civil, p. 414.
2. (TJSP, AC 44.569-4, 3ª Câm. Dir. Priv., j. 24-6-1997, JTJ, 200/30).

lação consolidada protetiva do consumidor no mundo, tanto que o jurista português Mario Ferreira Monte não poupa elogios à sua promulgação quando preleciona: "Na verdade, o Código Brasileiro de Defesa do Consumidor foi o culminar de um movimento, já que, como confessadamente dizem os autores de seu anteprojeto, ele se inspirou em outras leis advindas de outros países. Por outro lado, significa o primeiro passo para a codificação, no resto do mundo, porque, na verdade, foi o primeiro Código a surgir, principalmente se atendermos à sua ambiciosa estrutura, bem como à quantidade de normas que regulamentaram todas as matérias atinentes ao consumidor e onde tem lugar mesmo um conjunto de normas sancionatórias, administrativas e penais".[3]

2. A PROTEÇÃO AO CONSUMIDOR

A aprovação da Lei nº 8.078/90 provocou uma verdadeira revolução nas concepções vigentes no direito pátrio, notadamente em tema de responsabilidade civil e de regras processuais, impondo alguns postulados que visam facilitar o efetivo exercício dos direitos do consumidor. Foi com base no reconhecimento da vulnerabilidade do consumidor (art. 4º, I) que o legislador pátrio fez inserir uma série de normas protetivas, todas como decorrência direta do princípio constitucional da isonomia, segundo o qual os desiguais devem ser tratados desigualmente, na exata proporção de suas desigualdades, sob risco de assim não fazendo, não se obter a almejada igualdade preconizada.

Dentre esses postulados, pela importância, destacamos os seguintes:

a) Princípio da boa-fé objetiva, pelo qual se exige das partes que procedam segundo um mínimo de lealdade e padrão ético e em estrito respeito às leis (art. 4º, III), decorrendo desse princípio outros deveres anexos, tais como o dever de informação, o dever de lealdade, o dever de cooperação mútua e o dever de assistência técnica.

3. MONTE, Mario Ferreira. Da proteção penal do consumidor: problema da (des)criminalização no incitamento ao consumo. Coimbra: Almedina, 1996, p. 82 (apud: Sergio Cavalieri Filho, Programa de direito do consumidor, p. 10).

b) A possibilidade de cumulação do dano moral com o dano patrimonial, de forma efetiva, isto é, integral, e sem tarifação, com vistas à efetiva prevenção e reparação de danos individuais ou coletivos (art. 6º, VI).

c) A inversão do ônus da prova, como forma de facilitação da defesa do consumidor em juízo (art. 6º, VIII).

d) A possibilidade de utilização de todos os direitos possíveis, fixados em leis, tratados ou regulamentos, desde que sejam mais favoráveis ao consumidor, bem como dos princípios gerais de direito, da equidade, da analogia e dos bons costumes (art. 7º, *caput*).

e) A solidariedade entre todos os participantes da cadeia de produção e distribuição de produtos ou serviços ao mercado de consumo, bem como aos causadores de danos, ampliando e facilitando a possibilidade de sucesso nas ações que versem sobre ressarcimentos de danos propostas por consumidores (arts. 7º, parágrafo único, 18, *caput*, e 25, § 1º).

f) A responsabilidade objetiva do fornecedor de produtos ou serviços em face de acidentes de consumo envolvendo o consumidor, o utente ou qualquer outra pessoa eventualmente atingida pelo evento danoso (arts. 12, 14 e 17 c/c o art. 6º, VI).

g) A garantia de qualidade e quantidade de produtos ou serviços adquiridos, garantindo-se ao consumidor o direito de troca, restituição ou abatimento do preço quando o vício não for sanado (arts. 18 e 20).

h) A obrigatoriedade dos órgãos públicos ou suas concessionárias e permissionárias de oferecerem serviços adequados e eficientes e quanto aos essenciais, de forma contínua (art. 22).

i) A segurança da garantia legal, independentemente do termo expresso assumido pelo fornecedor, vedada também a sua exoneração, mesmo que por cláusula contratual expressa (art. 24).

j) A expressa proibição de inserção, nos contratos, da cláusula de não indenizar (art. 25).

k) A desconsideração da personalidade jurídica com o fim de assegurar a efetiva reparação de dano (art. 28).

l) O princípio da vinculação, pelo qual qualquer informação ou publicidade minimamente precisa, realizada por qualquer meio de divulgação, passa a integrar o contrato de fornecimento de produtos ou serviços, obrigando o fornecedor ao cumprimento do prometido (art. 30).

m) A responsabilidade solidária do fornecedor por seus prepostos ou representantes autônomos, em face da teoria da aparência (art. 34).

n) A proibição de cobrança de dívida de forma abusiva ou vexatória (art. 42).

o) O direito de recebimento em dobro do que o consumidor pagou em excesso, quando cobrado por dívida inexistente (art. 42, parágrafo único).

p) A obrigatoriedade dos bancos de dados de cadastros de consumidores (tipo Serasa e SPC) de informar previamente ao consumidor sobre abertura de fichas e cadastros e de suas fontes de informação (art. 43).

q) A exclusão da força obrigatória dos contratos quando o consumidor não tiver prévio conhecimento de seu conteúdo ou forem redigidos de modo a dificultar a sua compreensão (art. 46).

r) A interpretação das cláusulas contratuais sempre da forma mais favorável ao consumidor (art. 47).

s) O direito de arrependimento e de devolução do produto ou serviço, no prazo de sete dias, quando adquirido fora do estabelecimento comercial, com direito à restituição do que pagou (art. 49).

t) A determinação de que a garantia contratual, quando ofertada de forma expressa pelo fornecedor, é complementar à garantia legal (art. 50).

u) A expressa previsão de nulidade no que diz respeito às cláusulas consideradas abusivas (art. 51 e seus incisos), cujo rol é meramente exemplificativo.

v) A proibição de perdimento das parcelas pagas, em face do inadimplemento do consumidor, nos contratos de compra e venda de bens móveis ou imóveis, bem como nos de alienação fiduciária em garantia (art. 53).

w) A possibilidade de proposição de ações coletivas com vistas à reparação e prevenção de danos, não só pelos entes públicos como também por entidades representativas dos consumidores e até por órgãos despersonalizados, tudo em nome da defesa dos interesses da coletividade (art. 81).

x) A possibilidade de propositura de quaisquer tipos de ação, desde que assegurem a defesa dos interesses tutelados pelo Código (art. 83).

y) A proibição de denunciação à lide, prevista no Código apenas no que diz respeito aos comerciantes (art. 88 c/c o art. 13, parágrafo único), porém alargada sua aplicação em face da interpretação doutrinária e jurisprudencial vigente e, finalmente,

z) A facilitação da defesa do consumidor com o estabelecimento de foro privilegiado, em se tratando de ação por responsabilidade civil, visto que a demanda poderá ser proposta no foro do domicílio do autor (art. 101, I).[4]

É interessante anotar que, apesar de esses postulados serem de clareza meridiana, constatamos, cotidianamente, resistências junto aos operadores do direito quanto à aplicação das normas protetivas agasalhadas no Código de Defesa do Consumidor. Já se passaram mais de três décadas de sua aprovação, porém a incompreensão quanto aos seus postulados continua existindo e as resistências à sua completa aplicação parecem originar-se de uma rejeição ideológica ao seu conteúdo, ou, quem sabe, até do desconhecimento dos elevados princípios que originaram o estatuto consumerista.

A questão é de suma importância porque da interpretação é que vai fazer surgir a aplicação da lei e, nesse sentido, o que se espera é que ao aplicar a lei consumerista o intérprete não se esqueça de que

4. Por aplicação analógica, nossos Tribunais têm adotado tal regra em todos os tipos de ações em que se discutam direitos do consumidor. Vejam-se, a título de exemplo, decisões do Tribunal de Justiça de São Paulo (AI 236.895-4/4, 3ª C. Dir. Priv., Rel. Des. Ênio Santarelli Zuliani, j. 9-4-2002, e AI 320.681-4/5-00 – Teodoro Sampaio; 10ª C. Dir. Priv., Rel. Des. Quaglia Barbosa, j. 18-11-2003).

ela é uma lei de ordem pública e de interesse social (art. 1º), devendo, assim, procurar "compreendê-la, na plenitude de seus fins sociais, a fim de poder-se, desse modo, determinar o sentido de cada um de seus dispositivos. Somente assim ela é aplicável a todos os casos que correspondam àqueles objetivos". Dessa forma, conclui Rogério Medeiros Garcia de Lima, com base em Miguel Reale, "o primeiro cuidado do hermeneuta contemporâneo consiste em saber qual a finalidade social da lei, no seu todo, pois é o fim que possibilita penetrar na estrutura de suas significações particulares. O que se quer atingir é correlação coerente entre o todo da lei e as partes representadas por seus artigos e preceitos, à luz dos objetivos visados".[5]

Sob essa ótica, quando falamos em relação de consumo em sentido amplo e, de outro lado, na responsabilização civil extracontratual do fornecedor de produtos e/ou serviços, é comum nos depararmos com conceitos privativistas que estão, de há muito, superados, não só pelos princípios informativos da relação de consumo contidos na lei consumerista (vulnerabilidade, hipossuficiência, transparência, boa-fé objetiva etc.), como também pela teoria da responsabilidade objetiva do fornecedor, que advém dos deveres inerentes à atividade econômica, ou seja, da responsabilidade pelo risco da atividade.

Segundo Claudia Lima Marques, o eixo interpretativo do Código de Defesa do Consumidor deve ser o princípio da vulnerabilidade (art. 4º, I), que pode ser: técnica, significando dizer que o consumidor não possui conhecimentos específicos sobre os bens e serviços que está adquirindo e, portanto, é mais facilmente enganado; jurídica ou científica, por falta de conhecimentos jurídicos específicos, de contabilidade ou mesmo de economia; ou, ainda, fática ou socioeconômica, tendo em vista o poderio econômico e o domínio da técnica de produção, impondo-se a superioridade do fornecedor.[6]

Assim, ainda que sob pena de redundância, podemos concluir que a efetiva proteção ao consumidor encontra ressonância no princípio geral da vulnerabilidade, que, em última análise, busca garantir o princípio da isonomia, dotando os mais fracos de instrumentos que lhes permitam litigar, em condições de igualdade, pelos seus direitos, seguindo a máxima de que a democracia nas relações de consumo

5. LIMA, Rogério Medeiros Garcia de. Aplicação do Código de Defesa do Consumidor, p. 54.
6. MARQUES, Claudia Lima. Contratos no Código de Defesa do Consumidor, p. 270-273.

significa tratar desigualmente os desiguais na exata medida de suas desigualdades, com o único fito de atingir a tão almejada justiça social.

3. A RESPONSABILIDADE OBJETIVA COMO REGRA

O Código de Defesa do Consumidor adotou a responsabilidade objetiva como fundamento da reparação dos danos oriundos dos acidentes de consumo (arts. 12 a 14), e o fez embasado na teoria do risco da atividade profissional, como forma de socializar os riscos e de garantir a efetiva reparação dos danos causados ao consumidor. Por essa teoria, "quem introduz um risco novo na vida social deve arcar com eventuais consequências danosas a outrem, em toda a sua integralidade".[7]

Embora o Código de Defesa do Consumidor tenha adotado a teoria do risco da atividade, segundo a qual a responsabilidade do fornecedor pelo fato do produto ou do serviço é objetiva, pode este isentar-se do dever de indenizar se provar a ocorrência de uma das excludentes expressamente previstas, quais seja: a não colocação do produto no mercado; que, mesmo tendo colocado o produto no mercado ou prestado o serviço, o defeito inexiste; e, por fim, a culpa exclusiva da vítima ou de terceiro (arts. 12, § 3º, e 14, § 3º). Discute-se ademais, se caberia invocar caso fortuito ou força maior; assunto de que cuidaremos no capítulo sobre as excludentes de responsabilidade em face das relações de consumo.

Pela teoria do risco da atividade ou risco-proveito, quem desenvolve uma atividade com o fim de lucro tem de assumir as responsabilidades dela decorrentes. A lógica se encontra no fato de que, se a atividade resulta em benefícios para seu empreendedor, nada mais justo que este assuma os riscos pelos prejuízos que, eventualmente, tal atividade possa vir a causar a outrem. Assim, podemos afirmar, utilizando provérbio latino: *ubi emolumentum, ibi et onus esse debet* (onde há o emolumento, aí deve também haver o ônus).

A adoção da teoria do risco-proveito funda-se, portanto, na premissa de que as perdas decorrentes do dever de indenizar serão

7. LISBOA, Roberto Senise. Responsabilidade civil nas relações de consumo, p. 42.

compensadas com os lucros obtidos na atividade negocial do agente causador do dano.

Seguindo a orientação abraçada pelo consumerismo brasileiro, o atual Código Civil adotou, ainda que parcialmente, a teoria da responsabilidade objetiva, fundada no risco da atividade, pela qual não importa perquirir sobre a conduta do agente causador do dano. Nessas circunstâncias, não se discute a culpa do agente, conformando-se a ordem jurídica tão somente com a demonstração de que a atividade é de risco, ainda que regularmente exercida, e do nexo causal entre essa atividade e a agressão aos direitos de terceiros alheios à atividade normalmente desenvolvida (art. 927, parágrafo único, parte final). A dificuldade aqui residirá em enquadrar adequadamente o que venha a ser atividade de risco, pois a liberdade outorgada ao aplicador da lei permitirá que atividades já existentes, bem como outras, futuras, possam ser consideradas de risco e, portanto, sujeitas à teoria da responsabilidade objetiva, com base no risco da atividade. Outro aspecto é que, se o agente causador do dano provar uma das clássicas eximentes da responsabilidade civil (culpa exclusiva da vítima ou de terceiro, caso fortuito ou de força maior), poderá ficar isento do dever de indenizar, porquanto embora a responsabilidade seja objetiva, o Código não adotou a teoria do risco integral.

Apesar de utilizarmos a expressão "risco-proveito" como sinônima de "risco-atividade", é preciso considerar que o dever de indenizar se assenta no fato de que aquele que desenvolve qualquer atividade há de responsabilizar-se pelos danos que, eventualmente, esta atividade venha a causar a terceiros. A obtenção de proveito econômico na atividade desenvolvida não é requisito para que se atribua ao empreendedor o dever de indenizar. Como corolário, inexiste óbice à responsabilização civil daqueles que venham a provocar danos no exercício de atividades não lucrativas. Logo, talvez devêssemos utilizar a expressão "risco criado", tão comumente utilizada pelo saudoso Caio Mário da Silva Pereira, que a defendia por entendê-la mais ampla e por permitir à vítima melhor situação processual, na exata medida em que não seria obrigada a provar que a atividade rendia proveitos para seu idealizador.[8]

8. PEREIRA, Caio Mário da Silva. Responsabilidade civil, p. 285.

É importante salientar que o risco de que nos fala o Código de Defesa do Consumidor (arts. 12 e 14, *caput, in fine*) está intimamente ligado ao dever jurídico de respeitar a integridade física, psíquica e patrimonial da vítima. Violado esse dever jurídico, nascerá para o lesado o direito à indenização e para o detentor da atividade, o dever de indenizar em razão de sua atividade. Nessas circunstâncias, não se discute a existência de culpa do agente, bastando à vítima demonstrar a ocorrência do dano e o nexo de causalidade para fazer nascer o dever indenizatório, porquanto se trata de responsabilidade objetiva.

Esclareça-se por fim que o dever de indenizar não decorre de nenhuma proibição do exercício de atividades perigosas, visto que o diploma legal em apreço não as veda; decorre tão somente dos danos que a atividade possa vir a desencadear. O que a lei procura assegurar é que haja uma integral indenização, de sorte que aquele que houver sofrido um dano por defeito na realização de certa atividade possa ter assegurado o direito à indenização, independentemente da discussão acerca da culpa do agente que a explore.

Assim, a atividade de que tratamos poderá ser potencialmente perigosa ou não. O importante é considerar que, se a atividade normalmente desenvolvida for a causa do dano, obrigará o seu explorador a indenizar a vítima, independentemente da existência de culpa, somente se isentando de tal dever se provar a ocorrência das eximentes expressamente previstas no código consumerista.

4. A RESPONSABILIDADE CONDICIONADA DO COMERCIANTE

No que diz respeito à responsabilização pelo fato de produto, o comerciante é também igualmente responsabilizado objetivamente, porém o legislador consumerista ressalvou, expressamente, que essa responsabilidade somente se operará quando for impossível ou difícil a identificação do fabricante, construtor, produtor ou importador do produto ou quando se tratar de produtos perecíveis e o comerciante não os conservar de forma adequada (CDC, art. 13).

A opção legislativa foi no sentido de considerar o comerciante também responsável objetivamente, porém, de forma condicionada (muitos falam que é subsidiária), quer dizer que ele somente será chamado a responder pelos danos aos consumidores quando se fizer presente alguma das alternativas expressamente previstas na lei consumerista (Lei nº 8.078/90, art. 13), já que, via de regra, quem deverá responder pelo acidente de consumo será o fabricante, o produtor, o construtor (nacional ou estrangeiro), ou o importador.[9]

Importante destacar que a responsabilidade do comerciante de produto anônimo (art. 13, I e II) tem uma natureza "coercitiva e sancionatória". Coercitiva, porque meio indireto de constranger o comerciante a comunicar à vítima a identidade do fabricante, produtor ou importador do produto. Sancionatória porque, se não o fizer, sofrerá diretamente os efeitos da responsabilização pelo dano como uma sanção pelo não esclarecimento solicitado pela vítima.[10]

Já no tocante à responsabilidade decorrente da guarda e conservação inadequada de produtos perecíveis (art. 13, III), a previsão se assenta em duas premissas: ou o comerciante deverá ser instado a responder por ato próprio, quando tenha sido negligente, não conservando adequadamente o produto; ou será responsabilizado conjuntamente já que não se pode exigir do consumidor que investigue se o produto já saiu de fábrica deteriorado, se foi deteriorado no transporte, ou se veio a se deteriorar nas instalações do comerciante.

Verifica-se que nas hipóteses elencadas a responsabilidade do comerciante emerge como própria, daí por que não se pode falar em subsidiariedade pois, se assim fosse, seria necessário primeiro acionar algum dos obrigados principais (art. 12), para somente na sua impossibilidade dirigir-se a demanda contra o comerciante, não é esse o espírito da lei.

De toda sorte, se o comerciante vier a ser condenado por acidente de consumo, sem ter responsabilidade direta pelo fato do produto, poderá voltar-se contra o responsável pela inserção do produto no mercado de consumo, visando ser ressarcido pela indenização a que se viu obrigado. Isto poderá acontecer através de ação autônoma ou mesmo nos próprios autos, porém somente após o atendimento da demanda do consumidor, visto que a lei consumerista veda a denunciação à lide (art. 13, parágrafo único, c/c o art. 88, ambos do CDC).

---

9. Conforme já deixamos assentado em nossa obra Da defesa do consumidor em juízo, p. 99-100.
10. Cf. Silvio Luis Ferreira da Rocha, Responsabilidade civil do fornecedor pelo fato do produto no direito brasileiro, p. 82-83.

Apenas à guisa de esclarecimento, no que diz respeito aos vícios de produtos, a opção adotada pela lei consumerista foi diferente tendo em vista que o comerciante recebe o mesmo tratamento dado aos demais envolvidos na cadeia de introdução/distribuição do produto no mercado de consumo, pois o código refere-se, genericamente, a todos os fornecedores de produtos de consumo, duráveis ou não duráveis, afirmando expressamente que todos respondem solidariamente pelos vícios de qualidade ou de quantidade porventura existentes (CDC, art. 18, *caput*). Veja-se que, neste caso, a lei consumerista não faz nenhuma distinção de tal sorte a afirmar que, deparando-se com vício de produto, o consumidor pode intentar sua ação contra qualquer um dos participantes na cadeia de produção, distribuição ou comercialização do produto viciado.

5. A EXCEÇÃO QUANTO AOS PROFISSIONAIS LIBERAIS

Com relação à responsabilidade objetiva adotada como regra pelo Código de Defesa do Consumidor, existe uma exceção quando se trata de profissionais liberais, tendo em vista que eles respondem de forma subjetiva em face de danos em razão da prestação de serviços, isto é, respondem mediante a comprovação da culpa. Nesse sentido, vejamos algumas observações.

5.1. O profissional liberal

A responsabilidade civil dos profissionais liberais por falhas na prestação de serviços deve ser fixada mediante a apuração de culpa, é o que preceitua o Código de Defesa do Consumidor (art. 14, § 4º). Assim, a responsabilidade é subjetiva, constituindo exceção à regra geral ínsita na lei consumerista.

Dessa forma, em qualquer ação indenizatória manejada contra profissional liberal exigir-se-á de seu proponente, além da demonstração do dano e do nexo causal, a prova da culpa do fornecedor de serviço, em qualquer de suas modalidades: negligência, imprudência ou imperícia.

Apesar de o ônus probatório recair sobre os ombros do lesado (CPC, art. 373), ao juiz é facultado inverter o ônus da prova sempre que encontre verossimilhança na versão apresentada pela vítima, ou quando seja ela hipossuficiente segundo as normas subministradas pela experiência do que comumente acontece (CDC, art. 6°, VIII).[11]

Ademais, o Novo Código de Processo Civil positivou aquilo que a doutrina já de longa data defendia, a chamada "carga probatória dinâmica" pela qual a prova deve ser produzida pela parte que tiver melhores condições de realizá-la (CPC, art. 373, § 1º). É o caso, por exemplo, de provar-se algum ilícito no campo da responsabilidade civil, com relação a questões ligadas à medicina, seja com relação ao médico, seja com relação ao hospital. Tanto num caso como noutro, as provas encontram-se em poder do agente infrator, pois nem sempre o prontuário médico está em mãos do paciente, assim como exames e outras prescrições. Nestas circunstâncias, obrigar que o lesado se desincumba do *onus probandi* é exigir-se a realização daquilo que de há muito a doutrina vem chamando de "prova diabólica".

Não se pode esquecer também que o juiz tem à sua disposição a possibilidade de avaliar os fatos à luz das chamadas máximas de experiência e, verificando a verossimilhança do alegado, poder aferir se os fatos alegados guardam similitude com o que de ordinário acontece na vida real (CPC, art. 375), caso em que seria dispensada a necessidade de prova da repercussão do ilícito, até porque na maioria das situações que ensejam reparação por danos morais, não se pode exigir do lesionado fazer-se a prova de seus sentimentos abalados.

Importante esclarecer que profissional liberal é o prestador de serviço que atua em nome próprio, fazendo do exercício de sua profissão uma ferramenta de trabalho e meio de sobrevivência, sem vínculo de subordinação com aquele que o remunera. Exemplifique-se com o médico (com algumas exceções), o advogado, o engenheiro, o dentista, o arquiteto, dentre outros. Verifica-se, assim, que somente o profissional que age em nome próprio pode beneficiar-se da exceção prevista no Código de Defesa do Consumidor, não se podendo estender tal preceito às pessoas jurídicas às quais estejam vinculados ou prestem serviços.[12]

Em face da definição de profissional liberal que formulamos, questão que emerge é saber se somente se enquadrariam nesse conceito

---

11. Cf. nossa obra Da defesa do consumidor em juízo, p. 66.
12. Cf. Antônio Herman de Vasconcellos e Benjamin, Comentários ao Código de Proteção do Consumidor, p. 79-80.

os profissionais liberais tradicionais, detentores de título universitário, ou também outros prestadores de serviços, tais como o encanador, o eletricista, a cabeleireira e a costureira, por exemplo. Nesse particular aspecto, partilhamos da opinião daqueles que, como Rizzatto Nunes, entendem que o enquadramento no conceito de profissional liberal deve dar-se pelas características da prestação do serviço e não pela profissão regularmente instituída.[13]

Aspecto importante que releva comentar é que, conforme esclarece Antônio Herman de Vasconcellos e Benjamin, "o Código é claro ao asseverar que só para a 'responsabilidade pessoal' dos profissionais liberais é que se utiliza o sistema alicerçado em culpa. Logo, se o médico trabalhar em hospital responderá ele apenas por culpa, enquanto a responsabilidade do hospital será apurada objetivamente".[14]

5.2. Obrigação de meio e obrigação de resultado

Suscita acalorados debates a questão que diz respeito à inversão do ônus da prova nas ações que visam ressarcimento em face de danos decorrentes da atividade dos profissionais liberais. Nessa seara assume grande importância a discussão quanto a ser de meio ou de resultado a obrigação assumida pelo profissional liberal.

Obrigação de meio é aquela em que o profissional (fornecedor) se obriga a empregar seus conhecimentos e técnicas disponíveis visando determinado resultado em favor de seu contratante (consumidor), sem, contudo, responsabilizar-se pelo êxito da empreitada. Nessas circunstâncias, compete ao lesado o ônus de provar que o profissional não agiu com a diligência e os cuidados exigidos para a realização do contratado.

Em contrapartida, a obrigação de resultado será aquela em que o profissional venha a assumir, contratualmente, que determinada finalidade será alcançada, comprometendo-se, assim, com os resultados finais da empreitada. Nesse caso, não sendo alcançado o resultado, basta ao credor demonstrar que o objetivo colimado não foi atingido para fazer surgir a obrigação de indenizar por parte do prestador

13. RIZZATTO NUNES, Luiz Antonio. Comentários ao Código de Defesa do Consumidor, p. 206.
14. BENJAMIN, Antônio Herman de Vasconcellos e. Comentários ao Código de Proteção do Consumidor, p. 80.

de serviços. Trata-se de presunção de culpa, o que significa dizer que o consumidor se libera do ônus probatório, transferindo-o para o profissional, que deverá demonstrar, de maneira cabal, que agiu com a prudência, diligência ou perícia desejada, ou, ainda, provar a ocorrência de força maior ou caso fortuito.

Importante fazer essa distinção porque, se a obrigação assumida pelo profissional for de meio, competirá ao consumidor prejudicado o ônus de demonstrar a culpa. Se a obrigação assumida for de resultado, o ônus da prova quanto ao não atingimento da meta pactuada caberá ao profissional, até porque essa é a regra que predomina na responsabilidade contratual.

Registre-se ainda que, geralmente, a obrigação assumida pelo profissional liberal é de meio, mas Roberto Senise Lisboa adverte que há também uma obrigação de segurança, que seria "aquela em que o fornecedor deve alcançar o resultado objetivado pelo consumidor, sem que ele venha a sofrer qualquer ofensa à vida ou à saúde. Em regra, a obrigação de segurança advém de uma relação contratual, mas nada impede que ela exista pelo simples fato do exercício da atividade profissional".[15]

Independentemente das divergências doutrinárias e jurisprudenciais sobre a matéria, cumpre-nos lembrar que o magistrado pode, a todo e qualquer momento, em face da verossimilhança do caso e da hipossuficiência do consumidor, determinar a inversão do ônus da prova, conforme expressamente autorizado pela lei consumerista (Lei nº 8.078/90, art. 6º, VIII). Esse aspecto tem relevância para os casos em que a obrigação for de meio, porquanto nas obrigações de resultado, conforme já asseverado, a inversão é da lógica natural do contrato.

6. DAS EXCLUDENTES DE RESPONSABILIDADE

O Código de Defesa do Consumidor, ao tratar da responsabilidade civil do fornecedor pelos defeitos de produtos (art. 12) e de serviços (art. 14), prevê expressamente que a responsabilidade de reparação pelos danos causados aos consumidores, em face dos produtos ou serviços colocados no mercado de consumo, independe da existência de culpa; logo, trata-se de responsabilidade objetiva.

15. LISBOA, Roberto Senise. Responsabilidade civil nas relações de consumo, p. 256.

Anote-se que a responsabilidade que o Código de Defesa do Consumidor impõe ao fornecedor (de produtos ou de serviços) é um dever de qualidade e de segurança. Isso quer dizer que aquele que coloca um produto ou um serviço no mercado tem a obrigação legal de ofertá-lo sem risco ao consumidor no que diz respeito à sua saúde, à sua integridade física e psíquica e ao seu patrimônio.

Assim, a isenção do dever de indenizar somente ocorrerá se o fornecedor, de produtos ou de serviços, provar que não colocou o produto no mercado (art. 12, § 3º, I), ou que, mesmo tendo colocado o produto no mercado ou fornecido o serviço, não existe o defeito apontado (arts. 12, § 3º, II, e 14, § 3º, I), ou, ainda, que o dano decorrente se deu por culpa exclusiva da vítima ou de terceiro (arts. 12, § 3º, III, e 14, § 3º, II).

Frise-se, ademais, que, havendo mais de um causador do dano, todos responderão solidariamente, a teor do que dispõem os arts. 7º, parágrafo único e 25, § 1º, da lei consumerista, cabendo ao consumidor escolher se demanda o fornecedor mediato, o imediato ou todos os envolvidos na cadeia de produção/circulação. Evidentemente que o fornecedor que cumprir com a obrigação de indenizar terá direito de regresso contra os demais participantes do fato lesivo indenizado. Deverá, contudo, servir-se de processo autônomo ou, ainda que se sirva dos próprios autos que originou sua condenação, terá de fazê-lo depois de atendida a reivindicação do consumidor, visto que o Código Consumerista proíbe, expressamente, a denunciação à lide (art. 88 da Lei nº 8.078/90).

6.1. Das excludentes expressamente previstas no CDC

Como visto alhures, o Código de Defesa do Consumidor enumerou, de maneira taxativa, as eximentes de responsabilidade do fornecedor em seu corpo normativo (art. 12, § 3º, no que diz respeito a produtos e art. 14, § 3º, no que diz respeito a serviços). Em face desta expressa determinação legal, diversos doutrinadores entendem que não cabe perquirir sobre outras possíveis causas excludentes da responsabilidade do fornecedor;[16] e outros defendem que não se pode ir além das eximentes expressamente previstas na lei consumerista

16. Ver, por exemplo, Roberto Senise Lisboa, Responsabilidade civil nas relações de consumo, p. 270-271.

porque a responsabilidade civil definida pelo Código de Defesa do Consumidor abraçou a teoria do risco integral,[17] com o que, com a devida vênia, não concordamos.

De toda sorte, abordaremos cada uma das excludentes previstas no Código de Defesa do Consumidor, sua amplitude e compreensão dentro do contexto da moderna doutrina consumerista brasileira.

6.1.1. Não colocação do produto no mercado

É importante destacar inicialmente que há uma presunção legal de que o produto colocado em circulação foi introduzido na cadeia de consumo pelo fornecedor; contudo essa presunção pode ser ilidida pela contraprova.

A toda evidência que, se o fornecedor, na condição de fabricante, construtor, produtor ou importador, não introduziu no mercado de consumo o produto viciado ou defeituoso, não poderá ser responsabilizado pelos danos dele decorrentes.

Situações que podem ser excepcionadas são as que se referem a roubo ou furto de produto defeituoso, desde que não se possa acusar o fornecedor por culpa in vigilando ou in eligendo, e as mercadorias falsificadas, em que marcas e sinais são adulterados e colocados em produtos que são comercializados em detrimento tanto do fornecedor como do consumidor.[18]

Ao fazer suas considerações sobre as causas de exclusão da responsabilidade ora em comento, Antônio Herman de Vasconcellos e Benjamin preleciona que "é até supérfluo dizer que inexiste responsabilidade quando os responsáveis legais não colocaram o produto no mercado", porque não haveria nexo causal entre o prejuízo sofrido pelo consumidor e a atividade do fornecedor, concluindo, ao depois, que essa regra fica mais evidente quando se trata de "produtos falsificados que trazem a marca do responsável legal ou, ainda, para os produtos que, por ato ilícito (roubo ou furto, por exemplo), foram lançados no mercado".[19]

---

17. Nesse sentido, ver Luiz Antonio Rizzatto Nunes, Comentários ao Código de Defesa do Consumidor, p. 169.
18. Partilham da mesma opinião Jaime Marins e Sílvio Luís Ferreira da Rocha.
19. BENJAMIN, Antônio Herman de Vasconcellos e. Comentários ao Código de Proteção do Consumidor, p. 65.

O mestre Rizzatto Nunes considera que no primeiro exemplo não haveria excludente, uma vez que sempre seria possível enquadrar o fato na culpa in vigilando ou in eligendo, quando então não caberia indagar sobre a culpa, já que a responsabilidade é objetiva. Para esse mestre, a única exceção é no que diz respeito aos produtos falsificados, até por tornar o fornecedor parte ilegítima para figurar no polo passivo. Neste caso, é o vendedor quem deve ser responsabilizado, tanto na órbita do direito penal como do civil.[20]

Nosso entendimento segue na direção de que, se o fornecedor não colocou o produto no mercado de consumo, não poderá ser responsabilizado pelos eventuais danos causados a consumidores, porquanto a lei é clara ao fixar que o fornecedor poderá ser exonerado se provar que "não colocou o produto no mercado" (art. 12, § 3º, I, da Lei n. 8.078/90). Logo, se o produto foi colocado no mercado de consumo à revelia do fornecedor - por ter sido furtado ou roubado, ou por ser falsificado ou pirateado - e depois vier a causar danos a consumidores, a toda evidência, não haverá de ser responsabilizado o fornecedor, que em nada contribuiu para o evento danoso que se procura reparar.

6.1.2. Inexistência do defeito apontado

O dever de indenizar, quando falamos do fato de produto ou de serviço, tem como pressupostos a existência de um "defeito" e a ocorrência de um "dano" relacionado ao defeito apontado. Por conseguinte, se o produto não apresentar nenhum defeito que possa diminuir-lhe as qualidades ou quantidade, não causando nenhum dano ao consumidor, não se poderá falar em indenização.

Conforme prelecionou o saudoso Ministro Paulo de Tarso Vieira Sanseverino "não basta que os danos sofridos pelo consumidor tenham sido causados por um determinado produto ou serviço. É fundamental ainda que esse produto ou serviço apresente um defeito, que seja a causa dos prejuízos sofridos pelo consumidor", para depois concluir que "o defeito do produto ou do serviço aparece como um dos principais pressupostos da responsabilidade do fornecedor por acidentes de consumo".[21]

---

20. RIZZATTO NUNES, Luiz Antonio. Comentários ao Código de Defesa do Consumidor, p. 172.
21. SANSEVERINO, Paulo de Tarso Vieira. Responsabilidade civil no Código do Consumidor e a defesa do fornecedor, p. 265.

Conforme o escólio de Fábio Ulhoa Coelho, no caso de inexistência de defeitos, caberia ao "empresário demonstrar que o produto fornecido ao mercado não apresentava qualquer impropriedade, seja na concepção, execução ou comercialização".[22]

Significa dizer que, à luz do Código de Defesa do Consumidor, principalmente em se tratando de fato do produto ou do serviço, a responsabilização do fornecedor é objetiva. Consequentemente, o consumidor, em ação de responsabilidade civil decorrente de acidente de consumo, somente precisará provar a existência do dano e o nexo causal que o liga ao produto ou serviço que adquiriu.[23]

6.1.3. Culpa exclusiva da vítima ou de terceiro

As hipóteses assinaladas no inciso III do § 3º do art. 12 da Lei nº 8.078/90, assim como no inciso II, § 2º, do art. 14, excluem a responsabilidade do fornecedor se ficar provado que o acidente de consumo se deu em razão de culpa exclusiva da vítima ou de terceiro, porquanto não haveria nexo de causalidade entre o dano sofrido pelo consumidor e a atividade do fornecedor do produto ou serviço.

Nesse caso, o que o Código prevê é a possibilidade de exclusão de responsabilidade decorrente do uso inadequado de produto, seja pelo próprio adquirente, seja por terceira pessoa. Mas não é somente o uso inadequado que poderá exonerar o fornecedor do dever de indenizar, pois poderão ocorrer também outras hipóteses, tais como: o consumidor ser negligente ao manusear o produto; não seguir as instruções de uso; entregar o produto para uso a pessoa não recomendada; consumir o produto com validade vencida, dentre outras.

A título de exemplo, foi noticiado pela imprensa brasileira que uma criança de seis anos tentou secar sua gata no micro-ondas e acabou por causar a morte do felino. Nesse caso, o produto não tem defeito, apenas foi utilizado indevidamente para fins aos quais não se destina, não se podendo responsabilizar o fornecedor pelo acidente ocorrido.[24]

---

22. COELHO, Fábio Ulhoa. O empresário e os direitos do consumidor, p. 93.
23. Cf. Antônio Herman de Vasconcellos e Benjamin, Comentários ao Código de Proteção do Consumidor, p. 65.
24. Conforme reportagem do jornal Notícias Populares de 28 de julho de 1998.

Outro exemplo que se pode colacionar, diz respeito com os serviços de transportes. A responsabilidade do transportador é objetiva, segundo o art. 734 do Código Civil. Além disso, a relação entre o transportado e o transportador é uma relação de consumo logo se aplicando, subsidiariamente, o Código de Defesa do Consumidor que prevê que a responsabilidade é objetiva em face de danos ocorridos por falha na prestação dos serviços. Apesar de não haver dúvidas quanto ao fato da responsabilidade ser objetiva com relação às empresas de transportes, não se pode responsabilizar, por exemplo, as empresas ferroviárias pelos acidentes ocorridos com os chamados "surfistas ferroviários".[25] Essa questão já foi analisada pelo Superior Tribunal de Justiça e pelo voto do Ministro Antônio de Pádua Ribeiro assim ficou assentado: "A pessoa que se arrisca em cima de uma composição ferroviária, praticando o denominado 'surf ferroviário', assume as consequências de seus atos, não se podendo exigir da companhia ferroviária efetiva fiscalização, o que seria até impraticável".[26]

Nos dois exemplos apresentados é forçoso reconhecer que, se o usuário, por moto próprio, resolve exacerbar os riscos, expondo-se a acidentes que, em condições normais, o produto ou serviço não causaria, não se pode responsabilizar o detentor da atividade, na exata medida em que, tendo havido acidente, não decorreu este dos riscos da atividade oferecida, mas sim do uso inadequado por parte do próprio usuário.

Já fizemos esse alerta, porém cabe repetir: o Código de Defesa do Consumidor não proíbe o fornecimento ou comercialização de produtos ou serviços perigosos; apenas exige do fornecedor que sejam dadas ao consumidor, de forma clara, correta, ostensiva, precisa e em língua portuguesa, todas as informações sobre o uso adequado do produto ou serviço (art. 31 do CDC). Se o consumidor é negligente, não se pode premiar sua falta de diligência responsabilizando quem não contribuiu para o evento danoso.

---

25. A esse respeito ver o regulamento dos transportes ferroviários (Decr. 1.832/96, art. 47, § único, do anexo), que expressamente prevê: Art. 47. Nenhum passageiro poderá viajar nos trens fora dos locais especificamente destinados a tal finalidade. Parágrafo único. A Administração Ferroviária é isenta de qualquer responsabilidade por acidentes com passageiros, que decorram do uso inadequado de suas composições e instalações.
26. (STJ – REsp 160051 / RJ – 3ª. T – Rel. Min. Antônio de Pádua Ribeiro – j. 5/12/2002, DJ 17/02/2003 p. 268).

No que diz respeito ao terceiro, necessário se faz que seja pessoa estranha à relação de consumo entabulada entre o consumidor e o fornecedor. Isto é, não pode ser enquadrado como terceiro o empregado, o preposto ou o representante autônomo. Da mesma forma, o comerciante varejista ou atacadista, de que trata o Código de Defesa do Consumidor (art. 13), não poderá ser considerado terceiro porque é parte integrante do ciclo de fornecimento do produto ou do serviço.

Esclareça-se por fim que o fornecedor de produtos ou serviços é solidariamente responsável pelos atos de seus prepostos ou representantes autônomos (art. 34 do CDC), assim como na eventualidade de mais de um causador do dano, todos deverão responder solidariamente (arts. 7º, parágrafo único e 25, § 1º, do CDC). Por esse prisma, também o comerciante não pode ser considerado terceiro.

6.2. Outras possíveis excludentes (não previstas no CDC)

A regra geral do Código de Defesa do Consumidor, conforme já frisamos, é a que determina a exclusão da responsabilidade somente em face das eximentes expressamente previstas em seu corpo normativo (arts. 12, § 3º, e 14, § 3º); porém alguns doutrinadores tem defendido o abrandamento de tal rigor, admitindo outras eventuais hipóteses de exclusão de responsabilidade, tais como o caso fortuito ou a força maior, riscos de desenvolvimento e exercício regular de direito, além de considerar possível a redução do valor indenizatório quando se puder provar a culpa concorrente da vítima, razão por que, neste capítulo, abordaremos, de maneira distinta, cada uma dessas possíveis eximentes.

6.2.1. Culpa concorrente

Embora o Código de Defesa do Consumidor não faça nenhuma menção à culpa concorrente, seja da vítima, seja de terceiro, somos de entendimento que cabe a aplicação de tal preceito com o fito de minorar o dever de indenizar por acidentes de consumo decorrentes do fornecimento de produtos ou serviços. Isso porque não há, na aplicação dessa minorante, nenhuma incompatibilidade com as regras consumeristas.

E assim pensamos porque é perfeitamente possível que o consumidor contribua para que a fruição do produto ou do serviço se realize de maneira inadequada, vindo a gerar um dano, quando, então, não se poderá responsabilizar exclusivamente o fornecedor. Nesse norte, cumpre destacar que, apesar de o Código de Defesa do Consumidor não tratar da culpa concorrente, seja do utente ou adquirente, seja de terceiro, cabe aplicar, por analogia, o Código Civil, minorando, assim, a responsabilidade do fornecedor.[27]

Nessa mesma linha de pensar, Alberto do Amaral Junior afirma que "o concurso de culpa do consumidor lesado produz, como consequência, a redução do montante a ser pago a título de ressarcimento".[28] Também para Paulo de Tarso Vieira Sanseverino, a "culpa concorrente do ofendido deverá ser valorada no momento da fixação do valor da indenização", concluindo em seguida que tanto na indenização por danos materiais como na por danos morais, "o juiz, no momento do arbitramento, deverá valorar a culpa concorrente do consumidor como uma das circunstâncias mais expressivas para a fixação do montante indenizatório".[29]

Outros doutrinadores brasileiros têm defendido a mesma tese, e, por ilustrativa, trazemos à colação a lição de Carlos Alberto Bittar, que, prelecionando sobre a matéria, deixou assentado: "havendo culpas concorrentes, poderão forrar-se à reparação na proporção em que provarem a culpa do consumidor".[30] Da mesma forma, João Batista de Almeida considera que "a culpa concorrente não a exclui (a responsabilidade) mas conduz a uma redução do quantum indenizatório".[31]

Assim, desprezar essa minorante vai contra o senso do direito e da justiça, porquanto não se pode admitir que quem concorre para o evento lesivo, embora causando, culposamente, um dano a si mesmo, venha a beneficiar-se da integralidade indenizatória.[32]

---

27. Cf. Jaime Marins, Responsabilidade da empresa pelo fato do produto, p. 152.
28. AMARAL JUNIOR, Alberto do. Proteção do consumidor no contrato de compra e venda, p. 288.
29. SANSEVERINO, Paulo de Tarso Vieira. Responsabilidade civil no Código do Consumidor e a defesa do fornecedor, p. 278.
30. BITTAR, Carlos Alberto. Direitos do consumidor, p. 35.
31. ALMEIDA, João Batista de. A proteção jurídica do consumidor, p. 69.
32. Cf. Sílvio Luís Ferreira da Rocha, A responsabilidade pelo fato do produto, p. 46.

6.2.2. Caso fortuito e força maior

Devemos destacar inicialmente que o atual Código Civil, quando trata de responsabilidade civil objetiva, prevê "hipóteses que excluem a responsabilidade objetiva, que são o caso fortuito, a força maior, a culpa exclusiva da vítima e o fato de terceiro", conforme tivemos oportunidade de enfatizar em nossa obra sobre danos morais.[33]

Da mesma forma o saudoso Roberto Senise Lisboa que, em sua obra sobre direito civil, preleciona que "são excludentes da responsabilidade civil objetiva: a culpa exclusiva da vítima; a culpa exclusiva de terceiro; a força maior; e, o caso fortuito", fazendo depois ressalva tão somente quanto ao chamado risco exacerbado, quando, então, as excludentes se limitariam a tão somente duas hipóteses, que são a culpa exclusiva da vítima e a força maior.[34]

Quando adentramos em seara consumerista, verificamos que o Código de Defesa do Consumidor não considera como eximentes, de forma expressa, o caso fortuito e a força maior (a teor do que dispõem os já mencionados arts. 12, § 3º, e 14, § 2º, da Lei nº 8.078/90).

Doutrinando sobre a matéria, e agora tratando especificamente de direito do consumidor, Senise é peremptório ao afirmar que "o microssistema é incompatível com as normas do sistema civil que exoneram a responsabilidade por caso fortuito ou força maior".[35] E assim o faz após tecer considerações no sentido de que a lei do consumidor é silente quanto à matéria, e, portanto, não deveriam ser aplicadas as normas do Código Civil, porque na interpretação de norma restritiva de direito não pode o aplicador do direito querer alargar-lhe a aplicação; deve ater-se à sua forma declarativa ou estrita.[36]

A mesma opinião é partilhada pelo mestre Rizzatto Nunes, que de forma mais contundente afirma que o legislador, ao utilizar o advérbio "só" para discriminar as excludentes do § 3º do art. 12 (produtos) e do § 2º do art. 14 (serviços), não deixou nenhuma margem de dúvida,

---

33. Dano moral – problemática: do cabimento à fixação do quantum, p. 38.
34. LISBOA, Roberto Senise. Manual de direito civil, v. 2, p. 652-653.
35. LISBOA, Roberto Senise. Responsabilidade civil nas relações de consumo, p. 271.
36. Assim também Sílvio Luís Ferreira da Rocha e Maria Antonieta Zanardo Donato, dentre outros.

foi taxativo; logo, não cabe perquirir sobre nenhuma outra excludente que não as expressamente elencadas nos referidos parágrafos.[37]

Já Antônio Herman de Vasconcellos e Benjamin tem entendimento divergente no tocante à matéria. Segundo o nobre jurista, com a autoridade de quem foi um dos elaboradores do anteprojeto do código consumerista, a regra geral no direito pátrio é que o caso fortuito e a força maior excluem a responsabilidade civil, concluindo que, se o Código de Defesa do Consumidor não os elenca como excludentes, também não os nega, daí por que entende que o caso fortuito e a força maior afastam o dever de indenizar.[38]

Da mesma forma Jaime Marins, que, apesar de fazer uma distinção no que diz respeito à força maior, se ocorrente na cadeia de produção ou após a introdução do produto no mercado, defende que a força maior e o caso fortuito devem ser aceitos como exoneradores da responsabilidade civil, na exata medida em que afastam o nexo de causalidade, indispensável para que haja responsabilização civil.[39]

Embora advirta que o caso fortuito e a força maior não estão entre as causas eximentes da responsabilidade pelo fato de produto, Zelmo Denari ressalva que "a doutrina mais atualizada já se advertiu de que esses acontecimentos – ditados por forças físicas de natureza ou que, de qualquer forma, escapam ao controle do homem – tanto podem ocorrer antes como depois da introdução do produto no mercado de consumo", e conclui, apoiando-se em Jaime Marins, que, no segundo caso – ocorrência após a introdução do produto no mercado –, aplicar-se-iam as excludentes, porquanto o nexo de causalidade se teria rompido.[40]

Nosso entendimento é pelo acolhimento do caso fortuito e da força maior como excludentes da responsabilidade civil do fornecedor, na exata medida em que se deve compreender a lei consumerista como legislação destinada a proteger as relações de consumo, e não exclusivamente o consumidor, de tal sorte que, ocorrido o fato imprevisível e inevitável após a colocação do produto ou serviço no

37. RIZZATTO NUNES, Luiz Antonio. Comentários ao Código de Defesa do Consumidor, p. 169.
38. BENJAMIN, Antônio Herman de Vasconcellos e. Comentários ao Código de Proteção do Consumidor, p. 67.
39. MARINS, Jaime. Responsabilidade da empresa pelo fato do produto, p. 154.
40. DENARI, Zelmo. Código de Defesa do Consumidor: comentado pelos autores do anteprojeto, p. 118-119.

mercado de consumo, haveria a quebra do nexo causal, não se podendo responsabilizar o fornecedor por evento a que não deu causa nem tinha como prever ou evitar.

Não é por outra razão que João Batista de Almeida vaticina: "Apesar de não prevista expressamente na Lei de proteção, ambas as hipóteses possuem força liberatória e excluem a responsabilidade, porque quebram a relação de causalidade entre o defeito do produto e o dano causado ao consumidor". Para não deixar dúvida quanto ao seu posicionamento, o renomado mestre exemplifica: "Não teria sentido, por exemplo, responsabilizar-se o fornecedor de um eletrodoméstico, se um raio faz explodir o aparelho, e, em consequência, causa incêndio e danos aos moradores: inexistiria nexo de causalidade a ligar eventual defeito do aparelho ao evento danoso".[41]

É interessante destacar que a jurisprudência do Superior Tribunal de Justiça, com relação aos serviços, já pacificou a matéria, admitindo as excludentes de caso fortuito ou força maior, a partir do voto do E. Ministro Eduardo Ribeiro, que, na condição de relator, julgou questão acerca de prestação de serviço, e, conforme ementa que se colaciona, assim decidiu: "O fato de o art. 14, § 3º, do Código de Defesa do Consumidor não se referir ao caso fortuito e à força maior, ao arrolar as causas de isenção de responsabilidade do fornecedor de serviços, não significa que, no sistema por ele instituído, não possam ser invocadas. Aplicação do art. 1.058 do Código Civil" (a referência é ao Código de 1916, correspondente ao atual art. 393).[42]

A nosso sentir, o Código de Defesa do Consumidor adotou a teoria do risco da atividade como pressuposto para responsabilizar o fornecedor; conseguintemente, justifica-se a aplicação subsidiária dos princípios esculpidos no Código Civil naquilo em que a lei consumerista for omissa. Daí, a conclusão que exsurge é que as excludentes força maior e caso fortuito são plenamente aplicáveis na seara consumerista.

---

41. ALMEIDA, João Batista de. A proteção jurídica do consumidor, p. 69.
42. (STJ, 3ª T., REsp 120.647/SP, j. 15-5-2000, LEX-JSTJ e TRF, 132/101).

Capítulo 3

Aplicação do Código de Defesa do Consumidor

1. CONCEITO DE CONSUMIDOR

É preciso destacar inicialmente que o conceito de consumidor há de ser dado pelo cotejo do art. 2º, parágrafo único com os arts. 17 e 29 do Código de Defesa do Consumidor (Lei nº 8.078/90), de tal sorte a interpretar adequadamente a vontade protetiva emanada da norma legal.

Dessa forma, não se há de ficar adstrito à figura do consumidor *stricto sensu* prevista no *caput* do art. 2º, que define como tal o "destinatário final de um produto ou serviço", pois é forçoso que se amplie essa conceituação, já que o legislador, no parágrafo único do mesmo artigo, criou a figura do consumidor por equiparação, ao estabelecer expressamente que a coletividade de pessoas, ainda que indetermináveis, desde que tenham intervindo nas relações de consumo, deve ser equiparada a consumidores. Nesse passo, o art. 17 da lei em comento também equipara à condição de consumidor todas as pessoas que possam ter sido vitimadas por acidentes decorrentes do fato de produto ou serviço. Ainda nesse norte, o Código, quando regula as chamadas práticas comerciais, inicia o capítulo pelo art. 29, que mais uma vez se utiliza da locução "equipara-se", para aí estender a proteção consumerista a todas as pessoas determináveis ou não que tenham sido expostas às práticas que o referido capítulo regula.

Claudia Lima Marques, em brilhante trabalho publicado na Revista da Faculdade de Direito da UFRGS, discorrendo sobre a definição de consumidor e, ao admitir necessitar rever seus conceitos sobre legitimação de terceiros, afirma com todas as letras que "a maior contribuição do

CDC ao direito civil atual reside justamente na superação do conceito de sujeito individual, o que - na prática - altera todas as nossas definições de terceiro", para, em seguida, concluir que o sujeito da relação juridicamente relevante pode ser individual, coletivo ou difuso, como também pode ser, além daquele que contrata, a vítima terceira naquela relação de contrato, ou seja, o chamado *bystander*.[1]

Importante posicionamento expressa Simone Hegele Bolson que, ancorando-se na doutrina alemã, definiu a questão como uma "relação de consumo por contrato jurídico", considerando que o fornecedor, seja de bens, seja de serviços, firma um contrato social com aqueles que possam ser considerados consumidores em potencial.[2]

O jurista Marcio de Mello Casado, ao abordar a questão dos consumidores em face do sistema bancário, e após fazer uma longa dissertação sobre a conceituação legal de consumidores, preceitua: "os conceitos debatidos para o campo das operações bancárias de concessão de crédito, vemos que perde importância para a incidência do CDC a necessidade de se pesquisar se a pessoa é ou não destinatária final do crédito mutuado. A incidência da proteção contida nos capítulos V e VI do CDC toca a quem consumidor não seja, desde que preencha os requisitos, através da técnica de equiparação contida no art. 29".[3]

Feitas essas considerações iniciais, abordaremos, de maneira distinta, o conceito de consumidor, tanto no sentido *stricto* quanto no que se refere à pessoa jurídica e ao profissional (previsto na *caput* do art. 2º). Além disso, abordaremos também as três situações em que o Código trata dos consumidores por equiparação, quais sejam: a coletividade de pessoas (art. 2º, parágrafo único); as vítimas do acidente de consumo (art. 17); e as pessoas expostas às práticas abusivas (art. 29).

1.1. Consumidor *stricto sensu*

Consumidor é toda pessoa física ou jurídica que adquire ou utiliza produto ou serviço como destinatário final conforme consta expressamente do *caput* do art. 2º da Lei nº 8.078/90. Assim, a própria

---

1. MARQUES, Claudia Lima. Proposta de uma teoria geral dos serviços com base no Código de Defesa do Consumidor, p. 35.
2. BOLSON, Simone Hegele. Direito do consumidor e dano moral, p. 79.
3. CASADO, Marcio de Mello. Proteção do consumidor de crédito bancário e financeiro, p. 37.

lei consumerista se encarregou de conceituar consumidor como sendo a pessoa física ou jurídica que adquire produto, para uso próprio ou de terceiro, ou contrato de serviço, condicionando apenas a que seja o destinatário final, isto é, que não recoloque o produto ou serviço adquirido no mercado de consumo.

Apesar dessa aparente clareza literal da lei, a questão não é pacífica, tendo em vista os acalorados debates em torno do exato alcance da expressão "destinatário final". Para alguns essa expressão representa o sentido econômico da definição de consumidor adotada pelo Código, de tal sorte que consumidor seria aquela pessoa, física ou jurídica, que, retirando o produto do mercado, ou contratando um serviço, dar-lhe-ia destinação de uso de caráter estritamente pessoal. Para outros, pouco importaria a finalidade do produto ou serviço, bastando considerar que houve uma relação de consumo quando o consumidor firmou contrato com o fornecedor e adquiriu produtos ou contratou serviços.

Cabe destacar a ponderação de José Geraldo Brito Filomeno, no sentido de que se deve abstrair toda e qualquer conotação de ordem filosófica ou psicológica, devendo ser considerado consumidor toda e "qualquer pessoa física ou jurídica que, isolada ou coletivamente, contrate para consumo final, em benefício próprio ou de outrem, a aquisição ou a locação de bens, bem como a prestação de um serviço".[4]

Também Othon Sidou, no seu esboço de lei de proteção ao consumidor, definiu consumidor como "qualquer pessoa, natural ou jurídica, que contrata, para sua utilização, a aquisição de mercadoria ou a prestação de serviço, independentemente do modo de manifestação da vontade".[5]

De toda sorte, trataremos no tópico seguinte dos aspectos mais controvertidos com relação à pessoa jurídica consumidora, de molde a melhor compreender o alcance da definição contida no *caput* do art. 2º da lei consumerista.

1.2. Consumidor pessoa jurídica ou profissional

A Lei nº 8.078/90, ao conceituar consumidor, incluiu expressamente a pessoa jurídica como consumidora, exigindo apenas que

4. FILOMENO, José Geraldo Brito. Código brasileiro de Defesa do Consumidor: comentado pelos autores do anteprojeto, p. 26.

5. SIDOW, J. M. Proteção ao consumidor, p. 105-106.

seja ela a destinatária final do produto ou serviço. Em que pese a letra da lei ser clara do ponto de vista literal, há acirrada discussão doutrinária e jurisprudencial no que diz respeito a limitar a aplicação da norma consumerista quando o adquirente for uma pessoa jurídica ou um profissional. Dessa forma, discute-se, por exemplo, se o taxista, quando adquire um veículo para sua atividade profissional, pode ser considerado consumidor ou não; assim como se uma empresa que adquire um aparelho de ar-condicionado para instalar em seu escritório pode ser enquadrada como consumidora.

Nesse sentido, Antonio Carlos Morato é peremptório ao afirmar que "as pessoas jurídicas encontram-se sob o regime protetivo do Código de Defesa do Consumidor, sejam elas corporações (sociedades ou associações) ou fundações, incluindo-se também, na proteção do artigo 2º, o próprio Estado". Para o renomado mestre, "não há, no texto legal, qualquer óbice ao enquadramento das sociedades ou do Estado como consumidores e eventuais objeções a tal enquadramento decorrem apenas de construções doutrinárias influenciadas por concepções estranhas ao nosso sistema jurídico".[6]

Contudo, como esse posicionamento não é pacífico na doutrina, para melhor compreender as divergências quanto ao enquadramento da pessoa jurídica como consumidora, abordaremos de forma rápida as teorias que tratam da questão, quais sejam: a teoria minimalista ou finalista, a teoria maximalista e a teoria da causa final.

1.2.1. Teoria minimalista ou finalista

Esclareça-se inicialmente que os finalistas são os pioneiros na defesa dos direitos dos consumidores brasileiros e que a concepção que defendem é a aplicação restritiva da norma consumerista ao caso concreto, excluindo, tanto quanto possível, a pessoa jurídica e o profissional.

De maneira sintética poderíamos dizer que, para os finalistas, consumidor é o não profissional que adquire um produto ou con-

---

6. Em brilhante dissertação de mestrado intitulada "A pessoa jurídica consumidora: aspectos civis" (p. 137). Foi editada em livro e lançada em 2008 pela Editora Revista dos Tribunais. Com relação ao tema em foco, sugerimos a leitura do capítulo 5: "A polêmica no direito brasileiro sobre a admissibilidade de um conceito amplo de pessoa jurídica consumidora" (p. 95-173).

trata a prestação de um serviço para uso próprio ou de sua família e, excepcionalmente, a pessoa jurídica, desde que sem fins lucrativos. Dessa forma, toda e qualquer pessoa jurídica ou profissional que utilize bens e serviços está excluída da proteção consumerista, porquanto, ao adquirir bens, de insumo ou de custeio, são eles incorporados ao processo produtivo, seja de forma direta (insumo), seja de forma indireta (custeio).

Para os defensores da teoria finalista, o consumidor será sempre a pessoa física que adquira produtos ou serviços para uso próprio ou de sua família, dentro de uma perspectiva que valoriza a hipossuficiência e a vulnerabilidade, excluindo, assim, as pessoas jurídicas, exatamente porque disporiam estas de força suficiente para promover sua defesa em face de qualquer negociação, excetuando-se aquelas hipossuficientes, quais sejam, as que não têm finalidade lucrativa.[7]

Nesse passo, Claudia Lima Marques afirma de forma categórica que "a regra é a exclusão *ab initio* do profissional da proteção do Código", ressalvando, contudo, que "as exceções virão através da ação da jurisprudência, que em virtude da vulnerabilidade do profissional, excluirá o contrato da aplicação das regras normais do Direito Comercial e aplicará as regras protetivas do CDC".[8]

Na mesma perspectiva, Antônio Herman de Vasconcellos e Benjamin define consumidor como "aquele que, para seu uso pessoal, de sua família, ou dos que se subordinam por vinculação doméstica ou protetiva a ele, adquire ou utiliza produtos, serviços ou quaisquer outros bens ou informação colocados a sua disposição por comerciante ou por qualquer outra pessoa natural ou jurídica, no curso de sua atividade ou conhecimento profissionais".[9]

Pela ótica dos finalistas, estão excluídas da proteção do Código consumerista as empresas que, por exemplo, adquirem uma máquina para a fabricação de seus produtos ou mesmo uma copiadora para ser utilizada em seu escritório. Nessas circunstâncias, se o produto apresentar defeitos ou vícios, a empresa deverá resolver o problema com seu fornecedor pelas vias da legislação civil, jamais se utilizando

7. Cf. José Geraldo Brito Filomeno, Código brasileiro de Defesa do Consumidor, p. 26-27.
8. MARQUES, Claudia Lima. Contratos no Código de Defesa do Consumidor, p. 280.
9. BENJAMIN, Antônio Herman de Vasconcellos e. O conceito jurídico de consumidor, RT, 628/78.

da legislação consumerista. Justificam tal posicionamento alegando que "referidos bens certamente entram na cadeia produtiva e nada têm a ver com o conceito de destinação final".[10]

Da mesma forma quanto ao profissional, já que, para os defensores da teoria minimalista, o advogado, por exemplo, que adquire um computador para uso em seu escritório não poderia ser enquadrado como consumidor; se, porém, esse mesmo advogado adquirir o computador para uso em sua residência, poderá ser conceituado como consumidor e assim ser beneficiário do sistema protetivo do consumidor.

Nesse sentido, segundo James Eduardo de Oliveira, "o elemento teleológico da relação de consumo traduz a exigência de que o produto ou o serviço, ao ser utilizado pelo consumidor, seja recolhido do mercado de consumo de maneira definitiva para a satisfação de uma necessidade própria", afirmando ainda que "isto não ocorre quando o produto ou serviço serve à criação ou à formulação de outros produtos ou serviços, ou seja, quando é reintrojetado no mercado de consumo, ainda que com outras característica ou distinções".[11]

Verifica-se, por essa teoria, que a pessoa jurídica ou o profissional dificilmente poderão ser considerados consumidores, na exata medida em que seus defensores reservam tal conceito tão só para as pessoas físicas que retiram do mercado de consumo um bem ou um serviço, para seu uso pessoal ou de sua família, como usuário final.

Importante registrar que o Superior Tribunal de Justiça (STJ) decidiu que nas relações empresariais a aplicação do Código de Defesa do Consumidor fica condicionada à demonstração efetiva da vulnerabilidade da pessoa jurídica frente ao fornecedor. Desta forma, incumbe à pessoa jurídica que pretende a incidência do diploma consumerista comprovar a sua situação peculiar de vulnerabilidade.

Importante destacar que a Ministra Nancy Andrighi ressaltou que a jurisprudência do STJ, pautada em uma interpretação teleológica do dispositivo legal, adere à teoria finalista mitigada ou aprofundada, a qual viabiliza a aplicação da lei consumerista sobre situações em que, apesar do produto ou serviço ser adquirido no curso do desenvol-

10. Cf. José Geraldo Brito Filomeno, Código brasileiro de Defesa do Consumidor, p. 30.
11. OLIVEIRA, James Eduardo de. Código de Defesa do Consumidor, p. 18.

vimento de uma atividade empresarial, haja vulnerabilidade técnica jurídica ou fática da parte adquirente frente ao fornecedor.[12]

1.2.2. Teoria maximalista

Para os maximalistas, o Código de Defesa do Consumidor é norma geral de regulação do mercado de consumo, de tal sorte que a definição de consumidor constante do *caput* do art. 2º da Lei nº 8.078/90 aplicar-se-ia a todo e qualquer adquirente de produtos ou serviços, independentemente de sua vulnerabilidade ou hipossuficiência, não havendo que perquirir se pessoa física, jurídica ou profissional, nem tampouco se a aquisição do produto ou serviço terá utilização com fins de lucro ou tão somente se será ele utilizado para consumo próprio.

Para os maximalistas, destinatário final de produtos ou serviços seria "o destinatário fático do produto, aquele que o retira do mercado e o utiliza, o consome, por exemplo, a fábrica de toalhas que compra algodão para transformar, a fábrica de celulose que compra carros para o transporte de visitantes, o advogado que compra um computador para o seu escritório, ou mesmo o Estado quando adquire canetas para uso nas repartições e, é claro, a dona de casa que adquire produtos alimentícios para a família".[13]

Em suma, a aquisição de todo e qualquer produto ou serviço seria o suficiente para enquadrar o adquirente como "destinatário final", o que, com a devida vênia, pode representar um exagero.

1.2.3. Teoria da causa final

Destacando que o Código de Defesa do Consumidor não fez nenhuma distinção quanto aos bens de insumo e os bens de consumo, assim como não restringiu a definição de consumidor tão somente àqueles que adquirem produtos para fins não profissionais, Roberto Senise Lisboa é peremptório ao sustentar que "a expressão 'destinatário final' deve ser analisada à luz da causa para qual foi adquirido o produto ou o serviço".[14]

12. Esta notícia refere-se ao REsp 2.020.811. Fonte: Informativo do STJ, publicado em 09/12/2022.
13. MARQUES, Claudia Lima. Contratos no Código de Defesa do Consumidor, p. 255.
14. LISBOA, Roberto Senise. Responsabilidade civil nas relações de consumo, p. 149– 162.

Quer-nos parecer mais acertado esse posicionamento, pois referido autor utiliza sólidos argumentos, que a seguir apresentaremos, ainda que de forma sintética, para melhor justificar a teoria, em três situações distintas, vejamos:

Primeiro – justifica-se a aplicação da teoria da causa final porque o Código de Defesa do Consumidor considera a pessoa jurídica consumidora, enquanto para a teoria minimalista a pessoa jurídica estaria, praticamente, excluída da proteção do Código, em visível confronto com o expressamente estabelecido no *caput* do art. 2º da Lei n. 8.078/90.

Segundo – porque, ainda que o produto seja transformado para uso próprio, essa condição, de per si, não retira do adquirente a condição de consumidor final, devendo, assim, merecer a proteção consumerista.

Terceiro – porque, se o Código de Defesa do Consumidor quisesse excluir os profissionais, teria feito menção expressa, assim como se desejasse excluir a pessoa jurídica não a teria mencionado. Se essa fosse a vontade da lei, estaria expressa a limitação tal qual acontece em algumas legislações alienígenas.

Dessa forma, resta claro que a não incidência da legislação consumerista ficaria restringida àqueles casos de aquisição de produtos ou serviços com o fito de recolocá-los no mercado de consumo, seja *in natura*, seja transformados. Nessas circunstâncias, o adquirente teria de socorrer-se da legislação civil ou comercial para resolver suas eventuais pendências.

Ademais, conforme preleciona Antonio Carlos Morato, "no art. 2º do Código de Defesa do Consumidor não há qualquer restrição a um enquadramento amplo da pessoa jurídica como consumidora; pelo contrário, só existe a menção à possibilidade de admitir-se a pessoa jurídica e também a pessoa física, sem qualquer ressalva a não ser a destinação final. Na França, por exemplo, considera-se consumidor só quem adquire o bem de consumo para uso não profissional. No entanto, parte da jurisprudência acabou admitindo a existência da relação de consumo na hipótese do profissional que adquirir um bem de consumo fora da sua área de conhecimento, ainda que o uso do bem de consumo ocorra no próprio trabalho. Embora objeções de caráter técnico sejam apresentadas a esse posicionamento jurisprudencial por autores do porte de Jean Calais-Auloy, devemos levar em conta que tais objeções são irrelevantes no Direito do Consumidor Brasileiro, que não exige o uso não profissional para a caracterização da relação de consumo".[15]

Para Mirella Caldeira a melhor interpretação para a expressão "destinatário final" seria analisar não o produto adquirido, e sim a atividade normalmente exercida pelo adquirente, bem como sua responsabilidade perante a relação que se estabelecerá com seus consumidores. Exemplifica com o dono de um restaurante que, tendo adquirido um fogão industrial para uso no preparo de refeições que vai servir, será considerado consumidor porque mesmo tendo utilizado o fogão em sua atividade, este fogão não retorna ao mercado de consumo. Tanto é verdade que, se o consumidor passar mal em razão da comida estragada e tiver que acionar o restaurante em face disso, reflexo nenhum terá o fogão onde a comida foi preparada.[16]

De outro lado, preconizar, como fazem os maximalistas, que qualquer aquisição de produtos ou serviços, independentemente de seu uso ou finalidade, já configuraria a relação de consumo protegida pelo Código, é fazer uma interpretação extensiva desfigurativa dos objetivos da lei consumerista.

Assim, afigura-se mais condizente com a realidade a teoria da causa final, pela qual se pode definir o consumidor como o destinatário final, que pode ser pessoa física ou jurídica, profissional ou não, que adquira produtos ou serviços com a finalidade de uso, ainda que por transformação, desde que não recoloque o produto ou serviço no mercado, justificando-se tal definição no simples fato de que a legislação consumerista não diferenciou bem de insumo, bem de custeio e bem de consumo, razão por que não cabe ao intérprete prender-se a noções puramente econômicas para delimitar ou alargar a aplicação do conceito de consumidor.[17]

15. MORATO, Antonio Carlos. A pessoa jurídica consumidora: aspectos civis, p. 137– 138.
16. CALDEIRA, Mirella D'Angelo. O conceito de consumidor no parágrafo único do art. 2º do Código de Defesa do Consumidor. SaraivaJur, np.
17. LISBOA, Roberto Senise. Responsabilidade civil nas relações de consumo, p. 154.

1.3. Consumidor por equiparação

O Código de Defesa do Consumidor não se limitou a conceituar o consumidor *stricto sensu*, pois para fins de tutela, por exemplo, diante de acidente de consumo. Neste caso o CDC amplia o conceito de consumidor para abranger qualquer vítima do evento, mesmo que ela nunca tenha contratado ou comprado nenhum produto ou serviço.

Da mesma forma quando se trata da coletividade de pessoas o CDC quipara a consumidor a coletividade de pessoas, ainda que indetermináveis, que haja intervindo nas relações de consumo.

Vejamos cada uma das equiparações que o Código Consumrista, faz prever no seu arcabouço, começando pela coletividade.

1.3.1. Da coletividade de pessoas

A equiparação regulada pelo parágrafo único do art. 2º visa proteger toda a coletividade de pessoas sujeitas às práticas decorrentes da relação de consumo. Dessa forma, o Código de Defesa do Consumidor conseguiu viabilizar uma rede protetora dos interesses difusos e coletivos da massa consumidora, dotando os órgãos que detenham legitimidade para atuar em sua defesa de mecanismo de prevenção à obtenção de uma justa reparação para a eventualidade de existência de dano.[18]

O mestre José Geraldo Brito Filomeno, com a autoridade de quem participou da elaboração do anteprojeto que resultou no Código de Defesa do Consumidor, ao comentar referido parágrafo, expressamente diz: "o que se tem em mira no parágrafo único do art. 2º é a universalidade, conjunto de consumidores de produtos e serviços, ou mesmo grupo, classe ou categoria deles, e desde que relacionados a um determinado produto ou serviço, perspectiva essa extremamente relevante e realista porquanto é natural que se previna, por exemplo, o consumo de produtos ou serviços perigosos ou então nocivos, beneficiando-se assim abstratamente as referidas universalidades e categorias de potenciais consumidores".[19]

18. Cf. Roberto Senise Lisboa, Responsabilidade civil nas relações de consumo, p. 163.
19. FILOMENO, José Geraldo Brito. Código brasileiro de Defesa do Consumidor, p. 29.

É exatamente em face da disposição contida no parágrafo único do art. 2º da Lei nº 8.078/90 que se encontram legitimados o Ministério Público e os demais órgãos enumerados no art. 82 a ingressar com ações coletivas em defesa dos interesses da coletividade de consumidores eventualmente prejudicados em face de uma relação de consumo.

1.3.2. Das vítimas do acidente de consumo – *bystander*

Abordando o tema inserto no art. 17 da Lei nº 8.078/90, diz Roberto Senise Lisboa que, "além do próprio consumidor, o terceiro prejudicado recebeu a atenção do legislador, ante o dano sofrido decorrente da relação de consumo da qual não participou". E conclui: "estendeu-se a proteção concedida pela lei ao destinatário final dos produtos ou serviços, em favor de qualquer sujeito de direito, inclusive daquele que ordinariamente não seria consumidor na relação de consumo a partir da qual ocorreu o prejuízo".[20]

Doutrinando sobre a matéria, Paulo de Tarso Vieira Sanseverino preleciona que "toda e qualquer vítima de acidente de consumo equipara-se ao consumidor para efeito da proteção conferida pelo CDC. Passam a ser abrangidos os chamados *bystander* que são terceiros que, embora não estejam diretamente envolvidos na relação de consumo, são atingidos pelo aparecimento de um defeito no produto ou no serviço".[21]

Quanto aos objetivos protecionistas buscados pelo legislador consumerista, Zelmo Denari cita as considerações feitas pela jurista espanhola Parra Lucan, do seguinte teor: "trata-se de impor, de alguma forma, ao fornecedor a obrigação de fabricar produtos seguros, que satisfaçam os requisitos de segurança a que tem direito o grande público".[22]

Cabe aqui destacar que a regra contida no art. 17 do Código do Consumidor agasalha a proteção ao terceiro que não faz parte da relação direta de consumo; logo, é de concluir que, se do acidente de consumo restou prejuízo para qualquer pessoa, mesmo aquelas que

---

20. LISBOA, Roberto Senise. Responsabilidade civil nas relações de consumo, p. 163.
21. SANSEVERINO, Paulo de Tarso Vieira. Responsabilidade civil no Código de Defesa do Consumidor e a defesa do fornecedor, p. 208.
22. DENARI, Zelmo. Código brasileiro de Defesa do Consumidor, p. 126.

não estariam enquadradas no conceito de consumidor, o dever de indenizar estará presente. Nesse aspecto, Jaime Marins fornece-nos um exemplo bem ilustrativo do que seja o chamado bystander ao relatar o caso de um comerciante de defensivos agrícolas que se vê seriamente intoxicado pelo simples ato de estocagem, em decorrência de defeito no acondicionamento do produto (defeito de produção). Nesse caso, embora o comerciante não seja consumidor *stricto sensu*, poderá socorrer-se da proteção consumerista, pois estaria enquadrado no conceito de consumidor por equiparação.[23]

1.3.3. Das pessoas expostas às práticas abusivas

Nesse tópico se inclui o conjunto de pessoas, consumidoras ou não, determináveis ou não, que possam, de qualquer forma, estar expostas às práticas comerciais, que vão desde a oferta de produtos (arts. 30 a 35), a publicidade (arts. 36 a 38), as práticas abusivas (arts. 39 a 41), a forma de cobrança de dívidas (art. 42), a inclusão de seus nomes em bancos de dados (arts. 43 e 44), até as cláusulas abusivas (art. 51). Vê-se, desde logo, que a abrangência do art. 29 do Código de Defesa do Consumidor é bem maior que a dos já tratados (art. 2º, parágrafo único e art. 17), porquanto basta que a relação seja de consumo para que a proteção consumerista se estenda a qualquer pessoa, independentemente da conceituação legal de consumidor.

Como enfatiza Roberto Senise Lisboa, "o legislador conferiu a defesa do direito de todos, consumidores por definição ou não, e não apenas da coletividade de consumidores. Assim, a expressão todas as pessoas abrange a vítima do evento referido no art. 17, a coletividade de consumidores a qual alude o art. 2º, parágrafo único, e mesmo as pessoas que normalmente não seriam consumidoras na relação de consumo a partir da qual se principiou o dano".[24]

Evidentemente que a equiparação de qualquer pessoa à condição de consumidor, no sentido de que possa ser beneficiária da legislação consumerista, há de decorrer de uma relação de consumo, isto é, precisa haver num dos polos um fornecedor, seja de serviços, seja de produtos, e, no outro, um consumidor, como alvo a ser atingido pelo

23. MARINS, Jaime. Responsabilidade da empresa pelo fato do produto, p. 71.
24. LISBOA, Roberto Senise. Responsabilidade civil nas relações de consumo, p. 164.

apelo do fornecedor. Se assim não for, não há falar em consumidor por equiparação, visto que nem mesmo existirá relação de consumo.

Segundo Claudia Lima Marques, poderíamos, pois, afirmar uma segunda diferença, uma vez que no sistema do CDC a inclusão destes terceiros, agora com o 'status obrigacional' de consumidores equiparados, se dá não pela vontade dos fornecedores ou mesmo dos consumidores, mas se dá 'ex vi lege'.[25]

Discorrendo sobre o tema em estudo, Maria Antonieta Zanardo Donato preleciona que "o art. 29 possui uma abrangência subjetiva bem mais extensa e ampla, bastando, para nessa categoria subsumir-se, a simples exposição do consumidor àquelas práticas. Prescinde-se, pois, da efetiva participação da pessoa na relação de consumo (art. 2º) ou de ter sido atingida pelo evento danoso (art. 17). Mostra-se suficiente estar exposto a essas práticas para receber-se a tutela outorgada".[26]

Também com ênfase, Antônio Herman de Vasconcellos e Benjamin destaca que "consumidor é, então, não apenas aquele que adquire ou utiliza produtos (art. 2º), mas igualmente as pessoas 'expostas às práticas' previstas no Código (art. 29)", para, ao depois, concluir afirmando que "no primeiro caso impõe-se que haja ou que esteja por haver a aquisição ou utilização. Diversamente, no segundo, o que se exige é a simples exposição à prática, mesmo que não se consiga apontar, concretamente, um consumidor que esteja em vias de adquirir ou utilizar o produto ou serviço".[27]

1.4. Da importância da equiparação

A importância da equiparação reside, fundamentalmente, na possibilidade de proteção dos interesses da massa de consumidores, isto é, na defesa dos interesses difusos e coletivos da sociedade, que poderão ser exercidos pelos órgãos aos quais o Código empresta legitimidade (ver art. 82). Tais órgãos poderão propor ações civis públicas em nome da coletividade, visando a proteção dos interesses socialmente importantes da sociedade, inclusive de forma preventiva,

---

25. MARQUES, Claudia Lima. Contratos no Código de Defesa do Consumidor, p. 303.
26. DONATO, Maria Antonieta Zanardo. Proteção ao consumidor, p. 243.
27. BENJAMIN, Antônio Herman de Vasconcellos e. Código brasileiro de Defesa do Consumidor, p. 172-173.

independentemente da identificação pessoal de cada um dos possíveis lesionados.[28]

Nesse sentido é a lição de Claudia Lima Marques: "impor ao fornecedor de serviços (e produtos) deveres de lealdade e segurança genéricos (extracontratuais e contratuais) frente a todos os consumidores (arts. 2º, 17 e 29 do CDC) é um grande jugo, pois nem ele pode identificar quem são estes 'consumidores' em potencial, individuais, coletivos e mesmo difusos (art. 81 do CDC). Se os consumidores in concreto irão usar de seus novos direitos 'contratuais' não é certo, certo é que o sistema do CDC criou novos deveres do fornecedor frente a estes ex-terceiros, agora consumidores, que como tal e neste patamar de boa-fé, qualidade e segurança devem ser tratados no mercado, indistintamente se 'contratam' os serviços, se os 'utilizam' diretamente, se neles 'intervêm' ou se são apenas 'expostos' a eles".[29]

Para Roberto Senise Lisboa, as três equiparações legais ao consumidor resultam da implementação do Estado Social de Direito, consagrando-se a proteção dos interesses da massa de consumidores considerados socialmente relevantes pelo legislador. Ultimando seu pensar, o ilustre mestre paulista vaticina que "não há mais tão somente a tutela individual do adquirente direto ou usuário final, mediante o equilíbrio da relação jurídica. Defendem-se os interesses sociais da massa de consumidores que intervêm nas relações de consumo (interesse difuso e coletivo), das vítimas de acidentes de consumo ao menos atentatórios à vida, à saúde ou à segurança do consumidor e das pessoas expostas às práticas decorrentes de oferta ou publicidade, mesmo que não venham a adquirir o produto ou serviço veiculado pela mídia (interesses difusos)".[30]

Assim, ousaríamos afirmar que, apesar do tormentoso debate em torno da definição de consumidor *stricto sensu* (Lei 8.078/90 art. 2º, *caput*) que divide a doutrina em duas grandes correntes – minimalistas e maximalistas –, nas questões envolvendo o consumidor equiparado, essas correntes se harmonizam, pois as divergências, se houver, não apresentam grande relevância.

---

28. Ver a esse respeito a Lei de Ação Civil Pública (Lei n. 7.347/85 – especialmente os arts. 4º, 5º e 6º).
29. MARQUES, Claudia Lima. Contratos no Código de Defesa do Consumidor, p. 303.
30. LISBOA, Roberto Senise. Responsabilidade civil nas relações de consumo, p. 165.

Conclui-se, pois, que na sistemática adotada pelo Código de Defesa do Consumidor a definição de consumidor se alarga, indo além da figura do adquirente final do produto e/ou serviço, para contemplar toda a coletividade de consumidores (parágrafo único do art. 2º), as vítimas do acidente decorrente do fato do produto e/ou serviço (art. 17), bem como aqueles que estejam expostos às práticas consideradas abusivas (art. 29).

Constatamos que, apesar da remansosa doutrina a respeito do tema, ainda encontramos resistências junto aos operadores do direito quanto à aplicação das normas protetivas agasalhadas no Código de Defesa do Consumidor. Sob essa ótica, quando falamos em relação de consumo em sentido amplo e, de outro lado, na responsabilização civil extracontratual do fornecedor de produtos e/ou serviços, é comum nos depararmos com conceitos privativistas, que estão, de há muito, superados, não só pelos princípios informativos da relação de consumo contidos na lei consumerista (vulnerabilidade, hipossuficiência, transparência, boa-fé objetiva etc.), como também pela teoria da responsabilidade objetiva do fornecedor, que advém dos deveres inerentes à atividade econômica, ou seja, da responsabilidade pelo risco da atividade.

Nesse norte, a Lei nº 8.078/90, ao criar a figura do consumidor por equiparação, procurou fornecer meios à sociedade como um todo, para defender seus interesses, tutelando seus direitos, de forma preventiva ou repressiva, da maneira mais ampla possível, seja por meio de ações individuais, seja por meio de ações coletivas, da legitimação de entidades representativas da sociedade civil, ou da legitimação conferida ao Estado na defesa dos interesses difusos e coletivos.

Em resumo, o Código de Defesa do Consumidor é para o consumidor o que a Consolidação das Leis do Trabalho é para o trabalhador: ambos são legislações dirigidas a determinado segmento da população, visando uma proteção especial aos mais fracos na relação jurídica. Tanto é assim que a lei consumerista não se limitou a conceituar o consumidor como destinatário final de produtos, na exata medida em que previu o consumidor vulnerável (art. 4º, I), o consumidor carente (art. 5º, I), o consumidor hipossuficiente, que pode vir a ser beneficiário da inversão do ônus da prova (art. 6º, VIII), e o consumidor que necessita da proteção do Estado, ao assegurar o acesso aos órgãos judiciários e administrativos, com vistas à prevenção ou reparação de danos patrimoniais e morais, individuais, coletivos ou difusos (art. 6º, VII).

Assim, podemos concluir que a efetiva proteção ao consumidor encontra ressonância no princípio geral da vulnerabilidade, que, em última análise, busca garantir o princípio da isonomia, dotando os mais fracos de instrumentos que lhes permitam litigar em condições de igualdade pelos seus direitos, seguindo a máxima de que a democracia nas relações de consumo significa tratar desigualmente os desiguais na exata medida de suas desigualdades, com o único fito de atingir a tão almejada justiça social.

2. CONCEITO DE FORNECEDOR

Para que haja uma relação de consumo, segundo a ótica do Código de Defesa do Consumidor, é preciso que sejam identificados, na mesma relação: um consumidor, um fornecedor e um produto fornecido ou serviço prestado. Se faltar um desses componentes, a demanda deverá ser dirimida à luz da legislação civil ou comercial, afastando-se a eventual incidência da lei consumerista. No item anterior definimos consumidor; neste vamos definir fornecedor e, no subsequente, produtos e serviços.

Diz a lei consumerista que "fornecedor é toda pessoa física ou jurídica, pública ou privada, nacional ou estrangeira, bem como os entes despersonalizados, que desenvolvem atividades de produção, montagem, criação, construção, transformação, importação, exportação, distribuição ou comercialização de produtos ou prestação de serviços" (art. 3º, *caput*). Significa dizer que fornecedor é toda e qualquer pessoa física ou jurídica que desenvolva atividade econômica e oferte produtos ou serviços ao mercado de consumo de forma não eventual, na qualidade de fabricante, produtora, montadora, transformadora, importadora, ou mesmo na condição de distribuidora ou simples comerciante.

Veja-se que o Código fala em "atividade" para definir fornecedor. Assim, aquele que, de forma reiterada, desenvolve atividade de comércio, por exemplo, ainda que não seja propriamente comerciante, estará caracterizado como fornecedor para os fins da lei consumerista. Dessa forma, a dona de casa que, para aumentar as rendas domésticas, passa a comprar e revender produtos de limpeza em sua residência, de forma constante, será considerada fornecedora para efeitos do Código de Defesa do Consumidor.

Em contrapartida, no caso de uma loja que revende automóveis usados adquirir, por exemplo, um computador novo para uso de sua administração e vender o antigo, não há falar que a loja de automóveis seja fornecedora, porquanto a comercialização de computadores não é sua atividade-fim – a venda daquele computador usado deu-se de forma eventual. Logo, para caracterizar o fornecedor é preciso haver habitualidade, constância e regularidade na atividade de fornecimento do produto ou serviço.

Como ensina Claudia Lima Marques, "o critério caracterizador é desenvolver atividades tipicamente profissionais, como a comercialização, a produção, a importação, indicando também a necessidade de uma certa habitualidade, como a transformação, a distribuição de produtos. Essas características vão excluir da aplicação do Código os contratos firmados entre dois consumidores, não profissionais".[31]

3. CONCEITO DE PRODUTO E SERVIÇO

Os dois conceitos são distintos, mas possuem similaridade e pontos em comum e pode até acontecer de um estar embutido no outro. Além disso, há empresas que só vendem produtos, outras que apenas prestam se rviços e muitas que oferecem ambos a seus clientes.

Neste tópico vamos ver como o Código de Defesa do Consumidor definiu produto e serviço.

3.1. Conceito de produto

Diz o Código de Defesa do Consumidor que produto é qualquer bem, móvel ou imóvel, material ou imaterial (art. 3º, § 1º, da Lei n. 8.078/90). De concluir que produto é qualquer coisa adquirida no mercado de consumo, seja um bem móvel, imóvel ou mesmo um semovente. Nessa definição não cabe restrição, isto é, não importa distinguir se o produto é natural ou industrial, se é original ou transformado, se é peça única ou conjunto de incorporações, ou seja, qualquer bem adquirido em uma relação de consumo é produto.[32]

---

31. MARQUES, Claudia Lima. Contratos no Código de Defesa do Consumidor, p. 326-327.
32. Cf. Roberto Senise Lisboa, Responsabilidade civil nas relações de consumo, p. 167.

Importante frisar que será considerado "produto" o bem que for colocado no mercado de consumo por um ente que possa ser conceituado como fornecedor, porque, se assim não for, ainda que o bem tenha valor comercial e econômico, não será considerado produto para os fins consumeristas. Quer dizer: se um veículo usado é vendido por seu dono, pessoa física ou jurídica, com o fim de adquirir outro mais novo, não sendo a venda de veículos o objetivo empresarial do vendedor, não há falar em produto para efeito do que prescreve o Código de Defesa do Consumidor.

3.2. Conceito de serviço

Serviço é qualquer atividade fornecida no mercado de consumo mediante remuneração, inclusive as de natureza bancária, financeira, de crédito e securitária, salvo as decorrentes das relações de caráter trabalhista (§ 2º do art. 3º da Lei n. 8.078/90). Sendo assim, podemos afirmar que serviço é a atividade humana que gera benefícios ou satisfações para quem o adquire, oferecido por pessoa física ou jurídica, sem vínculo empregatício com o adquirente (autônomo), porém mediante remuneração.

Nessa definição se enquadra o prestador de serviço, pessoa física, conhecido como profissional liberal, e também o trabalhador avulso ou autônomo.

Observe-se que o serviço deverá ser remunerado, porquanto se for prestado gratuitamente não caracterizará relação de consumo para efeitos do código consumerista. Da mesma forma, se o serviço for prestado em decorrência de relação trabalhista, também não estará albergado na lei consumerista, porque o Código, de maneira expressa, excluiu de sua abrangência tais relações.

4. O ESTADO E SUAS CONCESSIONÁRIAS COMO PRESTADORES DE SERVIÇOS

Esclareça-se por primeiro que a responsabilidade do Estado é objetiva, fundada na teoria do risco administrativo, conforme preceituado na nossa Constituição Federal: "as pessoas jurídicas de direito público e as de direito privado prestadoras de serviços públicos responderão pelos danos que seus agentes, nessa qualidade, causarem a terceiros" (art. 37, § 6º). Em face da adoção da responsabilidade objetiva, ao lesado bastará a demonstração do dano e do respectivo nexo causal, entre a atividade omissiva ou comissiva do agente causador e o resultado danoso, para fazer surgir o dever indenizatório, sem perquirição do elemento culpa, assegurando-se ao Estado o direito da contraprova, pela qual poderá ser isentado desde que presentes algumas das tradicionais excludentes da responsabilidade civil, quais sejam culpa exclusiva da vítima ou de terceiro, caso fortuito ou de força maior.[33]

Fato que merece ser destacado é que o legislador constituinte pôs fim à polêmica vigente no sistema constitucional anterior ao incluir, expressamente, na responsabilização objetiva, "as pessoas jurídicas de direito privado prestadoras de serviços públicos". Quer dizer, quando falamos da responsabilidade do Estado não se está tratando apenas da administração pública direta (União Federal, Estados, Distrito Federal e Municípios), mas também da administração pública indireta e até mesmo dos entes públicos por delegação de sorte a incluir no mesmo rol de responsabilização as autarquias, empresas públicas, empresas de economia mista, concessionárias, permissionárias e qualquer outro agente autorizado a realizar serviços públicos, que respondem objetivamente pelos danos que, nesta condição, causarem a outrem.

Já no que diz respeito aos serviços públicos, à incidência das normas consumeristas, é inquestionável tendo em vista o preceituado no art. 22, que dispõe: "Os órgãos públicos, por si ou suas empresas, concessionárias, permissionárias ou sob qualquer outra forma de empreendimento, são obrigados a fornecer serviços adequados, eficientes, seguros e, quanto aos essenciais, contínuos". Ademais, o parágrafo único do retrocitado artigo é peremptório ao prever que "nos casos de descumprimento, total ou parcial, das obrigações referidas neste artigo, serão as pessoas jurídicas compelidas a cumpri-las e a reparar os danos causados, na forma prevista neste Código".

---

33. Da mesma forma o Código Civil estabelece que "as pessoas jurídicas de direito público interno são civilmente responsáveis por atos dos seus agentes que nessa qualidade causem danos a terceiros, ressalvado direito regressivo contra os causadores do dano, se houver, por parte destes, culpa ou dolo" (art. 43). Vários doutrinadores asseveram que tal dispositivo é letra morta na exata medida em que, tratando-se de responsabilidade do Estado, a matéria é de direito constitucional e de direito administrativo (nesse sentido ver Carlos Roberto Gonçalves – Responsabilidade civil, p. 170-173).

Não bastasse esta expressa previsão de aplicação das normas consumeristas aos serviços públicos, encontramos outras disposições no Código de Defesa do Consumidor fazendo referência aos serviços públicos, tais como ao tratar da Política Nacional das Relações de Consumo, preconizando que dentre os princípios que devem ser atingidos, encontra-se a "racionalização e melhoria dos serviços públicos" (art. 4º, VII); da mesma forma quando trata dos Direitos Básicos do Consumidor, estabelecendo que o consumidor terá direito "a adequada e eficaz prestação dos serviços públicos em geral" (art. 6º, X).

A discussão fica por conta de quais serviços estariam sob a égide do Código do Consumidor. É evidente que o Estado presta alguns serviços, diretamente ou por delegação, a grupos de pessoas indeterminadas, cujos recursos para manutenção destes serviços advêm dos impostos, tais como os serviços de saúde, segurança pública, educação e tantos outros. Outros serviços têm seus destinatários perfeitamente individuados, usuários determinados ou determináveis, aos quais se permite conferir e quantificar o consumo e a utilização dos serviços, como ocorre com os serviços de transportes coletivos, energia elétrica, telefonia e água, dentre outros.[34]

Assim, estão excluídas da incidência do Código consumerista as relações entre a Administração Pública e o administrado quando tratar-se de deficiência na prestação dos serviços públicos ditos gratuitos como o de segurança pública, saúde e educação, dentre outros, uma vez que esses serviços são remunerados pelo pagamento de tributos que não representa a contrapartida da prestação de um serviço contratado pelo usuário/consumidor.[35]

De outro lado, os serviços públicos remunerados por tarifa ou preço público se submetem às regras do Código de Defesa do Consumidor, porque sua utilização é facultativa e remunerada na quantidade dos serviços utilizados, sendo uma opção do consumidor utilizá-los ou não. Assim, a deficiência na prestação dos serviços de telefonia, fornecimento de energia elétrica, água, gás e transportes, serviços notariais, dentre outros, e os danos por eles causados aos consumidores resolvem-se pela aplicação das normas consumeristas.

34. CAVALIERI FILHO, Sergio. Programa de direito do consumidor, p. 66.

35. LISBOA, Roberto Senise Lisboa, op. cit., p. 188.

Tanto é assim que a jurisprudência do Superior Tribunal de Justiça está consolidada no sentido de "a relação entre concessionária de serviço público e o usuário final, para o fornecimento de serviços públicos essenciais, tais como água e energia, é consumerista, sendo cabível a aplicação do Código de Defesa do Consumidor".[36]

Rememore-se, por oportuno, que as relações tributárias estão excluídas da incidência do Código consumerista, uma vez que o pagamento de tributos não representa a contrapartida da prestação de serviço contratado pelo usuário/consumidor, de tal sorte que a jurisprudência tem firmado posição de que é inaplicável o Código de Defesa do Consumidor no caso de pagamento de qualquer tributo.[37]

Advirta-se, contudo, que há doutrinadores que defendem a aplicação das regras consumeristas a todo e qualquer serviço público prestado pela Administração Pública (direta ou indireta), remunerados por tributos, taxas ou tarifas, de sorte que a figura do "contribuinte" e a do "consumidor" seriam a mesma coisa.[38]

---

36. (AgRg no AREsp 354.991/RJ, Rel. Min. Mauro Campbell Marques, Segunda Turma, DJe 11/9/2013).
37. LISBOA, Roberto Senise. Responsabilidade civil nas relações de consumo, p. 188.
38. Dentre outros, ver Rizzatto Nunes, Curso de direito do consumidor, p. 115.

Capítulo 4

Os Princípios Informativos do Código de Defesa do Consumidor

1. OS PRINCÍPIOS GERAIS DE DIREITO

Os princípios, em qualquer ordenamento jurídico, são "verdades fundantes", quer dizer, são proposituras fundamentais que estruturam e dão coesão ao sistema jurídico estudado, permitindo a integração das partes ao todo, independentemente de estarem, ou não, positivados. Para Miguel Reale, os princípios gerais de direito "são enunciações normativas de valor genérico, que condicionam e orientam a compreensão do ordenamento jurídico, quer para sua aplicação e integração, quer para elaboração de novas normas".[1]

Os princípios funcionam como alicerces e pilares de qualquer sistema jurídico, sendo, a bem da verdade, "disposição fundamental que se irradia sobre diferentes normas compondo-lhes o espírito e servindo de critério para a sua exata compreensão e inteligência por definir a lógica e a racionalidade do sistema normativo, no que lhe confere a tônica e lhe dá sentido harmônico".[2]

Para Carlos Maximiliano, "todo conjunto harmônico de regras positivas é apenas o resumo, a síntese, o *substratum* de um complexo de altos ditames, o índice materializado de um sistema orgânico, a concretização de uma doutrina, série de postulados que enfeixam

1. REALE, Miguel. Lições preliminares de direito, p. 300.
2. MELLO, Celso Antonio Bandeira de. Curso de direito administrativo, p. 629-630.

princípios superiores. Constituem estes as diretivas ideias do hermeneuta, os pressupostos científicos da ordem jurídica".[3]

Das três propondituras acima esposadas, primeira e mais importante lição que se extrai é que qualquer dispositivo legal deve ser interpretado em harmonia com os princípios gerais que orientam nosso ordenamento jurídico, sejam os princípios gerais de caráter constitucional, alguns até positivados em nossa Constituição Federal, sejam os princípios específicos do ramo do direito estudado, nesse caso, de direito do consumidor.

É exatamente em face de os princípios permearem todo o sistema jurídico nacional, fornecendo-lhe unidade e coesão, que ousamos afirmar: já se foi o tempo da aplicação mecânica do direito ao caso concreto. Na atualidade, é imperioso que o intérprete busque extrair da norma seu real sentido, porém de forma revitalizada e consentânea com os fins sociais a que ela se destina, utilizando-se, se for o caso, da analogia, dos costumes, da doutrina, da jurisprudência e, especialmente, dos princípios gerais de direito (LINDB, arts. 4º e 5º).

Assim, ainda que em rápidas pinceladas, vamos abordar os princípios que consideramos fundamentais para o estudo do direito do consumidor, sejam aqueles insculpidos na Constituição Federal, sejam aqueles especificamente consignados na legislação consumerista.[4]

2. DOS PRINCÍPIOS CONSTITUCIONAIS APLICÁVEIS ÀS RELAÇÕES DE CONSUMO[5]

Importante destacar por primeiro que não se pode interpretar o sistema jurídico brasileiro sem que se faça uma análise dos princípios que emanam da Constituição Federal, isto porque a Constituição enquanto lei máxima se encontra no ápice do sistema jurídico, caracterizando-se "pela imperatividade de seus comandos, que obrigam

3. MAXIMILIANO, Carlos. Hermenêutica e aplicação do direito, p. 295.
4. Para um estudo mais aprofundado sobre o tema sugerimos a leitura dos três autores mencionados e mais: Geraldo Ataliba, República e constituição. 2ª. ed. São Paulo: Malheiros, 1998; Ronald Dworkin, O império do direito (Trad. Jefferson Luiz Camargo). São Paulo: Martins Fontes, 1999; e, Tercio Sampaio Ferraz Jr, Introdução ao estudo do direito, 3ª. ed. São Paulo: Atlas, 2001.
5. Conforme anotamos em nossa obra Da defesa do consumidor em juízo, p. 39-44.

não só as pessoas físicas ou jurídicas, de direito público ou de direito privado, como o próprio Estado".[6]

Assim, a Constituição, no Estado Democrático de Direito, é a pedra angular de toda a ordem jurídica, a lei fundamental, à qual devem adaptar-se todas as demais leis e da qual o intérprete não pode se afastar. É, por assim dizer, a lei das leis, que submete todas as pessoas e o próprio Estado, estabelecendo suas funções e os seus limites, bem como assegurando os direitos e garantias individuais dos cidadãos e os procedimentos aptos a defendê-los.[7]

De destacar também que as funções do Estado contemporâneo foram modificadas no decorrer do processo histórico, devido à mudança dos paradigmas do Estado liberal para o Estado Democrático e Social de Direito, e nesse quadro a Constituição Federal deve ser vista como a regra fundamental do Estado, na medida em que estrutura o poder e assegura os direitos fundamentais, trazendo em seu bojo os fatos, os anseios, as aspirações e os valores da própria sociedade que organiza e estrutura.[8]

Não é por outra razão que Rizzatto Nunes afirma que os princípios constitucionais "exercem uma função importantíssima dentro do ordenamento jurídico-positivo, já que orientam, condicionam e iluminam a interpretação das normas jurídicas em geral" e, por serem normas qualificadas, acabam por dar coesão ao sistema jurídico e, uma vez identificados, agem como regras hierarquicamente superiores às próprias normas positivadas no conjunto das proposições escritas.[9]

Nesse quadro, as disposições do Código de Defesa do Consumidor devem ser interpretadas em consonância com os princípios fundamentais da Constituição Federal, de forma harmônica e sistêmica, considerando-se, especialmente e dentre outros, os princípios fundamentais da soberania, cidadania, dignidade da pessoa humana (atrelados ao piso vital mínimo) e da isonomia, bem como os princípios da livre iniciativa e da ordem econômica, que serão abordados em seguida.

---

6. RIZZATTO NUNES, Luiz Antonio. Comentário ao Código de Defesa do Consumidor, p. 8.
7. GUSMÃO, Paulo Dourado de. Introdução ao estudo do direito, p. 108.
8. SIQUEIRA JR, Paulo Hamilton. Direito processual constitucional, p. 12-15.
9. RIZZATTO NUNES, Luiz Antonio. Op. cit., p. 10-11.

2.1. Princípio da soberania

Pelo princípio da soberania (CF, arts. 1º, I, 4º, I, e 170, I), o Estado brasileiro possui poder político supremo e independente para impor e exigir cumprimento de normas, dentro dos limites de sua territorialidade.

Dizemos que a soberania é um poder supremo por não encontrar limitações de nenhum outro poder que venha a interferir no âmbito interno e independente porque assim se manifesta em relação aos demais países e entes internacionais.

Como diz Rizzatto Nunes, "a soberania de um Estado implica a sua autodeterminação com independência territorial, de modo que, por isso, pôr e impor normas jurídicas na órbita interna e relacionar-se com os demais Estados do Planeta, na ordem internacional".[10] Ressalta, ainda, a importância desse princípio principalmente se levarmos em conta a ordem econômica globalizada e a possibilidade sempre presente de que se imponham condutas sem que o sistema constitucional o permita.

Assim podemos afirmar que a soberania é a capacidade de o Estado "editar suas próprias normas, sua própria ordem jurídica (a começar pela Lei Magna), de tal modo que qualquer regra heterônoma só possa valer nos casos e nos termos admitidos pela própria Constituição".[11]

2.2. Princípio da cidadania

O princípio da cidadania (CF, art. 1º, II) figura como um corolário do princípio democrático. É o chamado princípio republicano, pelo qual o poder emanado do povo manifesta-se através do exercício da cidadania nas suas mais amplas possibilidades. Em qualquer das modalidades democráticas (direta, indireta ou semidireta), a cidadania encontra-se presente e é indispensável para a caracterização do regime democrático.

Lilian Márcia Balmant Emerique, com base em Thomas Humprey Marshal, afirma que a cidadania se aperfeiçoa quando se aproxima da

---

10. RIZZATTO NUNES, Luiz Antonio. Curso de direito do consumidor, p. 17.
11. MORAES, Alexandre de. Constituição do Brasil interpretada, p. 59.

igualdade entre os cidadãos, ou seja, à medida que as pessoas vão se tornando cada vez menos desiguais entre si vão atingindo o chamado *status* da cidadania. Esse "estado de cidadania" é um ponto, um local de igualdade entre os indivíduos visto que, quando se fala em cidadãos, estabelecem-se direitos mínimos, dentro de um locus em que todas as pessoas são iguais, não formalmente, mas há uma igualdade real, em direitos e obrigações. Com isso, ele não pretende dizer que as desigualdades acabarão através da cidadania, mas que haverá, pelo menos, uma igualdade básica suportada pelo sistema imposto pelo mercado.[12]

Por isso mesmo, a cidadania tem direta relação com o princípio da soberania popular (CF, art. 1º, parágrafo único), com os direitos políticos (CF, art. 14) e, especialmente, com o princípio da dignidade da pessoa humana (CF, art. 1º, III).

2.3. Princípio da dignidade da pessoa humana

Para a exata compreensão do princípio da dignidade suprema da pessoa humana e de seus direitos, é preciso rememorar que os avanços têm sido fruto da dor física e do sofrimento moral como resultado de surtos de violências, mutilações, torturas, massacres coletivos, enfim, situações aviltantes que fizeram nascer consciências e exigências de novas regras de respeito a uma vida digna para todos os seres humanos.[13]

Foi, claramente, a experiência nazista que gerou a consciência universal de que se devia preservar, a qualquer custo, a dignidade da pessoa humana, como uma conquista de valor ético-jurídico intangível.

Assim, a dignidade humana é um valor máximo, supremo, de valor moral, ético e espiritual intangível, de tal sorte a afirmar que ele é "dotado de uma natureza sagrada e de direitos inalienáveis, afirma-se como valor irrenunciável e cimeiro de todo o modelo constitucional, servindo de fundamento do próprio sistema jurídico: a pessoa humana e a sua dignidade são a razão de ser da sociedade, do Estado e do Direito".[14]

---

12. EMERIQUE Lilian Márcia Balmant. O direito de oposição política no estado democrático de direito. Disponível em: <https://jusscritum.pt/index.php/revista/article/view/72>, acesso em 18/2/23.
13. COMPARATO, Fábio Konder. A afirmação histórica dos direitos humanos, p. 37.
14. OTERO, Paulo Otero. Legalidade e administração pública, p. 254.

Por isso mesmo, Flávia Piovesan leciona com percuciência que o valor da dignidade da pessoa humana impõe-se como núcleo básico e informador de todo e qualquer ordenamento jurídico, como critério e parâmetro de valoração a orientar a interpretação e compreensão de qualquer sistema normativo, mormente o sistema constitucional interno de cada país.[15]

Importa destacar que a dignidade da pessoa humana, erigida como preceito fundamental pela Constituição de 1988, ou seja, o mais precioso valor da ordem jurídica brasileira que, como consectário lógico, impõe a elevação do ser humano ao ápice de todo o sistema jurídico, sendo-lhe atribuído o valor supremo de alicerce da ordem jurídica. A dignidade da pessoa humana, pois, serve como mola de propulsão da intangibilidade da vida, dela defluindo o respeito à integridade física e psíquica das pessoas, a admissão da existência de pressupostos materiais (patrimoniais, inclusive) mínimos para que se possa viver e o respeito pelas condições fundamentais de liberdade e igualdade.[16]

Neste quadro, a dignidade humana funciona como uma fonte jurídico-positiva para os direitos fundamentais, o que lhes possibilita coerência e unidade. Dá-lhes uma noção de sistema. O princípio fundamental da dignidade da pessoa humana, assim entendida como valor axiológico, serve como uma espécie de "lei geral" para os direitos fundamentais, que são especificações da dignidade da pessoa humana.[17]

Segundo Kant, nas relações sociais existem dois valores importantes que não se devem confundir: tudo tem um preço, ou tem uma dignidade. Quando a coisa tem preço, dela se pode dispor, bem como se pode substituir pelo equivalente. Estando a coisa acima de todo e qualquer preço, não se encontrando nada que seja equivalente, estaremos diante da dignidade. Assim, a dignidade da pessoa humana não pode ser considerada como mercadoria, nem pode ser objeto da realização de fins outros que não seja o próprio homem. As coisas têm preço; as pessoas têm dignidade.[18]

---

15. PIOVESAN, Flávia. Direitos humanos e o direito constitucional internacional, p. 129.
16. Nesse sentido, ver José Afonso da Silva, Curso de direito constitucional positivo, p. 109, e Luiz Antonio Rizzatto Nunes, Manual de filosofia do direito, p. 361.
17. Conforme já deixamos assinalado em nossa obra Responsabilidade civil por erro médico, p. 218.
18. KANT, Immanuel. Fundamentação da metafísica dos costumes, p. 77.

Esse princípio é tão importante que, com base nele, o magistrado pode determinar, por exemplo, o bloqueio de valores em contas públicas para garantir o custeio de tratamento médico indispensável, ou aquisição de medicamentos, como meio de concretizar o direito à vida e à saúde, sendo-lhe permitida, inclusive, a mitigação da impenhorabilidade dos bens públicos.[19]

Aliás, o saudoso ministro Teori Zavascki, bem destacou o ponto constitucional da questão ora controvertida fixando o seguinte entendimento: "o regime constitucional de impenhorabilidade dos bens públicos e da submissão dos gastos públicos decorrentes de ordem judicial a prévia indicação orçamentária deve ser conciliado com os demais valores e princípios consagrados pela Constituição. Estabelecendo-se, entre eles, conflito específico e insuperável, há de se fazer um juízo de ponderação para determinar qual dos valores conflitantes merece ser específica e concretamente prestigiado". Afirmou ainda mais, que a jurisprudência do STF tem enfatizado, reiteradamente, que o direito fundamental à saúde prevalece sobre os interesses financeiros da Fazenda Pública, a significar que, no confronto de ambos, prestigia-se o primeiro em prejuízo do segundo.[20] Assim também já decidiu o Ministro Celso de Mello, da Suprema Corte brasileira.[21]

Mais recentemente a Primeira Seção do STJ, no julgamento do Recurso Especial nº 1.069.810/RS, sob a sistemática de recurso repetitivo, consolidou o entendimento no sentido de que é cabível o bloqueio de verba pública em ação que se pleiteia o fornecimento de medicamentos, aplicável nas hipóteses em que restar demonstrado o descumprimento da determinação judicial.[22]

É também em face desse elevado princípio, e em razão da função social do contrato, que o magistrado está autorizado a interpretar as relações negociais que envolvam os consumidores, tendo sempre em conta a proteção do ser (enquanto pessoa com dignidade), pois o

---

19. Nesse sentido, ver decisões do STJ (REsp 769.746; Proc. 2005/0124042-5/RS; 2ª T., Rel. Min. João Otávio de Noronha; j. 4-9-2007; DJU 5-11-2007, p. 248 e AgRg-Ag 638.711; Proc. 2004/0155058-0/RS; 2ª T., Rel. Min. Humberto Martins, j. 28 8 2007; DJU 12 9 2007, p. 181).
20. (STJ, REsp. 840.912/RS, DJ de 23/04/2007).
21. Em decisão proferida no RE 393.175, de 1/02/06 (transcrita no Informativo 414, do STF).
22. (STJ, REsp. nº 1.069.810 – RS (2008/0138928-4), Relator: Ministro Napoleão Nunes Maia Filho, julgado em 23 de outubro de 2013, vu).

contrato não mais pode servir de instrumento de proteção ao individualismo, com função eminentemente econômica. Deve o contrato buscar o fomento de fins sociais relevantes, voltado para a justiça social e para a dignidade da pessoa humana; este último elemento tido como epicentro de todo nosso ordenamento jurídico.[23]

Nesse cenário, Celso Pacheco Fiorillo foi feliz ao cunhar a expressão "piso vital mínimo" para afirmar que não se pode falar em direitos fundamentais que envolvem além do direito à vida, o direito à integridade física e psíquica, o respeito à intimidade e à privacidade, o direito à moradia e ao trabalho, dentre outros bens componentes da dignidade humana, sem que se assegurem, concretamente, os direitos sociais previstos no art. 6º (dos direitos sociais) e art. 225 (do meio ambiente) da nossa Constituição Federal.[24]

Assim, a dignidade da pessoa humana deve ser vista como o primeiro fundamento de todo o nosso sistema normativo, dado ser preceito fundamental do Estado Democrático de Direito e o último arcabouço da guarda de todos os direitos individuais, sendo comando a ser primeiramente considerado pelo intérprete.[25]

2.4. Princípio da isonomia

Pelo princípio da isonomia (CF, art. 5º, *caput*), a Constituição busca colocar todos em igualdade perante a lei. A importância deste princípio redunda no fato de que não se trata apenas de colocar todos em igualdade perante a lei, mas, sobretudo, em face da lei, tendo em vista que, modernamente, o princípio da isonomia deve ser compreendido não apenas sob o seu aspecto formal. Muito mais do que isso, deve ser compreendido sob o prisma substancial, de modo a tratar-se os iguais de forma igual e os desiguais de forma desigual, na exata medida das suas desigualdades. Essa igualdade material, contudo, não se destina a justificar diferenças sociais, como sustentava, por exemplo, Aristóteles. Ao revés, a isonomia substancial deve ser um instrumento de realização da justiça social e de mitigação das disparidades existentes na sociedade.

---

23. Nesse sentido, decisão do TJES (AI 24079001426; 3ª Câm. Cív., Rel. Des. Rômulo Taddei, j. 26-6-2007, DJES 9-7-2007, p. 24).
24. FIORILLO, Celso Pacheco. Curso de direito ambiental brasileiro, p. 14.
25. RIZZATTO NUNES, Luiz Antonio. O princípio constitucional da dignidade da pessoa humana, p. 45.

Por isso mesmo, quando o Código de Defesa do Consumidor prevê, por exemplo, a possibilidade de inversão do ônus da prova (Lei nº 8.078/90, art. 6º, VIII) nada mais está fazendo do que igualizando os desiguais, sendo exemplo típico da aplicação do princípio constitucional da isonomia, pois como o consumidor é a parte mais fraca e vulnerável na relação de consumo, justifica-se ser tratado de forma mais benéfica, para que se possa almejar a igualdade real entre os litigantes nas relações de consumo. Neste caso, a lei discrimina para tornar realidade o princípio constitucional da isonomia, na medida em que trata desigualmente os desiguais, na exata medida em que reconhece a existência dessa desigualdade, buscando assim uma igualdade substancial e não apenas formal.

Aliás, a própria Constituição Federal reconhece, ainda que não de forma expressa, a necessidade de proteção ao consumidor, reconhecendo ser ele parte mais fraca na relação de consumo e, portanto, merecedor de tratamento diferenciado, pois o texto constitucional todas as vezes que se refere ao consumidor o faz utilizando a locução "defesa do consumidor" o que faz pressupor que ele necessita de maior proteção, sendo este um comando dirigido ao intérprete, ao aplicador da norma e ao legislador infraconstitucional, visando concretizar o princípio da isonomia.[26]

2.5. Princípios gerais da ordem econômica

A Constituição, ao regular a atividade econômica, estabelece na própria norma limites ao exercício desta atividade, não só no *caput* do art. 170, quando diz a ordem econômica deverá ser fundada na valorização do trabalho, na livre iniciativa e tendo em vista a existência digna das pessoas e os ditames da justiça social, bem como nos seus incisos, quando impõe ainda devam ser observados os princípios: da soberania nacional (I); da propriedade privada (II); da função social da propriedade (III); da livre concorrência (IV); da defesa do consumidor (V); da defesa do meio ambiente (VI); da redução das desigualdades

26. Ver, nesse sentido, art. 5º, XXXII (O Estado promoverá, na forma da lei, a defesa do consumidor); art. 170, V (A ordem econômica, fundada na valorização do trabalho humano e na livre iniciativa, tem por fim assegurar a todos existência digna, conforme os ditames da justiça social, observados os seguintes princípios: [...] V – defesa do consumidor), e art. 48 do ADCT (O Congresso Nacional, dentro de cento e vinte dias da promulgação da Constituição, elaborará o Código de Defesa do Consumidor).

regionais e sociais (VII); da busca do pleno emprego (VIII); e do tratamento favorecido para as empresas de pequeno porte (IX).

Assim, a Constituição garante a livre iniciativa e assegura o direito da propriedade privada, porém o faz estabelecendo limites, cuja leitura, segundo Rizzatto Nunes, o próprio texto constitucional define, senão vejamos:[27]

a) o mercado de consumo aberto à exploração não pertence ao explorador; ele é da sociedade e em função dela, de seu benefício, é que se permite sua exploração;
b) como decorrência disso, o explorador tem responsabilidade a saldar no ato exploratório; tal não pode ser espoliativo;
c) se o lucro é uma decorrência lógica e natural da exploração permitida, não pode ser ilimitado; encontrará resistência e terá de ser refreado toda vez que puder causar dano ao mercado e à sociedade;
d) excetuando os casos de monopólio do Estado (por exemplo, do art. 177), o monopólio, o oligopólio e quaisquer outras práticas tendentes à dominação do mercado são proibidos;
e) o lucro é legítimo, mas o risco é exclusivamente do empreendedor. Ele escolheu arriscar-se: não pode repassar esse ônus para o consumidor. Quer dizer, a Constituição Federal interfere "na exploração da atividade econômica impondo-lhe limites e objetivos e estabelecendo-lhe a obrigação de sempre ser exercida de maneira a preservar a dignidade do ser humano e promover a justiça social".[28]

A lógica se encontra no fato de que já se foi o tempo em que a única finalidade da atividade econômica era o lucro, não importando se aviltante ou desmedido. Na era moderna, a propriedade deve cumprir sua função social de sorte a afirmar que nenhuma atividade econômica pode ser desenvolvida sem que atenda a essa finalidade, e especialmente ao direito do consumidor como expressamente previsto nos incisos III e V, do retrocitado art. 170, da Constituição Federal.

27. RIZZATTO NUNES, Luiz Antonio. Op. cit., p. 55.

28. ANDRADE, Ronaldo Alves de. Curso de direito do consumidor, p. 2.

3. DOS PRINCÍPIOS NA LEGISLAÇÃO CONSUMERISTA

O Código de Defesa do Consumidor (Lei nº 8.078/90) é uma lei de caráter eminentemente principiológico na exata medida em que fixa princípios e enumera cláusulas gerais, deixando ao aplicador da norma, diante do caso concreto, estabelecer os limites de sua aplicação.

Além disso, o Código também utiliza diversas expressões indeterminadas, como, por exemplo, verossimilhança, hipossuficiência, abusividade, desvantagem exagerada, dentre outras, permitindo ao aplicador da norma, com base nas experiências do que ordinariamente acontece, explicitar o alcance do conteúdo destas expressões.

Porém, como adverte Sergio Cavalieri Filho, não se há de confundir a liberdade outorgada ao aplicador da norma em face das cláusulas gerais e dos conceitos jurídicos indeterminados, com juízo discricionário, porque os princípios vão condicionar a atividade do intérprete lhe impondo rumos e limites que não podem ser contrariados.[29]

Assim, cabe agora analisar os princípios que o Código de Defesa do Consumidor procurou concretizar, enquanto norma de ordem pública e de interesse social (art. 1º), nascida por expressa determinação constitucional (ADCT, art. 48), que se torna prevalente em relação a quaisquer outras normas que com ela colidam, quando tratar-se de relação de consumo. Neste contexto serão analisados, pela importância, os princípios da boa-fé objetiva (e os deveres anexos decorrentes desse princípio), da vulnerabilidade e da equidade.

3.1. Princípio da boa-fé objetiva

Se no âmbito constitucional, a dignidade da pessoa humana (CF, art. 1º, III) é o mais importante princípio orientador do intérprete e do aplicador da norma, não temos dúvidas em afirmar que, no âmbito da proteção aos direitos do consumidor, este papel de importância é cumprido pelo princípio da boa-fé objetiva (CDC, art. 4º, III). Ele é um dos *standards* mais importantes do Código de Defesa do Consumidor, princípio fundamental que serve de norte, inclusive, para explicitação dos demais princípios consumeristas. Por esse princípio, o que se espera é que os contratantes mantenham uma conduta ética

29. CAVALIERI FILHO, Sergio. Programa de direito do consumidor, p. 27.

de comportamento, atuando com honestidade, lealdade e probidade durante a fase pré-contratual, contratual e pós-contratual.

A boa-fé objetiva, de que trata a lei consumerista, não está ligada ao ânimo interior das pessoas envolvidas na relação; em verdade ela trata de um padrão geral, modelo ideal de conduta que se espera de todos os integrantes de uma dada sociedade. Tal princípio cumpre papel de tamanha relevância nas relações negociais que Cláudia Lima Marques afirma que "a boa-fé é o princípio máximo orientador do CDC".[30]

Além disso, a boa-fé objetiva cumpre também uma função de controle na exata medida em que limita o exercício dos direitos subjetivos das partes envolvidas na relação negocial, de tal sorte a evitar o abuso de direito em todas as fases da relação jurídica.[31] Este princípio é de tamanha importância que atualmente ele permeia todas as relações negociais, mesmo aquelas que se encontram fora do âmbito do Código de Defesa do Consumidor, porquanto é princípio que também foi adotado pelo atual Código Civil no que diz respeito às cláusulas gerais nos negócios jurídicos (art. 113) e nas relações contratuais (art. 422).

O princípio da boa-fé, previsto no Código de Defesa do Consumidor no capítulo que trata da Política Nacional de Relações de Consumo (art. 4º, III) e no capítulo que disciplina a proteção contratual, especialmente quando trata das cláusulas contratuais consideradas abusivas (art. 51, IV), cumpre uma função de norma integrativa, interpretativa e de controle.

Como função interpretativa, enquanto critério de hermenêutica, cumpre especial relevo a atuação do juiz, tendo em vista que é ele quem deve procurar a real intenção da norma e dela extrair, em face de cada caso concreto, os limites de aplicação do princípio da boa-fé tendo em vista que o princípio da autonomia da vontade cede lugar ao princípio decorrente da lei cujo "primado não é da vontade, é da justiça, mesmo porque o poder da vontade de uns é maior do que o de outros".[32]

---

30. MARQUES, Claudia Lima. Contratos no Código de Defesa do Consumidor, p. 671.
31. SANSEVERINO, Paulo de Tarso Vieira. Responsabilidade civil no Código do Consumidor e a defesa do fornecedor, p. 59.
32. Voto vista do Ministro Ruy Rosado Aguiar Junior, STJ, no Recurso Especial 45.666-5/SP, DJ, 5-9-1994.

Como norma de controle, cumpre o papel de limitar os direitos subjetivos das partes evitando que condutas e cláusulas abusivas sejam utilizadas e validadas, estabelecendo um limite a ser respeitado, calcado na ética, confiança e lealdade dos parceiros.

Na lição de Rizzatto Nunes, "quando se fala em boa-fé objetiva, pensa-se em comportamento fiel, leal, na atuação de cada uma das partes contratantes a fim de garantir respeito à outra. É um princípio que visa garantir a ação sem abuso, sem obstrução, sem causar lesão a ninguém, cooperando sempre para atingir o fim colimado no contrato, realizando os interesses das partes".[33]

Contrariamente ao que pensa o leigo, o princípio da boa-fé objetiva não se aplica somente aos fornecedores, aplica-se também aos consumidores. É uma via de duas mãos que "une fornecedor e consumidor, evitando que a proteção concedida pelo microssistema do CDC sirva de escudo para consumidores que, agindo contrariamente ao princípio da boa-fé objetiva, busquem a reparação de prejuízos para cuja produção tiveram decisiva participação".[34]

3.1.1. Dos deveres anexos à boa-fé

Como decorrência do princípio da boa-fé, temos aquilo que Claudia Lima Marques pesquisou na jurisprudência alemã e nominou como "deveres anexos", significando dizer que, além da obrigação contratual em si mesma (obrigação principal), outras obrigações decorrem automaticamente do pactuado em razão destes chamados deveres de condutas (obrigações secundárias).[35]

Dentre estes deveres anexos comporta destacar, além da transparência, o dever de informação e dever de segurança, bem como o dever de cuidado e de cooperação.

O dever de cuidado refere-se aos cuidados redobrados que os parceiros contratuais devem ter durante a execução contratual para não causar dano à outra parte. Nos contratos de planos de saúde tal dever pode voltar-se, por exemplo, à não divulgação de dados sobre a saúde do consumidor. Refere-se o dever de cuidado também a um

33. RIZZATTO NUNES, Luiz Antonio. Curso de direito do consumidor, p. 128.
34. SANSEVERINO, Paulo de Tarso Vieira, op. cit., p. 277.
35. MARQUES, Claudia Lima. Contratos no Código de Defesa do Consumidor, p. 184-203.

dever de segurança intrínseco à prestação, com o objetivo de preservar a integridade pessoal (moral e física) e a integridade do patrimônio do parceiro contratual (CDC, art. 6º, VI).

O dever de cooperação na execução do contrato tem a ver com o agir com lealdade durante todo o período de execução do contrato. Possui grande importância nos contratos de execução continuada, tendo em vista que estes contratos possuem duração prolongada no tempo, como nos contratos de planos de saúde e nos contratos de seguros.

Como decorrência da existência dos deveres anexos à relação contratual, verifica-se que houve uma verdadeira ampliação das obrigações, que não mais se restringem exclusivamente àquelas que foram ajustadas pelas partes, pois dela decorrem automaticamente os deveres de cuidado, cooperação, veracidade, informação e segurança, dentre outros. Pela importância abordaremos com mais detalhes os deveres anexos atinentes à transparência, à informação e à segurança.

3.1.1.1. Dever anexo da transparência

Embora alguns autores considerem a transparência como um princípio, somos de entendimento de que ele é um dever que decorre do princípio da boa-fé.

Transparência significa, em última análise, clareza, precisão, sinceridade, veracidade e seriedade nas informações prestadas pelo fornecedor quanto aos produtos ou serviços oferecidos no mercado de consumo. Em razão desse postulado, o que se espera de qualquer agente que ofereça produtos ou serviços no mercado de consumo é que tenha um comportamento ativo no prestar todas as informações necessárias à formação do convencimento do adquirente, inclusive não omitindo nenhum dado relevante, nem maquiando as informações.

Para Claudia Lima Marques, transparência "significa informação clara sobre o produto a ser vendido, sobre o contrato a ser firmado, significa lealdade e respeito nas relações entre fornecedor e consumidor, mesmo na fase pré-contratual, isto é, na fase negocial dos contratos de consumo".[36]

---

36. MARQUES, Cláudia Lima. Contratos no Código de Defesa do Consumidor, 595.

Considere-se, ainda, que a transparência, enquanto objetivo da Política Nacional de Consumo, significa clareza qualitativa e quantitativa da informação que incumbe às partes conceder reciprocamente, na relação jurídica.

Em consequência da transparência surge o dever do fornecedor de informar, ao mesmo tempo que faz surgir para o consumidor o direito de ser bem informado. Discorrendo sobre a matéria, Sergio Cavalieri Filho leciona que "tal implica, em primeiro lugar, a proibição da criação artificial de barreira de informação, em busca da ocultação de desvantagens para a outra parte ou de enganosa valorização das vantagens que o contrato lhe propiciará". Quer dizer, depois do Código de Defesa do Consumidor não há mais lugar para "subterfúgios nas relações de consumo, não há mais lugar para o antigo *dolus bonus*, então tolerado e desconsiderado pelo direito por entender que a sua função era apenas a de estimular e atrair o consumo". E conclui o insigne mestre: "agora exige-se transparência total, o sim deve ser sim e o não, não".[37]

O dever de transparência, previsto no Código do Consumidor enquanto objetivo da Política Nacional das Relações de Consumo, visa não só o atendimento das necessidades dos consumidores, respeitando-se a sua dignidade, saúde e segurança, além da proteção dos interesses econômicos, a melhoria da sua qualidade de vida, bem como a transparência e harmonia das relações de consumo (art. 4º, *caput*). Este mandamento que é regra geral ganha reforço adicional em face do que é estatuído nos arts. 8º, parágrafo único, 9º, 10, 30, 31, 36, 46, 52 e 54, § 4º.

Para se ter um exemplo, a transparência encontra ressonância prática no capítulo que trata da proteção contratual (CDC, art. 46). Assim, temos que há como uma espécie de garantia de "exoneração dos consumidores em relação às cláusulas contratuais que não foram prévia e adequadamente apresentadas ao seu conhecimento ou formuladas por redação que dificulte a sua compreensão".[38] Significa dizer que o consumidor não estará vinculado ao contrato se demonstrar que não lhe tinha sido oportunizado conhecer seu inteiro teor, com a devida antecedência.

37. CAVALIERI FILHO, Sergio. Programa de direito do consumidor, p. 35.

38. COELHO, Fábio Ulhoa. O empresário e os direitos do consumidor, p. 137.

Outro exemplo encontra-se no capítulo em que trata das condições de apresentação da oferta, ao preceituar que os produtos ou serviços devem assegurar ao consumidor informações corretas, claras, precisas, ostensivas e em língua portuguesa, de tal sorte que ele possa ter conhecimento de suas características, qualidade, quantidade, composição, preço, garantia, prazo de validade, além dos riscos que eventualmente possam representar à saúde e à segurança dos adquirentes (CDC, art. 31).

Percebe-se nesse dispositivo uma clara demonstração de que o legislador pátrio deu grande ênfase ao aspecto de proteção preventiva do consumidor, fazendo com que a informação preambular, a comunicação pré-contratual, sejam verdadeiras, de fácil compreensão, precisas e em língua portuguesa, porque é na fase pré-contratual que a decisão de compra é efetivamente tomada pelo consumidor.[39]

Verifica-se, assim, que a transparência guarda estreita relação com o dever de informação e é mais do que um simples elemento formal já que poderá afetar a essência do negócio, tendo em vista que a informação repassada integra o contrato (CDC, arts. 30, 33, 35, 46 e 54) ou, se ausente, significa falha na qualidade do produto ou serviço (CDC, arts. 18, 20 e 35), daí poder-se afirmar que a transparência concretiza a ideia de reequilíbrio das forças nas relações de consumo, como forma de alcançar a almejada justiça contratual.[40]

3.1.1.2. Do dever de informação

É obrigação do fornecedor prestar informações honestas sobre os produtos e serviços que oferta ao mercado de consumo. Isto ocorre porque dentre os direitos básicos do consumidor encontra-se o de receber informações adequadas e claras sobre os produtos e serviços disponibilizados no mercado de consumo, inclusive com especificação de qualidade, quantidade, características, composição e preço, além dos eventuais riscos que o produto possa oferecer, para que ele possa exercer de forma livre e consciente a sua opção quanto à escolha do produto ou do serviço que pretende adquirir (Lei n. 8.078/90, art. 6º, III). Além do mais, o direito à informação é um direito fundamental da pessoa humana, assegurado pela Constituição Federal (art. 5º, XIV).

39. BENJAMIN, Antonio Herman de Vasconcellos e. Código comentado pelos autores do anteprojeto, p. 179-180.

40. MARQUES, Claudia Lima, op. cit., p. 598-599.

O dever de informação encontra-se explicitado no Código de Defesa do Consumidor em várias outras passagens, não só no capítulo que trata dos "Direitos Básicos do Consumidor", pois é reafirmado, por exemplo, quando se refere aos produtos perigosos ou nocivos à saúde ou à segurança (art. 9º); quando trata da informação publicitária (arts. 30 e 31); quando estabelece que o fornecedor de serviços é obrigado a entregar, previamente, orçamento detalhado ao consumidor (art. 40); quando trata dos bancos de dados e cadastros de consumidores, ao prever que é direito do consumidor ser informado de que se está armazenando dados a seu respeito (art. 43, § 2º); quando trata das informações constantes dos contratos de consumo, que não obrigarão os consumidores se não lhes for dada oportunidade de pleno conhecimento de seu conteúdo (art. 46); quando trata das informações quanto ao preço, juros e prestações que devem preceder a outorga de crédito (art. 52); ou, ainda, quando trata de defeitos de produtos e serviços dizendo que os fornecedores podem ser responsabilizados, inclusive, por informações insuficientes ou inadequadas quanto aos riscos de utilização (*caput* dos arts. 12 e 14, parte final).

Verifica-se, assim, que além do direito à informação quanto a fruidez, segurança, qualidade e preço, genericamente tratada no art. 6º, III, o Código prevê outras hipóteses de obrigatoriedade de informação, inclusive com a vinculação desta ao contrato a ser firmado, de sorte que se pode afirmar que a informação, enquanto direito do consumidor, não se restringe à comunicação escrita, podendo ser verbal e até mesmo gestual.

A informação tal qual prevista na lei consumerista pode ser veiculada por qualquer meio de comunicação como também pode ser dada, por exemplo, por preposto da empresa, presencialmente ou via telefone, fax, internet ou outro meio; pelo feirante, ao fornecer verbalmente o preço de um produto ao comprador; pela recepcionista do hotel, esclarecendo quais os equipamentos postos à disposição do hóspede; pelo garçom de um restaurante, quando complementa as informações constantes do cardápio; pelo gerente de um banco, quanto aos benefícios de produtos ou financiamentos, dentre outras hipóteses.[41]

41. Cf. Rizzatto Nunes, Curso de direito do consumidor, p. 365.

A amplitude do conceito de informação é tamanha que Claudia Lima Marques assevera: "da mesma maneira (que) os escritos particulares, por exemplo, pequenas promessas feitas por prepostos ávidos em vender (art. 34 do CDC), passam agora a integrar o contrato, como obrigações de fazer". Significa dizer que esta "norma pode ser ampliada para atingir todos os anexos e documentos conexos contratuais. A medida amplia consideravelmente o conteúdo do contrato a ser firmado entre consumidor e fornecedor".[42]

Como enfatiza Antonio Herman de Vasconcelos e Benjamin, a regra geral adotada pelo Código, no que diz respeito às informações vinculadas ao produto ou serviço, resume-se ao "se prometeu, tem que cumprir".[43]

De outro lado, a sanção pelo não cumprimento da obrigação decorrente da informação vem expressa em diversas passagens. Por exemplo: com relação a informação/publicidade que obriga o fornecedor (art. 30), a sanção vem expressa no art. 35, que fornece ao consumidor instrumentos para exigir o cumprimento do prometido. Outras independem de expressa previsão, como no caso dos contratos com informações insuficientes ou redigidos de forma dúbia (art. 46), em que a sanção decorre do próprio artigo, porquanto em sua primeira parte o art. 46 é enfático ao preceituar que "os contratos que regulam as relações de consumo não obrigarão os consumidores, se não lhes for dada oportunidade de tomar conhecimento prévio de seu conteúdo". Logo, se as informações não forem claras, completas e de forma inteligível, o consumidor não estará obrigado ao seu cumprimento, podendo pleitear, judicialmente, a declaração de nulidade da cláusula ou do próprio contrato como um todo.

Assim, se de um lado o consumidor tem direito à informação, implica dizer que o fornecedor tem a obrigação de prestá-la, intercalando-se entre eles o dever do Estado de exigir e bem fiscalizar essa informação, de sorte que ela seja realmente realizada e de forma adequada, porque só assim estará implementado o direito do consumidor e assegurado o cumprimento da obrigação pelo fornecedor.[44]

42. MARQUES, Claudia Lima. Contratos no Código de Defesa do Consumidor, p. 640.

43. Cf. Antonio Herman de Vasconcelos e Benjamin, Código comentado pelos autores do anteprojeto, p. 177.

44. Cf. João Batista de Almeida, A proteção jurídica do consumidor, p. 58.

3.1.1.3. Do dever de segurança

Cabe destacar, desde logo, que a responsabilidade imposta pelo Código de Defesa do Consumidor aos fornecedores vai além dos deveres de qualidade e de informação, pois existe um dever de segurança ínsito ao fornecimento de qualquer produto ou serviço. Isto quer dizer que, aquele que coloca um produto ou um serviço em circulação no mercado de consumo tem a obrigação legal de ofertá-lo sem risco ao consumidor no que diz respeito à sua saúde, à sua incolumidade física ou psíquica, e ao seu patrimônio (CDC, arts. 8º a 10, 12, § 1º, e 14, § 1º).

Esclareça-se, contudo, que esse dever de segurança não é absoluto porque o Código de Defesa do Consumidor não proíbe a colocação no mercado consumidor de produtos ou serviços potencialmente perigosos; em verdade tal dever ancora-se na ideia de defeito. De fato, a própria lei consumerista quando define o que seja produto ou serviço defeituoso explicita que são aqueles que não oferecem a segurança que legitimamente deles se possa esperar, consideradas as circunstâncias de fornecimento, como a apresentação, o uso e os riscos esperados, e a época de sua colocação em circulação ou do fornecimento (CDC, arts. 12, § 1º, e 14, § 1º).[45]

Tanto é verdade que diversos produtos e serviços, naturalmente perigosos, estão colocados no mercado de consumo e são imprescindíveis aos seres humanos. Dentre exemplos clássicos podemos destacar "a quase totalidade dos medicamentos, (que) em razão de sua natureza, ostenta índice normal de nocividade que, com vista à responsabilidade do fornecedor, será tolerado quando vier acompanhado de bulas explicativas".[46] Neste caso, a nocividade será ilidida desde que o produto esteja acompanhado de explicações quanto à sua destinação e uso (bula) de tal sorte a afirmar que o dever de informação, que deverá ser ostensivo, é complementar ao dever de segurança. Significa dizer que, se o consumidor for adequadamente informado sobre a nocividade ou periculosidade do produto e se ainda assim promover o uso inadequado ou impróprio dele, não poderá responsabilizar o fornecedor, pois estaremos diante de culpa exclusiva da vítima ou, eventualmente, da culpa de terceiro.

---

45. Conforme já deixamos assinalado na nossa obra Da defesa do consumidor em juízo, p. 53.

46. Cf. Zelmo Denari, Código comentado pelos autores do anteprojeto, p. 96.

Outro exemplo ilustrativo é o do inseticida agrícola que é eficaz para o combate de pragas, mas pode ser extremamente nocivo à saúde de quem o estiver aplicando. Assim, se o produto traz informações quanto à sua nocividade e, além disso, informa que para ser aplicado o usuário deve utilizar-se de máscara, luvas e macacão como forma de proteção, o fornecedor terá se desincumbido do ônus da informação e, na eventualidade de acidente, estará isento do dever de indenizar.[47]

Dessa forma, o dever de segurança está sempre implícito em toda e qualquer relação de consumo. Tanto é assim que, "a responsabilidade pelo fato do produto e serviço é embasada no dever de segurança que o fornecedor tem de exercer a sua atividade sem acarretar danos à vida, à saúde ou outros direitos extrapatrimoniais do consumidor, sob pena de responder pela reparação do prejuízo oriundo de um acidente de consumo".[48]

É exatamente por esse motivo que a jurisprudência pátria vem reconhecendo que acidentes de consumo ocorridos em shoppings centers e supermercados, para mencionar um exemplo, tanto no que diz respeito à segurança pessoal do consumidor quanto a seus pertences, acarretam um dever indenizatório em face do dever de segurança ínsito à atividade negocial ali desenvolvida. Assim, o furto de veículo no estacionamento, sequestro-relâmpago do usuário, queda em razão de piso escorregadio, por exemplo, geram responsabilidade para o detentor da atividade em razão do dever de cuidado e vigilância que se espera seja por ele observado.

Advirta-se ainda que o Código não estabelece um sistema de segurança absoluta para os produtos e serviços, tendo em vista que determinados produtos podem oferecer um maior ou menor grau de segurança, sem que isso implique falta ao dever de segurança. Não se pode exigir, por exemplo, do fabricante de um veículo popular que ele ofereça seu produto com a mesma segurança de um carro blindado, ou de outro de primeira linha, contudo isto não isenta o fabricante de oferecer um padrão médio de segurança compatível com os demais veículos daquela categoria.[49]

---

47. SAAD, Eduardo Gabriel. Comentários ao Código de Defesa do Consumidor, p. 218.
48. LISBOA, Roberto Senise. Responsabilidade civil nas relações de consumo, p. 73.
49. CAVALHIERI FILHO, Sergio. Programa de direito do consumidor, p. 45.

Conclui-se, pois, que o dever de segurança é, portanto, um dever implícito a toda e qualquer relação de consumo, cabendo ao aplicador da norma apreender a sua exata noção, utilizando-se do princípio da razoabilidade, para integrar a hipótese a ele submetida e dela extrair o verdadeiro alcance deste conceito jurídico indeterminado, já que um *standard* jurídico.[50]

3.2. Princípio da vulnerabilidade

O Código de Defesa do Consumidor considera todo consumidor como parte vulnerável nas relações de consumo (art. 4º, I). Esta é uma premissa básica, é um princípio estruturante, informador da Política Nacional de Relações de Consumo. "Trata-se de uma presunção legal absoluta, *jure et de jure*, isto é, que não admite prova em contrário".[51]

O reconhecimento da vulnerabilidade é, por assim dizer, uma primeira medida de efetivação do princípio constitucional da isonomia, significando dizer que o consumidor é a parte mais fraca na relação de consumo. Essa fraqueza tem a ver, principalmente, com o desconhecimento tecnológico do produto ou serviço ofertado no mercado e não, necessariamente, com a capacidade econômico-financeira das partes envolvidas, de sorte que o consumidor pode até ser mais abastado do que o fornecedor que isto não muda a sua condição de vulnerável perante o fornecedor.

Como a lei consumerista faz presumir que todo consumidor é vulnerável, temos que mesmo um rico empresário é considerado vulnerável nas relações de consumo quando comparece ao mercado e adquire um produto ou serviço para seu uso como destinatário final. Vejamos como exemplo um rico empresário que consome um sanduíche em uma pequena lanchonete: ainda que ele seja economicamente mais forte do que o fornecedor, não perderá sua condição de consumidor vulnerável, tendo em vista que no tocante à qualidade, à conservação e ao oferecimento do produto, quem detém os conhecimentos é o fornecedor.

O princípio da vulnerabilidade "é a qualidade intrínseca, ingênita, peculiar, imanente e indissolúvel de todos que se colocam na posição

50. LISBOA, Roberto Senise, op. cit., p. 74.

51. CALDEIRA, Mirella D'Angelo. Inversão do ônus da prova, disponível em <www. saraivajur.com.br/doutrina>.

de consumidor, pouco importando sua condição social, cultural ou econômica [...] é incindível do contexto das relações de consumo, não admitindo prova em contrário por se tratar de mera presunção legal".[52]

A vulnerabilidade do consumidor, embora decorra de inúmeros fatores tais quais as práticas abusivas e a publicidade enganosa, para citar dois exemplos, decorre, dentre outros, de três fatores básicos: de ordem técnica, fática, ou ainda, de natureza jurídica.

Do ponto de vista técnico, é o fornecedor quem detém o controle e os conhecimentos dos meios de produção dos bens, pois é ele quem "escolhe o que, quando e de que maneira produzir, de sorte que o consumidor está à mercê daquilo que é produzido".[53] Significa dizer que o consumidor, para satisfazer suas necessidades de consumo, comparece ao mercado e se submete às condições que lhe são impostas pelos fornecedores de produtos e serviços.[54]

O segundo aspecto diz respeito à vulnerabilidade fática ou socioeconômica. Essa está mais intimamente ligada à capacidade econômica das partes envolvidas, em que, via de regra, o fornecedor detém capacidade econômica maior do que o consumidor individualmente considerado. Claro que haverá situação em que o consumidor terá capacidade econômica muito maior do que o fornecedor, porém isto deverá ser encarado como exceção, e não como regra geral. Esta maior capacidade econômica permite que os fornecedores organizem departamentos jurídicos de bom nível; departamento de marketing eficiente; assistência técnica e outros departamentos de apoio, tudo partindo da premissa de que o consumidor lesado enfrentará dificuldade para demandar contra os eventuais vícios ou defeitos de produtos e serviços, tendo em vista a sua inferioridade econômico-financeira. A maior capacidade econômica do fornecedor lhe permite, ainda, ditar as regras do mercado de consumo vendendo ilusões, criando necessidades irreais, impondo estilos de vida e, mais grave ainda, convencendo as pessoas de necessidades que são supérfluas através de propaganda, muitas vezes enganosa.

---

52. Cf. Thereza Arruda e James Martins Eduardo Alvim, Código do consumidor comentado, 2ª. ed. Revista dos Tribunais, 1995, p. 45 (apud: Sergio Cavalieri Filho. Programa de direito do consumidor, p. 38).
53. RIZZATTO NUNES, Luiz Antonio. Comentários ao Código de Defesa do Consumidor, p. 106.
54. ALMEIDA, João Batista de. A proteção jurídica do consumidor, p. 15.

Já no que diz respeito à vulnerabilidade jurídica, esta resulta "da falta de informação do consumidor a respeito dos seus direitos, inclusive no que respeita a quem recorrer ou reclamar; à falta de assistência jurídica, em juízo ou fora dele; a dificuldade de acesso à Justiça; a impossibilidade de aguardar a demorada e longa tramitação de um processo judicial", dentre outros fatores.[55] Não se olvide ademais, de que o fornecedor é um litigante contumaz, enquanto o consumidor o é eventualmente.

Exemplo clássico a demonstrar a vulnerabilidade jurídica pode ser encontrado nos contratos de adesão e suas cláusulas abusivas. Como esses contratos são elaborados previamente pelos fornecedores, de forma unilateral, temos que as inserções de cláusulas contratuais serão realizadas de modo a favorecer a posição econômica e jurídica do fornecedor, em detrimento do consumidor aderente.[56]

Assim, a vulnerabilidade, conforme insculpida no Código de Defesa do Consumidor, independe de qualquer critério de razoabilidade para ser aferida, em face de uma situação concreta, já que o legislador presumiu *iure et de iure* que nas relações de consumo o consumidor, enquanto destinatário final de produtos ou serviços, é a parte mais fraca e, portanto, merece ser amparado de forma privilegiada, de tal sorte que, tratando desigualmente os desiguais, na proporção de suas desigualdades, se possa obter a igualdade jurídica desejada.[57]

Cabe alertar por fim que não se deve confundir vulnerabilidade com hipossuficiência. A vulnerabilidade do consumidor será sempre presumida enquanto a hipossuficiência terá seu reconhecimento condicionado à análise do julgador que, valendo-se da analogia, dos costumes e dos princípios gerais de direito (Lei de Introdução às Normas do Direito Brasileiro, art. 4º), poderá reconhecê-la ou afastá-la diante do caso concreto, segundo as regras ordinárias de experiências (art. 6º, VIII).

A questão da hipossuficiência está intimamente ligada à possibilidade de o juiz determinar, ou não, a inversão do ônus da prova, como forma de facilitação da defesa do consumidor em juízo, tendo em vista que em muitas situações as informações e os documentos

55. CAVALIERI FILHO, Sergio. Programa de direito do consumidor, p. 41.

56. Ver Claudia Lima Marques, Contratos no Código de Defesa do Consumidor, p. 146-150.

57. Ver Roberto Senise Lisboa, Responsabilidade civil nas relações de consumo, p. 84-85.

hábeis a instruir uma causa se encontram em poder do fornecedor. Nestas circunstâncias, é de todo impossível ao consumidor fazer a prova de seus direitos, tendo dificuldades de instruir adequadamente sua postulação em juízo, razão por que o instituto da inversão do ônus da prova permite que ele litigue em melhores condições perante o fornecedor de produtos ou serviços.

Atente-se para o fato de que a hipossuficiência de que trata o Código não é de ordem econômica ou financeira. Ela é lastreada na concepção de que ao consumidor falta conhecimento técnico e informações sobre os produtos ou serviços disponibilizados no mercado de consumo. É essa pobreza de conhecimentos técnicos ou científicos sobre o produto ou serviço que transforma o consumidor no elo mais frágil da relação de consumo, razão por que precisa de maior proteção.[58] Essa fragilidade, repita-se, não é econômica ou financeira, porque para o consumidor carente de recurso existe sempre a possibilidade de assistência judiciária gratuita.

Segundo a dicção da Lei consumerista, todo o consumidor é vulnerável, porém nem sempre será considerado hipossuficiente. Quer dizer, "há consumidores que, além de vulneráveis, possuem um plus, que os tornam mais frágeis ainda, deixando-os impossibilitados de realizar a prova dos fatos constitutivos de seus direitos".[59]

3.3. Princípio da equidade

A equidade desempenha um duplo papel: suprir as lacunas da lei e auxiliar o aplicador da norma a obter o verdadeiro sentido e alcance das disposições legais, servindo, portanto, à hermenêutica e à aplicação do direito. A equidade é o direito benigno, moderado, a justiça natural, a razão humana, inclinada à benevolência.[60]

Como ensina Ruggiero, o conceito de tal princípio repousa sobre a ideia fundamental da igualdade, do tratamento igual em causa igual, da verdadeira justiça no caso concreto, isto porque, sendo a norma

58. SAAD, Eduardo Gabriel. Comentários ao Código de Defesa do Consumidor, p. 195.
59. CALDEIRA, Mirella D'Angelo. Inversão do ônus da prova, disponível em <www. saraivajur. com.br/doutrina>.
60. MAXIMILIANO, Carlos. Hermenêutica e aplicação do direito, p. 172.

fixa e universal, deverá ser adaptada ao caso concreto, abrandando o seu rigor, trabalho esse a ser realizado pelo aplicador da norma.[61]

Miguel Reale consigna que "os romanos advertiam, com razão, que muitas vezes a estrita aplicação do Direito traz consequências danosas à justiça; *summum jus, summa injuria.* Não raro, pratica injustiça o magistrado que, com insensibilidade formalística, segue rigorosamente o mandamento do texto legal".[62]

Assim, a equidade, enquanto a ideia do justo acima da lei, ocupa um lugar de grande importância na aplicação, interpretação e individualização das normas jurídicas, pois através dela promove-se a correção, ou mesmo a moderação da legalidade escrita, flexibilizando-se os enunciados normativos, promovendo-se a integração ou o preenchimento das lacunas da lei, tudo em busca da humanização do direito.[63]

Advirta-se contudo, que o magistrado somente poderá se servir deste instituto quando, e nos casos, expressamente autorizados por lei (CPC, art. 140, parágrafo único). Isto se justifica em face de que julgar por equidade significa autorizar o juiz a decidir sem excessivo apego à letra fria da lei, tendo em vista que poderá adotar para cada caso concreto a decisão que reputar mais justa e equânime, atendendo aos fins sociais da lei e às exigências do bem comum (LINDB, art. 5º); subministrado pela experiência do que ordinariamente acontece (CPC, art. 375).

Na lei consumerista a aplicação da equidade está expressamente autorizada pelo contido na parte final do art. 7º, bem como no inciso IV do art. 51, ambos da Lei nº 8.078/90. Como consequência ao princípio da equidade contratual, cuja finalidade é manter o equilíbrio entre os contratantes, o Código de Defesa do Consumidor proíbe a utilização de cláusulas abusivas, declarando-as nulas de pleno direito.

Advirta-se, ainda, que a Lei nº 9.099/90 (que criou os Juizados Especiais Cíveis) de ampla aplicação nas relações de consumo, prevê de maneira expressa a aplicação da equidade, funcionando como uma permissão geral ao magistrado para realização do ideário de

61. RUGGIERO, Roberto de. Instituições de direito civil, v. I, p. 37.

62. REALE, Miguel. Lições preliminares de direito, p. 295.

63. AMARANTE, Maria Cecilia Nunes. Justiça ou equidade nas relações de consumo, p. 43-46.

justiça, de sorte a dar a cada um o que é seu, sem excessivo apego ao formalismo legal (ver art. 6º).

De se afirmar, portanto, que a equidade nada mais é do que o reconhecimento do princípio da vulnerabilidade, tendo em vista que as cláusulas contratuais incompatíveis com a boa-fé e a equidade serão assim consideradas todas aquelas que frustrem as legítimas expectativas do consumidor com relação à efetiva contraprestação do produto ou serviço. Neste caso, caberá ao magistrado verificar a sua validade diante da lei bem como se ela atenta contra o princípio da equidade no contrato.

A justiça, enquanto objetivo da própria República e fundamento da ordem jurídica, somente será obtida se o aplicador da norma, diante das situações concretas, atenuar o rigor frio da letra da lei, mitigando seu apelo formal, corrigindo o eventual erro proveniente do caráter absoluto da norma legal: isto é equidade e, portanto, a justiça levada a cabo no caso concreto.[64]

64. RIZZATTO NUNES, Luiz Antonio. Curso de direito do consumidor, p. 31-32.

Capítulo 5

O Dano Moral no Direito Brasileiro

1. CONCEITO DE DANO MORAL E SUA CARACTERIZAÇÃO

No conceito de dano moral encontramos definições para todos os gostos. Nesse particular aspecto, a doutrina é pródiga, porém, em que pesem pequenas nuanças, há uma concordância quanto a classificar a lesão que possa autorizar a indenização por danos morais como aquela que atinge o âmago do indivíduo, causando-lhe dor (incluindo-se aí a incolumidade física), sofrimento, angústia, vexame ou humilhação, e, por se passar no íntimo das pessoas, torna-se insusceptível de valoração pecuniária adequada, razão por que o caráter da indenização é o de compensar a vítima pelas aflições sofridas e subtrair-lhe o desejo de vingança pessoal.

Nos ensinamentos do laureado Wilson Melo da Silva, os danos morais são definidos como as "lesões sofridas pelo sujeito físico ou pessoa natural de direito em seu patrimônio ideal, entendendo-se por patrimônio ideal, em contraposição ao patrimônio material, o conjunto de tudo aquilo que não seja suscetível de valor econômico". Para melhor explicitar o seu pensar, complementa o mestre: "Danos morais, pois, seriam, exemplificadamente, os decorrentes das ofensas à honra, ao decoro, à paz interior de cada qual, às crenças íntimas, à liberdade, à vida, à integridade corporal".[1]

O professor Limongi França, após fazer uma sintética abordagem do tema sob a ótica de Fischer, Benucci e Wilson Melo da Silva, conceitua o dano moral como "aquele que, direta ou indiretamente,

1. SILVA, Wilson Melo da. O dano moral e sua reparação, p. 2.

a pessoa física ou jurídica, bem assim a coletividade, sofre no aspecto não econômico dos seus bens jurídicos".[2]

Arnaldo Marmitt conceitua dano moral como "o efeito da ofensa a um bem jurídico imaterial, integrante da personalidade ou do patrimônio moral de alguém".[3] Daí por que se pode afirmar que o dano moral resulta em lesão que tanto pode ser do patrimônio moral ou à honra da pessoa natural como à reputação e à fama, quando se tratar de pessoa jurídica.

Por seu turno, a renomada mestra Maria Helena Diniz, escudando-se também em Wilson Melo da Silva, preleciona: "o dano moral vem a ser a lesão de interesses não patrimoniais de pessoa física ou jurídica, provocada pelo fato lesivo". Arremata afirmando que o dano moral pode consistir na lesão a um interesse jurídico extrapatrimonial relacionado aos "direitos da personalidade (como a vida, a integridade corporal, a liberdade, a honra, o decoro, a intimidade, os sentimentos afetivos, a própria imagem) ou aos atributos da pessoa (como o nome, a capacidade, o estado de família)", além daqueles que decorrem do valor afetivo atribuído a qualquer bem material, caso em que a sua perda pode vir a representar um menoscabo.[4]

"Dano moral, à luz da Constituição Federal vigente, nada mais é do que a violação do direito à dignidade", afirma de forma peremptória o magistrado e professor Sérgio Cavalieri Filho. Ao depois, definindo melhor o alcance do preceituado, esclarece que "hoje o dano moral não mais se restringe à dor, tristeza e sofrimento, estendendo a sua tutela a todos os bens personalíssimos – os complexos de ordem ética –, razão pela qual revela-se mais apropriado chamá-lo de dano imaterial ou não patrimonial, como ocorre no direito português". Conclui que "em razão dessa natureza imaterial, o dano moral é insusceptível de avaliação pecuniária, podendo apenas ser compensado com a obrigação pecuniária imposta ao causador do dano, sendo esta mais uma satisfação do que uma indenização".[5]

Com o advento do atual Código Civil, e cotejando os avanços doutrinários e jurisprudenciais a respeito do tema, ousamos afirmar

2. FRANÇA, Rubens Limongi. Reparação do dano moral, RT, 631/31.
3. MARMITT, Arnaldo. Dano moral, p. 7.
4. DINIZ, Maria Helena. Curso de direito civil brasileiro, v. 7, p. 81-83.
5. CAVALIERI FILHO, Sérgio. Programa de responsabilidade civil, p. 85-86.

que o dano moral é toda agressão injusta àqueles bens imateriais, tanto de pessoa física como de pessoa jurídica ou da coletividade, insusceptível de quantificação pecuniária, porém indenizável com tríplice finalidade: satisfativa para a vítima, dissuasória para o ofensor e de exemplaridade para a sociedade.[6]

1.1. Caracterização do dano moral

É preciso destacar que não é qualquer dissabor ou contrariedade que irá caracterizar o dano moral. Na vida moderna há o pressuposto da necessidade de coexistência do ser humano com os dissabores que fazem parte do dia a dia. Dessa forma, alguns contratempos e transtornos são inerentes ao atual estágio de desenvolvimento de nossa sociedade.

Nesse particular aspecto, como alerta Antônio Chaves, há de se ter prudência, de tal sorte que não se venha reconhecer a existência de dano moral em "todo e qualquer melindre, toda suscetibilidade exacerbada, toda exaltação do amor-próprio pretensamente ferido, a mais suave sombra, o mais ligeiro roçar das asas de uma borboleta, mimos, escrúpulos, delicadezas excessivas, ilusões insignificantes desfeitas, possibilitando sejam extraídas da caixa de Pandora do direito, centenas de milhares de cruzeiros".[7]

O saudoso Aguiar Dias, em sua obra de antes da metade do século XX, com lastros da doutrina dos irmãos Henri e Léon Mazeaud, já advertia que, "à medida que a civilização se desenvolve, tornam-se mais e mais complexas as relações sociais, com interpenetração cada vez mais profunda dos círculos de atividade jurídica de cada um. É inevitável, em tais condições, o atrito de interesses, cada vez mais intenso, desdobrando-se em problemas de responsabilidade civil".[8]

Muitos doutrinadores consideram árdua a tarefa de separar o joio do trigo, isto é, delimitar, diante do caso concreto, o que vêm a ser dissabores normais da vida em sociedade ou danos morais. Essa questão é das mais tormentosas exatamente por não existirem critérios objetivos definidos em lei, de modo que o julgador acaba por buscar

6. Ver nossa teoria para reparação do dano moral no Capítulo 17.
7. CHAVES, Antônio. Tratado de direito civil, v. 3, p. 637.
8. AGUIAR DIAS, José de. Da responsabilidade civil, p. 18.

supedâneo na doutrina e na jurisprudência para aferir a configuração ou não do dano moral. O que precisa haver na avaliação do dano moral é prudência e bom-senso, para que se possa, considerando o homem médio da sociedade, ver configurada ou não a lesão a um daqueles bens inerentes à dignidade humana de que a Constituição nos fala.

Nesse aspecto, o juiz desempenha um papel de relevo, seja porque é ele quem, a partir das chamadas máximas de experiência, irá analisar o caso concreto e adequá-lo à proteção legal, seja porque dependerá de seu livre-arbítrio, segundo a melhor doutrina, a fixação do quantum indenizatório.[9] Essa discricionariedade do juiz, contudo, deverá ser pautada pelo bom-senso, observados alguns critérios, porquanto haverá de, em face do ilícito perpetrado, sopesar o grau de culpa do ofensor, as condições sociais e econômicas das partes envolvidas, e a repercussão do fato lesivo no seio social, de maneira que a indenização não seja tão grande que leve o ofensor à ruína, nem tão pequena que avilte a vítima.

1.2. Da prova do dano moral

Outra questão tormentosa refere-se à necessidade ou não de prova do dano moral. Autores renomados têm sustentado que o dano moral, por tratar-se de lesão ao íntimo das pessoas, dispensa a necessidade de prova, conformando-se a ordem jurídica com a demonstração do ilícito, visto que o dano moral estaria configurado desde que demonstrado o fato ofensivo, existindo *in re ipsa*.[10]

No mesmo sentido tem-se orientado a jurisprudência do E. Superior Tribunal de Justiça, conforme se pode notar no voto do saudoso Ministro Carlos Alberto Menezes Direito, do qual se transcreve trecho: "Já assentou a Corte que não há falar em prova do dano moral, mas, sim, na prova do fato que gerou a dor, o sofrimento, sentimentos íntimos que o ensejam. Provado assim o fato, impõe-se a condenação, sob pena de violação ao art. 374 do Código de Processo Civil".[11] Ou, como vaticinou o sempre Ministro Sálvio de Figueiredo

9. A respeito do tema veja-se, além da nossa obra já citada, Sergio Cavalieri Filho, Programa de responsabilidade civil, p. 95; Sílvio de Salvo Venosa, Direito Civil, v. 4, p. 286; Wilson Melo da Silva, Dano moral e sua reparação, p. 630.

10. Nesse sentido ver Sérgio Cavalieri Filho, Programa de responsabilidade civil, p. 92.

11. (STJ, REsp, 318099/SP, 3ª T., Rel. Min. Carlos Alberto Menezes Direito, DJU, 8-4-2002, p. 211).

Teixeira, em julgamento do qual foi relator, cujo trecho da emenda assim se redigiu: "A prova do dano moral se satisfaz, na espécie, com a demonstração do fato que o ensejou e pela experiência comum".[12] Mesmo entendimento manifesta o Ministro Cesar Asfor Rocha, que, quanto à questão em análise, já teve oportunidade de se manifestar, e assim o fez: "Na concepção moderna da reparação do dano moral prevalece a orientação de que a responsabilização do agente se opera por força do simples fato da violação, de modo a tornar-se desnecessária a prova do prejuízo em concreto".[13]

Existe uma natural lógica para assim proceder, porquanto, se o dano moral existe a partir da lesão a um daqueles direitos íntimos da pessoa humana, tal qual a honra, a intimidade, a vida privada, a imagem, somente para citar alguns, não há nenhuma lógica em exigir a prova da repercussão dos efeitos de tais violações no íntimo do ofendido. O ordenamento jurídico há de se conformar com a presunção de que, em razão de máximas de experiência, qualquer indivíduo de mediana sensibilidade sentir-se-ia ofendido e agredido em seus valores anímicos diante de determinados procedimentos ilícitos.

Apesar desse nosso posicionamento é importante registrar que em algumas situações o Superior Tribunal de Justiça tem oscilado seu posicionamento como, por exemplo, no caso de atraso na entrega do imóvel comprado na planta, aquela corte superior considera atualmente que não é capaz, por si só, de gerar dano moral.[14] Fazemos essa advertência porque o referido tribunal considerava, anteriormente, que esse atraso gerava dano moral presumido, portanto *in re ipsa*.[15]

De outro lado, dentre os vários elementos que norteiam a caracterização do dano moral, há de se destacar a dor (tanto física quanto moral) como um dos elementos essenciais para a determinação da existência do dano moral, que também se pode presumir. Sabemos que não se pode medir a extensão da dor de quem tenha sido lesionado, porém é evidente a dor dos pais pela morte violenta do filho, assim

12. (STJ, REsp 304738/SP, 4ª T., Rel. Min. Sálvio de Figueiredo Teixeira, DJU, 13-8-2001, p. 167).
13. (STJ, REsp 173124/RS, 4ª T., Rel. Min. Cesar Asfor Rocha, DJU, 19-11-2001, DJ 19.11.2001 p. 277).
14. (STJ – AgInt no AREsp: 1559959 RN 2019/0232597-4, Relator: Ministro Raul Araújo, Data de Julgamento: 26/11/2019, T4 – Quarta Turma, Data de Publicação: DJe 19/12/2019).
15. (STJ – AgRg no AREsp: 715293 RJ 2015/0113385-8, Relator: Ministro Marco Aurélio Bellizze, Data de Julgamento: 27/10/2015, T3 – Terceira Turma, Data de Publicação: DJe 12/11/2015).

como se pode presumir o sofrimento ou complexo de quem sofreu um dano estético ou ainda daquele que foi humilhado por publicação injuriosa, dentre tantos outros exemplos que se poderiam ofertar. Em casos como esses, não há dúvida, os atingidos sentirão grande aflição, ainda que se possam considerar as variáveis de pessoa para pessoa.

É importante salientar, contudo, que não é somente a dor o elemento que caracteriza o dano moral e o correspondente dever de indenizar. Situações há em que a caracterização independe da existência ou não da dor, tais como nos casos que envolvem exposição indevida na mídia, agressão à honra, violação da intimidade e da privacidade, dentre outras.

Ocorrendo agressões a esses bens personalíssimos do indivíduo, nascerá para o ofensor a obrigação de indenizar por dano moral, uma vez que tais atos não podem ficar impunes.

1.3. Dos fundamentos da reparação

Como ensina o saudoso mestre Caio Mário da Silva Pereira, "o fundamento da reparabilidade pelo dano moral está em que, a par do patrimônio em sentido técnico, o indivíduo é titular de direitos integrantes de sua personalidade, não podendo conformar-se a ordem jurídica em que sejam impunemente atingidos".[16]

Ademais, não se pode descurar do caráter penal que a condenação por dano moral deve conter. Além do caráter compensatório, é certo que "quem exige uma reparação do dano moral sofrido não visa tanto a recomposição do seu equilíbrio de afeição ou sentimento, impossível de conseguir, como infligir, por um sentimento de represália inato, ao seu ofensor, uma punição, por precária que seja, que, na maior parte das vezes, não encontra outro parâmetro senão em termos pecuniários".[17]

Nessa linha de raciocínio, o professor e magistrado José Luiz Gavião de Almeida afirma de maneira categórica que "a reparação dos danos morais não busca reconduzir as partes à situação anterior ao dano, meta impossível. A sentença visa a deixar claro que a honra, o bom nome e a reputação da vítima restaram lesionados pela atitude

16. PEREIRA, Caio Mário da Silva. Responsabilidade civil, p. 54.
17. CHAVES, Antônio Chaves. Tratado de direito civil, v. 3, p. 634.

inconsequente do causador do dano. Busca resgatar o bom conceito de que se valia o ofendido no seio da sociedade. O que interessa, de fato, é que a sentença venha declarar a idoneidade do lesado; proporcionar um reconforto à vítima, e, ainda, punir aquele que agiu, negligentemente, expondo o lesado a toda sorte de dissabores".[18]

Ainda nesse sentido, defende Martinho Garcez Neto que a função penal da condenação por dano moral pode e deve ser encarada como algo altamente moralizador, na medida em que, atingindo o patrimônio do agressor, com a sua consequente diminuição, estar-se-ia, à luz moral e da equidade, cumprindo a mais elementar noção de justiça: estar-se-ia punindo o ofensor para que o bem moral seja respeitado e, mais importante, fazendo calar o sentimento de vingança do ofendido, sentimento esse inato em qualquer pessoa, por mais moderna e civilizada que possa ser.[19]

É preciso recordar que a dignidade humana foi elevada a um dos fundamentos básicos do Estado brasileiro. Veja-se que na Constituição Federal de 1988 o legislador constituinte fez insculpir, já no art. 1º, dentre os fundamentos sobre os quais se assenta o Estado Democrático de Direito, a dignidade humana.[20] Dessa forma, como preleciona Sérgio Cavalieri Filho, "temos hoje o que pode ser chamado de direito subjetivo constitucional à dignidade",[21] com reflexos inevitáveis na conceituação de dano moral, na exata medida em que os valores que compõem a dignidade humana são exatamente aqueles que dizem respeito aos valores íntimos da pessoa, tais como o direito à intimidade, à privacidade, à honra, ao bom nome, e outros inerentes à dignidade humana, que, sendo violados, hão de ser reparados pela via da indenização por danos morais.

De nossa parte, temos certeza de que, se fosse dada oportunidade de escolha aos lesados, seguramente desejariam que não tivesse ocorrido a lesão. Contudo, como independentemente da vontade das pessoas

18. (1º TACiv., Ap. 825.862-2, j. 9-10-2001, LEX-JTACSP, 193/193).

19. GARCEZ NETO, Martinho. Prática de responsabilidade civil, p. 51.

20. CF, art. 1º: "A República Federativa do Brasil, formada pela união indissolúvel dos Estados e Municípios e do Distrito Federal, constitui-se em Estado Democrático de Direito e tem como fundamentos:

(...)

III – a dignidade da pessoa humana".

21. CAVALIERI FILHO, Sérgio. Programa de responsabilidade civil, p. 85.

agressões ocorrem, temos que o sentimento de justiça presente em cada cidadão faz surgir a necessidade de, "uma vez verificada a existência do dano, e sendo alguém responsável pela lesão de direito ocorrida, há que se buscar uma solução para o evento danoso", de tal forma que se procure "compor a ordem que foi quebrada, o direito que foi ofendido".[22]

De maneira objetiva, e com a clareza que lhe é peculiar, Antonio Jeová Santos preleciona que "seria escandaloso que alguém causasse mal a outrem e não sofresse nenhum tipo de sanção; não pagasse pelo dano inferido".[23]

Em outras palavras, o princípio que fundamenta o dever de indenizar se encontra centrado no fato de que a todo dano injusto deve corresponder um dever de reparação.

Pode-se concluir, assim, utilizando as sábias palavras de Artur Oscar de Oliveira Deda: "Quando a vítima reclama a reparação pecuniária de dano moral, não pede um preço para sua dor, mas, apenas, que se lhe outorgue um meio de atenuar, em parte, as consequências da lesão jurídica. Na reparação dos danos morais, o dinheiro não desempenha a função de equivalência, como, em regra, nos danos materiais, porém, concomitantemente, a função satisfatória e a de pena".[24]

2. O DANO MORAL NO CÓDIGO DE DEFESA DO CONSUMIDOR

Destaque-se por primeiro que o legislador ordinário, ao instituir o Código de Defesa do Consumidor, foi coerente com as regras emanadas da Constituição Federal no que diz respeito aos danos morais, pois além de prever a sua efetiva reparação o fez sem nenhuma limitação, de tal sorte que podemos afirmar que a reparação por danos morais aos consumidores lesionados deve ser ampla, total e irrestrita, não se subordinando a nenhuma espécie de tarifamento ou limitação.[25]

O Código fez prever no título geral em que trata dos direitos do consumidor a efetiva reparação dos danos material e moral eventual-

22. CASILLO, João. Dano à pessoa e sua indenização, p. 77.
23. SANTOS, Antonio Jeová. Dano moral indenizável, p. 62.
24. Apud Antônio Chaves, Tratado de direito civil, v. 3, p. 637.
25. Ver especialmente o art. 6º, VI, da Lei nº 8.078/90.

mente sofridos pelos consumidores, de forma que proteção também é dever do Estado e pode ser processada por meio de sanções administrativas (arts. 55 a 60), bem como por ações de natureza penal (arts. 61 a 80).

Atente-se para o fato de que o legislador inseriu entre os direitos básicos do consumidor não só o direito ao ressarcimento integral de seus prejuízos (materiais ou morais), mas assegurou também proteção no que diz respeito ao direito à vida, à saúde e à segurança (arts. 6º, I, 8º, 9º, 10, 12, § 1º, e 18, § 6º), em perfeita consonância com o princípio do respeito à dignidade humana inserido em nossa Carta Maior (art. 1º, III). Consignou também as formas pelas quais o consumidor possa defender a sua honra, proibindo cobranças vexatórias (art. 42); assegurou a possibilidade de repetição de indébito em dobro nos casos de cobrança indevida ou excessiva (art. 42, parágrafo único); cuidou de oferecer proteção contra a publicidade enganosa, métodos comerciais desleais e práticas abusivas (arts. 6º, IV, e 39 a 42), além de proibir taxativamente as cláusulas abusivas (arts. 6º, V, e 51 a 53).

Ademais, a fim de proteger da maneira mais ampla possível o consumidor, faculta-lhe o Código o manejo de todas as ações judiciais que possam propiciar-lhe a adequada e efetiva tutela (art. 83), o amplo acesso aos órgãos judiciários e administrativos, com isenção de taxas e custas (art. 6º, VII), além de prever a facilitação do direito de defesa, inclusive com a inversão do ônus da prova a seu favor, quando for verossímil a alegação (art. 6º, VIII).

Rememore-se, por último, que a responsabilidade do fornecedor de produtos ou serviços é objetiva, de tal sorte que, estabelecido o nexo de causalidade entre o produto ou serviço fornecido e o dano sofrido pelo consumidor, será o suficiente para que se veja o fornecedor obrigado a indenizar o consumidor ou utente lesionado.

Dessa forma, a proteção ao consumidor no que diz respeito à reparação dos danos materiais e morais é mais abrangente do que a prevista no Código Civil ou em outras leis, não restando dúvida, pois, de que o Código de Defesa do Consumidor é a legislação brasileira que melhor sistematizou a responsabilidade civil por danos morais.[26]

26. LISBOA, Roberto Senise. Responsabilidade civil nas relações de consumo, p. 111.

3. O DANO ESTÉTICO

Na definição de Martinho Garcez Neto, dano estético é "toda alteração morfológica do indivíduo, qualquer que seja a sua extensão e tenha ou não exercido qualquer influência sobre a capacidade laborativa da pessoa". Diz ainda o reverenciado mestre que, "indenizável por si mesma, a referida lesão consubstancia direito subjetivo próprio, que exige tutela adequada, através de reparação especial".[27]

Por outro lado, Tereza Ancona Lopez conceitua o instituto como "qualquer modificação duradoura ou permanente na aparência externa de uma pessoa, modificação esta que lhe acarreta um 'enfeamento' que lhe causa humilhações e desgostos, dando origem portanto a uma dor moral".[28]

O dano estético, a nosso sentir, corresponde a qualquer anomalia que a vítima passe a ostentar, no seu aspecto físico, decorrente de agressão à sua integridade pessoal. Pode ser a cicatriz resultante de uma ferida, a amputação de qualquer dos membros ou, ainda, a perda de um olho. Assim, o dano estético estará caracterizado se constatado que o indivíduo, que tenha sofrido injusta agressão, apresenta sequelas de caráter permanente, alterando-lhe as feições físicas.

O que se busca proteger não é a beleza física, até por ser extremamente difícil traçar um parâmetro para a beleza, mas sim a incolumidade física do indivíduo, que constitui seu patrimônio subjetivo, não podendo ser agredido impunemente. Tanto é assim que se justifica a indenização mesmo quando as cicatrizes ou marcas se situem em locais do corpo que dificilmente serão expostos em público, porque o que se tem em mente é que ditas sequelas influem negativamente na autoestima do lesado, prejudicando a avaliação que ele possa fazer de si mesmo.

Insta ainda consignar que o dano estético pode comportar reparação *in natura*, através de cirurgia corretiva. Porém, mesmo isso sendo possível, deverá ser arbitrada uma soma em dinheiro correspondente à indenização por dano moral pelos sofrimentos impingidos à vítima.

---

27. GARCEZ NETO, Martinho. Prática de responsabilidade civil, p. 55.
28. LOPEZ, Tereza Ancona. O dano estético, p. 46.

3.1. Cumulação do dano estético com dano moral e material

Alguns autores consideram que o dano estético importaria dano material ou estaria compreendido no dano moral, razão por que não devem ser cumulados. Para esses autores, cumular o dano estético com o dano moral, por exemplo, seria um verdadeiro *bis in idem*.[29] Outros, como Aguiar Dias, entendem que o dano estético constitui categoria especial em que se encontram presentes aspectos do dano moral e do dano material, o que daria margem a frequentes confusões.[30]

Teresa Ancona Lopez é enfática quando afirma que dano estético é dano moral, decorrente de violação aos direitos da personalidade.[31]

Em que pese o profundo respeito que temos pelas opiniões declinadas, ousamos divergir, pois consideramos o dano estético uma categoria autônoma. Para nós, é perfeitamente possível originarem-se de um mesmo fato, de maneira autônoma, tanto o dano estético quanto o dano moral, além de eventualmente implicar também dano material. Nosso entendimento decorre do fato de que se encontra expressamente previsto na Constituição Federal, além do direito de resposta a qualquer agravo, o direito à indenização por dano material, moral e à imagem (art. 5º, V).

Se dúvida restar, vejamos a situação de alguém que, por exemplo, tenha sido vitimado por um acidente de consumo e, em razão desse infortúnio, venha a ter um dos membros superiores amputado. Evidente que estaremos diante de uma situação em que a cumulatividade será possível, senão vejamos:

a) o acidentado fará jus a uma indenização por dano moral, pela dor e constrangimento decorrentes do próprio acidente, da internação hospitalar e da realização de eventuais cirurgias, bem como pelo período de afastamento de suas atribuições normais;
b) fará jus a uma indenização por dano material, na exata medida de sua incapacitação para o exercício de suas habi-

29. Dentre outros, veja-se Humberto Theodoro Júnior, Dano moral, p. 18.
30. AGUIAR DIAS, José de. Da responsabilidade civil, v. 2, p. 731.
31. LOPEZ, Tereza Ancona. O dano estético, p. 21.

tuais funções, além da reposição das despesas hospitalares e cirúrgicas; e,

c) também fará jus a outra indenização, por dano estético, pela desarmonia física que o acompanhará por toda a vida, porquanto nem mesmo a colocação de uma prótese eliminará a anomalia física que a vítima passou a ostentar.

Outro exemplo que muito bem pode ilustrar a cumulatividade dos danos material, moral e estético é o do modelo profissional, assim como de outros artistas que dependem de suas harmoniosas feições para a realização de seu trabalho. Ora, é claro que um acidente de que resulte deformidade física a um desses profissionais acarretará danos de ordem patrimonial, na exata medida da impossibilidade de realização de seu trabalho; dano moral, em razão da angústia e sofrimento decorrentes da agressão; e, finalmente, dano estético, pela deformidade que lhes tenha alterado as feições.

Nesse particular aspecto, o brilhante Ministro Cesar Asfor Rocha, do E. Superior Tribunal de Justiça, já teve oportunidade de se manifestar, assentando: "permite-se a cumulação de valores autônomos, um fixado a título de dano moral e outro, a título de dano estético, derivados do mesmo fato, quando forem passíveis de apuração em separado, com causas inconfundíveis".[32]

Da mesma forma o ilustre Desembargador Flávio Pinheiro, do E. Tribunal de Justiça do Estado de São Paulo, para quem o dano estético e o dano moral não se confundem, já que o "dano estético diz respeito a qualquer alteração morfológica, abrangendo aleijão e deformidades", enquanto o "dano moral está ligado à ofensa de interesses não patrimoniais provocada por fato lesivo", concluindo que as "indenizações, por esses motivos, são acumuláveis".[33]

Ainda no mesmo sentido a opinião abalizada do magistrado Gustavo Leite, do extinto E. Tribunal de Alçada do Rio de Janeiro, que, em julgado do qual foi relator, cujo objeto de análise era a possibilidade de cumulação de dano material com dano moral e dano estético, decorrentes de acidente com passageiro de composição ferroviária, assim deixou assentado: "também reconhece-se a possibilidade de se

32. (STJ, REsp 540021/ES, 4ª T., Rel. Min. Cesar Asfor Rocha, DJU, 19-12-2003, p. 489).

33. (TJSP, AC 84.756-4, j. 27-7-1999, LEX – JTJ, 225/99).

acumular o dano estético com os outros dois, porque cada um deles tem fundamento diferente. O dano material traduz o que efetivamente deixou de ganhar, o moral o sofrimento suportado em consequência do acidente e o estético pela deformação sofrida".[34]

Por fim, o Superior Tribunal de Justiça, última instância apta a conhecer da matéria em termos recursais, pacificou a questão editando a Súmula 387, de seguinte teor: "É lícita a cumulação das indenizações de dano estético e dano moral".[35] Assim, embora tal súmula não vincule e não obrigue as decisões de instâncias inferiores ao seu comando, pelo menos sinaliza com clareza que, se a questão for suscitada em Recurso Especial e chegar ao Superior Tribunal de Justiça, já se pode saber, de antemão, que o recurso terá a devida acolhida.

3.2. Da legitimidade postulatória

Cumpre registrar, por fim, quanto à legitimidade para pleitear indenização em razão de dano estético, que somente a vítima, via de regra, poderá fazê-lo. Tal se justifica porque, se considerarmos que a imagem constitui um daqueles bens ditos personalíssimos, somente a própria vítima é que sofrerá em decorrência da agressão às suas feições, não se justificando, portanto, que terceiros possam buscar compensação pelo mal sofrido por outrem.

É importante esclarecer que, embora a legitimidade de propositura da ação de indenização por dano estético seja exclusiva da vítima, a regra comporta exceção para contemplar a possibilidade de os parentes próximos sofrerem o dano moral dito reflexo ou em ricochete (também chamado de *préjudice d'affection*), decorrente de uma lesão estética imposta a um ente querido. Poderá haver situações em que o dano estético causado à vítima repercutirá no seio familiar, como na situação de um filho que, em virtude de acidente, torna-se paraplégico, legitimando, assim, terceiros a postular indenização por dano moral em nome próprio. Contudo, o que se estará buscando indenizar não será o dano estético, mas sim o dano moral, que, nesse caso, será reflexo ou em ricochete.

---

34. (TACRJ, AC 11856/93 – (Reg. 4706-2) – Cód. 93.001.11856, 1ª C., Rel. Juiz Gustavo A. K. Leite, j. 7-12-1993, Ementário TACRJ, 35/94 – Ementa 37141).

35. Publicada no DOe de 1-9-2009.

Adverte Tereza Ancona Lopez, em conclusão ao capítulo em que trata da matéria, na sua excepcional obra sobre dano estético, ser "perfeitamente possível o pedido de dano moral a richochete no caso de dano estético toda vez que houver grande sofrimento causado pela deformidade ou aleijão em um ente muito próximo e muito querido".[36]

Outro alerta que se faz oportuno é que não se deve confundir o dano estético com o chamado dano por erro médico, porquanto, embora comum em face de problemas cirúrgicos, anestésicos ou mesmo de qualquer tratamento médico, o dano estético pode originar-se de várias outras causas, tais como de acidentes de consumo, de trânsito, de trabalho, de transporte, de atos criminosos etc.

4. O DANO MORAL COLETIVO

Cabe registrar, inicialmente, que a importância das ações coletivas de que trata o Código de Defesa do Consumidor pode ser medida pelos próprios valores que se busca proteger: a saúde, a segurança, a qualidade e quantidade prometida, a veracidade na oferta e na publicidade, a proscrição de cláusulas abusivas em contratos, dentre tantas outras.[37]

Dentre os chamados direitos básicos dos consumidores, o nosso Código assegura a todos "a efetiva prevenção e reparação de danos patrimoniais e morais, individuais, coletivos e difusos" (Lei nº 8.078/90, art. 6º, VI). Da mesma forma, o inciso VII do referido artigo, ao garantir aos consumidores o direito de acesso aos órgãos judiciários e administrativos, visando a prevenção ou reparação de danos, explicita estar tratando de "danos patrimoniais e morais, individuais, coletivos ou difusos".

Não se pode esquecer que a Lei nº 8.079/90, no título em que cuida da defesa do consumidor em juízo, dedica um capítulo às ações coletivas para a defesa de interesses individuais homogêneos (arts. 91 a 100) e outro à coisa julgada, onde trata dos efeitos da sentença tão somente com relação às ações coletivas (arts. 103 e 104), além de ter inserido diversos comandos na Lei da Ação Civil Pública (Lei nº 7.347/85) para adequá-la à legislação consumerista.

---

36. LOPEZ, Tereza Ancona. O dano estético, p. 153.

37. Cf. José Geraldo Brito Filomeno, Manual de direitos do consumidor, p. 402.

Rememore-se ainda que no Brasil a questão indenizatória por dano moral se encontra hoje em plena fase de total aceitação, mas nem sempre foi assim. Com o advento da Constituição Federal de 1988 pacificou-se a questão da aceitabilidade da tese de reparação integral da ofensa moral, pois, nos incisos V e X do art. 5º, a nossa Lei Maior alçou a *status* constitucional a proteção aos bens imateriais do indivíduo.

Como já referimos, mesmo antes da Constituição de 1988, diversas leis esparsas previam e regulavam as indenizações por danos morais, e, tão somente à guisa de exemplo, veja-se o Código Brasileiro de Telecomunicações (Lei nº 4.117/62),[38] a Lei de Imprensa (Lei nº 5.250/67),[39] assim como a revogada Lei de Falências (Dec.-lei nº 7.661/45), o Código Eleitoral (Lei nº 4.737/65) e o precursor Decreto nº 2.681, de 1912, que regulava as atividades das estradas de ferro e as relações com seus passageiros e bagagens, para mencionar algumas.

Apesar disso, oportuno advertir que antes da Constituição de 1988 não se falava em dano moral coletivo, bem como não era aceita a tese de que as pessoas jurídicas também poderiam sofrer ataques a sua honra e assim fazer jus a indenizações por danos morais, em que pese a pessoa jurídica contar com expressa previsão em seu favor em leis anteriores, tais como na Lei de Imprensa (Lei nº 5.250/67, art. 49, I, c/c o art. 16, II e IV), ou no Código Brasileiro de Telecomunicações (Lei nº 4.117/62, art. 99 do texto original).

De toda sorte, é importante fazer esse registro porque foi somente após a Carta Magna de 1988 que a questão restou superada, até porque, ao incluir a dignidade humana como um dos princípios fundamentais pelo qual se rege o Estado brasileiro (art. 1º, III), a nossa Constituição "colocou o homem no vértice do ordenamento

38. Os arts. 1º a 51 da referida Lei foram revogados pela Lei nº 9.472, de 16 de julho de 1997. Os demais já haviam sido revogados pelo Decreto-lei nº 236, de 28 de fevereiro de 1967.

39. A Lei de Imprensa não foi recepcionada pela atual Constituição Federal. Em 30 de abril de 2009, por maioria de votos, o STF declarou que a Lei de Imprensa (Lei n. 5.250/67) é incompatível com a atual ordem constitucional. Os ministros Eros Grau, Menezes Direito, Cármen Lúcia, Ricardo Lewandowski, Cesar Peluso e Celso de Mello, além do relator, Ministro Carlos Ayres Britto, votaram pela total procedência da Arguição de Descumprimento de Preceito Fundamental (ADPF) nº 130. Os ministros Joaquim Barbosa, Ellen Gracie e Gilmar Mendes se pronunciaram pela parcial procedência da ação e o ministro Marco Aurélio foi o único a votar pela improcedência.

jurídico, fazendo dele a primeira e decisiva realidade, transformando seus direitos no fio condutor de todos os ramos jurídicos", de tal sorte a afirmar que "temos hoje o que pode ser chamado de direito subjetivo constitucional à dignidade, a qual deu ao dano moral uma nova feição diante do fato de ser ela a essência de todos os direitos personalíssimos".[40]

4.1. Conceito de dano moral individual e coletivo

O dano moral individual, conforme nossa concepção já esposada, é toda agressão injusta àqueles bens imateriais, tanto de pessoa física como jurídica, insusceptíveis de quantificação pecuniária, porém indenizáveis com tríplice finalidade: satisfativa para a vítima, dissuasória para o ofensor e de exemplaridade para a sociedade.[41]

Os fundamentos da reparação por danos morais, segundo o escólio do saudoso Caio Mário da Silva Pereira, "está em que, a par do patrimônio em sentido técnico, o indivíduo é titular de direitos integrantes de sua personalidade, não podendo conformar-se a ordem jurídica em que sejam impunemente atingidos".[42]

De outro lado, autores renomados têm afirmado que o dano moral, por tratar-se de lesão ao íntimo das pessoas, dispensa a necessidade de prova, conformando-se a ordem jurídica com a demonstração do ilícito, porquanto o dano moral estaria configurado, conforme Sérgio Cavalieri Filho, desde que demonstrado o fato ofensivo, existindo, portanto, *in re ipsa*.[43]

Nesse aspecto, cabe ao juiz um papel de relevo, seja porque é ele quem, a partir das chamadas máximas de experiência, irá analisar o caso concreto e adequá-lo à proteção legal, seja porque dependerá de seu livre-arbítrio, segundo a doutrina dominante, a fixação do *quantum* indenizatório.

Durante longo período, a aceitação da tese da reparabilidade do dano moral no Brasil esteve restrita, única e exclusivamente,

---

40. LIMA, Wanderson Marcello Moreira. Dano moral: uma visão constitucional, Juris Síntese/ IOB, n. 26 – CD-ROM não paginado.
41. Cf. nossa nova teoria para reparação por danos morais (ver capítulo 17 da presente obra).
42. PEREIRA, Caio Mário da Silva. Responsabilidade civil, p. 54.
43. CAVALIERI FILHO, Sérgio. Programa de responsabilidade civil, p. 92.

às pessoas naturais e individualmente consideradas. Contudo, essa questão foi sendo superada após o advento da Constituição de 1988, que não fez nenhuma distinção entre pessoa física e pessoa jurídica, surgindo daí a tese da aceitação da reparação por danos morais para as pessoas jurídicas.

Hoje não mais se discute se a pessoa jurídica é passível de sofrer dano moral ou não. A questão restou pacificada nos Tribunais, tanto que o E. Superior Tribunal de Justiça editou a Súmula 227 deixando assentado que a pessoa jurídica pode sofrer danos morais. Não bastasse isso, o novo Código Civil (Lei nº 10.406/2002), ao tratar das pessoas jurídicas, estabeleceu: "aplica-se às pessoas jurídicas, no que couber, a proteção dos direitos da personalidade" (art. 52).

É importante destacar que foi possível cogitar do dano moral coletivo a partir do alargamento da conceituação do dano moral, pois, conforme preleciona André de Carvalho Ramos, "com a aceitação da reparabilidade do dano moral em face de entes diversos das pessoas físicas, verifica-se a possibilidade de sua extensão ao campo dos chamados interesses difusos e coletivos".[44]

A doutrina pátria tem-se esforçado para definir adequadamente o dano moral coletivo. O jurista Carlos Alberto Bittar Filho procurou defini-lo afirmando ser "...a injusta lesão da esfera moral de uma dada comunidade, ou seja, é a violação antijurídica de um determinado círculo de valores coletivos". E arremata: "Quando se fala em dano moral coletivo, está-se fazendo menção ao fato de que o patrimônio valorativo de uma certa comunidade (maior ou menor), idealmente considerado, foi agredido de maneira absolutamente injustificável do ponto de vista jurídico: quer isso dizer, em última instância, que se feriu a própria cultura, em seu aspecto imaterial".[45]

De forma mais concisa João Carlos Teixeira conceitua o dano moral coletivo como sendo a "injusta lesão a interesses metaindividuais socialmente relevantes para a coletividade (maior ou menor), e assim tutelados juridicamente, cuja ofensa atinja a esfera moral de determinado grupo, classe ou comunidade de pessoas ou até mesmo

44. RAMOS, André de Carvalho. Revista de Direito do Consumidor, n. 25, p. 82.

45. BITTAR FILHO, Carlos Alberto. Revista de Direito do Consumidor, n. 12, p. 55.

de toda a sociedade, causando-lhe sentimento de repúdio, desagrado, insatisfação, vergonha, angústia ou outro sentimento psicofísico".[46]

Exemplificando tão tormentosa questão, André de Carvalho Ramos afirma: "imagine-se o dano moral gerado por propaganda enganosa ou abusiva. O consumidor em potencial sente-se lesionado e vê aumentar seu sentimento de desconfiança na proteção legal do consumidor, bem como no seu sentimento de cidadania".[47]

Uma das precursoras do estudo dos danos coletivos na Argentina, professora Lidia M. R. Garrido Cordobera, assevera que na atualidade, frente à massificação e a propagação dos perigos e seu caráter difuso, exigem uma mudança de enfoque e justifica a aceitação da existência de uma categoria autônoma de danos, quais sejam, os "danos coletivos".[48]

Mesmo que não tenha personalidade jurídica própria, nos moldes da teoria clássica do Direito, as coletividades de pessoas possuem valores e um patrimônio ideal que gozam de proteção no âmbito do sistema jurídico brasileiro. Fruto desse entendimento é a consagração do direito à preservação do meio ambiente sadio, à conservação do patrimônio histórico e cultural, à garantia da moralidade pública, ao equilíbrio e equidade nas relações de consumo, entre tantos outros. Sendo assim, qualquer lesão injusta a eles infligida, dada a sua indubitavelmente relevância social, faz desencadear a reação do ordenamento jurídico, no plano da responsabilização, mediante a forma específica de reparação do dano observado.[49]

Assim, podemos definir o dano moral coletivo, de forma sintética, como sendo toda e qualquer injusta agressão a bens, valores ou interesses juridicamente protegidos de uma determinada coletividade que autoriza pleitear em nome dessa coletividade, em ação civil pública, indenização em face do ilícito perpetrado.

---

46. TEIXEIRA, João Carlos. Dano moral coletivo na relação de emprego in Temas polêmicos de direito e processo do trabalho, p. 117 (apud: Paulo Eduardo V. Oliveira – O dano pessoa no direito do trabalho, p. 37).
47. RAMOS, André de Carvalho. Revista de Direito do Consumidor, nº 25, p. 82.
48. CORDOBERA, Lidia M. R. Garrido. Los daños colectivos y la reparación, p. 92.
49. Conforme Xisto Tiago de Medeiros Neto, citado pelo Min. Luis Felipe Salomão no REsp nº 1.838.184 – RS (2019/0275550-5).

4.2. Um exemplo significativo

Com relação ao tema em comento, cabe aqui registrar um exemplo marcante. Uma decisão do Tribunal de Justiça do Rio Grande do Sul que fixou em R$ 500 mil o valor da indenização devida por um grande banco brasileiro por causar dano moral à coletividade ao cobrar tarifa de emissão de boleto. Também decidiu que a tarifa cobrada para a emissão deverá ser devolvida em dobro, valores que deverão ser apurados na liquidação de sentença da ação coletiva. Tratava-se de ação civil pública proposta pelo Núcleo de Defesa do Consumidor e de Tutelas Coletivas (Nudecontu), da Defensoria Pública do Estado do Rio Grande do Sul contra a cobrança da tarifa de R$ 4,20 para a emissão de boleto bancário, na qual requereu a devolução em dobro e a fixação de indenizações pelos danos morais e materiais, dentre outros pedidos.

A respeito da existência de dano moral coletivo, o Relator, Desembargador Carlos Cini Marchionatti, afirmou que ao perpetrar microdanos ou *small torts* aos consumidores, o banco demandado lesa a coletividade de forma sorrateira, branda o suficiente para não motivar o usuário individual do serviço bancário a procurar o Judiciário para cancelar a cobrança indevida, mas que, no volume total de cobranças ilegais, causa lesão significativa à economia popular, de difícil, senão impossível, aferição. Asseverou ainda que a indenização por dano moral nos fatos ilícitos vertidos de relações de consumo possui natureza eminentemente punitiva do fornecedor de serviços, que lança mão de práticas abusivas para enriquecer ilicitamente, disse o relator. Esta punição é essencial ao caráter pedagógico do sistema de proteção ao consumidor. Afirmou ainda que a indenização do dano moral possui nítido caráter profilático de novas demandas, para que se retifiquem as posturas ilícitas dos fornecedores, evitando-se maiores prejuízos e demandas individuais.

Nesse caso o banco foi condenado a pagar uma indenização por danos morais coletivos fixada em R$ 500 mil e a devolver em dobro aquilo que efetivamente cobrou de seus clientes a título de tarifa de emissão de boleto bancário.[50]

50. Fonte: Assessoria do TJRS, texto João Batista Santafé Aguiar. Disponível em: <http://www1.tjrs.jus.br/site/imprensa/noticias/?idNoticia=130324>. Acesso em: 4-2-2011.

Podemos colacionar diversos outros exemplos de dano moral à coletividade, tais como ofender os valores e credos de determinada religião (judaica, muçulmana, católica etc.); promover a discriminação de determinada comunidade ou raça (negra, amarela, indígena etc.); colocar em risco a saúde ou a integridade física dos trabalhadores de uma empresa em face da não adoção de medidas de segurança obrigatórias;[51] ou ainda, em face de descumprimento de medidas determinadas por lei, como no caso das cotas para deficientes físicos mo mercado de trabalho,[52] ou ainda, por descumprimento de normas de segurança que visam a proteção da coletividade.[53]

---

51. O Tribunal Superior do Trabalho manteve sentença do Tribunal Regional do Trabalho da 3ª Região (MG), em Ação Civil Pública que havia condenado o Banco Santander Banespa S/A ao pagamento de R$ 500 mil por dano moral coletivo. No caso analisado, ficou comprovado que o banco, em sua agência de Juiz de Fora-MG, por um longo período submeteu seus empregados a um ambiente nocivo, descumprindo normas de conduta trabalhista, colocando em risco a saúde dos empregados, além de não implementar corretamente um programa de saúde médico e ocupacional, submetendo-os a jornada de trabalho excessiva sem pagamento de horas extras. Diante dessa situação, o TRT, ao analisar recurso do banco, manteve o valor da condenação, arbitrado pela Vara do Trabalho, o que motivou o recurso (TST, RR-32500-65.2006.5.03.0143, 7ª T., Rel. Juíza Convocada Maria Doralice Novaes. Fonte: Assessoria de Comunicação Social Tribunal Superior do Trabalho (Dirceu Arcoverde) em 17-6-2010). Posteriormente essa decisão foi estendida a todo território nacional.
52. A título de exemplo, o Unicard Banco Múltiplo (Banco Bandeirantes) foi condenado a pagar R$ 808.200,00 ao FAT (Fundo de Amparo ao Trabalhador), a título de dano moral coletivo, pela não contratação de portadores de deficiência, nos termos da Lei n. 8.213/91. O banco foi condenado em ação civil pública proposta pelo Ministério Público do Trabalho em 2001, quando o então Banco Bandeirantes possuía mais de cinco mil funcionários e não havia adequado seu quadro de funcionários ao que determinava a lei. A ação tramitou perante a 75ª Vara do Trabalho de São Paulo, e a condenação é retroativa à data de ingresso da ação. Fonte: MPT. Disponível em: <http://www.pgt.mpt.gov.br/noticias/2005/08/n636.html>.
53. A Primeira Turma do Tribunal Superior do Trabalho manteve sentença do Tribunal Regional do Trabalho da 18ª Região (GO) que condenou o Banco Itaú ao pagamento de dano moral coletivo, pelo descumprimento de obrigação de instalação de portas giratórias em agências bancárias. No caso, o Ministério Público do Trabalho da 18ª Região ingressou com Ação Civil Pública, pedindo que a Justiça do Trabalho determinasse que o banco cumpra, em suas agências no Estado de Goiás, legislação que obriga instituições financeiras a instalar portas giratórias em agências bancárias, como forma de preservação da saúde física e mental dos trabalhadores. Na mesma ação, o MPT pedia a condenação do banco ao pagamento de indenização por dano moral coletivo. Ao analisar o recurso no TST, o relator, Ministro Walmir Oliveira da Costa, destacou que "o dano moral coletivo não decorre necessariamente de repercussão de um ato no mundo físico ou psicológico, podendo a ofensa a um bem jurídico ocorrer tão somente por um incremento desproporcional do risco com grave repercussão entre os empregados e a clientela". Portanto, para o ministro, a recusa

4.3. Ações coletivas: interesse público ou privado?

A dicotomia entre o interesse público (do Estado) e o interesse privado (dos particulares), que já foi muito presente no passado, vem sendo gradativamente superada, principalmente a partir da edição da Lei da Ação Civil Pública (Lei n° 7.347/85) e do Código de Defesa do Consumidor (Lei n° 8.078/90), que passaram a proteger uma nova categoria de interesses, situados numa posição intermediária entre o interesse público e o interesse privado, chamado de interesses transindividuais ou coletivos nos quais se situam os direitos difusos que inclui o direito do consumidor, o direito ambiental, a defesa do patrimônio histórico e cultural, bem como o patrimônio público, dentre outros.

Esses direitos coletivos colocam-se em posição intermediária entre o público e o privado. Quer dizer, não é público, nem é particular, tendo uma clara e forte dimensão social, configurando-se numa nova categoria de direitos.

Como afirma o mestre Rodolfo de Camargo Mancuso existe atualmente uma nova 'ordem coletiva' emergente que aparece como uma espécie de *tertium genus* desse processo, porque representa um ponto intermédio entre o Estado e o indivíduo: menos do que aquele; mais do que este.[54]

Com a evolução do direito ocorrida no século XX e a conscientização de que o individualismo deveria ceder aos interesses da coletividade, percebeu-se que existem bens indivisíveis que interessam a um número indeterminado de pessoas idealmente consideradas (interesses difusos) e outros que, também de natureza indivisível, dizem respeito a um determinado grupo ou categoria de pessoas, ligadas entre si por uma relação jurídica (interesses coletivos) e que, em ambos os casos, devem merecer proteção jurídica e contar com instrumentos hábeis à sua defesa, seja pelo Estado, seja pelas entidades representativas da sociedade.[55]

---

do banco de instalar as portas giratórias gerou a "potencialização dos riscos de roubos às agências", com reflexos nos clientes e empregados autorizando a condenação por dano moral coletivo (TST, AIRR-20440-52.2004.5.18.0001, 1ª T., Rel. Ministro Walmir Oliveira da Costa. Fonte: Assessoria de Comunicação Social Tribunal Superior do Trabalho (Dirceu Arcoverde) em 25-3-2010).

54. MANCUSO, Rodolfo de Camargo. Interesses difusos, p. 35.
55. Sobre ações coletivas ver a Lei de Ação Civil Pública (LACP), Lei n. 7.347, de 24 de julho de 1985.

Cabe por fim alertar que o dano coletivo, além de moral, pode também implicar em indenização por dano material e, outras vezes, em obrigações de fazer ou não fazer, especialmente quando consideramos as agressões ao meio ambiente; aos direitos dos consumidores; ao patrimônio artístico, histórico e meio cultural; ao direito de liberdade religiosas; e, outros valores fundamentais da pessoa humana, coletivamente considerada.

5. DANO MORAL PELA PERDA DO TEMPO ÚTIL[56]

No mundo contemporâneo, marcado pelas rotinas agitadas e pelos compromissos urgentes, pensar em tempo significa muito mais lidar com a sua escassez do que com a sua abundância. Se tomado como um tipo de recurso, o tempo é caro e finito; se concebido como uma espécie de direito, o tempo é componente do próprio direito à vida, já que é nele que concretizamos a nossa cada vez mais atarefada existência. Se é questão de direito, o tempo também é questão de justiça.

O tempo é precificado – integra a remuneração da jornada de trabalho, o pagamento do período de aula – e é benefício – o tempo de férias, o tempo livre com a família. Exatamente por ser limitado e valioso, uma das principais frustrações cotidianas é a perda de tempo.

No Brasil, um tipo específico de ser humano, conhecido como consumidor, tem sido constantemente alvo dessa subtração de tempo, especialmente em razão das longas jornadas a que costuma ser submetido ao se deparar com defeito em um produto ou serviço. Embora o Código de Defesa do Consumidor (CDC) tenha estabelecido mecanismos em favor daqueles que são prejudicados por falhas dos fornecedores, ainda são corriqueiros os relatos de intermináveis ligações para resolver um problema com uma empresa, ou de demoras injustificáveis para atendimento em uma agência bancária.

A constatação do tempo do consumidor como recurso produtivo e da conduta abusiva do fornecedor ao não empregar meios para

56. Este item é baseado na matéria que foi vinculada no site do STJ em 26/06/2022, disponível em: <https://www.stj.jus.br/sites/portalp/Paginas/Comunicacao/Noticias/26062022-A-teoria-do-desvio-produtivo-inovacao-na-jurisprudencia-do-STJ-em-respeito-ao-tempo-do-consumidor.aspx>. Acesso em 20/12/22.

resolver, em tempo razoável, os problemas originados pelas relações de consumo é que motivou a chamada teoria do desvio produtivo.

Precursor do estudo do tema no Brasil, o jurista Marcos Dessaune leciona que o desvio produtivo é o evento danoso que se consuma quando o consumidor, sentindo-se prejudicado em razão de falha em produto ou serviço, gasta o seu tempo de vida – um tipo de recurso produtivo – e se desvia de suas atividades cotidianas para resolver determinado problema. Segundo o doutrinador, a atitude do fornecedor ao se esquivar de sua responsabilidade pelo problema, causando diretamente o desvio produtivo do consumidor, é que gera a relação de causalidade existente entre a prática abusiva e o dano gerado pela perda do tempo útil.[57]

5.1. O tempo perdido e a substituição de produto defeituoso

Apesar de estar, de alguma forma, presente na jurisprudência histórica do Superior Tribunal de Justiça (STJ) sobre o direito do consumidor, a teoria do desvio produtivo teve aplicação expressa a partir de meados de 2018. Os casos analisados envolveram, em especial, a possibilidade de condenação dos fornecedores por danos morais coletivos, e tiveram como relatora a ministra Nancy Andrighi.

No âmbito dos julgamentos colegiados, um dos primeiros precedentes foi o REsp 1.634.851, no qual a Terceira Turma analisou ação civil pública em que o Ministério Público do Rio de Janeiro buscava que a empresa Via Varejo sanasse vícios em produtos comercializados por ela no prazo máximo de 30 (trinta) dias, sob pena da substituição do produto ou do abatimento proporcional do preço.

Para a Via Varejo, nos termos do artigo 18 do CDC, não seria possível concluir pela existência de responsabilidade solidária do comerciante pelo saneamento do vício do produto antes do prazo de (trinta) 30 dias.

No entanto a relatora do recurso, a ministra Nancy Andrighi apontou que o consumidor, não raramente, trava verdadeira batalha para ter atendida sua legítima expectativa de obter o produto ade-

57. DESSAUNE, Marcos. Teoria aprofundada do desvio produtivo do consumidor: um panorama. Revista de Direito do Consumidor. vol. 119. ano 27. p. 89-103. São Paulo: Ed. RT, set-out 2018.

quado ao uso, em sua quantidade e qualidade. Essa "peregrinação" do consumidor, afirmou a magistrada, começa pela tentativa – muitas vezes frustrada – de localizar a assistência técnica mais próxima de sua residência ou de seu local de trabalho, envolvendo também o esforço de agendar uma visita técnica da autorizada.

Para a ministra, essas tarefas "têm, frequentemente, exigido bastante tempo do consumidor, que se vê obrigado a aguardar o atendimento no período da manhã ou da tarde, quando não por todo o horário comercial".

Nesse sentido, a relatora apontou que o fornecedor, ao desenvolver atividade econômica em seu próprio benefício, tem o dever de participar ativamente do processo de reparo do bem, intermediando a relação entre cliente e fabricante e diminuindo a perda de tempo útil do consumidor.

5.2. O tempo perdido no atendimento precário em agências bancárias

Essa mesma teoria do desvio produtivo voltou a ser aplicada no REsp 1.737.412, originada de ação civil pública ajuizada pela Defensoria Pública de Sergipe contra o Banco de Sergipe, para que a instituição financeira cumprisse, entre outras medidas, as regras de tempo máximo para atendimento presencial nas agências.

Em primeiro grau, o juiz condenou o banco a disponibilizar pessoal suficiente para o atendimento nos caixas, a fim de que fosse possível respeitar o tempo máximo na fila de atendimento. O magistrado também condenou a instituição ao pagamento de danos morais coletivos de R$ 200 mil, mas o Tribunal de Justiça de Sergipe afastou a compensação pelos prejuízos extrapatrimoniais.

Novamente sobre a relatoria da Ministra Nancy Andrighi a mesma explicitou que o dano moral coletivo se diferencia do dano individual – que busca, primordialmente, a restauração ao *status quo* anterior ao prejuízo da vítima – e tem o objetivo de sancionar o responsável pela lesão, inibindo assim a prática ofensiva. Como consequência, apontou, ocorre a redistribuição do lucro obtido de forma ilegítima por aquele que ofendeu a sociedade.

Ainda segundo a ministra, um dos principais propósitos do sistema capitalista – concebido como um sistema de produção de bens e de prestação de serviços baseado na eficiência e na especialização – é gerar o máximo de aproveitamento possível dos recursos produtivos disponíveis.

Citando a doutrina de Marcos Dessaune, a ilustre ministra comentou que, na sociedade pós-industrial, o consumo de um produto ou serviço de qualidade, produzido por um fornecedor especializado na atividade, tem a utilidade subjacente de tornar disponíveis o tempo e as competências que o consumidor precisaria para produzi-lo para o seu próprio uso.

Dessa análise, de acordo com a relatora, extrai-se uma espécie de função social da atividade dos fornecedores, relacionada à otimização e ao máximo aproveitamento dos recursos produtivos disponíveis na sociedade – entre eles, o tempo.

5.3. O tempo perdido e a otimização do lucro empresarial

É importante reforçar que a proteção à intolerável e injusta perda do tempo útil do consumidor ocorre pelo desrespeito voluntário das garantias legais, com o nítido intuito de otimizar o lucro em prejuízo da qualidade dos serviços – conduta que justifica a condenação por danos morais coletivos.

No caso dos autos, a relatora lembrou que a legislação municipal estabelecia como constrangimento do consumidor tempo de espera superior a 15 minutos em dias normais e 30 minutos em dias especiais, mas o banco impunha aos clientes tempo de espera que ultrapassava duas horas. "A instituição financeira recorrida optou por não adequar seu serviço a esses padrões de qualidade, impondo à sociedade o desperdício de tempo útil e acarretando violação ao interesse social de máximo aproveitamento dos recursos produtivos", concluiu a ministra Nancy Andrighi ao restabelecer a condenação por danos morais coletivos.

5.4. O tempo perdido em longas esperas no caixa eletrônico

Também com base na teoria do desvio produtivo, a Terceira Turma do Superior Tribunal de Justiça manteve a condenação de dois bancos ao pagamento de danos morais coletivos no importe de R$ 500 mil cada, em razão de falhas em terminais eletrônicos por causa do desabastecimento dos caixas. Na ação, o Ministério Público do Tocantins relatou período de espera superior a 40 minutos para que os consumidores conseguissem utilizar os terminais.

Destacou a ministra Nancy Andrighi ser "imperioso concluir que a inadequada prestação de serviços bancários, caracterizada pela reiterada existência de caixas eletrônicos inoperantes, sobretudo por falta de numerário, e pelo consequente excesso de espera em filas por tempo superior ao estabelecido em legislação municipal, é apta a caracterizar danos morais coletivos".[58]

5.5. Perda do tempo útil ou mero aborrecimento?

Estar diante de um problema para resolver, saber que a questão é de simples solução e ver seu tempo passar, perder a oportunidade de ler um livro, descansar, brincar com os filhos, dentre outros afazeres importantes e essenciais, e perceber que o impasse não é solucionado por descaso, falta de organização do fornecedor, pode gerar danos de ordem moral, passíveis de reparação.

O tempo é hoje um bem jurídico e só o seu titular pode dele dispor. Quem injustificadamente se apropria desse bem, causa lesão que, dependendo das circunstâncias pode causar dano que vai além do simples aborrecimento do cotidiano, ou seja, dano moral.[59]

Situação que bem pode exemplificar a questão da perda do tempo útil do consumidor é o serviço de atendimento ao cliente realizado através de uma central de telefonia (*call center*). O consumidor liga procurando resolver o problema e vai ser atendido por uma atendente virtual e, depois de vários cliques, é transferido diversas vezes para diversos setores e depois de esperar minutos e mais minutos, algumas raras vezes consegue falar com um atendente personalizado e, mais grave, depois de todo esse percurso, mesmo tendo um atendimento personalizado não consegue solucionar seu problema e, se insistir, certamente a ligação será interrompida e, se o consumidor repetir todo o procedimento, certamente não será atendido pelo mesmo atendente, o que significa dizer que todo aquele esforço foi inútil.

---

58. Esta matéria tem como referência os processos: REsp 1634851, REsp 1737412 e REsp 1929288.
59. FRANCO, Catherine Martins de Souza. O Dano Moral pela Perda do Tempo Útil nas Relações de Consumo, p. 9/10.

Não temos dúvidas em afirmar que o esforço e a desnecessária perda de tempo útil empregado para o reconhecimento dos direitos de qualquer demandante, que não obteve fácil solução dos seus reclames na via administrativa (Teoria do Desvio Produtivo do Consumidor), sendo independente o meio pelo qual foi solicitado a solução do seu problema, pessoalmente, por meio de *call center* ou via aplicativo, são circunstâncias que extrapolam o limite do mero aborrecimento e atinge a esfera pessoal, motivo pelo qual subsidia reparação por dano moral.[60]

5.6. Dano pelo tempo perdido é uma nova modalidade de dano?

Há alguma divergência na doutrina e jurisprudência quanto a indenização pelo tempo perdido ser uma nova modalidade de dano. Entendemos que tal fato não se constitui em nova modalidade de danos, porém colabora para uma melhor fixação do valor da indenização a título de danos morais.

O mestre Flávio Tartuce é enfático ao afirmar que "em verdade, há uma tendência crescente de menção à perda do tempo e ao desvio produtivo nos julgamentos concretos. Todavia, como se pode notar, os acórdãos reconhecem a situação como geradora de danos morais, e não como danos em separado. Sigo igualmente essa posição. Com o devido respeito, não consigo vislumbrar que o dano em questão tenha obtido sua emancipação como categoria autônoma separada do dano moral, como ocorreu com o dano estético".[61]

A doutrina recomenda que o ideal, para efeito de reparação integral do dano, é que cada uma das modalidades de prejuízo extrapatrimonial seja indenizada de forma autônoma. Não apenas alcança-se um ressarcimento mais completo do dano efetivamente sofrido, como também se estabelece, com maior precisão, a avaliação concreta dos prejuízos". A individualização de cada modalidade de dano extrapatrimonial na construção do valor indenizatório – dentre elas o dano pelo tempo perdido –, além de dar maior concretude ao direito à efetiva reparação de danos, pode contribuir significativamente para a

60. (TJ-DF, Acórdão 1338974, 07623639820198070016, Relator: Carlos Alberto Martins Filho, Terceira Turma Recursal dos Juizados Especiais do Distrito Federal, data de julgamento: 12/5/2021).

61. TARTUCE, Flavio. Manual de responsabilidade civil. São Paulo: Método, 2018, p. 518.

prevenção de novos danos, na medida em que o ofensor teria, com o mapeamento realizado na decisão judicial, condições reais de investir na reestruturação da sua cadeia produtiva, a fim de evitar a repetição de uma ou várias falhas que tenham sido apontadas pelo julgador.[62]

Independente das eventuais divergências podemos afirmar que o reconhecimento da teoria da perda do tempo útil tem colaborado para que os magistrados valorem de maneira mais adequada o *quantum* indenizatório a título de dano moral.

E isso se justifica por que "tempo é dinheiro". Além do tempo ser escasso sua perda é irrecuperável, já que não se pode voltar no tempo. Sendo assim, perfeitamente normal que seja utilizada a teoria da perda do tempo útil como forma de melhor valorar as indenizações por danos morais a esse título.

Cabe por fim um alerta: em se tratando de pessoa jurídica não se admite a condenação por danos morais fundada no desvio produtivo do consumidor, devendo a reparação encerrar-se em perdas e danos, isso porque, o fundamento da teoria do desvio produtivo do consumidor é a perda do tempo existencial, que somente pode ser vivenciado pela pessoa natural e jamais pela pessoa jurídica.[63]

6. A QUESTÃO DO DANO MORAL E OS PRECEDENTES DO STJ

O Superior Tribunal de Justiça tem feito o seu papel editando súmulas e precedentes que estabelecem uma presunção de dano moral frente à ocorrência que disciplina. Assim, fixou orientação no sentido de que caracteriza dano moral a simples apresentação antecipada de cheque pré-datado (Súmula 370); bem como também caracteriza dano moral a simples devolução indevida de cheque (Súmula 388); ou, como fez mais recentemente assentando que independe de prova do prejuízo a indenização pela publicação não autorizada de imagem de pessoa com fins econômicos ou comerciais (Súmula 403).

---

62. Laís Gomes Bergstein e Claudia Lima Marques em artigo publicado no site Migalhas. Disponível em <https://www.migalhas.com.br/depeso/298044/o-dano-pelo-tempo-perdido--pelo-consumidor--caracterizacao--criterios-de-reparacao-e-as-posicoes-do-stj> Acesso em 02/03/23.

63. (TJ-SP – AC: 10033438220178260101 SP, Relator: Alfredo Attié, Data de Julgamento: 11/07/2016, 27ª Câmara de Direito Privado, Data de Publicação: 25/03/2020).

Contudo, é importante reafirmar que, como regra, o dano moral puro prescinde de qualquer comprovação. No entanto existem situações em que a dispensabilidade de prova não é absoluta, pois casos haverá em que a vítima deverá provar não só a existência do dano, mas também de sua gravidade, bem como da repercussão em sua esfera de proteção, para assim justificar o pedido indenizatório.

Por ser tema controvertido vamos relacionar na sequência algumas decisões do STJ que podem ser úteis à melhor compreensão do tema. São alguns julgados, fruto de pesquisa na base de jurisprudência do Superior Tribunal de Justiça.[64] Vejamos alguns precedentes:

1. A inscrição indevida em cadastro de inadimplentes configura dano moral *in re ipsa*. (Jurisprudência em Teses – Edição nº 59).[65]
2. A concessionária de transporte ferroviário pode responder por dano moral sofrido por passageira, vítima de assédio sexual, praticado por outro usuário no interior do trem.[66]
3. Os danos decorrentes de acidentes de veículos automotores sem vítimas não caracterizam dano moral *in re ipsa*.[67]
4. Ação de compensação por danos morais movida contra empresa em recuperação judicial não deve permanecer suspensa até o trânsito em julgado da decisão final proferida no processo de soerguimento.[68]

---

64 Publicado por Wander Fernandes e disponível no site do Jusbrasil. Acesso em: 07.janeiro.2023. <https://advogado1965.jusbrasil.com.br/artigos/668481398/o-dano-moral-sob-a-otica-do-stj-9-sumulas-e-52-teses>

65. Precedentes: Acórdãos: STJ. AgRg no AREsp 821839/SP, Rel. Ministro Antonio Carlos Ferreira, Quarta Turma, Julgado em 26/04/2016, DJE 03/05/2016; AgRg no AREsp 838709/SP, Rel. Ministro Raul Araújo, Quarta Turma, Julgado em 17/03/2016,DJE 13/04/2016; REsp 1550509/RJ, Rel. Ministra Maria Isabel Gallotti, Quarta Turma, Julgado em 03/03/2016, DJE 14/03/2016; AgRg no AREsp 796447/RS, Rel. Ministro Marco Buzzi, Quarta Turma, Julgado em 02/02/2016, DJE 16/02/2016; AgRg no REsp 1435412/MA, Rel. Ministro Marco Aurélio Bellizze, Terceira Turma, Julgado em 15/12/2015,DJE 03/02/2016; AgRg no AREsp 729678/SP, Rel. Ministro João Otávio de Noronha, Terceira Turma, Julgado em 24/11/2015, DJE 30/11/2015.

66. Precedente: STJ, REsp 1.662.551 SP, Rel. Min. Nancy Andrighi, por maioria, julgado em 15/5/2018, DJe 25/06/2018.

67. Precedente: STJ, REsp 1.653.413-RJ, Rel. Min. Marco Aurélio Bellizze, por unanimidade, julgado em 05/06/2018, DJe 08/06/2018.

68. Precedente: STJ, REsp 1.710.750-DF, Rel. Min. Nancy Andrighi, por unanimidade, julgado em 15/05/2018, DJe 18/05/2018.

5. O dano moral sofrido pela pessoa jurídica não se configura *in re ipsa*, o que não obsta, contudo, que sua comprovação ocorra por meio da utilização de presunções e regras de experiência no julgamento da controvérsia.[69]
6. É abusiva a prática comercial consistente no cancelamento unilateral e automático de um dos trechos da passagem aérea, sob a justificativa de não ter o passageiro se apresentado para embarque no voo antecedente (cabível dano moral).[70]
7. O protesto irregular de cheque prescrito não caracteriza abalo de crédito apto a ensejar danos morais ao devedor, se ainda remanescer ao credor vias alternativas para a cobrança da dívida consubstanciada no título.[71]
8. No caso de atropelamento de pedestre em via férrea, configura-se a concorrência de causas, impondo a redução da indenização por dano moral pela metade, quando: (i) a concessionária do transporte ferroviário descumpre o dever de cercar e fiscalizar os limites da linha férrea, mormente em locais urbanos e populosos, adotando conduta negligente no tocante às necessárias práticas de cuidado e vigilância tendentes a evitar a ocorrência de sinistros; e (ii) a vítima adota conduta imprudente, atravessando a via férrea em local inapropriado (Tese julgada sob o rito do art. 543-C do CPC/73 – Tema 518).[72]

---

69. Precedente: STJ, REsp 1.564.955-SP, Rel. Min. Nancy Andrighi, por unanimidade, julgado em 06/02/2018, DJe 15/02/2018.
70. Precedente: STJ, REsp 1.595.731-RO, Rel. Min. Luis Felipe Salomão, por unanimidade, julgado em 14/11/2017, DJe 01/02/2018.
71. Precedente: STJ, REsp 1.677.772-RJ, Rel. Min. Nancy Andrighi, por unanimidade, julgado em 14/11/2017, DJe 20/11/2017.
72. Precedentes: Acórdãos: STJ, AgRg no AREsp 724028/RJ, Rel. Ministro Raul Araújo, Quarta Turma, Julgado em 15/03/2016, DJE 06/04/2016; AgRg no AREsp 676392/RJ, Rel. Ministro João Otávio de Noronha, Terceira Turma, Julgado em 24/11/2015, DJE 01/12/2015; AgRg no REsp 1516095/PR, Rel. Ministro Ricardo Villas Bôas Cueva, Terceira Turma, Julgado em 15/10/2015,DJE 23/10/2015; AgRg no AREsp 631698/SP, Rel. Ministro Marco Aurélio Bellizze, Terceira Turma, Julgado em 26/05/2015, DJE 10/06/2015; AgRg no REsp 1394923/SE, Rel. Ministro Paulo de Tarso Sanseverino, Terceira Turma, Julgado em 14/04/2015, DJE 17/04/2015; REsp 1172421/SP, Rel. Ministro Luis Felipe Salomão, Segunda Seção, Julgado em 08/08/2012,DJE 19/09/2012.

9. A injusta recusa de plano de saúde à cobertura securitária enseja reparação por dano moral.[73]
10. Os órgãos mantenedores de cadastros possuem legitimidade passiva para as ações que buscam a reparação dos danos morais e materiais decorrentes da inscrição, sem prévia notificação, do nome de devedor em seus cadastros restritivos, inclusive quando os dados utilizados para a negativação são oriundos do CCF do Banco Central ou de outros cadastros mantidos por entidades diversas (Tese julgada sob o rito do art. 543-C do CPC/73 – Temas 37 e 38).[74]
11. A ação de indenização por danos morais decorrente da inscrição indevida em cadastro de inadimplentes não se sujeita ao prazo quinquenal do art. 27 do CDC, mas ao prazo de 3 (três) anos previsto no art. 206, § 3º, V, do CC/2002.[75]
12. Não existindo anotação irregular nos órgãos de proteção ao crédito, a mera cobrança indevida de serviços ao consumidor não gera danos morais presumidos.[76]

---

73. Precedentes: Acórdãos: STJ, AgRg no REsp 1385554/MS, Rel. Ministra Nancy Andrighi, Terceira Turma, julgado em 03/10/2013, DJe 08/10/2013; EDcl no AREsp 353411/PR, Rel. Ministro Raul Araújo, Quarta Turma, julgado em 19/09/2013, DJe 28/10/2013; AgRg no REsp 1256195/RS, Rel. Ministro Sidnei Beneti, Terceira Turma, julgado em 20/08/2013, DJe 05/09/2013; AgRg no AREsp 158625/SP, Rel. Ministro João Otávio de Noronha, Terceira Turma, julgado em 20/08/2013, DJe 27/08/2013; AgRg no REsp 1317368/DF, Rel. Ministro Antonio Carlos Ferreira, Quarta Turma, julgado em 18/06/2013, DJe 26/06/2013; dentre outros.;

74. Precedentes: Acórdãos: STJ, AgRg no REsp 1526114/SP,Rel. Ministro Moura Ribeiro, Terceira Turma, Julgado em 18/08/2015, DJE 28/08/2015; AgRg no REsp 1367998/RS, Rel. Ministro Raul Araújo, Quarta Turma, Julgado em 05/06/2014, DJE 27/06/2014; AgRg no AREsp 502716/RS, Rel. Ministra Maria Isabel Gallotti, Quarta Turma, Julgado em 05/06/2014, DJE 18/06/2014; EDcl no AREsp 379471/CE, Rel. Ministro Luis Felipe Salomão, Quarta Turma, Julgado em 19/09/2013,DJE 24/09/2013; dentre outros.

75. Precedentes: Acórdãos: STJ, AgRg no REsp 1365844/RS, Rel. Ministro Marco Aurélio Bellizze, Terceira Turma, Julgado em 03/12/2015, DJE 14/12/2015; AgRg no REsp 1303012/RS, Rel. Ministro Raul Araújo, Quarta Turma, Julgado em 24/06/2014, DJE 01/08/2014; AgRg no AREsp 127346/RS, Rel. Ministra Maria Isabel Gallotti, Quarta Turma, Julgado em 06/05/2014, DJE 16/05/2014; AgRg no Ag 1418421/ RS, Rel. Ministro Paulo de Tarso Sanseverino, Terceira Turma, Julgado em 02/08/2012, DJE 13/08/2012; REsp 1276311/ RS, Rel. Ministro Luis Felipe Salomão, Quarta Turma, Julgado em 20/09/2011, DJE 17/10/2011.

76. Precedentes: Acórdãos: STJ, AgRg no AREsp 680941/SP, Rel. Ministro João Otávio de Noronha, Terceira Turma, Julgado em 17/03/2016, DJE 29/03/2016; REsp 1550509/RJ, Rel. Ministra Maria Isabel Gallotti, Quarta Turma, Julgado em 03/03/2016, DJE 14/03/2016; AgRg no AREsp 651304/ RS, Rel. Ministro Ricardo Villas Bôas Cueva, Terceira Turma, Julgado em 15/12/2015, DJE 03/02/2016; AgRg no AREsp 569528/ RS, Rel. Ministro Antonio

13. É cabível indenização por dano moral quando o consumidor de veículo zero-quilômetro necessita retornar à concessionária por diversas vezes para reparo de defeitos apresentados no veículo.[77]
14. A ausência de prévia comunicação ao consumidor da inscrição do seu nome em cadastros de proteção ao crédito, prevista no art. 43, § 2º, do CDC, enseja o direito à compensação por danos morais (Tese julgada sob o rito do art. 543-C do CPC/1973 – Tema 40).[78]
15. O protesto indevido de título enseja indenização por dano moral que se configura *in re ipsa*.[79]
16. É razoável o valor da compensação por danos morais fixado em até 50 (cinquenta) salários mínimos para a hipótese de devolução indevida de cheque.[80]

Carlos Ferreira, Quarta Turma, Julgado em 15/12/2015, DJE 01/02/2016; AgRg no REsp 1517436/RS, Rel. Ministro Herman Benjamin, Segunda Turma, Julgado em 13/10/2015, DJE 18/11/2015; AgRg no REsp 1517478/RS, Rel. Ministro Og Fernandes, Segunda Turma, Julgado em 12/05/2015,DJE 29/05/2015;

77. Precedentes: Acórdãos: STJ, AgRg no AREsp 692459/SC, Rel. Ministro Luis Felipe Salomão, Quarta Turma, Julgado em 16/06/2015, DJE 23/06/2015; AgRg no AREsp 453644/PR, Rel. Ministro Raul Araújo, Quarta Turma, Julgado em 21/05/2015, DJE 22/06/2015; AgRg no AREsp 672872/PR, Rel. Ministro Marco Aurélio Bellizze, Terceira Turma, Julgado em 26/05/2015, DJE 10/06/2015; AgRg no AREsp 533916/RJ, Rel. Ministro João Otávio De Noronha, Terceira Turma, Julgado em 05/05/2015, DJE 11/05/2015; AgRg no REsp 1368742/DF, Rel. Ministro Antonio Carlos Ferreira, Quarta Turma, Julgado em 17/03/2015,DJE 24/03/2015; dentre vários outros.
78. Precedentes: Acórdãos: STJ, AgRg nos EDcl no AREsp 146564/SP, Rel. Ministro Raul Araújo, Quarta Turma, Julgado em 26/08/2014, DJE 01/10/2014; AgRg no AREsp 098098/RS, Rel. Ministro Paulo de Tarso Sanseverino, Terceira Turma, Julgado em 06/08/2013, DJE 19/08/2013; AgRg no REsp 1248956/RS, Rel. Ministro Luis Felipe Salomão, Quarta Turma, Julgado em 06/09/2012, DJE 18/09/2012; AgRg no REsp 1222421/RS, Rel. Ministra Nancy Andrighi, Terceira Turma, Julgado em 21/08/2012, DJE 27/08/2012; AgRg no AREsp 140884/SP, Rel. Ministro Antonio Carlos Ferreira, Quarta Turma, Julgado em 07/08/2012,DJE 15/08/2012; dentre outros.
79. Precedentes: Acórdãos: AgRg no AREsp 718767/RJ, Rel. Ministro Marco Aurélio Bellizze, Terceira Turma, Julgado em 16/02/2016, DJE 22/02/2016; AgRg no AREsp 796447/RS, Rel. Ministro Marco Buzzi, Quarta Turma, Julgado em 02/02/2016, DJE 16/02/2016; EDcl no REsp 1346296/SP, Rel. Ministra Maria Isabel Gallotti, Quarta Turma, Julgado em 01/12/2015, DJE 07/12/2015; AgRg no REsp 1232650/DF, Rel. Ministro Luis Felipe Salomão, Quarta Turma, Julgado em 04/08/2015, DJE 13/08/2015; dentre outros.
80. Precedentes: Acórdãos: AgRg no AREsp 771453/PR, Rel. Ministro Marco Aurélio Bellizze, Terceira Turma, Julgado em 03/05/2016, DJE 16/05/2016; AgRg no AREsp 634009/SP, Rel. Ministro Paulo de Tarso Sanseverino, Terceira Turma, Julgado em 07/04/2015, DJE

17. A espera por atendimento em fila de banco quando excessiva ou associada a outros constrangimentos pode causar danos morais.[81]
18. A legitimidade para pleitear a reparação por danos morais é, em regra, do próprio ofendido, no entanto, em certas situações, são colegitimadas também aquelas pessoas que, sendo muito próximas afetivamente à vítima, são atingidas indiretamente pelo evento danoso, reconhecendo-se, em tais casos, o chamado dano moral reflexo ou em ricochete (Jurisprudência em teses, nº 125, de 19.5.2019).[82]
19. Embora a violação moral atinja apenas os direitos subjetivos do falecido, o espólio e os herdeiros têm legitimidade ativa *ad causam* para pleitear a reparação dos danos morais suportados pelo de cujus (Jurisprudência em teses, nº 125, de 19.5.2019).[83]

7. A QUESTÃO DO DANO MORAL E AS SÚMULAS DO STJ

Na sequência vamos relacionar alguma súmulas editadas pelo Superior Tribunal de Justiça (STJ) que guardam alguma pertinência com o tema objeto do presente livro, vejamos.

- Súmula 37 – São cumuláveis as indenizações por dano material e dano moral oriundos do mesmo fato.

13/04/2015; AgRg no AREsp 372291/RJ, Rel. Ministro Marco Buzzi, Quarta Turma, Julgado em 16/12/2014, DJE 19/12/2014; AgRg no AREsp 409340/SC, Rel. Ministro Ricardo Villas Bôas Cueva, Terceira Turma, Julgado em 05/12/2013, DJE 14/02/2014; dentre outros.

81. Precedente: STJ, REsp 1662808/MT, Rel. Ministra Nancy Andrighi, Terceira Turma, DJe 05/05/2017.

82. Precedentes: STJ, AgInt no AREsp 1099667/SP, Rel. Ministro Luis Felipe Salomão, Quarta Turma, julgado em 24/04/2018, DJe 02/05/2018, REsp 1119632/RJ, Rel. Ministro Raul Araújo, Quarta Turma, julgado em 15/08/2017, DJe 12/09/2017, AgRg no REsp 1212322/SP, Rel. Ministro Napoleão Nunes Maia Filho, Primeira Turma, julgado em 03/06/2014, DJe 10/06/2014, AgRg no Ag 1413481/RJ, Rel. Ministro Ricardo Villas Bôas Cueva, Terceira Turma, julgado em 13/03/2012, DJe 19/03/2012, dentre outros.

83. Precedentes: STJ, AgInt no AREsp 85987/SP, Rel. Ministro Raul Araújo, Quarta Turma, julgado em 05/02/2019, DJe 12/02/2019, AgInt no AgInt nos EDcl no AREsp 1112079/PR, Rel. Ministro Luis Felipe Salomão, Quarta Turma, julgado em 21/08/2018, DJe 24/08/2018, REsp 1185907/CE, Rel. Ministra Maria Isabel Gallotti, Quarta Turma, julgado em 14/02/2017, DJe 21/02/2017, dentre outros.

- Súmula 43 – Incide correção monetária sobre dívida por ato ilícito a partir da data do efetivo prejuízo.
- Súmula 130 – A empresa responde, perante o cliente, pela reparação de dano ou furto de veículo ocorridos em seu estacionamento.
- Súmula 145 – No transporte desinteressado, de simples cortesia, o transportador só será civilmente responsável por danos causados ao transportado quando incorrer em dolo ou culpa grave.
- Súmula 186 – Nas indenizações por ato ilícito, os juros compostos somente são devidos por aquele que praticou o crime.
- Súmula 227 – A pessoa jurídica pode sofrer dano moral.
- Súmula 281 - A indenização por dano moral não está sujeita à tarifação prevista na Lei de Imprensa.
- Súmula 297 – O Código de Defesa do Consumidor é aplicável às instituições financeiras.
- Súmula 326 - Na ação de indenização por dano moral, a condenação em montante inferior ao postulado na inicial não implica sucumbência recíproca.
- Súmula 359 – Cabe ao órgão mantenedor do Cadastro de Proteção ao Crédito a notificação do devedor antes de proceder à inscrição.
- Súmula 362 – A correção monetária do valor da indenização do dano moral incide desde a data do arbitramento.
- Súmula 370 - Caracteriza dano moral a apresentação antecipada de cheque pré-datado.
- Súmula 385 – Da anotação irregular em cadastro de proteção ao crédito, não cabe indenização por dano moral, quando preexistente legítima inscrição, ressalvado o direito ao cancelamento.
- Súmula 387 - É lícita a cumulação das indenizações de dano estético e dano moral.
- Súmula 388 - A simples devolução indevida de cheque caracteriza dano moral.

- Súmula 403 – Independe de prova do prejuízo a indenização pela publicação não autorizada de imagem de pessoa com fins econômicos ou comerciais.
- Súmula 404 – É dispensável o aviso de recebimento (AR) na carta de comunicação ao consumidor sobre a negativação de seu nome em bancos de dados e cadastros.
- Súmula 479 – As instituições financeiras respondem objetivamente pelos danos gerados por fortuito interno relativo a fraudes e delitos praticados por terceiros no âmbito de operações bancárias.
- Súmula 543 – Na hipótese de resolução de contrato de promessa de compra e venda de imóvel submetido ao Código de Defesa do Consumidor, deve ocorrer a imediata restituição das parcelas pagas pelo promitente comprador – integralmente, em caso de culpa exclusiva do promitente vendedor/construtor, ou parcialmente, caso tenha sido o comprador quem deu causa ao desfazimento.
- Súmula 548 – Incumbe ao credor a exclusão do registro da dívida em nome do devedor no cadastro de inadimplentes no prazo de cinco dias úteis, a partir do integral e efetivo pagamento do débito.
- Súmula 563 – O Código de Defesa do Consumidor é aplicável às entidades abertas de previdência complementar, não incidindo nos contratos previdenciários celebrados com entidades fechadas.
- Súmula 572 – O Banco do Brasil, na condição de gestor do Cadastro de Emitentes de Cheques sem Fundos (CCF), não tem a responsabilidade de notificar previamente o devedor acerca da sua inscrição no aludido cadastro, tampouco legitimidade passiva para as ações de reparação de danos fundadas na ausência de prévia comunicação.
- Súmula 595 – As instituições de ensino superior respondem objetivamente pelos danos suportados pelo aluno/consumidor pela realização de curso não reconhecido pelo Ministério da Educação, sobre o qual não lhe tenha sido dada prévia e adequada informação.

- Súmula 597 – A cláusula contratual de plano de saúde que prevê carência para utilização dos serviços de assistência médica nas situações de emergência ou de urgência é considerada abusiva se ultrapassado o prazo máximo de 24 horas contado da data da contratação.
- Súmula 608 – Aplica-se o Código de Defesa do Consumidor aos contratos de plano de saúde, salvo os administrados por entidades de autogestão.
- Súmula 642 – O direito à indenização por danos morais transmite-se com o falecimento do titular, possuindo os herdeiros da vítima legitimidade ativa para ajuizar ou prosseguir a ação indenizatória.

Capítulo 6

A Proteção de Dados Pessoais – LGPD: Obrigações e Responsabilidade Civil[1]

1. A LEI GERAL DE PROTEÇÃO DE DADOS PESSOAIS

O mundo está em constante evolução e assim ocorre também com as relações jurídicas. Nas últimas décadas, então, essa evolução correu a passos largos, nunca antes visto, e certamente a principal razão foi o surgimento e incremento da tecnologia da informação, que fez a humanidade dar um salto evolutivo imenso.

Por conta disso, vivemos, hoje, numa sociedade da informação, onde essa informação passa a valer mais que ouro, e na qual os dados pessoais adquirem uma extrema importância, inclusive em razão do valor econômico que podem lhes ser atribuídos. Por essa razão, tais dados pessoais passam a merecer atenção do Estado, com sua proteção estabelecida em lei. Vem daí a promulgação da Lei Geral de Proteção de Dados (LGPD), em 2018. A Lei nº 13.709, de 14 de agosto de 2018, foi promulgada para regulamentar a proteção de dados pessoais. Posteriormente, a Lei nº 13.853, de 08 de julho de 2019 (que derivou da conversão da Medida Provisória 869/2018), alterou diversos artigos daquela lei. A proteção de dados pessoais é, hoje, disciplinada pela Lei nº 13.709/2018 com a redação dada pela Lei nº 13.853/2019. Esse é o regramento legal atual que se dá à matéria, que doravante iremos chamar apenas de *LGPD*.

A principal função da LGPD é dispor sobre o *tratamento de dados pessoais*, inclusive nos meios digitais, por pessoa natural ou por

1. Neste capítulo conto com a colaboração do Prof. Fernando Augusto De Vita Borges de Sales.

pessoa jurídica de direito público ou privado, com o objetivo de proteger os direitos fundamentais de liberdade e de privacidade e o livre desenvolvimento da personalidade da pessoa natural (LGPD, art. 1º).

O objeto de proteção da LGPD são os dados pessoais dos indivíduos, coletados e utilizados na maior parte das atividades econômicas, de todo o tipo, inclusive - e principalmente - por meio eletrônico. São esses dados que a lei objetiva proteger, como veremos a seguir.

2. DADOS PESSOAIS GERAIS

A primeira análise que devemos fazer é sobre os dados pessoais gerais. Conforme definição da LGPD, art. 5º, I, consideram-se dados pessoais todas as informações relacionadas a pessoa natural identificada ou identificável. Esses são os dados pessoais gerais dos indivíduos.

Com a promulgação da Emenda Constitucional nº 115, de 2022, a proteção dos dados pessoais (inclusive nos meios digitais) ganhou *status* de direito constitucional, passando a ser um direito fundamental da pessoa humana, tendo em vista que o art. 5º da Constituição Federal teve incluído o inciso LXXIX que estabeleceu: é assegurado, nos termos da lei, o direito à proteção dos dados pessoais, inclusive nos meios digitais.

A importância de se relacionar a proteção de dados no art. 5º da Constituição Federal é que os direitos fundamentais são garantias com o objetivo de promover a dignidade humana e de proteger os cidadãos. O direito à privacidade e à proteção de dados pessoais é essencial à vida digna das pessoas, principalmente nessa sociedade da informação em que vivemos. Reconhece-se, assim, a relevância dos dados pessoais no contexto social, e sua proteção passa a contar com garantia constitucional.

Destacando a importância da emenda Constitucional nº 115 o Senador Rodrigo Pacheco a classifica como uma "medida meritória" e isso se justifica porque os dados e informações pessoais pertencem, de direito, ao indivíduo e a mais ninguém. Sendo assim, cabe a ele, tão somente a ele, ao indivíduo, o poder de decidir a quem esses dados podem ser revelados e em que circunstâncias, ressalvadas as exceções legais muito bem determinadas, como é o caso de investigações de natureza criminal, realizada de acordo com o devido processo legal.

As informações voam à velocidade da luz, e as novas tecnologias, como a revolucionária inteligência artificial, são capazes de prever e descrever comportamentos e interesses coletivos e individuais com grande precisão. Desse modo, faz-se imperativo na modernidade que tenhamos no Brasil um preceito com força constitucional que deixe muito patente nosso compromisso de nação com o valor inegociável do valor da liberdade individual.[2]

Os dados pessoais têm hoje, a sua proteção calcada em duas principais leis: a Lei Geral de Proteção de Dados (Lei nº 13.709/14) e o Marco Civil da Internet (Lei nº 12.965/18), o que, por si só, já demonstra a importância que o legislador reconheceu sobre o assunto.

Como medida de proteção dos dados pessoais gerais, o art. 7º da LGPD estabelece as situações em que o tratamento poderá ser realizado. São elas:

a) mediante o fornecimento de consentimento pelo titular.
b) para o cumprimento de obrigação legal ou regulatória pelo controlador.
c) pela administração pública, para o tratamento e uso compartilhado de dados necessários à execução de políticas públicas previstas em leis e regulamentos ou respaldadas em contratos, convênios ou instrumentos congêneres, observadas as disposições do Capítulo IV da LGPD.
d) para a realização de estudos por órgão de pesquisa, garantida, sempre que possível, a anonimização dos dados pessoais.
e) quando necessário para a execução de contrato ou de procedimentos preliminares relacionados a contrato do qual seja parte o titular, a pedido do titular dos dados.
f) para o exercício regular de direitos em processo judicial, administrativo ou arbitral, esse último nos termos da Lei nº 9.307, de 23 de setembro de 1996 (Lei de Arbitragem).
g) para a proteção da vida ou da incolumidade física do titular ou de terceiro.

---

2. Notícia publicada no portal de notícias da Agência Senado, acesso em 25.02.2023 e disponível em: https://www12.senado.leg.br/noticias/materias/2022/02/10/promulgada-emenda-constitucional-de-protecao-de-dados

h) para a tutela da saúde, exclusivamente, em procedimento realizado por profissionais de saúde, serviços de saúde ou autoridade sanitária.

i) quando necessário para atender aos interesses legítimos do controlador ou de terceiro, exceto no caso de prevalecerem direitos e liberdades fundamentais do titular que exijam a proteção dos dados pessoais.

j) para a proteção do crédito, inclusive quanto ao disposto na legislação pertinente.

3. DADOS PESSOAIS SENSÍVEIS

Enquanto há uma preocupação macro de tutelar os dados pessoais gerais dos indivíduos, a LGPD vai voltar atenção também em relação aos dados pessoais sensíveis, relacionando-se a apenas uma parcela da população, com indicação mais restrita do indivíduo, que adentra mais fundo na sua intimidade.

O art. 5º, II, da LGPD, define dados pessoais sensíveis como sendo todos os dados pessoais que denotem origem racial ou étnica, convicção religiosa, opinião política, filiação a sindicato ou a organização de caráter religioso, filosófico ou político, dado referente à saúde ou à vida sexual, dado genético ou biométrico, quando vinculado a uma pessoa natural. Eles estão um passo além dos dados gerais e, por isso mesmo, receberam a adjetivação de "sensíveis". Pelo que representam, tais dados vão receber cuidado diferenciado pela LGPD.

Na forma do estabelecido no art. 11 da LGPD, o tratamento de dados pessoais sensíveis somente poderá ocorrer nas seguintes hipóteses: com consentimento do titular (inciso I) e, em situações bem específicas, sem o consentimento do titular (inciso II), nas seguintes situações, vejamos:

a) cumprimento de obrigação legal ou regulatória pelo controlador.

b) tratamento compartilhado de dados necessários à execução, pela administração pública, de políticas públicas previstas em leis ou regulamentos.

c) realização de estudos por órgão de pesquisa, garantida, sempre que possível, a anonimização dos dados pessoais sensíveis;

d) exercício regular de direitos, inclusive em contrato e em processo judicial, administrativo e arbitral, este último nos termos da Lei nº 9.307, de 23 de setembro de 1996 (Lei de Arbitragem);

e) proteção da vida ou da incolumidade física do titular ou de terceiro (art. 11, II, e);

f) tutela da saúde, exclusivamente, em procedimento realizado por profissionais de saúde, serviços de saúde ou autoridade sanitária; ou

g) garantia da prevenção à fraude e à segurança do titular, nos processos de identificação e autenticação de cadastro em sistemas eletrônicos, resguardados os direitos mencionados no art. 9º e exceto no caso de prevalecerem direitos e liberdades fundamentais do titular que exijam a proteção dos dados pessoais.

O disposto no art. 11 deve ser aplicado a qualquer tipo de tratamento de dados pessoais que revele dados pessoais sensíveis e que possa causar dano ao titular, ressalvado o disposto em legislação específica (art. 11, § 1º). Assim, embora num primeiro momento se tenha apenas dados pessoais gerais, se o tratamento deles acabar por revelar dados pessoais sensíveis do indivíduo, deverá seguir o procedimento ora averiguado.

Nos casos de cumprimento de obrigação legal ou regulatória pelo controlador e de tratamento compartilhado de dados necessários à execução, pela administração pública, de políticas públicas previstas em leis ou regulamentos, pelos órgãos e pelas entidades públicas, será dada publicidade à referida dispensa de consentimento, nos termos do inciso I do art. 23, para que sejam informadas as hipóteses em que, no exercício de suas competências, realizam o tratamento de dados pessoais, fornecendo informações claras e atualizadas sobre a previsão legal, a finalidade, os procedimentos e as práticas utilizadas para a execução dessas atividades, em veículos de fácil acesso, preferencialmente em seus sítios eletrônicos (art. 11, § 2º).

Os dados pessoais sensíveis mostram muito mais sobre a pessoas do que os dados pessoais gerais, razão pela qual um cuidado maior lhes é dedicado pela LGPD. O vazamento de dados sensíveis pode ocasionar um prejuízo muito maior do que o de dados gerais. Por essa razão, a LGPD coíbe a comunicação ou o uso compartilhado de dados pessoais sensíveis entre controladores com objetivo de obter vantagem econômica, que poderá ser objeto de vedação ou de regulamentação por parte da autoridade nacional, ouvidos os órgãos setoriais do Poder Público, no âmbito de suas competências (art. 11, § 3º).

É proibida, também, a comunicação ou o compartilhamento entre controladores, de dados pessoais sensíveis referentes à saúde com objetivo de obter vantagem econômica, exceção feita às hipóteses relativas a prestação de serviços de saúde, de assistência farmacêutica e de assistência à saúde, desde que observado o § 5º do art. 11 (ver o próximo parágrafo), incluídos os serviços auxiliares de diagnose e terapia, em benefício dos interesses dos titulares de dados, e para permitir, na forma do § 4º do art. 11:

a) a portabilidade de dados quando solicitada pelo titular; ou
b) as transações financeiras e administrativas resultantes do uso e da prestação dos serviços.

As operadoras de planos privados de assistência à saúde estão proibidas de usar o tratamento de dados de saúde para a prática de seleção de riscos na contratação de qualquer modalidade, assim como na contratação e exclusão de beneficiários (art. 11, § 5º).

4. OS ATORES DA LGPD

A LGPD foi instituída com a finalidade de promover a proteção de dados pessoais. O destinatário da lei, ou seja, aquele que vai ser diretamente beneficiado por ela, é a pessoa natural cujos dados são alvo da proteção legal. Não há proteção dos dados de pessoa jurídica. Desta forma, numa relação que envolva tratamento de dados pessoais, termos como sujeitos, de um lado, o titular dos dados e, de outro, os agentes de tratamento dos dados.

A definição de titular dos dados, na LGPD, está no art. 5º, inciso V, sendo assim considerada a pessoa natural a quem se referem os dados pessoais que são objeto de tratamento. O titular dos dados, portanto, é a pessoa física que vai receber a proteção conferida pela LGPD, vale dizer, em última análise é a destinatária da lei em questão, e a quem são conferidos os direitos dela decorrentes.

Do outro lado da relação, são agentes de tratamento de dados pessoais, segundo a LGPD, o controlador e o operador, assessorados, quando necessário, pelo encarregado. Conforme definição do art. 5º, temos:

a) controlador: Pessoa natural ou jurídica, de direito público ou privado, a quem competem as decisões referentes ao tratamento de dados pessoais. O controlador é quem toma as decisões operacionais e estratégicas acerca do tratamento dos dados.
b) operador: Pessoa natural ou jurídica, de direito público ou privado, que realiza o tratamento de dados pessoais em nome do controlador. O operador é quem executa as ordens do controlador, ou seja, quem realiza o tratamento dos dados.
c) encarregado: Pessoa indicada pelo agente para atuar como canal de comunicação entre o controlador, os titulares dos dados e a Autoridade Nacional de Proteção de Dados (ANPD). É conhecido também como DPO (*Data Protection Officer*), por conta da terminologia em inglês utilizada na GDPR. O encarregado não é considerado, propriamente, um agente de tratamento, porque não lida diretamente com os dados, mas apenas assessora o controlador e o operador na relação entre estes, os titulares dos dados e a ANPD.

5. DA APLICAÇÃO DA LGPD NAS RELAÇÕES COMERCIAIS

É inimaginável as possibilidades de aplicação da LGPD. Qualquer atividade econômica que implique, de alguma forma, na coleta e tratamento de dados pessoais estará sujeita às regras da referida lei. Por isso mesmo que alguns cuidados devem ser adotados pelas empresas que tratam dados pessoais.

5.1. Consentimento

O primeiro cuidado que se deve ter é obter o consentimento do titular, no ato da contratação. "Consentimento é a concordância do titular com o tratamento que os agentes darão aos seus dados, para uma finalidade específica. Vai ser de extrema importância, porque, ordinariamente, somente a partir desse consentimento é que poderá haver o tratamento dos dados".[3] O art. 5º, XII, da LGPD define-o como sendo a "manifestação livre, informada e inequívoca pela qual o titular concorda com o tratamento de seus dados pessoais para uma finalidade determinada".

O consentimento pode ser obtido por meio de um termo em separado, com os requisitos do art. 8º da LGPD, que ficará sob a guarda do controlador (lembrando que será deste o ônus de prova de que obteve o consentimento regularmente (art. 8º, § 2º).

No caso de haver dados sensíveis o termo de consentimento deverá se dar de forma específica e destacada, para finalidades próprias (LGPD, art. 11, I).

Se houver necessidade de compartilhamento dos dados pessoais, o termo de consentimento deverá conter essa informação em destaque, especificando a finalidade do compartilhamento, sob pena de não ter validade.

5.2. A proteção dos dados

A principal função da LGPD é, exatamente, a proteção dos dados pessoais. Por isso mesmo que, quem de qualquer forma opera o tratamento de dados, deve protege-los, adotando medidas de segurança e de sigilo dos dados.

A LGPD estabelece que os agentes de tratamento devem adotar medidas de segurança, técnicas e administrativas, aptas a proteger os dados pessoais de acessos não autorizados e de situações acidentais ou ilícitas de destruição, perda, alteração, comunicação ou qualquer forma de tratamento inadequado ou ilícito (art. 46). De acordo com o disposto no art. 49, os sistemas utilizados para o tratamento de dados pessoais devem ser estruturados de forma a atender aos requisitos de segurança, aos padrões de boas práticas e de governança e aos princípios gerais previstos na LGPD e às demais normas regulamentares.

Essas medidas de segurança devem ser encaradas como medidas preventivas, ou seja, adotadas antes que algum problema ocorra. Afinal

3. SALES, Fernando Augusto Borges de Vita. Manual da LGPD, p. 77.

de contas, é a prevenção um dos princípios que regem o tratamento de dados, como se vê do art. 6º, VIII, da LGPD. Todas essas medidas ora mencionadas deverão ser observadas desde a fase de concepção do produto ou do serviço até a sua execução (LGPD, art. 46, § 2º).

A ANPD poderá dispor sobre padrões técnicos mínimos para tornar aplicável o disposto no mencionado art. 46, considerados a natureza das informações tratadas, as características específicas do tratamento e o estado atual da tecnologia, especialmente no caso de dados pessoais sensíveis, assim como os princípios relativos ao tratamento de dados, previstos no art. 6º.

Outro ponto delicado do tratamento de dados diz respeito às pessoas que o operam, em especial os agentes de tratamento, assim compreendidos o controlador e o operador, bem como qualquer outra pessoa que acabe participando de alguma etapa do processo de tratamento. Tais pessoas têm contato direto com os dados e, por conta disso, devem guardar sigilo das informações a que têm acesso, bem como zelar pela segurança delas.

A LGPD impõe aos agentes de tratamento ou qualquer outra pessoa que intervenha em uma das fases do tratamento a obrigação de garantir a segurança da informação nela prevista em relação aos dados pessoais, mesmo após o seu término (art. 47). Entre essa "qualquer outra pessoa", mencionada no texto legal, inclui-se o encarregado, que pode ter acesso aos dados e informações do tratamento, e está obrigado também pela sua segurança. O descumprimento desse dever de segurança pode sujeitar os responsáveis à reparação do dano eventualmente causado, na forma do art. 42.

Ocorrendo qualquer incidente de segurança que possa implicar nas situações retratadas acima, ou em outras semelhantes ou análogas, e que possa acarretar risco ou dano aos titulares dos dados, o controlador deverá comunicar imediatamente à ANPD, bem como aos próprios titulares, na forma do disposto no art. 48.

Essa comunicação deve ser feita em prazo razoável, conforme definido pela ANPD, devendo mencionar, no mínimo:

a) a descrição da natureza dos dados pessoais afetados.

b) as informações sobre os titulares envolvidos.

c) a indicação das medidas técnicas e de segurança utilizadas para a proteção dos dados, observados os segredos comercial e industrial.

d) os riscos relacionados ao incidente.

e) os motivos da demora, no caso de a comunicação não ter sido imediata.

f) as medidas que foram ou que serão adotadas para reverter ou mitigar os efeitos do prejuízo.

A partir da comunicação efetuada na forma do *caput* do art. 48, a ANPD irá verificar a gravidade do incidente, podendo, se necessário, para a salvaguarda dos direitos dos titulares, determinar ao controlador a adoção de providências, tais como:

a) ampla divulgação do fato em meios de comunicação; e

b) medidas para reverter ou mitigar os efeitos do incidente.

No juízo de gravidade do fato, previsto no art. 48, § 2º, ou seja, na análise da gravidade do incidente, a ANPD irá avaliar eventual comprovação de que foram adotadas medidas técnicas adequadas que tornem os dados pessoais afetados ininteligíveis, no âmbito e nos limites técnicos de seus serviços, para terceiros não autorizados a acessá-los (art. 48, § 3º).

6. TER UM DPO *FULL TIME*, MESMO SENDO UMA MICROEMPRESA OU EMPRESA DE PEQUENO PORTE

DPO (*Data Protection Officer*) é o encarregado, como vimos no item anterior. O encarregado não é considerado, a princípio, um agente de tratamento de dados, e deve ser indicado pelo controlador (LGPD, art. 41). Sua identidade e as informações de contato dele deverão ser divulgadas publicamente, de forma clara e objetiva, preferencialmente no sítio eletrônico do controlador (LGPD, art. 41, § 1º). A indicação do DPO é, em princípio, obrigatória para todas as empresas que tratam dados pessoais, seja de que forma for. Mas pelo § 3º do art. 41, a ANPD pode estabelecer normas complementares sobre a definição e as atribuições do encarregado, inclusive sobre a dispensa da indicação.

Essa questão foi tratada pela ANPD na Resolução CD/ANPD nº 2, de 27 de janeiro de 2022, que estabelece o regulamento para aplicação da LGPD a agentes de tratamento de dados de pequeno porte. Para efeitos do regulamento, no art. 2º, são adotadas as seguintes definições:

a) agentes de tratamento de pequeno porte: microempresas, empresas de pequeno porte, *startups*, pessoas jurídicas de direito privado, inclusive sem fins lucrativos, nos termos da legislação vigente, bem como pessoas naturais e entes privados despersonalizados que realizam tratamento de dados pessoais, assumindo obrigações típicas de controlador ou de operador;

b) microempresas e empresas de pequeno porte: sociedade empresária, sociedade simples, sociedade limitada unipessoal, nos termos do art. 41 da Lei nº 14.195, de 26 de agosto de 2021, e o empresário a que se refere o art. 966 da Lei nº 10.406, de 10 de janeiro de 2002 (Código Civil), incluído o microempreendedor individual, devidamente registrados no Registro de Empresas Mercantis ou no Registro Civil de Pessoas Jurídicas, que se enquadre nos termos do art. 3º e 18-A, § 1º da Lei Complementar nº 123, de 14 de dezembro de 2006;

c) *startups*: organizações empresariais ou societárias, nascentes ou em operação recente, cuja atuação caracteriza-se pela inovação aplicada a modelo de negócios ou a produtos ou serviços ofertados, que atendam aos critérios previstos no Capítulo II da Lei Complementar nº 182, de 1º de junho de 2021; e,

d) zonas acessíveis ao público: espaços abertos ao público, como praças, centros comerciais, vias públicas, estações de ônibus, de metrô e de trem, aeroportos, portos, bibliotecas públicas, dentre outros.

Mas, pelo art. 3º, da referida Resolução, não poderão se beneficiar do tratamento jurídico diferenciado previsto no Regulamento, os agentes de tratamento de pequeno porte que:

a) realizem tratamento de alto risco para os titulares: na forma do art. 4º, será considerado de alto risco o tratamento de dados pessoais que atender cumulativamente a pelo menos um critério geral e um critério específico, dentre os a seguir indicados: – a1) tratamento de dados pessoais em larga escala: que será caracterizado quando abranger número significativo de titulares, considerando-se, ainda, o volume de dados envolvidos, bem como a duração, a frequência e a extensão geográfica do tratamento realizado. – a2) tratamento de dados pessoais que possa afetar significativamente interesses e direitos fundamentais dos titulares: que será caracterizado, dentre outras situações, naquelas em que a atividade de tratamento puder impedir o exercício de direitos ou a utilização de um serviço, assim como ocasionar danos materiais ou morais aos titulares, tais como discriminação, violação à integridade física, ao direito à imagem e à reputação, fraudes financeiras ou roubo de identidade.

b) Critérios específicos: – b1) uso de tecnologias emergentes ou inovadoras; – b2) vigilância ou controle de zonas acessíveis ao público; – b3) decisões tomadas unicamente com base em tratamento automatizado de dados pessoais, inclusive aquelas destinadas a definir o perfil pessoal, profissional, de saúde, de consumo e de crédito ou os aspectos da personalidade do titular; ou – b4, utilização de dados pessoais sensíveis ou de dados pessoais de crianças, de adolescentes e de idosos.

Ressalva-se, no entanto, a hipótese prevista no art. 8º, Resolução CD/ANPD nº 2: fica facultado aos agentes de tratamento de pequeno porte, inclusive àqueles que realizem tratamento de alto risco, organizarem-se por meio de entidades de representação da atividade empresarial, por pessoas jurídicas ou por pessoas naturais para fins de negociação, mediação e conciliação de reclamações apresentadas por titulares de dados.

a) aufiram receita bruta superior ao limite estabelecido no art. 3º, II, da Lei Complementar nº 123, de 2006, ou, no caso de startups, no art. 4º, § 1º, I, da Lei Complementar nº 182, de 2021; ou

b) pertençam a grupo econômico de fato ou de direito, cuja receita global ultrapasse os limites referidos no inciso II, conforme o caso.

Por força do art. 7º, é obrigação dos agentes de tratamento de pequeno porte disponibilizar informações sobre o tratamento de dados pessoais e atender às requisições dos titulares em conformidade com o disposto nos arts. 9º e 18 da LGPD, por meio:

a) eletrônico;

b) impresso; ou

c) qualquer outro que assegure os direitos previstos na LGPD e o acesso facilitado às informações pelos titulares.

Com relação especifica ao Encarregado pelo Tratamento de Dados Pessoais, comumente chamado de DPO, o art. 11 prevê a dispensabilidade, ao dispor que os agentes de tratamento de pequeno porte não são obrigados a indicar o encarregado pelo tratamento de dados pessoais exigido no art. 41 da LGPD. Todavia, o agente de tratamento de pequeno porte que não indicar um encarregado deve disponibilizar um canal de comunicação com o titular de dados para atender o disposto no art. 41, § 2º, I, da LGPD.

Mas, apesar da dispensa, o § 2º do art. 11 reconhece que a indicação de encarregado por parte dos agentes de tratamento de pequeno porte será considerada política de boas práticas e governança para fins do disposto no art. 52, § 1º, IX, da LGPD.

É importante ressaltar que, apesar da dispensa ora apontada, é de suma importância que o agente de tratamento de pequeno porte tenha um DPO próprio, especialmente quem lide, normalmente, com dados pessoais. Havendo qualquer problema com os dados pessoais tratados, o agente deverá ter um DPO para se comunicar com o titular ou com a ANPD.

A Lei Geral de Proteção de Dados (LGPD) veio para revolucionar a política de tratamento de dados no País, e vai afetar, praticamente, todas as atividades econômicas. Lidar com dados pessoais é, hoje, bastante comum, e é isso que justifica a necessidade de sua proteção. Microempresas e empresas de pequeno porte também estão sujeitas às regras da LGPD, ou seja, à proteção dos dados pessoais por elas tratados. O que se ora estabelece são apenas alguns benefícios por conta de sua condição especial. Um desses benefícios é a dispensa da indicação do DPO.

Mas a dispensa é apenas da indicação. Não há a dispensa do DPO. Assim, havendo qualquer problema em relação aos dados tratados, a microempresa e a empresa de pequeno porte deverão contar com um DPO. Isso significa dizer que ela terá de contar com um profissional dessa área. É por essa razão que entendemos que tais empresas deverão contar com um DPO *full time*, ou seja, em tempo integral. Isso representará, a longo prazo, em uma sensível economia para elas.

A empresa poderá ter um DPO exclusivo, ou poderá contratar uma empresa que preste esse tipo de serviço, terceirizando-o.

7. *COMPLIANCE* E GOVERNANÇA CORPORATIVA

Dois itens importantes a serem observados quando se trata de proteção de dados são o *compliance* e a governança corporativa. Por *compliance* devemos entender como estar em conformidade com determinadas leis, normas e regras, podendo se dar tanto em relação à legislação propriamente dita, quanto às políticas adotadas pela empresa. Nas empresas, sua aplicação trata-se basicamente de estar em conformidade, tais como os regulamentos e diretrizes. Por seu turno, a governança corporativa se refere a um conjunto de boas práticas administrativas que tende a elevar a confiança dos diversos *stakeholders*, tais como sócios, acionistas, investidores, empregados, colaboradores, fornecedores, concorrentes, etc., perante a empresa. Assim, enquanto a governança tem como objetivo, sobretudo, evitar conflitos de interesse, o compliance busca estabelecer formas para controlar o cumprimento das leis e normas às quais a empresa está sujeita.

A LGPD sugere aos agentes criar regras internas de boas práticas e de governança sobre os tratamentos de dados, conforme dispõe no art. 50: Os controladores e operadores, no âmbito de suas competências, pelo tratamento de dados pessoais, individualmente ou por meio de associações, poderão formular regras de boas práticas e de governança que estabeleçam as condições de organização, o regime de funcionamento, os procedimentos, incluindo reclamações e petições de titulares, as normas de segurança, os padrões técnicos, as obrigações específicas para os diversos envolvidos no tratamento, as ações educativas, os mecanismos internos de supervisão e de mitigação de riscos e outros aspectos relacionados ao tratamento de dados pessoais.

Para estabelecer as regras de boas práticas, o controlador e o operador levarão em consideração, em relação ao tratamento e aos dados, a natureza, o escopo, a finalidade e a probabilidade e a gravidade dos riscos e dos benefícios decorrentes de tratamento de dados do titular (LGPD, art. 50, § 1º). Em atenção aos princípios da segurança (LGPD, art. 6º, VII) e da prevenção (LGPD, art. 6º, VIII), o controlador, observados a estrutura, a escala e o volume de suas operações, bem como a sensibilidade dos dados tratados e a probabilidade e a gravidade dos danos para os titulares dos dados, poderá:

a) implementar programa de governança em privacidade que, no mínimo: – a1) demonstre o comprometimento do controlador em adotar processos e políticas internas que assegurem o cumprimento, de forma abrangente, de normas e boas práticas relativas à proteção de dados pessoais (art. 50, § 2º, I, a); – a2) seja aplicável a todo o conjunto de dados pessoais que estejam sob seu controle, independentemente do modo como se realizou sua coleta (art. 50, § 2º, I, b); – a3) seja adaptado à estrutura, à escala e ao volume de suas operações, bem como à sensibilidade dos dados tratados (art. 50, § 2º, I, c); – a4) estabeleça políticas e salvaguardas adequadas com base em processo de avaliação sistemática de impactos e riscos à privacidade (art. 50, § 2º, I, d); – a5) tenha o objetivo de estabelecer relação de confiança com o titular, por meio de atuação transparente e que assegure mecanismos de participação do titular (art. 50, § 2º, I, e); – a6) esteja integrado a sua estrutura geral de governança e estabeleça e aplique mecanismos de supervisão internos e externos (art. 50, § 2º, I, f); – a7) conte com planos de resposta a incidentes e remediação (art. 50, § 2º, I, g); – a8) seja atualizado constantemente com base em informações obtidas a partir de monitoramento contínuo e avaliações periódicas (art. 50, § 2º, I, h);

b) demonstrar a efetividade de seu programa de governança em privacidade quando apropriado e, em especial, a pedido da autoridade nacional ou de outra entidade responsável por promover o cumprimento de boas práticas ou códigos de conduta, os quais, de forma independente, promovam o cumprimento desta Lei (art. 50, § 2º, II).

As regras de boas práticas e de governança deverão ser publicadas e atualizadas periodicamente e poderão ser reconhecidas e divulgadas pela ANPD (art. 50, § 3º).

8. RESPONSABILIDADE CIVIL DO EMPREGADOR PELO VAZAMENTO OU MAU USO DOS DADOS DOS EMPREGADOS

A LGPD disciplina a responsabilidade civil dos agentes de tratamento de dados, na seção III do Capítulo 4, nos arts. 42 a 45. Mas é importante observar que isso não afasta a responsabilidade prevista em outros diplomas legais, como o Código Civil e o Código de Defesa do Consumidor, com quem deve formar um sistema único de responsabilidade civil na proteção dos dados[4]. Ou seja, a previsão na LGPD, de regras de responsabilidade civil não afasta, por si só, a aplicação dos códigos mencionados[5].

A responsabilidade padrão está definida no art. 42 que dispõe que o controlador ou o operador que, em razão do exercício de atividade de tratamento de dados pessoais, causar a outrem dano patrimonial, moral, individual ou coletivo, em violação à legislação de proteção de dados pessoais, é obrigado a repará-lo. É evidente, até pela posição que ocupa na relação, que a responsabilidade civil deve recair sobre o controlador. Pela definição do art. 5º, VI, da LGPD, controlador é a pessoa natural ou jurídica, de direito público ou privado, a quem competem as decisões referentes ao tratamento de dados pessoais.

O art. 44 estabelece que o tratamento de dados pessoais será irregular quando deixar de observar a legislação ou quando não fornecer a segurança que o titular dele pode esperar, consideradas as circunstâncias relevantes. Dentre estas circunstâncias, destacam-se:

a) o modo pelo qual é realizado.
b) o resultado e os riscos que razoavelmente dele se esperam.
c) as técnicas de tratamento de dados pessoais disponíveis à época em que foi realizado.

---

4. Dispõe o art. 45 da LGPD: As hipóteses de violação do direito do titular no âmbito das relações de consumo permanecem sujeitas às regras de responsabilidade previstas na legislação pertinente.
5. O art. 64 da LGPD estabelece que os direitos e princípios expressos nesta Lei não excluem outros previstos no ordenamento jurídico pátrio relacionados à matéria ou nos tratados internacionais em que a República Federativa do Brasil seja parte.

E o parágrafo único do art. 44, prevê a responsabilização, pelos danos decorrentes da violação da segurança dos dados, do controlador ou do operador que deixarem de adotar as medidas de segurança previstas no art. 46, dando causa ao dano.

É preciso considerar que a responsabilidade dos agentes de tratamento de dados, em linhas gerais, é objetiva, por duas principais razões:

a) o texto legal não menciona a culpa como pressuposto da responsabilidade civil, revelando que o elemento subjetivo é dispensável; e,

b) o texto legal menciona expressamente o "exercício de atividade de tratamento de dados pessoais", o que revela tratar-se de responsabilidade pelo risco da atividade.

O risco da atividade é fator de responsabilidade objetiva, previsto expressamente no parágrafo único do art. 927 do Código Civil[6].

A atividade de tratamento de dados é uma atividade de risco, assim reconhecido pelo simples fato de haver uma lei específica para a proteção deles. Não fosse assim, e não haveria a necessidade da LGPD. Destarte, qualquer dano causado pelo agente de tratamento de dado, nessa condição, vai estar compreendido pelo risco da atividade, sendo passível de indenização independentemente de ter agido com culpa.

No caso de departamento pessoal terceirizado, a responsabilidade direta continua sendo da empresa-empregadora, seja por permanecer na condição de controlador, seja em razão da culpa *in eligendo*.

8.1. Solidariedade na LGPD

Em geral, ocorrendo o dano por violação à regras e normas da LGPD, a responsabilidade recairá sobre o controlador, que é o responsável pelas tomadas de decisão. Devemos entender como controlador, para efeito de responsabilização, a empresa que promoveu o tratamento dos dados.

---

6. Art. 927. [...]. Parágrafo único. Haverá obrigação de reparar o dano, independentemente de culpa, nos casos especificados em lei, ou quando a atividade normalmente desenvolvida pelo autor do dano implicar, por sua natureza, risco para os direitos de outrem (grifei).

O operador somente será responsabilizado quando descumprir as obrigações da legislação de proteção de dados ou quando não tiver seguido as instruções lícitas do controlador, sendo, nessas hipóteses, equiparado ao controlador (art. 42, § 1º, I).

A responsabilidade do operador é sempre solidária com o controlador, de sorte que a vítima poderá promover a ação contra os dois, contra qualquer um deles, ou apenas contra o controlador. O inciso I do § 1º do art. 42 dispõe que o operador responde solidariamente pelos danos causados pelo tratamento quando descumprir as obrigações da legislação de proteção de dados ou quando não tiver seguido as instruções lícitas do controlador, hipótese em que o operador equipara-se ao controlador, salvo nos casos de exclusão previstos no art. 43 desta Lei da lei em comento. A solidariedade, assim, decorre da lei, expressamente.

Já nos casos de evento danoso para o qual concorreram dois ou mais controladores, todos eles responderão solidariamente pela reparação do dano, podendo a ação ser proposta contra todos, alguns ou apenas um deles, conforme expressamente previsto no art. 42, § 1º, II: os controladores que estiverem diretamente envolvidos no tratamento do qual decorreram danos ao titular dos dados respondem solidariamente, salvo nos casos de exclusão previstos no art. 43 desta Lei.

Em qualquer dessas situações, aquele que reparar o dano pagando a indenização terá direito de regresso contra os demais corresponsáveis solidários (art. 42, § 4º), demandando-os pela quota-parte de cada um.

8.2. Inversão do ônus da prova

Inverter o ônus da prova significa atribuir à parte contrária a incumbência da prova que originariamente seria da outra, ou seja, é redistribuir o ônus da prova, invertendo a ordem legal. O caso mais conhecido de inversão está previsto no CDC, art. 6º, VIII, que estabelece, como direito básico do consumidor, "a facilitação da defesa de seus direitos, inclusive com a inversão do ônus da prova, a seu favor, no processo civil, quando, a critério do juiz, for verossímil a alegação ou quando for ele hipossuficiente, segundo as regras ordinárias de experiências".

O Código de Processo Civil, no art. 373, § 3º, admite a possibilidade de o juiz promover a inversão do ônus da prova, não apenas nos casos previstos em lei (como ocorre no CDC), mas sempre que, diante das peculiaridades do caso concreto, verificar:

a) a impossibilidade ou a excessiva dificuldade de cumprir o encargo,
b) a maior facilidade de obtenção da prova pela parte contrária.

A inversão do ônus da prova deve se dar por decisão fundamentada do juiz. O ideal é que o juiz estabeleça a inversão até o saneamento do processo (CPC, art. 357), para que já fique bem determinando quem deve provar o quê. Mas se ela vier depois de encerrada a instrução, deverá dar oportunidade à parte de se desincumbir do ônus que lhe tenha sido atribuído.

A LGPD também admite a inversão do ônus da prova. O art. 42, § 2º dispõe que o juiz, no processo civil, poderá inverter o ônus da prova a favor do titular dos dados quando, a seu juízo, for verossímil a alegação, houver hipossuficiência para fins de produção de prova ou quando a produção de prova pelo titular resultar-lhe excessivamente onerosa.

Os critérios que autorizam a inversão são praticamente os mesmos do Código de Defesa do Consumidor:

a) verossimilhança da alegação. Autorizada a inversão, sempre que a alegação do autor tiver a aparência de verdade, denotar coerência e for plausível, ou seja, quando ela for, numa primeira e sumária cognição, verossímil.
b) hipossuficiência para produção da prova. A hipossuficiência denota uma condição de inferioridade, de fragilidade, de uma das partes no processo. Normalmente é associada à condição econômica, mas pode estar relacionada com aspectos culturais, sociais e técnicos. A hipossuficiência para a prova pode se dar por qualquer dessas razões, seja em relação ao custo para a sua realização, seja por não deter conhecimentos técnicos necessários.
c) quando a produção da prova for excessivamente onerosa. A última hipótese praticamente está englobada pela segunda, que trata da hipossuficiência. Afinal, se a prova é excessivamente dispendiosa para o autor a ponto de autorizar a

inversão do seu ônus, revela-se a hipossuficiência deste em relação à prova. Mas, enfim, sem ter de adentrar na questão da hipossuficiência, autoriza-se a inversão quando a produção da prova se mostrar excessivamente onerosa.

Mas é preciso destacar que não se exige a presença dos três requisitos, bastando um deles para que o juiz possa determinar a inversão do ônus da prova.

8.3. Excludentes de responsabilidade

Excludentes de responsabilidade civil são situações previstas em lei que excluem a responsabilidade do causador do dano. O Código Civil, por exemplo, reconhece, como excludentes, o caso fortuito e a força maior. No Código de Defesa do Consumidor, as excludentes estão previstas no art. 12, § 3º (com relação ao fato do produto) e 14, § 3º (com relação ao fato do serviço).

Na sistemática da LGPD, que em muito se aproxima da defesa do consumidor (como temos alertado reiteradamente), as excludentes de responsabilidade estão previstas no art. 43, por força do qual os agentes de tratamento só não serão responsabilizados quando provarem:

a) que não realizaram o tratamento de dados pessoais que lhes é atribuído. O agente não será responsabilizado provando que o tratamento de dados do qual resultou o dano não foi operado por ele.
b) que, embora tenham realizado o tratamento de dados pessoais que lhes é atribuído, não houve violação à legislação de proteção de dados. O agente também não será responsabilizado se provar que não houve violação à LGPD. É o que ocorre, por exemplo, quando provar o consentimento do titular.
c) que o dano é decorrente de culpa exclusiva do titular dos dados ou de terceiro. A última hipótese de excludente é a da culpa exclusiva da vítima ou de terceiro. Tais situações são excludentes, porque rompem o nexo causal. Se a culpa é exclusiva da vítima, ou seja, se a ocorrência se deu por ato exclusivo do titular dos dados, então nenhuma responsabilidade pode ser carreada ao agente. A culpa do terceiro,

> para romper com o nexo de causalidade, deve ser tal que nada tenha a ver com a conduta do agente ou com a sua atividade. Um ataque de *hacker*, por exemplo, não pode ser alegado como culpa de terceiro.

É preciso destacar que o caso fortuito e a força maior não são excludentes de responsabilidade nas situações submetidas ao albergue da LGPD, primeiro porque não previstas dentre as hipóteses estritas do texto legal supracitado, e segundo porque o próprio art. 43 utiliza a palavra "só" como advérbio de exclusão para limitar as hipóteses [os agentes de tratamento só não serão responsabilizados...].

Em quaisquer dessas hipóteses do art. 43, não basta a mera alegação: é preciso prova robusta e concreta, cujo ônus compete inteiramente ao agente [...quando provarem]. Sem essa prova é como se alegação não tivesse sido feita, porque *allegatio et non probatio quasi non allegatio* (alegar e não provar é quase não alegar).

9. DANO MORAL COLETIVO

O art. 42 da LGPD reconhece expressamente a possibilidade de haver um dano coletivo quando se cuida de proteção de dados, ao estabelecer que o controlador ou o operador que causar a outrem dano patrimonial, moral, individual ou coletivo, em violação à legislação de proteção de dados pessoais, é obrigado a repará-lo. Esse dano coletivo tanto pode ser material quanto moral.

Na verdade, não há aqui nenhuma novidade, eis que, desde a promulgação do Código de Defesa do Consumidor, em 1990, já temos no ordenamento pátrio previsão disso. E a principal razão é porque o mundo mudou e com ele, as relações jurídicas também mudaram. A sociedade moderna estruturou-se de forma a massificar as relações comerciais e econômicas. A produção tornou-se produção de massa; o comércio evoluiu ao comércio de massa e o consumo revelou-se consumo de massa.

Com o efeito da globalização na economia mundial e com a facilidade gerada pela evolução dos meios de comunicação (comunicação de massa), as relações de consumo ganharam uma dimensão de proporções astronômicas, de forma que, um ato de um fornecedor pode atingir uma quantidade enorme de pessoas, muitas vezes não identificadas ou não identificáveis. Um produto dessa produção em massa que for colocado no mercado de consumo com um mínimo defeito poderá causar prejuízo a milhares de consumidores.

Por conta disso, o Código de Defesa do Consumidor cuidou de tutelar essa coletividade de pessoas, em várias passagens. Por exemplo, dentre os direitos básicos dos consumidores, a "efetiva prevenção e reparação de danos patrimoniais e morais, individuais, coletivos e difusos" (art. 6º, inciso VI). Igualmente, o inciso VII do citado artigo 6º, prevê como direito básico do consumidor o "acesso aos órgãos judiciários e administrativos, com vistas à prevenção ou reparação de danos patrimoniais e morais, individuais, coletivos ou difusos, assegurada a proteção jurídica, administrativa e técnica aos necessitados". Há, ainda, no artigo 2º, parágrafo único, que "equipara-se a consumidor a coletividade de pessoas, ainda que indetermináveis, que haja intervindo nas relações de consumo". No campo da responsabilidade pelo fato do produto e do serviço, diz, "equiparam-se aos consumidores todas as vítimas do evento" (art. 17). Em relação às práticas comerciais e proteção contratual, "equiparam-se aos consumidores todas as pessoas, determináveis ou não, expostas às práticas nele previstas" (art. 29). Até mesmo no plano penal, o fator coletivo se faz presente: o art. 61 trata de "crimes contra as relações de consumo" tendo por sujeito passivo a coletividade de consumidores.

Daí porque não ser diferente com a LGPD que, como dissemos e repetimos várias vezes ao longo desse tópico, é uma lei que tem nítido caráter consumerista. Totalmente inserida no contexto da modernidade jurídica, essa lei reconhece que a coletividade pode ser vítima de um dano, em razão da proteção dos interesses difusos, coletivos e individuais homogêneos, definida e manifestada no art. 81, parágrafo único do Código de Defesa do Consumidor.

Conforme disposição do § 3º do art. 42 da LGPD, as ações de reparação por danos morais coletivos que tenham por objeto a responsabilização dos agentes de tratamento de dados podem ser exercidas coletivamente em juízo, observado o disposto na legislação pertinente, ou seja, na forma prevista nos arts. 81 e seguintes da Lei Consumerista, através, principalmente[7], das seguintes ações:

---

7. Outras ações são possíveis, por não haver restrição ou vedação legal. O CDC, no art. 83, dispõe que, para a defesa dos direitos e interesses protegidos por este código são admis-

a) ação civil pública para a defesa dos interesses difusos e coletivos.
b) ação coletiva para a defesa de interesses individuais homogêneos.

Nessa hipótese, tanto o Ministério Público, bem como os demais legitimados, poderá propor a ação coletiva adequada.

síveis todas as espécies de ações capazes de propiciar sua adequada e efetiva tutela.

Capítulo 7

Questões Processuais Relevantes

1. VULNERABILIDADE E HIPOSSUFICIÊNCIA

Esclareça-se por primeiro que o Código de Defesa do Consumidor trata de maneira diferente os dois institutos. Com relação à vulnerabilidade, considera todo consumidor como parte vulnerável nas relações de consumo (art. 4º, I), porém dispensa-lhe tratamento diferenciado no que diz respeito à hipossuficiência, já que esta dependerá do reconhecimento por parte do juiz da causa, segundo as máximas de experiência (art. 6º, VIII).

Na dicção da lei consumerista, todo consumidor é vulnerável, mas nem sempre será considerado hipossuficiente, vejamos.

1.1. Vulnerabilidade

A vulnerabilidade do consumidor decorre, principalmente, de três fatores básicos: de ordem técnica, de ordem econômica e de natureza jurídica.

Tecnicamente, é o fornecedor que detém o controle e o conhecimento da produção dos bens, pois é ele quem "escolhe o que, quando e de que maneira produzir, de sorte que o consumidor está à mercê daquilo que é produzido".[1] Significa dizer que o consumidor, para satisfazer suas necessidades de consumo, comparece ao mercado e se submete às condições que lhe são impostas pelos fornecedores de produtos e serviços.[2]

1. RIZZATTO NUNES, Luiz Antonio. Comentários ao Código de Defesa do Consumidor, p. 106.
2. Cf. João Batista de Almeida, A proteção jurídica do consumidor, p. 15.

Quanto à capacidade econômica das partes envolvidas, via de regra, o fornecedor detém capacidade econômica maior que o consumidor, individualmente considerado. Claro que haverá situação em que o consumidor terá capacidade econômica muito maior do que o fornecedor, porém isso deverá ser encarado como exceção, e não como regra geral.

Do ponto de vista da vulnerabilidade jurídica, os contratos de adesão e suas cláusulas abusivas constituem o melhor exemplo. Como esses contratos são elaborados previamente pelos fornecedores, de forma unilateral, temos que a inserção de cláusulas contratuais será realizada de modo a favorecer a posição econômica e jurídica do fornecedor, em detrimento do consumidor aderente.[3]

A vulnerabilidade, conforme insculpida no Código de Defesa do Consumidor, independe de qualquer critério de razoabilidade para ser aferida em face de uma situação concreta, já que o legislador presumiu, *iure et de iure*, que nas relações de consumo o consumidor, enquanto destinatário final de produtos, é a parte mais fraca e, portanto, merece ser amparado de forma privilegiada, de tal sorte que, tratando desigualmente os desiguais, na proporção de suas desigualdades, se possa obter a igualdade jurídica desejada.[4]

1.2. Hipossuficiência

Diferentemente da vulnerabilidade, que é presumida, a hipossuficiência do consumidor terá seu reconhecimento condicionado à análise do julgador, que, valendo-se da analogia, dos costumes e dos princípios gerais de direito, poderá reconhecê-la ou afastá-la diante do caso concreto, segundo as regras ordinárias de experiência (art. 6º, VIII).

A questão da hipossuficiência está intimamente ligada à possibilidade de o juiz determinar, ou não, a inversão do ônus da prova, como forma de facilitação da defesa do consumidor em juízo. Em muitas situações as informações e os documentos hábeis a instruir uma causa encontram-se em poder do fornecedor. Nessas circunstâncias, é de todo impossível ao consumidor fazer a prova de seus direitos

---

3. Ver Claudia Lima Marques, Contratos no Código de Defesa do Consumidor, p. 146-150.
4. Ver Roberto Senise Lisboa, Responsabilidade civil nas relações de consumo, p. 84-85.

instruindo adequadamente sua postulação em juízo, razão por que o instituto da inversão do ônus da prova permite que ele litigue em melhores condições em face do fornecedor de produtos ou serviços.

Atente-se para o fato de que a hipossuficiência de que trata o Código não é de ordem econômica ou financeira. Ela é lastreada na concepção de que ao consumidor faltam conhecimentos técnicos e informações sobre os produtos ou serviços disponibilizados no mercado de consumo. É essa pobreza de conhecimentos técnicos ou científicos sobre o produto ou serviço que transforma o consumidor no elo mais frágil da relação de consumo, razão por que precisa de maior proteção.[5] Tal fragilidade, repita-se, não é econômica ou financeira, porque para o consumidor carente de recurso existe a possibilidade de assistência judiciária gratuita, objeto do próximo item.

2. JUSTIÇA GRATUITA

Vivemos num País de contradições. Nossa Constituição Federal de 1988, chamada pelo saudoso Ulysses Guimarães de "Constituição Cidadã", criou para a população expectativas e, hoje, causa frustrações.

O constituinte de 1988, sensível à realidade social do País e alçando o Brasil à contemporaneidade, fez seu papel: inseriu como "direito e garantia fundamental" do povo brasileiro o livre acesso ao Judiciário. Como a todo direito corresponde uma obrigação, temos que ao Estado compete fornecer os meios necessários de acesso à justiça a todos aqueles que dela necessitar.

Nesse sentido é possível dizer, pois, sem exagerar, que a Constituição brasileira representa o que de mais moderno existe na tendência universal rumo à diminuição da distância entre o povo e a justiça, conforme preleciona a jurista Ada Pellegrini Grinover.[6]

O Estado avoca a si o poder de conceder justiça; essa mesma justiça cujo caráter é primordial na sociedade e que tem por escopo resolver os conflitos sociais, evitando que cada um faça por si sua própria justiça. Talvez, por seu caráter de serviço público, assim como educação, saúde e tantos outros assegurados por nossa Carta

5. SAAD, Eduardo Gabriel. Comentários ao Código de Defesa do Consumidor, p. 195.
6. GRINOVER, Ada Pellegrini. Teoria geral do processo, p. 82.

Magna e, em verdade, não devidamente prestados pelo Estado, cria um sentimento de descrédito no seio da sociedade.

Apesar dos avanços alardeados pelos governos que se sucedem, tanto no campo econômico como no social, os números da miséria contradizem a propaganda oficial. A realidade social brasileira demonstra que a maioria da população necessita de assistência jurídica integral, pois é excluída. Os números não mentem: a pobreza aumentou durante a pandemia no Brasil. A constatação é do estudo "Mapa da Nova Pobreza", desenvolvida pelo FGV Social, a partir de dados disponibilizados pela Pesquisa Nacional por Amostra de Domicílios Contínua (PNADC), divulgada pelo Instituto Brasileiro de Geografia e Estatística (IBGE). De acordo com o estudo, o contingente de pessoas com renda domiciliar per capita de até R$ 497 mensais atingiu 62,9 milhões de brasileiros em 2021, o que representa 29,6% da população total do país. Em dois anos (2019 a 2021), 9,6 milhões de pessoas tiveram sua renda comprometida e ingressaram no grupo de brasileiros que vivem em situação de pobreza.[7]

Não se pode, diante do quadro acima demonstrado, adotar a postura simplista de que se deve tratar igualmente a todos. A democracia pressupõe tratar igualmente os iguais e tratar desigualmente os desiguais. É evidente que a exclusão social e a pobreza são os maiores obstáculos ao livre acesso à justiça. O pleno acesso à justiça só será possível com a erradicação da pobreza ou com a inclusão dos excluídos no processo de democratização da justiça ou, ainda, com a intervenção do Judiciário, ofertando oportunidades iguais aos desiguais e criando um mecanismo de contrapeso, dotando os mais fracos e miseráveis da possibilidade, real e efetiva, de acesso a uma ordem jurídica justa e equânime.

É nosso entendimento que o Estado tem o dever constitucional de prover o livre e gratuito acesso à justiça, seja através da assistência judiciária, seja mediante a concessão dos benefícios da justiça gratuita. É evidente que o custo da prestação de tais serviços é elevado. Entendemos que o dinheiro público que sobra da pilhagem levada a cabo pelos políticos não dá para prover a extensão dos benefícios de

7. Conforme notícia vinculada no site da FGV, disponível em: <https://portal.fgv.br/noticias/mapa-nova-pobreza-estudo-revela-296-brasileiros-tem-renda-familiar-inferior-r-497--mensais>. Acesso em 24.2.23.

forma ampla, geral e irrestrita. Contudo, o que se espera de qualquer julgador é que, em face do caso concreto e com base nas máximas de experiência de vida, possa melhor aquinhoar aqueles que, necessitando fazer valer seus direitos, não sejam obstados tão somente pelo preconceito ou capricho daqueles a quem cabe ofertar a prestação jurisdicional.

2.1. Da gratuidade de justiça no Novo CPC[8]

Importante inovação promoveu o legislador pátrio ao disciplinar a concessão dos benefícios da justiça gratuita no Novo CPC, revogando inclusive alguns dispositivos da Lei n° 1.060/50, procurando dar mais efetividade à questão da gratuidade processual, regulando a matéria nos arts. 98 a 102. Vale lembrar que o CPC/73 era silente quanto a matéria que era regulada exclusivamente pela Lei n° 1.060/50.

Nesse sentido, é importante deixar desde logo consignado que o Novo CPC acaba, por assim dizer, com a possibilidade de alguns magistrados negarem tal benefício confundindo o que seja gratuidade de justiça com assistência judiciária, fato comumente ocorrente por cômoda ignorância do real significado dos dois institutos. Veja-se que o Novo CPC, ao tratar do tema, o faz de maneira adequada, denominando-o de "gratuidade de justiça", afastando qualquer possibilidade de confusão que se possa fazer com a "assistência judiciária gratuita".

É importante fazer a distinção entre a assistência judiciária gratuita e os benefícios da gratuidade de justiça para uma análise mais acurada de qualquer pedido posto à apreciação no Judiciário.

De longa data já vimos nos manifestando sobre a necessidade de melhor disciplinamento deste importante instituto tendo em vista a tendência atual da maioria dos magistrados, especialmente de primeiro grau, em negar tal benefício aos requerentes, escudando-se muitas vezes em argumentos sem nenhum fundamento legal.

O Código começa por dizer claramente que a pessoa "natural ou jurídica", "nacional ou estrangeira", pode ser beneficiária da gratuidade de justiça se provar insuficiência de recursos para arcar com as despesas processuais (ver CPC, art. 98, *caput*). Essa previsão legal é de fundamental importância porque para muitos magistrados os

8. Ver nossa obra Lições de Processo Civil, v.1, p. 85/88.

benefícios da gratuidade de justiça somente poderiam ser concedidos a pessoa natural e jamais para a pessoa jurídica. Tanto é verdade que foi necessário o Superior Tribunal de Justiça editar a súmula n° 481 de seguinte teor: "Faz jus ao benefício da justiça gratuita a pessoa jurídica com ou sem fins lucrativos que demonstrar sua impossibilidade de arcar com os encargos processuais".

Apesar da lei falar em "pessoa" natural ou jurídica, entendemos que este benefício pode ser concedido também os entes despersonalizados como, por exemplo, o espólio, o condomínio e o nascituro, dentre outros.

A gratuidade da justiça isenta o beneficiário de diversas despesas processuais, tais como custas iniciais, despesas com citações (por cartas, oficial de justiça ou mesmo editalícia), despesas e emolumentos cartorários, despesas com realização de perícia, honorários advocatícios (ver CPC, art. 98, §§ 1°, 7° e 8°).

Embora o § 2°, do art. 98, do CPC, consigne expressamente que a concessão de gratuidade não afasta a responsabilidade do beneficiário pelas despesas processuais e pelos honorários advocatícios da parte contrária, decorrentes de sua sucumbência, na prática isso é uma meia verdade porque nos termos do § 3° do mesmo art. 98, essa condenação ficará sob condição suspensiva de exigibilidade pelo prazo prescricional de cinco anos. Quer dizer, o ganhador da demanda somente poderá executar as despesas e honorários sucumbenciais se provar que houve mudança na situação do beneficiário da gratuidade e somente dentro do lapso temporal de cinco anos. Passado esse prazo, nada mais se poderá fazer.

Oportuno destacar que a concessão de gratuidade não afasta o dever de o beneficiário pagar, ao final, as multas processuais que lhe sejam impostas. Ademais, a gratuidade pode ser concedida para a totalidade dos atos processuais ou pode ser concedida para algum ato específico do processo, podendo ainda consistir na redução do percentual de despesas processuais que o beneficiário tiver de adiantar no curso do procedimento ou até mesmo no parcelamento destas despesas.

Concedida a gratuidade de justiça, a parte contrária poderá impugnar a concessão do benefício na contestação (quando for concedida ao autor inicialmente), na réplica (se foi concedida ao réu na sua contestação) ou nas contrarrazões do recurso (quando concedida na fase recursal). Nos demais casos, poderá promover a impugnação por simples petição no prazo de 15 (quinze) dias, nos próprios autos do processo (CPC, art. 100).

A decisão que negar o pedido de gratuidade ou acolher o pedido de sua revogação deve ser enfrentada através de agravo de instrumento, a não ser que a questão seja resolvida na sentença quando, então, caberá apelação (CPC, art. 101). No eventual recurso, o recorrente estará dispensado do recolhimento de custas até decisão do relator sobre a questão, que deverá ocorrer preliminarmente ao julgamento do recurso.

Caso seja confirmada a denegação ou a revogação da gratuidade, deverá o relator ou o órgão colegiado determinar ao recorrente o recolhimento das custas processuais, assinalando prazo de 5 (cinco) dias para cumprimento, sob pena de não conhecimento do recurso (ver CPC, art. 101, § 2°).

Caso a decisão que revoga o benefício tenha transitado em julgado, a parte deverá efetuar o recolhimento de todas as despesas de cujo adiantamento foi dispensada, inclusive as relativas ao recurso interposto, se houver, no prazo fixado pelo juiz, sem prejuízo de aplicação das sanções previstas em lei. Se a parte não realizar o recolhimento no prazo assinalado, o processo será extinto sem resolução de mérito, tratando-se do autor. Nos demais casos, não poderá ser deferida a realização de nenhum ato ou diligência requerida pela parte enquanto não efetuado o depósito (CPC, art. 102).

Importante: o pedido de gratuidade da justiça pode ser formulado em qualquer momento processual, tanto na petição inicial, quanto na contestação, na petição de terceiro que pretende ingressar no processo ou por qualquer das partes na fase recursal (ver CPC, art. 99, *caput*).

Outro aspecto que é importante ressaltar é o fato de que a assistência do requerente por advogado particular não é motivo, por si só, para o indeferimento do pedido de gratuidade da justiça (ver CPC, art. 99, § 4°).

2.2. Da concessão de justiça gratuita a todos que dela necessitem

O acesso à justiça não pode ficar à mercê da possibilidade econômica da parte fazer frente às despesas processuais, visto que tal acesso consiste na proteção de qualquer direito, sem restrição econômica, social ou política. É importante destacar que não basta a simples garantia formal da defesa dos direitos e o acesso aos tribunais, mas exige-se a garantia da proteção material desses direitos, assegurando a todos os cidadãos, independentemente de classe social, a ordem jurídica justa.

De outro lado, o Estado tem o dever de conceder a todos o acesso ao Judiciário sem a necessidade de antecipação das despesas processuais. Seria absurdo, para dizer o mínimo, que o ingresso em juízo fosse possível apenas aos que detêm situação econômica abastada. A função do Estado-juiz é decidir os litígios e trazer a paz social nas relações intersubjetivas; logo, essa máxima estaria prejudicada se a maioria da população pobre não pudesse defender seus direitos.

O professor Gabriel de Rezende Filho, já nos idos de 1954, preconizava que "a justiça deve estar ao alcance de todos, ricos e poderosos, pobres e desprotegidos, mesmo porque o Estado reservou-se o direito de administrá-la, não consentindo que ninguém faça justiça por suas próprias mãos. Comparecendo em juízo um litigante desprovido completamente de meios para arcar com as despesas processuais, inclusive honorários de advogado, é justo seja dispensado do pagamento de quaisquer custas".[9]

Partilhando do mesmo pensamento, Vicente Greco Filho afirma de forma peremptória que "uma justiça ideal deveria ser gratuita. A distribuição da justiça é uma das atividades essenciais do Estado e, como tal, da mesma forma que a segurança e a paz pública, não deveria trazer ônus econômico àqueles que dela necessitam. Todavia, inclusive por tradição histórica, a administração da justiça tem sido acompanhada do dever de pagamento das despesas processuais, entre os quais se incluem o das custas, que são taxas a serem pagas em virtude da movimentação do aparelho jurisdicional".[10]

O Desembargador José Renato Nalini vai mais longe ao afirmar que "do juiz se exige não apenas reequilibrar as situações díspares, mas ainda oferecer seu talento, desforço pessoal e inteligência para ampliação real do rol de atendidos pela Justiça. E para isso é necessário

9. REZENDE FILHO, Gabriel de. Curso de direito processual civil, v. 1, p. 281.
10. GRECO FILHO, Vicente. Direito processual civil brasileiro, p. 108.

desenvolver uma concepção consentânea do princípio fundamental da isonomia. Não é uma opção preferencial pelos pobres, no sentido da teologia da libertação. Mas a constatação de que a pobreza extrema é inconciliável com o exercício da igualdade e liberdade".[11]

Na realidade social em que vivemos, entendemos que incumbe ao Poder Judiciário abandonar o mundo da ficção jurídica, da abstração da norma, do "faz de conta", e efetivar a concretização de direitos fundamentais consagrados pela Constituição do Brasil (direito à igualdade, ao devido processo legal material, à ampla defesa, à proteção do consumidor, à assistência judiciária integral), assumindo, assim, uma postura ativa – e não neutra – na busca da justiça processual.[12]

Assim, cabe ao juiz da causa analisar cada situação em particular e, na dúvida, *pro misero*, até porque o benefício da justiça gratuita não há de ser estendido apenas aos miseráveis, mas também a todo aquele cuja situação econômica não lhe permita pagar custas processuais e honorários de advogado, o que em muitos casos se torna extremamente oneroso, independentemente do salário ou dos bens que possua o postulante. É, pois, irrelevante que a parte seja proprietária de bens ou tenha colado grau superior; não obstante isso, poderá, num dado momento de sua vida, não ter disponibilidade de numerário suficiente para fazer frente às despesas processuais.[13]

2.3. A justiça gratuita e o Código de Defesa do Consumidor

O Código de Defesa do Consumidor, em várias passagens, reforça a tese de que se deve prestar assistência jurídica gratuita aos consumidores considerados hipossuficientes na relação com os grandes conglomerados econômicos. Aliás, essa concepção se alarga quando consideramos o Código como instrumento de execução da Política Nacional das Relações de Consumo (art. 5º, I). Também quando trata dos direitos básicos do consumidor (art. 6º, VII), bem assim ao disciplinar a inversão do ônus da prova (art. 6º, VIII). Ademais, com o escopo de facilitar a defesa dos chamados mais fracos, o Código

11. PINHEIROS, Eduardo Bezerra de Medeiros Pinheiros. Breves considerações acerca da Lei 1.060/50, RT, 733/99.

12. Cf. Juíza Maria Elza (TAMG, AI 0328819-3, 4ª C. Cív., j. 23-5-2001).

13. Cf. Des. Tenisson Fernandes (TJMG, Ap. 97.423/8, 3ª C. Cív., j. 18-6-1998, DOMG, 23-12-1998.)

instituiu diversas outras regras visando o equilíbrio nas relações entre os consumidores (mais fracos) e os fornecedores (mais poderosos), tanto é verdade que a regra de interpretação de contratos (art. 47), a que trata da desconsideração da personalidade jurídica (art. 28), o permissivo de propositura de qualquer tipo de ação com o fim de garantir os direitos estatuídos pelo Código (art. 83) e a fixação da competência a partir do domicílio do autor (art. 101, I) são exemplos, dentre outros, do intuito buscado pelo legislador, qual seja, o acesso facilitado à prestação jurisdicional.

A efetividade dos postulados consumeristas, contudo, somente será atingida em toda a sua plenitude quando o acesso à justiça se fizer sem os óbices que atualmente o dificultam aos mais desafortunados.

2.4. Da interpretação do texto legal

De todo o exposto constata-se que o instituto da assistência jurídica gratuita não pode ser entendido como disciplinamento centrado tão só na Constituição Federal de 1988, muito embora o regramento constitucional seja a lei superior. Há de ser feita uma exegese teleológica com os demais institutos que regulam a matéria.

Ademais, já foi dito que o julgador não é mero autômato, um simples aplicador da fria e abstrata norma jurídica ao caso concreto; é, sobretudo, agente político na dinâmica social, que procura compor os conflitos de interesses qualificados por pretensões resistidas ou insatisfeitas, com o mais alto espírito de equanimidade e justiça, sem o que não se alcança a verdadeira e desejada paz social. "A mitológica Deusa da Justiça tem os olhos vendados, porém o Magistrado pode tudo enxergar" (muitos já o disseram).

Além disso, não podemos interpretar de forma literal os regramentos jurídicos. Deve ser feita uma exegese sistemática e teleológica com os princípios gerais de direito, consagrados desde 1942 na Lei de Introdução ao Código Civil,[14] cujo art. 5º expressamente diz: "Na aplicação da lei, o juiz atenderá aos fins sociais a que ela se destina e às exigências do bem comum".

14. Atual Lei de Introdução às normas do Direito Brasileiro (LINDB). Nomenclatura dada pela Lei nº 12.376, de 2010.

Como explicitou o saudoso Silvio Rodrigues, "a lei disciplina relações que se estendem no tempo e que florescerão em condições necessariamente desconhecidas do legislador. Daí a ideia de se procurar interpretar a lei de acordo com o fim a que se destina, isto é, procurar dar-lhe uma interpretação teleológica. O intérprete, na procura do sentido da norma, deve inquirir qual o efeito que ela busca, qual o problema que ela almeja resolver. Com tal preocupação em vista é que se deve proceder à exegese de um texto. Só assim, ao meu ver, pode-se compreender a regra do art. 5º da Lei de Introdução às normas do Direito Brasileiro (LINDB).[15]

De fato, a interpretação teleológica, sempre hábil a elidir as controvérsias mais intrincadas, demonstra de forma iniludível que a finalidade da justiça gratuita é possibilitar o amplo acesso de todos ao Poder Judiciário, prestigiando o direito de petição e de ampla defesa, de forma a impedir que a situação econômica precária do litigante seja óbice à plena defesa de seus legítimos interesses. Nesse passo, importantes os ensinamentos do sempre mestre Washington de Barros Monteiro, que assim prelecionou: "tratando-se, porém, de interpretar leis sociais, preciso será temperar o espírito do jurista, adicionando-lhe certa dose de espírito social, sob pena de sacrificar-se a verdade lógica".[16]

Clóvis Beviláqua, com a maestria que lhe era peculiar, ensinava que "o intérprete, esclarecendo, iluminando, alargando o pensamento da lei, torna-se um fator de evolução jurídica. (...) Para que sua decisão traduza, de fato, o direito imanente às relações sociais, é necessário que o intérprete seja dotado de um critério, de um senso jurídico e de um largo preparo intelectual, não somente nas disciplinas propriamente jurídicas, mas ainda em todas as ciências que se ocupam com o homem e com a sociedade, desde a psicologia até a história, a economia e a sociologia".[17]

Ainda no tocante à interpretação, escudamo-nos nas sábias palavras de Carlos Maximiliano, que, doutrinando sobre questões de hermenêutica, profetizou: "A interpretação deve ser objetiva, desapaixonada, equilibrada, às vezes audaciosa, porém não revolucionária,

15. RODRIGUES, Silvio. Direito civil, v. 1, p. 27.
16. MONTEIRO, Washington de Barros. Curso de direito civil, v. 1, p. 39.
17. BEVILÁQUA, Clovis. Teoria geral do direito civil, p. 43.

aguda, mas sempre atenta respeitadora da lei. (...) Deve o intérprete, acima de tudo, desconfiar de si, pensar bem suas razões pró e contra, e verificar, esmeradamente, se é a verdadeira justiça, ou são ideias preconcebidas que o inclinam neste ou naquele sentido. 'Conhece--te a ti mesmo' – preceituava o filósofo ateniense. Pode-se repetir o conselho, porém completando assim: – 'e desconfia de ti quando for mister compreender e aplicar o Direito'. Mais à frente, na mesma obra, ele alertava: "Desapareceu nas trevas do passado o método lógico, rígido, imobilizador do Direito: tratava todas as questões como se foram problemas de Geometria. O julgador hodierno preocupa-se com o bem e o mal resultantes do seu *veredictum*. Se é certo que o juiz deve buscar o verdadeiro sentido e alcance do texto, todavia este alcance e aquele sentido não podem estar em desacordo com o fim colimado pela legislação – o bem social".[18]

Por último, cabe lembrar a lição do professor paulista Estevão Mallet ao afirmar que "tudo se resume à seguinte ideia tirada de uma analogia do direito com a medicina (e são muito frequentes as semelhanças entre as duas ciências: a lide é uma doença e o juiz atua como médico, curando as doenças, etc.): ao doente pobre ninguém imagina oferecer tão somente a possibilidade de se tratar por si mesmo; cabe, sim, a assistência médica pública e gratuita. Ao litigante pobre, da mesma forma, o que se deve dar é assistência jurídica gratuita e não permitir que, postulando por sua conta em juízo, faça com que se perca seu direito".[19]

2.5. Notas conclusivas

Em verdade o que precisamos é de uma mudança na mentalidade dos operadores do direito, em especial dos magistrados que amiúde dificultam ou denegam a concessão dos benefícios da assistência judiciária gratuita muitas vezes atendo-se a parâmetros estáticos de renda, que nem sempre traduzem a realidade socioeconômica da população brasileira.

---

18. MAXIMILIANO, Carlos. Hermenêutica e aplicação do direito, p. 104 e 157.
19. MALLET, Estevão. Apud Mário Antônio Lobato de Paiva, "A supremacia do advogado face ao jus postulandi", disponível em: <www.angelfire.com/ut/jurisnet/art92.html>. acesso em 06/03/2023.

A nosso sentir o acesso à justiça deveria ser totalmente gratuito, não se justificando o recolhimento de taxas e custas para o ingresso no Judiciário, na exata medida em que sabemos que o conjunto de tributos incidente sobre a população brasileira ultrapassa os 34% da renda nacional, dinheiro esse que seria mais que suficiente, se bem aplicado, para custear não somente a rede pública de saúde, educação, segurança pública, transportes, como também os serviços da justiça.

Assim, o que se espera é que o Judiciário possa dar sua contribuição criando condições para que seus membros revejam a forma pela qual tem sido analisada a concessão de tão nobre benefício. Espera-se que os juízes, como agentes da dinâmica social, postem-se como o homem médio da sociedade e, a partir das máximas de experiência, atuem com sensibilidade e consciência, fugindo do excessivo e cômodo formalismo processual, passando a ver no processo um instrumento de realização dos anseios de cidadania, sem o que não se alcançará a tão almejada justiça.

3. INVERSÃO DO ÔNUS DA PROVA

A inversão do ônus da prova é, sem dúvida nenhuma, uma das maiores inovações contidas na lei consumerista e significa um importante instrumento de facilitação da defesa do consumidor em juízo, isso porque, em muitas situações, o consumidor não tem como fazer a prova de seu direito, seja em razão de seu desconhecimento técnico com relação ao problema que o produto ou serviço tenha apresentado, seja porque os elementos de prova encontram-se em mãos do próprio fornecedor.

Anote-se, por oportuno, que a regra geral da nossa processualística civil é aquela prevista no art. 373 do Código de Processo Civil, pela qual incumbe ao autor o ônus da prova do fato constitutivo de seu direito e ao réu, o ônus da prova quanto à existência de fato impeditivo, modificativo ou extintivo do direito pleiteado pelo autor. Nesse quadro, a inversão do ônus da prova é uma exceção a essa regra geral, devendo ser vista com as devidas cautelas.

Em muitas situações é de todo impossível ao consumidor fazer a prova do seu direito como, por exemplo, em razão de erro médico. Veja-se que nessas circunstâncias o prontuário médico, com todas as prescrições que foram ministradas ao paciente, encontra-se em poder do hospital ou com o médico, sem contar que o paciente, por ser leigo no assunto, não terá maiores meios de formalizar adequadamente sua pretensão de indenização por eventual erro médico. Nesse caso, exigir que o consumidor faça a prova de que houve erro médico é exigir aquilo que se denominou "prova diabólica".[20]

Advirta-se, contudo, que essa inversão não é automática. O legislador condicionou a sua concessão ao preenchimento de algumas condições: a) que o consumidor seja hipossuficiente em relação ao fornecedor, b) que suas alegações sejam verossímeis e c) que ambas as condições sejam apreciadas livremente pelo juiz, segundo as máximas de experiência (art. 6º, VIII). Nessa linha de proceder José Geraldo Brito Filomeno afirma: "Não será em qualquer caso que tal se dará, advertindo o mencionado dispositivo, como se verifica de seu teor, que isso dependerá, a critério do juiz, da verossimilhança da alegação da vítima e segundo as regras ordinárias de experiência".[21]

Ademais, é necessário que o magistrado fundamente e justifique adequadamente a determinação de inversão, decisão essa que poderá ser atacada via agravo de instrumento, com eventual efeito suspensivo.

Assim, conforme assevera o Des. José Marcos Morrone, a "inversão do ônus da prova objetiva permite ao consumidor o exercício da garantia constitucional da ampla defesa, inserta no art. 5º, LV, da Constituição Federal", de sorte que "se a parte for reconhecidamente mais fraca e vulnerável na relação de consumo, legitima-se a inversão do ônus da prova".[22]

3.1. Momento da inversão

Alguns doutrinadores entendem que o momento processual adequado para a decisão sobre a inversão do ônus da prova situa-se entre o pedido inicial e o despacho saneador. Nesse sentido, Rizzatto Nunes afirma que na maior parte dos casos a fase processual posterior à contestação e na qual se prepara a fase instrutória, indo até o saneador, ou neste, será o melhor momento. Não vemos qualquer

20. RIPERT, Georges. O regime democrático e o direito civil moderno, p. 331.
21. FILOMENO, José Geraldo Brito. Código brasileiro de Defesa do Consumidor, p. 86.
22. (TJSP – AI 7.303.947-3, da comarca de Santo André – Rel. Des. José Marcos Morrone – j. 4-3-2009 – disponível no site do Tribunal, acesso em 21-7-2009).

sentido, diante da norma do CDC, que não gera inversão automática (à exceção do art. 38), que o magistrado venha a decidir apenas na sentença a respeito da inversão, como se fosse uma surpresa a ser revelada para as partes".[23]

Entendendo que a inversão pode ocorrer em qualquer momento, desde que cientificada a parte contrária, para evitar surpresa, a Magistrada Vanessa Verdolim Hudson Andrade assim se posicionou: "A cientificação da adoção da inversão pode ser feita no despacho inicial, após a especificação das provas, na audiência de conciliação, no saneador ou em qualquer momento que se fizer necessário, segundo o entendimento do juiz no caso concreto, mas deve haver decisão expressa e fundamentada, mesmo que de modo conciso, para não acarretar surpresa ao fornecedor".[24]

Considerando que o momento oportuno para apreciação e aplicação da inversão do ônus da prova é o da prolação da sentença, Nelson Nery Junior[25] e Kazuo Watanabe[26] defendem que somente após a instrução do feito, no momento da valoração da prova, é que o juiz estaria habilitado a dizer se é o caso, ou não, de inversão do ônus da prova. Fazê-lo antes, assevera ainda o segundo autor, é proceder a um prejulgamento do feito, fato este inadmissível segundo nosso ordenamento jurídico.

A nosso ver, o momento mais adequado para a prolação da decisão que aprecia a inversão do ônus da prova é o do saneador, isso porque é nesse momento que o juiz irá apreciar a regularidade do processo, decidindo questões processuais pendentes; irá fixar os pontos controvertidos, avaliar a necessidade de realização de provas e determinar os meios pelos quais devam elas ser produzidas (CPC, art. 357). Além do mais, em prestígio ao princípio do contraditório e da ampla defesa, é de rigor conceder à parte a quem incumbe provar a oportunidade para sua realização.

---

23. RIZZATTO NUNES, Luiz Antonio. Comentários ao Código de Defesa do Consumidor, p. 126.
24. ANDRADE, Vanessa Verdolim Hudson. Aspectos práticos da inversão do ônus da prova no Código de Proteção e Defesa do Consumidor, Revista do Curso de Direito da Faculdade de Ciências Humanas – FUMEC, v. 3, p. 85, 2002.
25. NERY JUNIOR, Nelson e NERY, Rosa Maria. CPC comentado, p. 696.
26. WATANABE, Kazuo. Código comentado pelos autores do anteprojeto, p. 498-499.

Nesse mesmo sentido, recente decisão do Superior Tribunal de Justiça determina que a inversão do ônus da prova – prevista no artigo 6º, VIII, do Código de Defesa do Consumidor (CDC) – deve ocorrer antes da etapa de instrução do processo; se proferida em momento posterior, deve garantir à parte a quem foi imposto esse ônus a oportunidade de apresentar suas provas, reafirmando assim que a inversão do ônus da prova é regra de instrução, e não de julgamento – cassando acórdão do Tribunal de Justiça de São Paulo (TJSP) em processo no qual a inversão só foi adotada na análise da apelação, quando não havia mais a possibilidade de produção de provas.[27]

3.2. Quem deve arcar com os custos da realização da prova?

Sobre o tema há duas correntes doutrinárias: uma que entende que, apesar da inversão do ônus da prova, o consumidor/autor deve realizar o desembolso necessário à realização das provas periciais, e outra que entende que seria tornar letra morta a inversão do ônus da prova se também não fosse imposto ao fornecedor o ônus de arcar com os custos da sua realização.

Embora a inversão do ônus da prova não esteja necessariamente ligada à hipossuficiência econômica do consumidor, é evidente que, se ocorrer a inversão do ônus da prova mas o consumidor tiver de arcar com os custos da realização da prova (antecipação de despesas periciais, por exemplo), não se terá atingido os fins colimados pela lei em comento, porque, na prática, não estará ocorrendo a preconizada "facilitação da defesa de seus direitos".

A prevalecer esse entendimento, estar-se-ia criando uma incrível contradição: inverter o ônus da prova em favor do autor, mas impor-lhe o ônus econômico da realização dela.[28]

De toda sorte, nossos Tribunais têm entendido que a inversão do ônus da prova não obriga que o fornecedor arque com os custos de sua realização. No entanto, estará abrindo mão da oportunidade de provar que as alegações do autor eram infundadas, porque, se houve

27. (STJ, REsp. nº 1.286.273 – SP (2011/0236096-1), Relator: Ministro Marco Buzzi, j. 08 de junho de 2021).

28. Cf. Rizzatto Nunes, Comentários ao Código de Defesa do Consumidor, p. 127.

a inversão, houve também a presunção de que as alegações eram verossímeis e assim tudo milita em favor do consumidor.[29]

Assim, também, o posicionamento do Desembargador Roque Antonio Mesquita, do Egrégio Tribunal de Justiça de São Paulo, pois entende que, "ocorrendo a inversão, deve ocorrer igualmente a inversão do ônus de pagar os honorários periciais". Esclarece ainda o ilustre magistrado que, tendo havido a inversão com a determinação de realização das provas à custa do fornecedor, evidentemente, se não cumprir com o pagamento, a prova pericial não será realizada e então suportará as consequências processuais de seu ato omissivo.[30]

Conforme já tivemos oportunidade de registrar, o Código de Defesa do Consumidor é para o consumidor o que a Consolidação das Leis do Trabalho é para o trabalhador: ambos são legislações dirigidas a determinado segmento da população visando ofertar uma proteção especial aos mais fracos na relação jurídica, fundamentada no princípio geral da vulnerabilidade, que, em última análise, busca garantir o princípio da isonomia, tratando desigualmente os desiguais na exata medida de suas desigualdades, com o único fito de atingir a tão almejada justiça social.

3.3. Determinação de ofício ou a requerimento da parte

Sendo o juiz o destinatário da prova, a ele compete determinar, a requerimento da parte ou não, a produção das provas necessárias à instrução do processo (CPC, art. 370), donde se depreender, por dedução lógica, que ele pode *ex officio* determinar a inversão do ônus da prova em processo cuja lide verse sobre os direitos do consumidor. Não se olvide que o Código de Defesa do Consumidor é lei de ordem pública e de interesse social, o que reforça, a nosso sentir, a possibilidade da determinação da inversão do ônus probante sem a necessária provocação da parte.

De toda sorte, recomenda o bom senso que o consumidor requeira a inversão do ônus da prova já na petição inicial, de forma a

29. Nesse aspecto ver decisão do Ministro Antonio de Pádua Ribeiro, do STJ (REsp 200.101.938.107 – (402.399/RJ), 3ª T., DJU, 18-4-2005, p. 304).

30. (TJSP, Ap. Cível n. 7.312.652-8 (15.074), 18ª CDPriv., Rel. Des. Roque Mesquita, j. 24-3-2009, disponível no site do TJSP).

instar o magistrado oficiante no feito a se manifestar sobre a questão no momento que entender oportuno.

Registre-se que há três previsões no Código de inversão *ope legis*, isto é, por imposição da lei, nas quais não há lugar para a discricionariedade do juiz, porquanto está ele obrigado a acolher a inversão do ônus da prova, quais sejam: a) a previsão contida no art. 12, § 3º: "O fabricante, o construtor, o produtor ou importador só não será responsabilizado quando provar..."; b) da mesma forma, o contido no art. 14, § 3º: "O fornecedor de serviços só não será responsabilizado quando provar..."; e c) a regra insculpida no art. 38: "O ônus da prova da veracidade e correção da informação ou comunicação publicitária cabe a quem as patrocina".

Advirta-se, por fim, que, determinada a inversão do ônus da prova, a requerimento da parte ou de ofício pelo juiz, o fornecedor não satisfeito com tal medida deverá agravar de instrumento para reverter tal situação, pois, não o fazendo, dar-se-á preclusão sobre a matéria. Da mesma forma se o juiz indeferir o pedido de inversão do ônus probante.[31]

4. RESPONSABILIDADE OBJETIVA

O Código de Defesa do Consumidor adotou como regra a responsabilidade objetiva, quer dizer, independente de culpa.

Para melhor compreensão da importância deste tema vamos fazer um retrospecto histórico.

4.1. Da culpa ao risco – evolução da teoria

A formulação da teoria do risco remonta à França do século XIX, e significou uma verdadeira revolução nos conceitos de responsabilização civil. Foi Raymond Saleilles quem propôs, nos idos de 1897, uma nova teoria para tratar dos problemas decorrentes dos acidentes do trabalho.[32]

31. (STJ, REsp nº 1.802.025 – RJ (2019/0064606-5), Relatora: Ministra Nancy Andrighi, j. 17 de setembro de 2019).

32. Lês accidents du travail et la responsabilité civil – Essai d'une théorie objective de la responsabilité délictuelle, lê risque profissionnel dans lê code civiles in Reformes socieales n. 1/634-667, 1898.

Essa teoria ganhou contornos mais amplos e definidos a partir de Josserand, seu mais entusiasta defensor, que, sintetizando seu alcance, prelecionou: "Por essa concepção nova, quem cria um risco deve, se esse risco vem a verificar-se à custa de outrem, suportar as consequências, abstração feita a qualquer falta cometida. Assim, não é cometer uma falta criar, com autorização dos poderes públicos, um estabelecimento incômodo, insalubre ou perigoso, ruidoso ou pestilencial; entretanto, não é obrigado a indenizar os vizinhos, lesados pelo funcionamento desse estabelecimento, danos e juros? Não é cometer uma falta fazer uma companhia ferroviária transitar seus trens nos trilhos: ela obteve para esse fim uma concessão dos poderes públicos e realiza um serviço público: não obstante, se as trepidações dos trens comprometem a solidez das casas marginais, se o fumo das locomotivas enegrece uma lavanderia estabelecida precedentemente perto da via férrea, se as fagulhas das locomotivas ateiam fogo às florestas e às plantações, não será de toda justiça conceder uma reparação às vítimas desses prejuízos? Qui casse lês verres lês paye; quem cria um risco deve suportar a efetivação dele". E conclui Josserand: "Assim, o ponto de vista objetivo toma o lugar do ponto de vista subjetivo, e o risco toma o lugar da culpa, essa espécie de pecado jurídico".[33]

Como se pode notar, as justificativas para a elaboração dessa teoria prosperaram a partir da constatação de que a teoria subjetiva não mais atendia às necessidades de indenizar as vítimas que sofressem acidentes em razão de certas atividades surgidas a partir da Revolução Industrial. Constatou-se ademais que seria impossível à vítima fazer a prova contra o causador do dano, em face de determinadas relações, até pela impessoalidade da relação que se estabelecia na chamada vida moderna. Inicialmente, a teoria foi desenvolvida a partir dos problemas decorrentes dos acidentes de trabalho e da dificuldade de provar a culpa do empregador, teoria essa chamada de risco profissional, pela qual o ofendido, para ver nascer seu direito à indenização, apenas precisava provar a ocorrência do dano e a relação deste com a atividade profissional desenvolvida.

A teoria do risco se justifica plenamente, porquanto a ordem jurídica não pode conformar-se com a injusta situação daquele que, tendo sofrido um dano, em razão de atividade previsivelmente perigosa ou

33. JOSSERAND, Louis. Evolução da responsabilidade civil, RF, 86/556-557.

lesiva, fique na miséria em face de sua impossibilidade de fazer a prova contra o agente responsável pela atividade que, em última análise, foi a causadora da lesão. Conforme assevera o mestre Alvino Lima: "os perigos advindos dos novos inventos, fontes inexauríveis de uma multiplicidade alarmante de acidentes, agravados pela crescente impossibilidade, tanta vez, de se provar a causa do sinistro e a culpa do autor do ato ilícito, forçaram as portas, consideradas, até então, sagradas e inexpugnáveis da teoria da culpa, no sentido de se materializar a responsabilidade, numa demonstração eloquente e real de que o Direito é, antes de tudo, uma ciência nascida da vida e feita para disciplinar a própria vida".[34]

Assim, a teoria do risco foi desenvolvida a partir da constatação de que a responsabilidade fundada na culpa se mostrava insuficiente para que o lesado obtivesse a plena satisfação de seus prejuízos. Com Josserand, alargou-se a aplicação da teoria do risco profissional para contemplar as atividades ditas perigosas e também as atividades de massas, de tal sorte que as atividades de transportes, de exploração de minas, de produção de gás, dentre outras, passaram a ser enquadradas na teoria do risco da atividade, pela qual não se perquire se o detentor da atividade agiu com culpa ou dolo, bastando que seja provado o nexo causal entre a atividade e o dano causado. Nessas situações, a obrigação de reparar o dano surge tão somente do simples exercício da atividade, que, em vindo a causar danos a terceiros, fará surgir, para o agente que detenha o controle da atividade, o dever de indenizar.

Dessa forma, constatado que determinadas atividades geridas pelo homem oferecem uma probabilidade de riscos a terceiros, podendo vir a representar um perigo de dano, justifica-se que no campo da responsabilidade civil lhes seja dado um tratamento jurídico diferenciado. Aqueles que desenvolvem quaisquer tipos de atividades potencialmente perigosas, ou mesmo atividades que não sendo perigosas possam oferecer risco de dano aos usuários, devem acautelar-se para que a atividade não venha a causar danos a outrem, porquanto, se ocorrentes, não poderão escusar-se do dever indenizatório argumentando simplesmente a inexistência de culpa, pois, conforme tese esposada acima, sua responsabilidade será objetiva.

É preciso destacar que, no Brasil, a revolução dos conceitos sobre responsabilidade civil e a aceitação da teoria do risco ocorreram

34. LIMA, Alvino. Culpa e risco, p. 16.

durante o desenrolar do século XX, iniciando-se com a histórica Lei das Estradas de Ferro (Dec. nº 2.681, de 7-12-1912), que regulou a responsabilidade das estradas de ferro com relação ao transporte de pessoas e de coisas, bem como pelos danos decorrentes da atividade. Continuou com a legislação voltada para a proteção dos trabalhadores, notadamente a Lei de Acidentes do Trabalho (Dec. nº 3.724, de 15-1-1919), e a própria Consolidação das Leis do Trabalho - CLT (Dec.-Lei nº 5.452, de 1º-5-1943). A evolução continuou e, em 1981, foi editada a Lei nº 6.938 para disciplinar a política nacional do meio ambiente, que também contemplou a responsabilidade sem culpa.

Nessa linha de proceder, a Constituição Federal de 1988 estabeleceu, dentre outras, que a responsabilidade do Estado e dos prestadores de serviços públicos tem como fundamento a teoria do risco administrativo (art. 37, § 6º). Aliás, foi em decorrência da própria Constituição que o legislador ordinário editou o Código de Defesa do Consumidor, o qual, ao determinar que a responsabilidade do fornecedor, pelo fato do produto ou do serviço, prescinde do elemento culpa, adotou a teoria objetiva, fundada no risco da atividade, para responsabilizar o fornecedor (Lei nº 8.078/90, arts. 12 e 14). Finalmente, o Código Civil de 2002, que, em sintonia com a modernidade, adotou, mesmo que parcialmente, a teoria do risco como um dos fundamentos da responsabilidade civil (Lei nº 10.406/2002, arts. 927, parágrafo único, e 931).

4.2. Do risco da atividade como fundamento da responsabilidade objetiva

O nosso Código de Defesa do Consumidor adotou, como regra, a teoria do risco da atividade, em que a responsabilidade do fornecedor pelo fato do produto ou do serviço é objetiva, ainda que mitigada em razão da possibilidade de o fornecedor isentar-se do dever de indenizar se provar a ocorrência de uma das excludentes expressamente previstas: a não colocação do produto ou serviço no mercado; que, mesmo tendo colocado o produto no mercado, o defeito inexiste; e, por fim, a culpa exclusiva da vítima ou de terceiro (arts. 12, § 3º, e 14, § 3º).[35]

Em face do Código de Defesa do Consumidor ter adotado a responsabilidade objetiva como regra, o consumidor apenas necessita

35. Sobre as excludentes de responsabilidade, remetemos o leitor ao Capítulo 2, item 5.

provar a ocorrência do dano e o nexo causal ligando o dano ao produto ou serviço, para fazer nascer o dever indenizatório, que, nesse caso, recairá no detentor da atividade regularmente desenvolvida. Assim, fica dispensada a realização da prova da conduta culposa do fornecedor de produtos ou serviços pelos acidentes causados, pouco importando a figura do dolo ou da culpa em suas modalidades tradicionais (negligência, imprudência ou imperícia).

A superação do princípio indenizatório fundado na culpa é, sem dúvida nenhuma, um dos maiores instrumentos de facilitação da defesa dos direitos do consumidor em juízo, tendo em vista que, no passado recente, muitas situações danosas ficavam indenes pela impossibilidade de comprovação da culpa ou dolo do detentor da atividade.

Rememore-se que a responsabilidade do profissional liberal, por exceção, será apurada mediante a aferição da culpa ou dolo na conduta lesionadora (art. 14, § 4º).

5. SOLIDARIEDADE ENTRE OS FORNECEDORES

Quando a lei consumerista consigna que, havendo mais de um autor da ofensa todos responderão solidariamente pela reparação do dano (art. 7º, parágrafo único), evidencia um dos aspectos mais relevantes, em termos de responsabilidade civil, pois amplia substancialmente a possibilidade de efetiva prevenção e reparação de danos, tendo em vista que a lei faculta ao consumidor lesado a opção de demandar contra qualquer um dos participantes da cadeia de produção/distribuição do produto ou serviço causador do dano.[36]

Tendo em vista o permissivo legal, o consumidor pode escolher a quem demandar: pode propor a ação contra o fornecedor imediato, contra o fornecedor mediato ou, em última análise, contra todos os que, de alguma forma, participaram da cadeia de produção e distribuição do produto no mercado de consumo, quando então formar-se-á um litisconsórcio passivo facultativo (CPC, art. 113).

Se o consumidor optar por acionar somente um dos participantes da cadeia, no caso de procedência da ação e não sendo este o res-

36. Essa regra vem reafirmada no art. 25, §§ 1º e 2º, do CDC.

ponsável pelo dano suportado pelo consumidor, caber-lhe-á, depois de indenizar o consumidor, voltar-se contra o eventual responsável pela causação do dano, em ação de regresso, em processo autônomo ou nos mesmos autos (inteligência do art. 88 da Lei n. 8.078/90).

5.1. Responsabilidade pelo fato de produto e por vício de produto e serviço

Quando se trata de acidente de consumo por falhas no fornecimento de produto, a regra da solidariedade geral comporta uma exceção expressamente prevista na lei consumerista, que informa ser o comerciante responsável somente quando não se puder identificar o fabricante, o construtor, o produtor ou o importador do produto, ou nas situações em que o dano for causado por produtos perecíveis não adequadamente conservados (art. 13, I a III, da Lei n. 8.078/90). Isto é, a responsabilidade do comerciante é subsidiária, porquanto os responsáveis principais são aqueles elencados no artigo anterior, quais sejam: o fabricante, o produtor, o construtor e o importador (art. 12).

Já quando trata dos vícios de produtos (arts. 18 e 19) e dos vícios de serviços (art. 20), o Código de Defesa do Consumidor refere-se a fornecedores de forma genérica, significando dizer que há solidariedade entre todos os participantes do processo de fabricação/distribuição do produto, incluindo-se o comerciante, já que a lei não faz nenhuma distinção.

Como diz Zelmo Denari, "no polo passivo desta relação de responsabilidade se encontram todas as espécies de fornecedores, coobrigados e solidariamente responsáveis pelo ressarcimento dos vícios de qualidade ou quantidade eventualmente apurados no fornecimento de produtos ou serviços", de tal sorte que "o consumidor poderá, à sua escolha, exercitar sua pretensão contra todos os fornecedores ou contra alguns, se não quiser dirigi-la apenas contra um".[37]

Tanto é verdade que no art. 25 da lei em comento, além de tratar da proibição de cláusula exonerativa de responsabilidade (no *caput*), o legislador procurou reafirmar a solidariedade passiva entre todos os responsáveis pela causação do dano (§ 1º), e tratou, também, de disciplinar a solidariedade dos responsáveis por dano causado por

37. DENARI, Zelmo. Código brasileiro de Defesa do Consumidor, p. 131.

componente ou peça incorporada ao produto ou serviço (§ 2º), significando dizer que o consumidor poderá acionar todos os participantes, incluso o fabricante da peça defeituosa incorporada ao produto, se foi ela que deu causa ao dano.

5.2. Responsabilidade do fornecedor pelos atos de seus prepostos

Temos finalmente a norma insculpida no art. 34 da lei em referência, que trata da responsabilidade do fornecedor pelos atos de seus prepostos ou representantes autônomos. "Se o representante autônomo veicular, a consumidor, informação que configure oferta, esta obrigará o fornecedor do produto ou do serviço, como se ele próprio tivesse veiculado a oferta, podendo o consumidor exigir seu cumprimento de um, ou de outro".[38]

O preposto a que se refere o dispositivo *sub oculum* é qualquer pessoa física que se apresente como representante da empresa, seja diretor, seja gerente ou mesmo um vendedor. Quanto ao representante comercial, este poderá ser pessoa física ou jurídica que, mesmo não mantendo relação empregatícia com o fornecedor, desempenhe atividades de mediação para realização de negócios no interesse do fornecedor.

Esse dispositivo inibe que o fornecedor utilize o argumento de ausência de responsabilidade pelo que possa ter sido veiculado por seus vendedores ou representantes, de tal sorte que o consumidor eventualmente lesado poderá acioná-lo e responsabilizá-lo pelo comportamento irresponsável daquele que se diz representá-lo.

5.3. Teoria da aparência e o Código de Defesa do Consumidor

Aspecto importante quanto ao tema em tela é que, com base na boa-fé e na necessidade de segurança no convívio social, a doutrina desenvolveu a teoria da aparência, que, a nosso sentir, agora se encontra prestigiada pelo Código de Defesa do Consumidor no já comentado art. 28 e, especialmente, no art. 34. A importância do tema se sobressai no mundo atual em razão das inter-relações negociais,

38. ALVIM, Arruda. Código do Consumidor comentado, p. 84.

em que as ações se desenvolvem através de prepostos, representantes, empresas coligadas e, em muitos casos, por empresas terceirizadas.

O direito das obrigações empresta validade à teoria da aparência com o objetivo de prestigiar quem, de boa-fé, contrai negócio jurídico com pessoa que externa aparência de dono, de tal sorte a proteger a aquisição realizada contra terceiros. Isso é até natural. O cliente que visita um estabelecimento comercial, por exemplo, ao ser atendido por um vendedor, é levado a acreditar, pela aparência, que está tratando com o preposto do dono do negócio, o qual, portanto, está autorizado, inclusive, a receber o valor da compra, emitir pedido, passar recibo e determinar outras providências. Ninguém questiona se o vendedor é efetivamente empregado do dono do negócio. Acredita-se, simplesmente. Da mesma forma, acredita-se que o caixa do banco está autorizado a receber o valor do depósito, assim como o casal que chega a um hotel faz presumir serem, de fato ou legalmente, casados. E diversas outras presunções e inferências podem demonstrar a aparência daquilo que deveria ser. Assim, cabe ao direito validar tal aparência, para segurança e desembaraço dos negócios e obrigações constituídos.[39]

Ademais, em muitas situações o consumidor, ao adquirir um produto ou serviço, acaba sendo levado a firmar diversos outros contratos em razão daquele produto/serviço inicialmente adquirido. Tomemos como exemplo a compra de um automóvel zero-quilômetro numa concessionária autorizada: o consumidor firma um contrato de compra e venda com a concessionária para aquisição do veículo; se for financiar parte do valor do veículo, assinará contrato de financiamento com a própria concessionária, que intermediará a aprovação do financiamento em uma instituição financeira; contratará os serviços de despachante para licenciar o veículo, através da própria concessionária, de tal sorte que quando retirar o veículo este já virá emplacado; contratará seguro para o veículo recém-adquirido, assinando contrato de seguro, que também contará com a intermediação da mesma concessionária; adquirirá um aparelho de som e contratará a sua instalação de outra empresa que mantém um stand dentro da própria concessionária, e lá mesmo será providenciada a instalação. Veja-se: no exemplo acima, o consumidor, ao adquirir um veículo,

39. VELOSO, Waldir de Pinho. Teoria da aparência, Juris Síntese, n. 53, maio/jun. 2005.

firmou diversos contratos. Todos em função do veículo adquirido. Todos com a própria concessionária, que, nesse caso, cumpriu o papel de preposto dessas diversas empresas envolvidas, de maneira que, se houver falha na prestação desses serviços ou mesmo nos produtos negociados, o consumidor poderá acionar diretamente a concessionária, em face da teoria da aparência.

Pela teoria da aparência acolhem-se, como aparentes, situações de fato nas quais se torna necessária a proteção de terceiro, porque se apresentam objetivamente capazes de suscitar engano em qualquer pessoa. É a típica situação dos bancos que oferecem diversos produtos e serviços em suas agências, sendo alguns deles produtos ou serviços prestados por empresas coligadas, ou mesmo por empresas não coligadas. Exemplo disso é o contrato de seguro de vida em grupo que, em muitos casos, é oferecido e contratado no interior da agência bancária, com intermediação direta de funcionários do próprio banco. Nesses casos, nossos Tribunais têm decidido que o banco é parte legítima para responder à ação em que é cobrado o cumprimento de contrato de seguro de vida, em face da teoria da aparência.[40] Da mesma forma tratando-se de arrendamento mercantil (*leasing*).[41]

O mesmo acontece com as seguradoras em geral. Ninguém contrata seguro de vida, de casa, de carro, ou outros, diretamente com a seguradora. Normalmente o faz através de um representante; logo, quem contrata identifica-se e age como seguradora, aparenta ser seguradora, recebe o pagamento dos prêmios, zela para que o segurado não fique inadimplente, de tal sorte que, na eventualidade de sinistro, não poderá a seguradora esquivar-se das obrigações avençadas, em face dos princípios da boa-fé, do equilíbrio contratual, da responsabilidade solidária e da teoria da aparência.[42]

Advirta-se, por fim, que a boa-fé do consumidor é pressuposto básico para o acolhimento da teoria da aparência. É a boa-fé que o faz acreditar e confiar numa situação aparente geradora da obrigação.

---

40. (TJBA, AC 54417-6/00, 3ª C. Cív., Rel. Des. Lucy Moreira, j. 24-9-2003, e, dentre outros, TJMS, AC 2003.007740-5/0000-00 – Campo Grande – 3ª T. Cív., Rel. Des. Hamilton Carli, j. 10-11-2003).
41. (TJDF, AC 20000110818963/DF, 1ª T. Cív., Rel. Des. Valter Xavier, DJU, 10-12– 2003, p. 21).
42. (TJDF, AI 20050020079921, 3ª T. Cív., Rel. Des. Nidia Correa Lima, DJU, 6-12– 2005, p. 137).

Nessas circunstâncias, não pode o contratante de boa-fé ser prejudicado por um estado de fato que não corresponda à situação jurídica.

Assim, sempre que o consumidor não disponha de elementos para identificar o efetivo causador do dano, poderá acionar qualquer dos participantes da cadeia de distribuição do produto, mesmo aquele que tenha interagido tão somente como intermediário ou representante, situação possível tomando-se como base os princípios da boa-fé e da solidariedade insculpidos no Código de Defesa do Consumidor e na teoria da aparência.

6. GARANTIA LEGAL E CONTRATUAL

A garantia legal estabelecida no Código de Defesa do Consumidor prevê que para os produtos e serviços não duráveis esse prazo será de 30 (trinta) dias, e quando se tratar de produtos ou serviços duráveis, o prazo passa a ser de 90 (noventa) dias. Tais prazos não estão expressos, porém uma leitura combinada dos arts. 24 e 26 da Lei nº 8.078/90 permite-nos chegar a essa conclusão. Significa dizer que, quando o fornecedor entrega o termo de garantia informando que o produto (durável, por exemplo) é garantido pelo prazo de um ano, a esse prazo deverá ser adicionado o prazo de garantia legal de três meses, de forma que o produto estará garantido pelo período de um ano e três meses.

A lei consumerista explicita, claramente, que a garantia contratual é complementar à legal e será conferida mediante termo escrito (art. 50), de tal sorte a afirmar que essa garantia nunca poderá ser excluída, mesmo a pretexto de que o fornecedor estaria fornecendo outro tipo de garantia. Se o fornecedor ofertar garantia convencional, estará oferecendo um plus ao consumidor, que terá direito à garantia legal somada à garantia contratual.[43]

Esclareça-se, por oportuno, que produtos não duráveis são aqueles consumidos com uma única utilização ou que vão sendo consumidos com as utilizações sucessivas. Já os produtos duráveis são aqueles que têm uma vida útil mais duradoura, ou seja, cuja utilização, mesmo que continuada, não deteriora suas qualidades, características e utilização.

43. Ver Nelson Nery Junior, Código brasileiro de Defesa do Consumidor, p. 335.

Há um dever a ser cumprido pelo fornecedor de produtos ou serviços que implica a obrigação de somente "colocar no mercado de consumo produtos ou serviços de boa qualidade, vale dizer, sem vícios ou defeitos que os tornem impróprios ao uso e consumo ou lhes diminuam o valor".[44]

Nesse norte é importante esclarecer o que se entente por defeito e vício. Assim, o produto é defeituoso quando não oferecer a segurança que legitimamente dele se espera no que diz respeito à sua apresentação, uso e à época em que foi colocado no mercado de consumo (art. 12, § 1º, I a II). Será considerado viciado o produto que apresente vícios referentes à qualidade e à quantidade e também aqueles decorrentes de informações díspares que os tornem impróprios ou inadequados ao consumo a que se destinam e, mais importante, que lhes diminuam o valor (art. 18, *caput*). Temos, portanto, que defeituoso será o produto ou serviço que, de alguma maneira, possa oferecer perigo à incolumidade físico-psíquica do consumidor ou do utente (*bystander*). De outro lado, será viciado o produto ou serviço que oferecer riscos de causar um dano exclusivamente material, isto é, econômico, ao consumidor adquirente em face da frustração quanto à expectativa de uso, com relação à qualidade, à quantidade ou à diminuição de seu valor.

Quando o Código de Defesa do Consumidor estabelece que a garantia legal independe de termo expresso (art. 24), quer dizer que, independentemente de o fornecedor entregar ou não o certificado de garantia, o consumidor tem a proteção legal da garantia pelo prazo mínimo assegurado pela legislação. Tanto é assim que nossos Tribunais têm decidido que a garantia, quando oferecida pelo fornecedor, soma-se à garantia legal, isto é, ela é complementar, em perfeita consonância com o prescrito na legislação consumerista (Lei nº 8.078/90, arts. 4º, II, d, 8º a 24 e 50). Nesse sentido o posicionamento do ilustre Magistrado Antonio Rigolin, nos seguintes termos: "Na compra e venda de veículo automotor, a abertura da contagem do prazo decadencial para que o consumidor reclame de eventuais defeitos de fabricação só pode ser feita a partir do vencimento do período de garantia contratual de um ano dado pelo fabricante, nos termos do art. 50 da Lei 8.078/90".[45]

44. Ver Zelmo Denari, Código brasileiro de Defesa do Consumidor, p. 144.

45. (1º TACSP, Ap. 774.309-9, 3ª C., Rel. Juiz Antonio Rigolin, j. 11-8-1998).

7. DESCONSIDERAÇÃO DA PERSONALIDADE JURÍDICA

A teoria da desconsideração da personalidade jurídica, também chamada de *disregard doctrine*, surgiu no direito americano com o intuito de obstar a fraude e o abuso de direito, e como construção doutrinária passou a existir entre nós após a segunda metade do século passado.[46]

Tal doutrina foi recepcionada pelo Código de Defesa do Consumidor (art. 28), e significa um poderoso instrumento posto à disposição do consumidor para garantir-lhe o ressarcimento dos danos sofridos, permitindo que se possam acessar os bens patrimoniais dos administradores, sempre que a personalidade jurídica da empresa for obstáculo ao ressarcimento dos prejuízos sofridos pelo consumidor.

O Código de Defesa do Consumidor, em matéria civil, foi o primeiro texto de lei no Brasil a contemplar a hipótese de desconsideração da personalidade jurídica. Depois, outras duas leis esparsas também contemplaram tal possibilidade: a Lei nº 8.884/94, que dispõe sobre a prevenção e a repressão às infrações contra a ordem econômica, e a Lei nº 9.605/98, que disciplina a responsabilidade por lesões ao meio ambiente. Mais recentemente, o novo Código Civil, também de maneira expressa, acolheu, ainda que genericamente, a teoria da desconsideração da personalidade jurídica (art. 50 da Lei n º 10.406/2002).[47]

Rememore-se que a pessoa jurídica tem personalidade própria que não se confunde com a de seus sócios. Significa dizer que, num primeiro momento, somente o patrimônio da pessoa jurídica responde pelas obrigações que forem assumidas em seu nome. Assim, se o patrimônio da empresa for insuficiente para ressarcir os danos causados, ou se o seu patrimônio já estiver comprometido com outras obrigações, haverá o risco de que o lesado se depare com a impossibilidade de ressarcimento em razão da inexistência de bens disponíveis para honrar a obrigação assumida.

---

46. Fábio Ulhoa Coelho, na sua obra "O empresário e os direitos do consumidor" (p. 214), informa que foi Rubens Requião, ao final da década de 1960, quem teria abordado pela primeira vez o tema no Brasil.

47. O Código Tributário Nacional (Lei nº 5.172/66), em seu art. 135, já contemplava a hipótese da desconsideração, porém limitada aos casos que envolvessem excesso de poderes, infração de lei ou do contrato social. Também na Lei das S.A. (Lei nº 6.404/76), que em seu art. 158 responsabilizava o administrador por culpa, dolo ou violação de lei ou do estatuto.

Dessa forma, a lei faculta ao juiz, segundo o seu prudente arbítrio, examinar e aferir se estão presentes alguns dos pressupostos ditados pela norma consumerista, para então decretar a desconsideração, em face do caso concreto, para que assim se possa atingir o patrimônio dos sócios ou administradores. Logo, é preciso que esteja presente, pelo menos, um dos elementos ensejadores, quais sejam: a) abuso de direito, b) excesso de poder, c) infração da lei, d) fato ou ato ilícito, e) violação dos estatutos e contrato social, f) falência ou estado de insolvência e, finalmente, g) encerramento ou inatividade da pessoa jurídica provocados por má administração.[48] Estando presente um desses elementos, entendemos que aquela faculdade outorgada ao juiz passa a ser um dever, principalmente se o consumidor tiver realizado a prova do prejuízo in concreto e demonstrado uma daquelas circunstâncias elencadas pela legislação consumerista.[49]

Advirta-se por oportuno que desconsiderar a personalidade jurídica não é considerar ou declarar nula a personalidade da empresa. Neste aspecto destaca a Ministra Nanci Andrighi que "um dos pontos positivos do uso da desconsideração é a sua efemeridade, porque permite sem desconstituir, sem dissolver, tampouco liquidar a pessoa jurídica, após identificado o fim ilícito do ato de seus sócios, ou, ainda, quando a vontade pessoal do sócio vier a substituir a da sociedade, a normal continuidade das atividades da pessoa jurídica". E conclui a renomada magistrada, "a desconsideração da personalidade nada mais é do que uma forma especial de reação do ordenamento jurídico ao mau uso da pessoa jurídica, que visa coibir a prática de fraude ou

---

48. Quer-nos parecer que a legislação brasileira adotou como norma, para desconsiderar a personalidade jurídica da sociedade empresária, aquilo que Fábio Ulhoa Coelho chama de "Teoria maior da desconsideração da personalidade jurídica". Segundo o autor, pela "Teoria maior" seria exigida a demonstração de gestão fraudulenta ou abusiva por parte dos sócios ou gerentes para que se caracterizasse a necessidade da desconsideração. Referido autor considera que essa teoria é mais consistente e dotada de maior abstração, o que daria maior segurança aos empreendedores em geral. O autor identifica ainda uma segunda vertente, que chamou de "Teoria menor", pela qual não se exigiriam maiores perquirições, bastando tão somente a demonstração de que o patrimônio da empresa aparenta ser insuficiente para adimplir a execução. Quer dizer, esta segunda teoria contenta-se com a demonstração de inexistência de bens da sociedade capaz e suficiente de honrar o crédito eventualmente pleiteado, de tal sorte a depreender que a fraude ou o abuso de direito são presumidos (Fábio Ulhoa Coelho, Curso de direito comercial, p. 35-46).
49. Assim também Rizzatto Nunes, Comentários ao Código de Defesa do Consumidor, p. 353, e Eduardo Gabriel Saad, Comentários ao Código de Defesa do Consumidor, p. 332.

abuso através da personalidade jurídica, mas sem anular ou tornar nula a personificação existente, produzindo, apenas, a passageira ineficácia desta ficção legal, para permitir o levantamento do véu que a encobre: *lifting the corporate veil*".[50]

Nesse sentido, cabe observar que o Superior Tribunal de Justiça editou a Súmula 435, de seguinte teor: "Presume-se dissolvida irregularmente a empresa que deixar de funcionar no seu domicílio fiscal, sem comunicação aos órgãos competentes, legitimando o redirecionamento da execução fiscal para o sócio-gerente". Cabe observar que, embora a súmula refira-se às execuções fiscais, entendemos ser aplicável, por analogia, às relações de consumo de sorte que, se o consumidor comprovar que determinada empresa não se encontra no endereço onde consta oficialmente sua sede, a desconsideração deverá ocorrer automaticamente, redirecionando-se a demanda para os sócios.

8. PROIBIÇÃO DE DENUNCIAÇÃO À LIDE

A proibição de denunciação à lide foi prevista no Código de Defesa do Consumidor apenas para os casos em que o comerciante tenha arcado com o ônus indenizatório, sendo-lhe permitido intentar ação de regresso nos próprios autos ou em autos apartados, de tal sorte a poder voltar-se contra os demais responsáveis pelo evento danoso indenizado (art. 88 c/c o art. 13).

Tal inserção se deu como forma de prestigiar a celeridade processual e evitar que a tutela jurídica dos consumidores pudesse ser retardada diante da dedução da lide incidental com a invocação de uma nova causa de pedir.[51] É evidente que se a denunciação fosse aceita ela, por si só, agiria como um elemento retardador do curso regular do processo, porquanto instaurar-se-ia uma lide paralela por meio da qual se iria apurar a culpa do denunciado pelos danos causados ao consumidor. Assim, andou bem o legislador ao determinar a vedação do instituto da denunciação à lide.

Embora a proibição de denunciação da lide se refira, de forma expressa, à hipótese do art. 13, nossos Tribunais têm estendido a

---

50. ANDRIGHI, Fátima Nancy. A desconsideração da personalidade jurídica no Código de Defesa do Consumidor e no novo Código Civil: convergências e assimetrias, disponível em: <http://bdjur.stj.gov.br/dspace/handle/2011/11484>. Acesso em: 6-8-2009.

51. Cf. Kazuo Watanabe, Código brasileiro de Defesa do Consumidor, p. 534.

aplicação dessa norma a todos os casos em que o consumidor tenha ingressado em juízo visando ressarcimento de dano. Tanto é assim que o Superior Tribunal de Justiça entende que "a vedação à denunciação da lide nas relações de consumo refere-se tanto à responsabilidade pelo fato do serviço quanto pelo fato do produto".[52] Em outra oportunidade, tratando de pacote de turismo, aquela E. Corte decidiu que, inexistindo "qualquer avença devidamente instrumentalizada entre os denunciantes e denunciada", não se admite a denunciação à lide, até porque a responsabilidade pela não entrega dos ingressos, sendo de terceira empresa, deverá ser apurada em sede própria, já que assegurado o direito de regresso.[53]

Contudo é importante consignar que o Superior Tribunal de Justiça faz uma exceção quando se trata de ação que visa indenização por dano moral em face de erro médico, quando a ação tenha sido proposta somente contra a clínica ou hospital. Quer dizer em circunstâncias específicas como aquelas na qual se imputa ao hospital a responsabilidade objetiva por suposto ato culposo dos médicos a ele vinculados, deve ser admitida, excepcionalmente, a denunciação da lide, sobretudo com o intuito de assegurar o resultado prático da demanda e evitar a indesejável situação de haver decisões contraditórias a respeito do mesmo fato.[54]

Assim, tratando-se de ação de reparação de danos com base no Código de Defesa do Consumidor, há de se ampliar a aplicação do preceito contido no art. 88, com o objetivo precípuo de possibilitar uma prestação jurisdicional ao consumidor mais rápida, impedindo que novas questões jurídicas sejam levadas ao processo, o que, a toda evidência, acabaria por tumultuar o regular andamento do feito.

9. DO CHAMAMENTO AO PROCESSO

Conforme expressa previsão contida no art. 101, inc. II, do Código de Defesa do Consumidor, na ação de responsabilidade civil

52. (STJ, AgRg no AREsp n. 472.875/RJ, Relator Ministro João Otávio de Noronha, Terceira Turma, julgado em 3/12/2015, DJe 10/12/2015).
53. (STJ, REsp 299.108/RJ, 3ª Turma, Rel. p/acórdão Min. Cesar Asfor Rocha, DJU, 8-10-2001).
54. (STJ – REsp: 1832371 MG 2019/0239132-8, Relator: Ministra Nancy Andrighi, Data de Julgamento: 22/06/2021, T3 – Terceira Turma, Data de Publicação: DJe 01/07/2021).

movida pelo consumidor contra o fornecedor de produtos e serviços, se o réu houvera contratado seguro de responsabilidade civil poderá chamar ao processo o segurador.

O fornecedor demandado poderá convocar ao processo o seu segurador, mas não para o exercício da ação incidente de garantia, que constitui a denunciação da lide, e sim para ampliar a legitimação passiva em favor do consumidor, o que se dá através do instituto do chamamento ao processo, disciplinado no Código de Processo Civil nos seus arts. 130/132.[55] Quer dizer, chamada a seguradora ao processo, a mesma irá ocupar a posição de devedor solidário, no limite do seguro, contra a qual se poderá então ser diretamente proferida sentença condenatória.

Cumpre observar que esse permissivo inserido no CDC, embora seja denominado de "chamamento ao processo" é uma típica denunciação da lide. Entendemos que o legislador fez inserir esse permissivo com a finalidade de ampliar as possibilidades de o consumidor ter chances de maior sucesso no recebimento dos valores indenizatórios, na eventualidade de ser bem sucedida a sua demanda, isto porque, a inclusão da seguradora no polo passivo da ação fará com que ela responda pela cobertura securitária, independente de ação regressiva.

Importa ainda destacar que, independentemente da nomenclatura atribuída ao instituto ora em comento, o que importa destacar é que esse permissivo acaba por funcionar como um reforço de garantia para o consumidor e um benefício para o fornecedor, uma vez que permite a este integrar desde logo o segurador ao polo passivo, sem a necessidade de, em caso de procedência da ação, ter de interpor nova ação para obter o direito que lhe assiste, em razão do contrato de seguro de que é parte.[56]

10. FORO PRIVILEGIADO PARA O CONSUMIDOR

Nas ações de responsabilidade civil propostas contra os fornecedores de produtos ou serviços, o consumidor tem à sua disposição a opção de propô-las no foro de seu domicílio (art. 101, I), regra essa

55. WATANABE, Kazuo. Código de Defesa do Consumidor Comentado pelos Autores do Anteprojeto, p. 899

56. MARQUES, Cláudia Lima. Comentários ao CDC, p. 1113.

extremamente benéfica ao consumidor, que segue a orientação fixada pelo Código de facilitação de seu acesso ao Judiciário (art. 6º, VII).

Atente-se para o seguinte fato: essa regra é opcional; a escolha é do consumidor. Nada obsta, portanto, que o autor abra mão de sua prerrogativa e proponha a ação no foro do domicílio do réu, utilizando-se da regra geral inserida do Código de Processo Civil (art. 46) ou das regras de competência determinadas pelo local do cumprimento da obrigação (art. 53, IV, d), ou ainda, no local do ato ou do fato para a ação de reparação de dano sofrido em acidente de veículos (art. 53, V).

Advirta-se, por derradeiro, que o instituto beneficia o consumidor individualmente considerado, mas também pode ser aplicado às "ações coletivas referidas nos incisos I e II do parágrafo único do art. 81, quais sejam a de interesse ou direitos coletivos, que são os transindividuais de natureza indivisível de que seja titular grupo, categoria ou classe de pessoas ligadas entre si ou com a parte contrária por uma relação jurídica de base, e a de interesse ou direitos individuais homogêneos, assim entendidos os decorrentes de origem comum".[57]

11. PRESCRIÇÃO E DECADÊNCIA

Com relação à prescrição e à decadência, o Código de Defesa do Consumidor estabeleceu regras próprias, de maneira simples, porém objetiva. Pela sistemática que o Código adotou, a prescrição se circunscreve aos acidentes de consumo (arts. 12 a 14), enquanto a decadência se aplica aos casos de vícios de produtos (arts. 18 a 22). Assim, toda vez que se estiver diante de uma indenização decorrente de acidente de consumo, utilizar-se-á da prescrição insculpida no art. 27. Se, de outro lado, o problema for de vício de produto, aplica-se a regra da decadência inserta no art. 26.

Distinguir prescrição de decadência é algo, no mais das vezes, tormentoso, porquanto institutos assemelhados, mas de resultados práticos diversos. Para não fugir à regra, tentaremos de maneira sucinta esclarecer ambos os conceitos. Poderíamos dizer que prescrição é a causa de extinção temporal da pretensão de ver condenado o violador

57. GRECO FILHO, Vicente. Comentários ao Código de Proteção do Consumidor, p. 352.

de um direito à sua justa reparação; já a decadência é a extinção de um direito não reclamado no prazo assinalado. Assim, a prescrição fulmina o direito de ação em dada situação regulamentada, nada impedindo que se exerça o mesmo direito por outro modo assegurado na legislação, enquanto a decadência fulmina de morte o próprio direito, impedindo que o seu detentor possa formular pedido com base nesse direito extinto.

11.1. Prescrição

O Código de Defesa do Consumidor estabelece que prescreve em cinco anos a pretensão à reparação pelos danos causados por acidente no fornecimento de produtos ou serviço, esclarecendo que os prazos se iniciam a partir do conhecimento do dano e de sua autoria (art. 27).

Veja-se que o Código conjuga dois fatores: a) o conhecimento do dano e b) o conhecimento da autoria. Contudo, há outro elemento que deve ser reconhecido anteriormente: que este dano tenha sido causado por um defeito no produto ou serviço ofertado ao consumidor.

Explica-se com facilidade o fato de a norma estabelecer as duas condições. É perfeitamente possível acontecer de o consumidor sofrer um dano e não conseguir de imediato identificar o responsável pela atividade ou pelo produto. Nessa situação, não haveria lógica para que o prazo prescricional estivesse a correr, porquanto isso poderia ser extremamente prejudicial ao consumidor. Somente depois do conhecimento do responsável pelo serviço ou produto causador do dano é que começará a correr o prazo prescricional, solução que se afigura mais justa.

A doutrina majoritária, senão a sua totalidade, considera que a prescrição disciplinada no artigo citado se aplica exclusivamente aos casos de acidentes de consumo, em razão de o Código ter sido taxativo ao afirmar que a prescrição se refere aos acidentes de consumo previstos na Seção II (Da responsabilidade pelo fato do produto ou do serviço), do capítulo que trata da qualidade de produtos e serviços e da reparação dos danos. Por essa ótica, todas as demais ações que sejam originárias das relações de consumo deverão utilizar-se dos prazos prescricionais do Código Civil, especialmente os prazos do art. 206.[58]

---

58. Nesse sentido, ver Roberto Senise Lisboa, Responsabilidade civil nas relações de consumo, p. 277 e Héctor Valverde Santana, Prescrição e decadência nas relações de consumo, p. 77, dentre outros.

Com a devida vênia, ousamos discordar daqueles que afirmam que o prazo prescricional do art. 27 tem aplicação exclusiva para os acidentes de consumo (arts. 12 a 17 da Lei n. 8.078/90). A nosso ver, sempre que o consumidor sofre um prejuízo, seja ele patrimonial, seja ele extrapatrimonial, mesmo não sendo decorrente de acidente de consumo, ainda assim aplicar-se-ia o prazo prescricional quinquenal, previsto no Código de Defesa do Consumidor.

Tomemos como exemplo um caso de vício de produto que, tendo sido reclamado perante o fornecedor e não tendo sido sanado, fez nascer para o consumidor o direito ao exercício de uma das três alternativas: a) substituição do produto; b) restituição da quantia paga; e c) abatimento proporcional do preço (art. 18 do CDC). Imagine-se que a inércia do fornecedor gerou para o consumidor, além dos transtornos em face da impossibilidade de uso do produto, lucros cessantes, já que o produto ou serviço era utilizado como instrumento de trabalho ou porque a busca da reparação envolveu perda de dias de trabalho. Veja-se, nesse exemplo, que aquilo que era vício, ao não ser sanado, gerou, por via de consequência, um prejuízo para o consumidor em razão da impossibilidade de uso do produto ou serviço ou em razão dos prejuízos que o consumidor teve de arcar em face do vício não sanado; logo, a conclusão que exsurge é que estamos diante de um vício que causou danos ao consumidor, devendo ser indenizado em sede de responsabilidade civil. Pergunta-se: devemos aplicar, por analogia, o prazo do art. 27 do Código de Defesa do Consumidor, que regula a responsabilidade civil nas relações de consumo, ou, na ausência de previsão expressa no Código de Defesa do Consumidor, aplicar o prazo do art. 206, § 3º, V, do Código Civil, que regula a prescrição para os casos de responsabilidade civil em geral?

Para nós, em face de a lei consumerista formar um só conjunto unitário, deveríamos aplicar, por analogia, a regra do art. 27, até porque, se o vício gerou um prejuízo para o consumidor, saímos da esfera do vício propriamente dito e ingressamos no campo de responsabilidade civil; logo, afastaríamos a incidência do Código Civil, aplicando a regra geral da prescrição expressa no Código de Defesa do Consumidor, até por ser mais benéfica ao consumidor.

Da mesma forma em se tratando de inscrição nos bancos de dados. O Código disciplinou o prazo máximo de permanência desse registro (que, a teor do art. 43, é de 5 anos), porém não fixou prazo para o exercício do direito de ação pelo consumidor que se sinta eventualmente lesado por apontamentos irregulares. Como resolver a hipotética situação de um consumidor que verifica que a inscrição de seu nome em banco de dados se processou de forma irregular, gerando dano moral? Provado o fato, qual é o prazo prescricional para o exercício do direito de ação?[59]

Também, com relação às ações de segurado contra a seguradora em decorrência de contrato de seguro de vida em grupo, cujo prazo prescricional para o exercício de demanda visando o recebimento da indenização, prevista no Código Civil, é ânuo (art. 206, § 1º, II), indagamos: devemos ficar adstritos ao que preceitua o novel *Civile Codex* ou devemos ousar e defender a aplicação das regras do Código de Defesa do Consumidor (já que as relações securitárias se encontram expressamente previstas entre aquelas em que incide a lei consumerista – art. 3º, § 2º)? Importante frisar que o descumprimento da obrigação indenizatória por parte da seguradora gerará um dano ao consumidor, passível de indenização por danos morais e materiais (art. 6º, VI).

Em nosso entendimento, considerando que se devem aplicar, ao caso concreto, as regras mais favoráveis ao consumidor, não temos dúvidas em afirmar, até com base em precedentes jurisprudenciais, que, estando configurada a relação de consumo entre os litigantes, resta afastada a incidência da prescrição ânua estabelecida pelo Código Civil, devendo ser aplicada a determinação constante do art. 27 do diploma consumerista, com lapso temporal de cinco anos para a provocação do juízo sobre a pretensão indenizatória, ainda que a relação não esteja albergada entre as elencadas nos arts. 12 a 17 da legislação protetiva do consumidor. Precursor é o entendimento de Teresa Cristina da Cunha Peixoto, quando no extinto Tribunal de Alçada de Minas Gerais assim decidiu: "Estando configurada a relação de consumo entre os litigantes, resta afastada a incidência da prescrição ânua estabelecida pelo Código Civil, devendo-se aplicar a determinação constante do artigo 27 do diploma consumerista, com lapso temporal de cinco anos para a provocação do juízo sobre a pretensão indenizatória".[60] No mesmo sentido é o posicionamento de Leopoldo de Arruda Raposo, ao afirmar que "é assente na jurisprudência

59. Esclareça-se que o STJ tem posicionamento consolidado de que se deve aplicar a prescrição do Código Civil, embora não concordemos.

60. (TAMG, AC 367.996-3/BH (2.0000.00.367996-3/000), Rel. Juíza Teresa Cristina da Cunha Peixoto, j. 25-9-2002, site do TJMG).

nacional que as relações entre seguradoras e usuários encontram-se sob o regime jurídico do Código de Defesa do Consumidor, assim, não é aplicável a prescrição ânua prevista no Código Civil".[61] Da mesma forma Marcus Tulio Sartorato, que já teve oportunidade de decidir questão atinente à prescrição com relação a seguro e deixou assentado que "o contrato de seguro constitui relação de consumo e, sendo assim, o prazo prescricional da pretensão do segurado contra a seguradora é de cinco anos, ex vi do artigo 27 do Código de Defesa do Consumidor".[62]

De toda sorte, é importante destacar que, conforme registrado na abertura deste tópico, dissente desse nosso pensar tanto a doutrina quanto a jurisprudência pátria, visto considerarem que a regra seria a aplicação dos prazos prescricionais do Código Civil, utilizando-se da prescrição consumerista tão somente para as ações derivadas dos acidentes de consumo. Ou seja, estamos isolados na defesa da aplicação da prescrição do CDC às relações securitárias.

Finalmente, aspecto que releva comentar é que as causas que suspendem ou interrompem a prescrição devem ser as enumeradas no Código Civil, na exata medida em que não existe no Código de Defesa do Consumidor nenhuma causa obstativa da prescrição. Assim, nas relações de consumo, aplicam-se, subsidiariamente, as normas do Código Civil no que diz respeito à suspensão e à interrupção da prescrição.

11.2. Decadência

A nosso sentir, o instituto da decadência está exclusivamente ligado à questão da garantia, de tal sorte que, mesmo nos casos de vícios de produtos, se o prejuízo do consumidor se materializou, seja moral, seja material, a questão deverá ser vista sob a ótica da prescrição, porque estaremos em face de um dano, conforme já tivemos oportunidade de registrar.

Ao tratar dos vícios de produtos, o Código fixou o prazo de trinta dias para que o fornecedor, após notificado, sane o vício apontado

61. (TJPE, Proc. 125717-8, Rel. Des. Leopoldo de Arruda Raposo, DJPE, 6-6-2006).
62. (TJSC, AC 2005.020037-5 – Blumenau, 3ª C. Dir. Cív., Rel. Des. Marcus Tulio Sartorato, j. 27-1-2006).

no produto (Lei nº 8.078/90, art. 18), sob pena de, não o fazendo, autorizar o consumidor a promover a correspondente ação, visando, alternativamente, a substituição do produto por outro da mesma espécie, em perfeitas condições de uso (I); a restituição imediata da quantia paga, monetariamente atualizada, sem prejuízo de eventuais perdas e danos (II); ou o abatimento proporcional do preço (III).

Advirta-se que também é possível a prorrogação desse prazo de trinta dias para até 180 dias, por convenção das partes nos termos do § 2º, do art. 18, do CDC. Nos contratos de adesão, a cláusula de prorrogação do prazo deverá ser convencionada em separado, por meio de manifestação expressa do consumidor.

Esse prazo é decadencial e regula-se pelo art. 26, que estabelece que o direito de reclamar pelos vícios aparentes ou de fácil constatação caduca em trinta dias, em se tratando de fornecimento de serviço e de produto não duráveis (I); e de noventa dias, quando se tratar de fornecimento de serviço e de produto duráveis (II). Esses prazos contam-se a partir da entrega efetiva do bem ou do término da execução do serviço (art. 26, § 1º), excetuando-se os vícios ocultos, cujo prazo prescricional contar-se-á do momento em que ficar evidenciado o defeito (art. 26, § 3º).

Diferentemente da prescrição, nesse caso, o Código definiu expressamente as causas que obstam a decadência, nas seguintes condições: a reclamação comprovadamente formulada pelo consumidor perante o fornecedor de produtos e serviços até a resposta negativa correspondente, que deve ser transmitida de forma inequívoca (art. 26, § 2º, I), e a instauração do inquérito civil, até seu encerramento (art. 26, III).

12. A DEFESA INDIVIDUAL E COLETIVA DO CONSUMIDOR

É de fundamental importância destacar inicialmente que, no Brasil, assim como nos países cujo direito é de origem romana, é tradicional no direito a distinção entre o interesse público (do Estado) e o interesse privado (dos particulares).

Essa dicotomia vem sendo superada gradativamente e, no Brasil, sobretudo após a edição da Lei da Ação Civil Pública (Lei nº 7.347/85) e do Código de Defesa do Consumidor (Lei nº 8.078/90), os doutrinadores passaram a formular uma nova categoria de interesses, situados numa posição intermediária entre o interesse público e o interesse privado, que chamamos de interesses transindividuais ou coletivos, nos quais se situam os direitos difusos, tais como o direito do consumidor, o direito ambiental, o direito do patrimônio histórico e cultural, do patrimônio público, dentre outros.

Nesse aspecto, os instrumentos processuais postos à disposição do consumidor para a sua defesa em juízo, no tocante ao ressarcimento de danos ocorridos em virtude da relação de consumo, assentam-se em duas direções: ele pode intentar ação individual comum para defesa de seus próprios interesses, ou ser beneficiário da propositura de uma ação coletiva manejada por associações, pelo Ministério Público ou, ainda, pelos órgãos públicos indicados no art. 82 da lei consumerista.

Diz o Código de Defesa do Consumidor (art. 81, parágrafo único) que a defesa coletiva poderá ser exercitada em três situações distintas. Vejamos alguns exemplos para melhor compreensão:

1º) "Interesses ou direitos difusos, assim entendidos, para os efeitos deste Código, os transindividuais, de natureza indivisível, de que sejam titulares pessoas indeterminadas e ligadas por circunstâncias de fato" (inciso I). Situação que se enquadraria neste tópico é a de propaganda enganosa, divulgada por televisão, em que se torna impossível identificar as pessoas lesionadas e estabelecer entre elas uma relação-base.

2º) "Interesses ou direitos coletivos, assim entendidos, para efeitos deste Código, os transindividuais de natureza indivisível de que seja titular grupo, categoria ou classe de pessoas ligadas entre si ou com a parte contrária por uma relação jurídica base" (inciso II). Aqui se trata de interesse coletivo cuja determinabilidade das pessoas atingidas é possível fazer, seja através de uma relação jurídica preexistente que as une, seja pelo vínculo que elas possam ter com a parte contrária. Exemplo que pode ilustrar tal assertiva é a ação coletiva contra o aumento das mensalidades dos planos de saúde, em que há uma coletividade de pessoas atingidas, que se pode identificar, todas elas ligadas à seguradora por uma relação contratual preexistente.

3º) "Interesses ou direitos individuais homogêneos, assim entendidos os decorrentes de origem comum" (inciso III). Como exemplo, suponha-se a situação de diversas pessoas que tenham adquirido determinado modelo de veículo, de cujo lote se tenha notícia de que todos saíram de fábrica com defeito de série.

Para melhor compreensão, tomemos como base o exemplo prático fornecido por José Geraldo Brito Filomeno, que cita o caso de um automóvel que possa apresentar defeito em um item de segurança (rodas), com sério problema de fundição e que venha a quebrar em plena marcha, causando danos materiais e pessoais não apenas ao usuário, mas também às pessoas que transitavam pela via em que trafegava o veículo. A partir dessa premissa, o renomado estudioso analisa as ações competentes postas à disposição do consumidor, no âmbito individual e também no âmbito coletivo.[63]

Assim, no âmbito individual, o interessado deverá socorrer-se da ação competente para haver indenização por perdas e danos, lucros cessantes, se cabíveis, danos morais e, até mesmo, pedir a substituição do bem recebido com defeito. Como a responsabilidade é objetiva, recomenda-se, por razões óbvias, que a demanda principal seja precedida de uma cautelar de produção antecipada de provas quanto aos danos causados, suas causas e extensão. Nesse caso, estão legitimados para agir individualmente tanto o usuário-consumidor como as vítimas do evento danoso (consumidor equiparado do art. 17 do CDC).

Interessante destacar a análise feita pelo referido mestre, a partir do exemplo citado, abordando a questão no âmbito da coletividade, quando então destaca a existência de três ordens de interesses, que transcrevemos na íntegra:

"1ª) Interesse coletivo: no sentido de que todos os adquirentes do veículo naquelas condições (indivisibilidade aí manifesta) não venham a sofrer os mesmos danos; e a solução, na hipótese, será o recall.

2ª) Interesse difuso: aqui o valor preservado é a segurança de um número indeterminado de pessoas, quer usuários do veículo com rodas defeituosas, quer transeuntes colhidos de surpresa. Neste caso, a pretensão da demanda coletiva seria precisamente obrigar o fabricante a não colocar no mercado rodas nesse estado ou então se adequar às normas técnicas de sua fabricação, sob pena de pagamento de multas diárias.

3ª) Interesses individuais homogêneos de origem comum: já aqui a pretensão dos que eventualmente já tenham sofrido prejuízos

63. FILOMENO, José Geraldo Brito. Manual de direitos do consumidor, p. 373.

materiais e/ou pessoais é no sentido de que o fabricante ou então, solidariamente, o montador do veículo, seja compelido a indenizar a todos eles, cabendo-lhes, todavia, a demonstração da extensão de cada prejuízo individualmente considerado".

12.1. As ações coletivas para defesa dos interesses difusos

Preceitua o Código de Defesa do Consumidor que os legitimados referidos no art. 82 poderão propor, em nome próprio e no interesse das vítimas e seus sucessores, ação coletiva de responsabilidade pelos danos individualmente sofridos (art. 91).

Esclareça-se inicialmente que as ações versadas no art. 91 da lei consumerista procuram proteger aquela coletividade de que trata o parágrafo único do art. 2º, bem como o consumidor por equiparação de que nos falam os arts. 17 e 29, com o fito de proteger a coletividade que possa sofrer um dano por acidente de produto ou serviço (arts. 12 a 17) ou por propaganda enganosa (arts. 36 a 38).

Embora o caráter da indenização seja de ressarcimento de prejuízos individualmente sofridos, "a sentença de procedência condenará o réu pelos danos provocados, não excluindo a lei a destinação da indenização a objetivos diversos das reparações pessoais, quando estas se mostrarem impossíveis de serem alcançadas ou inadequadas".[64] Significa dizer que, em certas situações, é possível aos legitimados do art. 82 promover a liquidação e execução da indenização devida, porquanto, ainda que se trate de habilitados individualmente considerados, pode ser que o prejuízo seja ínfimo para cada consumidor (individualmente considerado), mas de importância considerável se analisada em sua globalidade. É o caso típico do produto vendido com peso menor do que o impresso no rótulo e mesmo em relação ao preço cobrado. Ora, nesse caso, ainda que o réu seja condenado, os consumidores não irão habilitar-se no processo porque os valores indenizatórios serão de pouca ou nenhuma expressão. De outro lado, se considerarmos a quantidade do produto colocado à venda no mercado de consumo, poderemos chegar a somas expressivas, e, então, aqueles legitimados de que falamos poderão promover a execução da sentença (art. 100 da Lei nº 8.078/90).

64. Cf. Ada Pellegrini Grinover, Código brasileiro de Defesa do Consumidor, p. 544.

12.2. Legitimidade para propositura da ação coletiva

Preceitua o Código de Defesa do Consumidor que são legitimados para a propositura da ação coletiva visando a proteção dos interesses difusos e coletivos o Ministério Público (art. 82, I); a União, os Estados, os Municípios e o Distrito Federal (art. 82, II); as entidades e órgãos da administração pública, direta ou indireta, ainda que sem personalidade jurídica, especificamente destinados à defesa dos interesses e direitos protegidos pelo Código (art. 82, III) e as associações legalmente constituídas há pelo menos um ano e que incluam entre seus fins institucionais a defesa dos interesses e direitos protegidos dos consumidores, dispensada a autorização assemblear (art. 82, IV).

Embora o art. 82 do CDC não mencione, devemos incluir entre os legitimados a Defensoria Pública nos termos conforme consta da redação dada pela Lei nº 11.448, de 2007 ao art. 5º da Lei nº 7.347/85 (Lei de Ação Civil Pública).

Nas disposições finais do código consumerista, o legislador determinou que fossem inseridas na Lei nº 7.347/85 (Lei de Ação Civil Pública) algumas normas para adequá-la aos preceitos emanados da Leiº 8.078/90. Assim, foi inserido o dispositivo que inclui entre os objetos da referida ação qualquer interesse difuso ou coletivo (inciso IV do art. 1º). Assim, também, no art. 5º, a nova redação dada ao inciso II, para incluir a defesa do consumidor, bem como o acréscimo de parágrafos para autorizar o juiz a dispensar a pré-constituição das entidades, em face da relevância jurídica do caso (§ 4º), para admitir o litisconsórcio facultativo entre os órgãos públicos (§ 5º), e para autorizar a realização dos termos de ajustamento de conduta (§ 6º).

É importante destacar, conforme ensinamentos de José Geraldo Brito Filomeno, que não há exclusividade de quaisquer dos órgãos ou entidades no tocante à legitimidade para propositura da ação civil pública visando compelir o infrator a promover a devida reparação por danos, sendo certo que há legitimidade concorrente, a iniciativa tomada por um daqueles legitimados não inibe que outro venha a participar da ação, na qualidade de litisconsorte.[65]

Segundo Hugo Nigro Mazzilli, a legitimação ativa é concorrente e disjuntiva. Diz o grande mestre que é concorrente porque qualquer

65. FILOMENO, José Geraldo Brito. Manual de direitos do consumidor, p. 379.

uma das entidades nominadas no art. 5º da Lei nº 7.347/85 pode agir em juízo para a defesa dos interesses transindividuais, e disjuntiva porque não há obrigatoriedade de comparecer em litisconsórcio.[66]

Merece também ser destacado que com o advento do Código de Defesa do Consumidor houve uma ampliação no que diz respeito à legitimação de agir, uma vez que foi expressamente previsto que os entes, mesmo que sem personalidade jurídica, poderiam propor as ações necessárias à defesa dos interesses dos consumidores, o que, na prática, veio permitir que os Procons, Cedecons e outros órgãos afins pudessem exercer tal prerrogativa. Esclareça-se, por oportuno, que em muitos casos tais órgãos ganharam personalidade jurídica própria, como é o caso do Procon de São Paulo, que, a teor do que dispõe a Lei estadual nº 9.192/95 e o Decreto estadual nº 41.170/96, foi instituído como Fundação Procon, com personalidade jurídica de direito público.

Da mesma forma e com o intuito de alargar os horizontes, no que diz respeito à defesa dos interesses coletivos ou difusos, referida lei estendeu tal legitimação às associações de consumidores, permitindo, inclusive, que o juiz, em face da relevância do caso e do interesse social sub judice, cotejado com o bem jurídico a ser protegido, pudesse relevar a exigência de pré-constituição de um ano para legitimar tais entidades (art. 82, § 1º, da Lei nº 8.078/90).

Esse dispositivo tem merecido exegese ampliativa, tanto que Rodolfo de Camargo Mancuso, embora reconhecendo ser a matéria controvertida, afirma que "a natureza da tutela dos interesses difusos não parece exigir rigor formal na constituição dos grupos que pretendem sustentá-los"; aduz, exemplificando, que, com a situação de "iminência de um desastre ecológico numa pequena comunidade (e não havendo associação constituída), não se pode exigir que o grupo de habitantes interessados na defesa da natureza se apresente formalmente revestido de um aparato associativo completo", para depois indagar: "Sacrificar-se-ia o fundo, pela forma?".[67]

É também importante destacar que, embora o indivíduo não tenha legitimidade para propor ação coletiva, pode nela ingressar, após a

---

66. MAZZILLI, Hugo Nigro. A defesa dos interesses difusos em juízo, p. 251.

67. MANCUSO, Rodolfo de Camargo. Interesses difusos, p. 194-195.

propositura, na qualidade de litisconsorte, podendo inclusive promover individualmente a liquidação e execução de seus direitos. Segundo André Vitor de Freitas, "a finalidade da norma além de manifesta é louvável, pois busca facilitar a defesa e a satisfação dos interesses de consumidores lesados. No entanto, parece confundir conceitos ao qualificar como litisconsorte alguém que não tem legitimidade de agir, nem pode dar prosseguimento à ação caso o autor dela desista ou se demonstre negligente em sua condução. Este posicionamento legislativo conflita diretamente com os ensinamentos doutrinários tradicionais, e tem por consequência a (in)definição de quais atos o ingressante pode praticar, com ou sem anuência dos demais litigantes que ocupam o mesmo polo da ação".[68]

De toda sorte, o "instrumento" mais eficaz em defesa da cidadania ainda é, a nosso ver, o Ministério Público, que, por destinação constitucional, deve ser o guardião dos interesses difusos da sociedade (CF, art. 127), bem como o legitimado para a instauração do inquérito civil e também para propositura da ação civil pública na defesa, dentre outros, dos interesses difusos e coletivos (CF, art. 129, III), estendendo-se tal legitimidade, inclusive, às ações que visem a defesa do interesses individuais homogêneos.

12.3. Importância das ações coletivas

Há uma tendência moderna ao fortalecimento dos direitos ditos coletivos, partindo da premissa de que, se houver ações preventivas no plano da coletividade, poder-se-á promover a prevenção dos danos individuais. Podemos afirmar que caminhamos para a promoção de medidas que visam muito mais o coletivo que o individual.

Essa consciência coletiva, no dizer de Rodolfo de Camargo Mancuso, seria uma "nova 'ordem coletiva' emergente (que) aparece como o *tertium genus* desse processo, porque representa um ponto intermédio entre o Estado e o indivíduo: menos do que aquele; mais do que este".[69]

68. FREITAS, André Vitor de. Litisconsórcio nas ações coletivas do CDC: inovações ou erro de técnica legislativa. In Jusvigilantibus. Acesso em 19-abril-2004, disponível em http://www.jusvi.com/site/p_detalhe_artigo.asp?codigo=741

69. MANCUSO, Rodolfo de Camargo. yu, p. 35.

Carlos Alberto Bittar Filho, nas conclusões de precursor artigo sobre o tema, afirma: "seja protegendo as esferas psíquica e moral da personalidade, seja defendendo a moralidade pública, a teoria do dano moral, em ambas as dimensões (individual e coletiva), tem prestado e prestará sempre inestimáveis serviços ao que há de mais sagrado no mundo: o próprio homem, fonte de todos os valores".[70]

A possibilidade de condenação por danos morais coletivos poderá vir a ser um importante e eficaz instrumento para coibir as atitudes dos grandes conglomerados que, diuturnamente, agridem e afrontam os interesses dos consumidores, seja com propaganda enganosa, seja com medidas que impliquem fraude ou lesão aos interesses transindividuais. Não se pode negar que diversas atitudes provindas dos fornecedores podem vir a caracterizar o dano moral coletivo, ensejador de indenização, que, conforme preconizamos, deverá ficar ao prudente arbítrio do juiz, o qual deverá, sopesando o grau de culpa do ofensor e o bem lesado, aplicar uma pena pecuniária que paute pela prudência e severidade, de tal sorte a não ser nem tão grande que signifique a ruína do infrator, nem tão pequena que avilte a sociedade.

13. *HABEAS DATA*

A Constituição Federal de 1988 trouxe em seu bojo uma inovação ao estabelecer que "conceder-se-á *habeas data:* a) para assegurar o conhecimento de informações relativas à pessoa do impetrante, constantes de registros ou bancos de dados de entidades governamentais ou de caráter público; b) para a retificação de dados, quando não se prefira fazê-lo por processo sigiloso, judicial ou administrativo" (art. 5º, LXXII). Essa disposição constitucional foi regulamentada pela Lei nº 9.507, de 12 de novembro de 1997, que instituiu rito processual próprio para o *habeas data.*

O instituto tem como finalidade proteger direito líquido e certo do cidadão quanto ao acesso e ao conhecimento de todas as informações, arquivos, fichas e registros relativos à sua pessoa, que estejam sendo coletados ou armazenados em repartições públicas ou mesmo em organismos particulares com caráter público, para eventual

70. BITTAR FILHO, Carlos Alberto. Dano moral coletivo in Revista de Direito do Consumidor, p. 60.

exclusão ou retificação de seus dados pessoais. Esclarecendo o que seja caráter público, diz a Lei nº 9.507/97 que "considera-se de caráter público todo registro ou banco de dados contendo informações que sejam ou que possam ser transmitidas a terceiros ou que não sejam de uso privativo do órgão ou entidade produtora ou depositária das informações" (art. 1º, parágrafo único).

Significa dizer que uma das condições da ação de *habeas data* é que os arquivos se destinem a informações de terceiros. Logo, encontra-se fora do alcance o órgão público que armazena dados para uso próprio. Outra condição imposta pela lei regulamentadora e objeto de súmula pelo Superior Tribunal de Justiça diz respeito à negativa de informação, porquanto somente cabe *habeas data* se houver recusa expressa do órgão público em prestar as informações solicitadas.[71]

A lei em comento adotou um rito assemelhado ao do mandado de segurança, no sentido de impedir a fase probatória no bojo do *habeas data*. Nesse sentido, é indispensável que o impetrante apresente com a petição inicial a prova documental pré-constituída de suas alegações, sob pena de indeferimento. Tanto assim que é exigido que a exordial seja acompanhada da prova da recusa ao acesso às informações pretendidas ou do decurso do prazo de dez dias, sem resposta por parte da autoridade apontada como coatora, ou da recusa em fazer as retificações ou as anotações cabíveis (art. 8º, parágrafo único).

A legislação que disciplinou a matéria criou um rito específico para o processamento da ação, todo ele voltado à celeridade do procedimento, e, entre outras medidas, estabeleceu que "os processos de *habeas data* terão prioridade sobre todos os atos judiciais, exceto *habeas corpus* e mandado de segurança. Na instância superior, deverão ser levados a julgamento na primeira sessão que se seguir à data em que, feita a distribuição, forem conclusos ao relator" (art. 19) e "o prazo para a conclusão não poderá exceder de vinte e quatro horas, a contar da distribuição" (art. 19, parágrafo único).

Por fim, é importante registrar que na propositura de ação de *habeas data* não há necessidade de recolhimento de custas, tendo em vista a Constituição estabelecer gratuidade para o seu exercício (art. 5º, LXXVII).

---

71. Súmula 2 do STJ: Não cabe o ***habeas data*** (CF, art. 5º, LXXII, letra a) se não houver recusa de informações por parte da autoridade administrativa.

Capítulo 8

Do Procedimento nos Juizados Especiais Cíveis Estaduais Lei nº 9.099/95[1]

1. DA OPÇÃO DO CONSUMIDOR PELO JEC

Nas ações de indenização por danos decorrentes de produtos ou serviços o consumidor pode optar por promover a ação indenizatória no Juizado Especial Cível (antigamente chamado de "Juizado Especial de Pequenas Causas"), cuja maior vantagem é o fato de não ter que realizar gastos com as chamadas "custas judiciais" e, especialmente, com "honorários advocatícios de sucunbência" no caso de insucesso da demanda. Vale lembrar que na justiça comum a parte estará dispensada destas despesas somente se o juiz lhe conceder os benefícios da gratuidade de gratuita.

Outra vantagem que podemos mencionar decorre do princípio da oralidade que dá ênfase a simplicidade, informalidade e rapidez, e isso possibilita que a própria parte compareça à seção do Juizado Especial e, mesmo desacompanhada de advogado, possa propor a ação nas causa de valor até 20 (vinte) salários mínimos.

É importante também destacar que, em algumas unidades do JEC, o tramite do processo é muito mais rápido do que as ações processada na justiça comum, porém não é uma regra geral, pois se tomarmos

1. Anotações conforme consta do nosso livro Lições de Processo Civil, 3ª ed. Indaiatuba: Foco, 2022, p. 131/150, v. 3.

como exemplo a capital de São Paulo, há algumas unidades em que este tipo de processo demora tanto ou mais do que se a ação fosse proposta pelo procedimento comum.

2. DOS PRINCÍPIOS INFORMATIVOS DOS JUIZADOS ESPECIAIS

Já falamos da importância dos princípios em qualquer ordenamento jurídico. Nesse sentido remetemos o leitor ao capítulo 4 da presente obra.

Sendo assim, nos cabe analisar por primeiro os princípios informativos que norteiam as diretrizes nos Juizados Especiais Cíveis, quais sejam: oralidade, simplicidade, informalidade, economia processual, celeridade e a conciliação, vejamos cada um deles:

a) **Princípio da oralidade:**

Implica dizer que deve prevalecer a forma oral, sem prejuízo de que alguns atos possam tomar a forma escrita.

b) **Princípio da simplicidade:**

Significa o desapego às formas processuais rígidas, sem excessiva solenidade, muitas vezes inúteis.

c) **Princípio da informalidade:**

Confunde-se com o da simplicidade porque o objetivo é de expurgar as formalidades e tornar o processo mais acessível às partes.

d) **Princípio da economia processual:**

Por esse princípio se deve privilegiar o ato e não a forma (instrumentalidade das formas).

e) **Princípio da celeridade:**

É o princípio que prima pela objetividade dos atos, de sorte que o processo possa ser rápido e célere.

f) **Princípio conciliatório:**

Deve ser buscada a todo tempo, a conciliação como forma de pôr fim ao conflito.

3. DO CABIMENTO DESSE PROCEDIMENTO

A utilização do procedimento sumaríssimo dos Juizados Especiais Cíveis Estaduais (Lei nº 9.099/95) é uma opção da parte, porém está condicionada a que a causa não seja considerada complexa, isto é, não necessite de grande dilação probatória, e também ao preenchimento de diversos outros requisitos, especialmente o valor máximo da causa, senão vejamos:

a) **Valor da causa:**

Como regra geral, tanto para o processo de conhecimento quanto para o de execução, o limite de valor para propositura de ação nos Juizados Especiais é de 40 (quarenta) salários-mínimos. Contudo há entendimento doutrinário e jurisprudencial que, com base no art. 3°, § 3°, defende que a parte pode ingressar nos Juizados Especiais com ação que supere o valor de 40 (quarenta) salários mínimos desde que renuncie expressamente ao crédito que exceda este limite.

b) **Sem limite de valores:**

As ações previstas no art. 275, II, do revogado Código de Processo Civil de 1973, podem ser propostas nos Juizados Especiais mesmo que o valor da causa supere os 40 (quarenta) salários mínimos. Essas ações são as seguintes: de cobrança ao condômino de quaisquer quantias devidas ao condomínio; de ressarcimento por danos em prédio urbano ou rústico; de ressarcimento por danos causados em acidente de veículo de via terrestre; de cobrança de seguro, relativamente aos danos causados em acidente de veículo, ressalvados os casos de processo de execução; que versem sobre revogação de doação (ver JEC, art. 3º, II). Da mesma forma as ações de despejo para uso próprio, o valor da causa pode suplantar os 40 (quarenta) salários mínimos (JEC, art. 3º, III).

c) **Ações possessórias sobre bens imóveis de até 40 salários mínimos:**

A Lei 9.099/95 faz prevê a possibilidade de utilização do procedimento instituído para os Juizados Especiais para as ações possessórias sobre bens imóveis, desde que o valor do imóvel não ultrapasse o valor máximo de 40 (quarenta) salários mínimos (ver JEC, art. 3°, IV).[2]

4. AÇÕES QUE NÃO PODEM SER PROPOSTAS NOS JUIZADOS

Existem algumas ações que não podem ser propostas nos Juizados Especiais, até mesmo, pela incompatibilidade com seus elevados princípios.

Assim, não podem ser propostas ações que versem sobre os seguintes temas:

a) Ações que versem sobre alimentos, falência, matéria fiscal, acidentes do trabalho e as ações que versem sobre o estado e a capacidade das pessoas (JEC, art. 3º, § 2º).

b) Também as ações de procedimentos especiais, tais como as possessórias, usucapião, divórcio e as ações coletivas, dentre outras.

c) Ações cujo deslinde da demanda seja de grande complexidade e que seja necessário a realização de perícia técnica com todas aquelas formalidades imposta pelo Código de Processo Civil.

5. DA COMPETÊNCIA DE FORO

A competência de foro dos Juizados Especiais é definida em razão da matéria, bem como em razão do território (JEC, arts. 3º e 4º). Com relação à competência em razão da matéria, remetemos o leitor ao item anterior

Já no que diz respeito à competência territorial para propositura de ação, a lei faculta ao autor da ação as seguintes opções:

a) Foro do domicílio do réu:

A ação pode ser proposta no foro do domicílio do réu ou onde ele exerça suas atividades profissionais ou econômicas

2. Como normalmente os imóveis, em geral, têm valor de mercado superior aos 40 (quarenta) salários mínimos, essa previsão de lei é uma mera ficção.

e, no caso de pessoa jurídica, onde a mesma possua filial, agência, sucursal ou escritório.

b) **Foro do lugar onde a obrigação deve ser satisfeita:**

Tratando-se de obrigação (fazer, não fazer ou dar), o foro competente será o do lugar onde a mesma deva ser satisfeita.

c) **Foro do domicílio do autor:**

Quando a ação versar sobre reparação de danos de qualquer natureza, a ação pode ser proposta no foro do domicílio do autor.

d) **Foro do domicílio do réu:**

Qualquer que seja o tipo de ação a ser proposta, a Lei nº 9.099/95 deixa a critério do autor a opção de propor a ação pela regra geral do domicílio do réu.

6. DO JUIZ, DOS CONCILIADORES E DOS JUÍZES LEIGOS

No sistema dos Juizados Especiais é o juiz que dirigirá o processo com liberdade para determinar as provas a serem produzidas, para apreciá-las e para dar especial valor às regras de experiência comum ou técnica (JEC, art. 5º).

Neste sistema processual, o magistrado tem bastante liberdade, podendo adotar em cada caso a decisão que reputar mais justa e equânime, atendendo aos fins sociais da lei e às exigências do bem comum (JEC, art. 6º).

Nos Juizados Especiais existem sempre os auxiliares do juízo que são os conciliadores, normalmente estagiários do curso de direito ou mesmo bacharéis em direito.

Em alguns Estados da federação encontramos também a figura do juiz leigo, que também atua como auxiliar da Justiça. Estes deverão ser recrutados dentre os advogados com mais de 5 (cinco) anos de experiência. Nesse caso, aquele que for nomeado juiz leigo ficará impedido de exercer a advocacia perante aquele determinado Juizado Especial, enquanto estiver no desempenho de suas funções (JEC, art. 7º).

Cumpre esclarecer ainda que a figura do juiz leigo está expressamente prevista na Constituição Federal (art. 98, I). Ele pode fazer todo o processamento dos Juizados Especiais Cíveis, inclusive a realização de audiência e a prolação de sentenças, porém seus atos ficam dependendo de ratificação pelo juiz togado titular do Juizado.

7. AS PARTES

O principal motivo para a criação dos Juizados Especiais foi o de garantir acesso à justiça aos mais necessitados, tendo em vista a sua simplicidade e gratuidade que em muito se assemelha com a Justiça Trabalhista.

Por isso mesmo, o acesso a esse procedimento não é ilimitado, ficando reservada a sua utilização para:

a) As pessoas físicas capazes, excluídos os cessionários de direito de pessoas jurídicas.
b) As pessoas jurídicas enquadradas como microempreendedores individuais, microempresas e empresas de pequeno porte na forma da Lei Complementar no 123, de 14 de dezembro de 2006.
c) As pessoas jurídicas enquadradas como Organizações da Socieda de Civil de Interesse Público – OSCIPs; e,
d) As sociedades de crédito ao microempreendedor (ver Lei nº 10.194/01, art. 1º).

De outro lado, não poderão ser partes, nem como autoras nem como rés, no processo que tramite por esse procedimento, o incapaz, o preso, as pessoas jurídicas de direito público, as empresas públicas da União, a massa falida e o insolvente civil (art. 8º, *caput*).

Ainda com relação às partes é importante salientar que não se admite nenhuma forma de intervenção de terceiro ou assistência, admitindo-se tão somente o litisconsórcio (JEC, art. 10).

8. DA REPRESENTAÇÃO PROCESSUAL

Como já destacamos, nas causas de valor até 20 (vinte) salários-mínimos não é ne cessário a presença de advogado (JEC, art. 9º, *caput*, primeira parte). Nesse caso, a parte poderá comparecer pessoalmente à secretaria do Juizado, expor o problema que pretende ver resolvido, de cuja exposição será lavrada, pelo funcionário ou estagiário, a reclamação que tomará a forma de petição inicial.

Embora seja facultativa a assistência por advogado, se uma das partes comparecer assistida por advogado, ou se o réu for pessoa jurídica ou firma individual, terá a outra parte, se quiser, direito à assistência judiciária gratuita prestada por órgão instituído junto ao Juizado Especial, cuja finalidade é preservar a igualdade processual na disputa em questão.

Nas causas acima de 20 (vinte) salários-mínimos, é obrigatória a re presentação através de advogado, assim como na eventual necessidade de interposição do recurso inominado. Na linha de simplificação que orienta esse procedimento, a procuração pode até ser verbal.

Sendo réu pessoa jurídica ou titular de firma individual, poderá se fazer representar em todos os atos processuais por preposto credenciado, munido de carta de preposição com poderes para transigir, sem haver necessidade de vínculo empregatício.

9. DOS ATOS PROCESSUAIS, DO PEDIDO, DAS CITAÇÕES E INTIMAÇÕES

Os atos processuais serão públicos e poderão realizar-se fora do horário regular, conforme dispuserem as normas de organização judiciária do Estado em questão.

Concordes com os princípios da simplicidade e da informalidade, os atos processuais serão válidos sempre que preencherem as finalidades para as quais forem realizados, de sorte que não se pronunciará qualquer nulidade sem que tenha havido prejuízo para qualquer das partes.

A prática de atos processuais a ser realizados em outras comarcas poderá ser solicitada por qualquer meio idôneo de comunicação.

Ademais, apenas os atos considerados essenciais serão registrados resumidamente, em notas manuscritas ou digitalizadas. Os demais atos poderão ser gravados em fita magnética ou equivalente, que será inutilizada após o trânsito em julgado da decisão.

O processo instaurar-se-á com a apresentação do pedido, escrito ou oral, à Secretaria do Juizado, do qual deverão constar, ainda que de forma simples e em linguagem acessível: o nome, a qualificação e o endereço das partes; os fatos e os fundamentos, de forma sucinta; o objeto e seu valor, sendo lícito ao autor formular pedido genérico quando não for possível determinar, desde logo, a extensão da obrigação, assim como poderão ser alternativos ou cumulados, desde que conexos e a soma não ultrapasse o limite de quarenta salários-mínimos.

Recebido o pedido independentemente de distribuição e autuação, a Secretaria do Juizado deverá desde logo designar data para realização da audiência de tentativa de conciliação em prazo não superior a 15 (quinze) dias. Na eventualidade de comparecer ambas as partes, instaurar-se-á, desde logo, a sessão de conciliação, dispensados o registro prévio do pedido e a citação. Nesse caso, em havendo pedido contraposto, tudo se resolverá oralmente.

Quanto às citações e às intimações, diz a lei em comento que, de regra, as mesmas serão realizadas por carta com aviso de recebimento em mão própria. Tratando-se de pessoa jurídica ou firma individual, basta a entrega no endereço à pessoa que seja encarregada da recepção, devendo ser obrigatoriamente identificado no AR. Por isso é importantíssimo que as partes mantenha seu endereço atualizado nos autos do processo em andamento porque reputar-se-á realizadas as intimações enviadas ao local anteriormente indicado, na ausência da comunicação.

Excepcionalmente, a citação poderá ser realizada por oficial de justiça, independentemente de mandado ou carta precatória, não se admitindo citação por edital.

A carta de citação conterá cópia do pedido inicial, dia e hora para comparecimento do citando e advertência de que, não comparecendo este, considerar-se-ão verdadeiras as alegações iniciais, e será proferido julgamento de plano.

Importante registrar que mesmo sem a ocorrência de citação, ou ela sendo nula, se o réu comparecer espontaneamente, considerar-se-á sanada a irregularidade.

10. DAS AUDIÊNCIAS

Cabe destacar por primeiro que tanto na audiência de conciliação quanto na de instrução e julgamento, as partes são obrigadas a comparecer pessoalmente. Se o réu não comparecer lhe serão aplicados os efeitos da revelia. Se o demandado não comparecer ou recusar-se a participar da tentativa de conciliação não presencial, o Juiz togado proferirá de imediato sentença.

Por analogia podemos dizer que se o autor não comparecer ou se vier a recusar participar da referida audiência, o processo deverá ser extinto sem julgamento do mérito, impondo-se ao autor o pagamento de custas, exceto se provar motivo de força maior.

Se o réu for pessoa jurídica ou titular de firma individual, poderá ser representado por preposto credenciado, munido de carta de preposição com poderes para transigir, sem haver necessidade de vínculo empregatício.

Em qualquer circunstância a presença de advogado não supre a ausência da parte, tendo em vista que ele não representa a parte, mas sim lhe presta assistência jurídica.

Por fim cumpre destacar que a audiência de conciliação pode ser realizadas por videoconfência, conforme expressametne previsto no § 2º do art. 22 da lei em comento.

10.1. Da audiência de conciliação

Na abertura da audiência de conciliação, o conciliador informará as partes sobre as vantagens da conciliação e tentará obter o acordo.

Se frutífera sua intervenção, do acordo será lavrado termo a ser homologado pelo juiz togado, por sentença com eficácia de título executivo judicial.

10.2. Do juízo arbitral

A lei permite às partes poderem optar por resolver a demanda por meio de arbitragem. Se assim procederem, o juízo arbitral considerar-se-á instaurado, independentemente de termo de compromisso, com a escolha do árbitro pelas partes que deve ser escolhido entre os juízes leigos do Juizado, cabendo a este dirigir a audiência de instrução e julgamento e proferir um laudo arbitral, que será homologado pelo juiz togado.

Cumpre esclarecer que o juiz togado não irá rever o resultado, mas apenas se a matéria objeto do laudo foi a matéria posta em debate. De sua decisão homologatória não cabe nenhum recurso.

10.3. Da audiência de instrução e julgamento

Não obtida a conciliação nem instaurado o juízo arbitral, as partes serão remetidas para audiência de instrução e julgamento, que será realizada ato contínuo ou designada para data posterior, em prazo não superior a 15 (quinze) dias.

Na audiência de instrução e julgamento, na qual, como regra, o réu apresentará sua contestação (escrita ou oral) e o autor sua réplica (se necessário), serão ouvidas as partes, colhida a prova testemunhal e, em seguida, poderá ser proferida a sentença.

Todos os incidentes que possam interferir na realização da audiência serão decididos de plano pelo juiz, inclusive no que diz respeito à apresentação de documentos pelas partes, quando então será oportunizado à parte contrária manifestação em face dos mesmos, sem interrupção da audiência. Os incidentes que não interferem na realização da audiência serão decididos na sentença.

Cumpre ainda esclarecer que a audiência de instrução e julgamento só pode ser presidida por um juiz leigo ou togado, jamais pelos conciliadores.

Caso a audiência seja presidida por um juiz leigo este pode proferir sentença no ato, mas esta deverá ser submetida a posterior homologação pelo juiz togado, que poderá proferir outra sentença em seu lugar ou até mesmo converter o procedimento em diligência para complementação de provas.

11. DA RESPOSTA DO RÉU

Não obtida a conciliação, deverá o réu apresentar sua contestação, que poderá ser oral ou escrita, na qual enfrentará toda matéria de defesa, exceto arguição de suspeição ou impedimento do Juiz, que se processará por escrito e em apartado. Será também nesse momento que o réu deverá apresentar todas as preliminares que entenda pertinentes, tais como a incompetência do juízo; a inadmissibilidade do procedimento especial; os impedimentos relativos às pessoas que não podem ser partes neste procedimento, enfim, todo e qualquer fato extintivo ou modificativo do direito postulado pelo autor.

Embora o réu não possa apresentar reconvenção, poderá formular pedido contraposto a seu favor, no próprio corpo da contestação, respeitando os limites do art. 3º da Lei 9.099/95, desde que fundado nos mesmos fatos que constituem objeto da controvérsia.

A lei que instituiu os JECs não prevê em qual momento deve ser apresentada a contestação. Isso é um grande problema porque na prática, cada juiz ou tribunal adota regras diferentes: há juízes que entendem que a contestação deve ser apresentada 15 (quinze) dias após o recebimento da citação; outros que esses 15 (quinze) dias deve ser contado da juntada do AR aos autos; outros entendem que esse prazo é de 10 (dez) dias; e, assim por diante.

Se aplicarmos subsidiariamente as regras do CPC, temos que a contestação deve ser apresentada, em regra, no prazo de 15 (quinze) dias úteis após a audiência de mediação ou conciliação (ver CPC, art. 335). Por outro lado, o Enunciado nº 10 do FONAJE prevê que a contestação poderá ser apresentada até a audiência de instrução e julgamento.

Com relação à réplica, também não temos uniformidade quanto ao prazo e procedimentos. Se a contestação for apresentada em audiência, o juiz perguntará ao autor se prefere responder de pronto, na própria audiência, ou se irá requerer redesignação da audiência para outra data.

12. DAS PROVAS

As provas, que serão todas realizadas na audiência de instrução e julgamento, independentemente de prévio requerimento, poderão ser de todo o gênero, desde que moralmente legítimos, ainda que não especificados em lei.

As partes poderão apresentar até o máximo de 3 (três) testemunhas que deverão comparecer espontaneamente à audiência de instrução e julgamento levadas por quem as requereu, independentemente de prévio arrolamento ou intimação.

Só excepcionalmente poderá a testemunha ser intimada pela secretaria do Juizado para seu comparecimento à audiência. Se for assim, a parte deverá apresentar requerimento no prazo de até 5 (cinco) dias antes da audiência.

Quando a prova do fato exigir, o juiz poderá inquirir técnicos de sua confiança, permitida às partes a apresentação de parecer técnico.

Admite-se também, no curso da audiência, que o juiz, de ofício ou a requerimento das partes, possa realizar inspeção em pessoas ou coisas, ou determinar que o faça pessoa de sua confiança, que lhe relatará informalmente o verificado.

A prova oral não será reduzida a escrito, devendo a sentença referi, no essencial, os informes trazidos pelos depoentes.

Toda a fase probatória poderá ser conduzida por juiz togado ou por juiz leigo. Neste último caso, seus atos ficam pendentes de homologação pelo juiz titular do juizado.

13. DA SENTENÇA E DOS RECURSOS

A sentença, que deverá ser sempre líquida, mencionará os elementos de convicção do juiz, com breve resumo dos fatos relevantes ocorridos em audiência, dispensando-se o relatório.

É importante rememorar que a sentença está adstrita, como regra, ao limite de acesso aos Juizados Especiais, ou seja, limitada a 40 (quarenta) salários mínimos.

Se a instrução foi dirigida por juiz leigo, o mesmo proferirá sua decisão e, de imediato, submeterá sua decisão ao juiz togado, que poderá homologá-la, proferir outra em substituição ou, antes de se manifestar, poderá determinar a realização de atos probatórios indispensáveis que considere necessários.

Da sentença de mérito, quer dizer, não aquela homologatória de conciliação ou laudo arbitral, caberá recurso inominado para uma das Turmas Recursais do próprio Juizado, que deverá ser interposto no prazo de 10 (dez) dias com o devido preparo.

No recurso, que deverá ser interposto por petição escrita, da qual constarão as razões e o pedido do recorrente, as partes serão obrigatoriamente representadas por advogado. Para instruir o recurso, as partes podem requerer, às suas expensas, às transcrições das gravações das fitas magnéticas.

O preparo será feito, independentemente de intimação, nas 48 (quarenta e oito) horas seguintes à interposição, sob pena de deserção. Após o preparo, a Secretaria intimará o recorrido para oferecer resposta escrita no prazo de 10 (dez) dias.

O recurso inominado terá somente efeito devolutivo, podendo o juiz dar-lhe efeito suspensivo, para evitar dano irreparável para a parte.

Do julgamento pela Turma Recursal, as partes serão intimadas da data e hora da sessão de julgamento.

O julgamento em segunda instância, do qual participarão três juízes togados em exercício no próprio Juizado, constará apenas da ata, com a indicação suficiente do processo, fundamentação sucinta e parte dispositiva. Se a sentença for confirmada pelos próprios fundamentos, a súmula do julgamento servirá de acórdão.

Da sentença, assim como do acórdão, cabem embargos declaratórios se houver obscuridade, contradição, omissão ou dúvida no decisório. Esse recurso pode ser interposto por escrito ou oralmente, no prazo de 5 (cinco) dias contados da ciência da decisão.

Quando interpostos contra a sentença, os embargos declaratórios interrompem o prazo para interposição do recurso inominado.

14. DA EXTINÇÃO DO PROCESSO SEM JULGAMENTO DO MÉRITO

Extingue-se o processo sem julgamento do mérito, isto é, sem que o juiz adentre nos fatos para apurar qual é a verdade posta nos autos, além dos casos previstos em outras leis, nas seguintes hipóteses expressamente constantes da Lei do Juizado Especial, quais sejam:

a) **Autor não comparece em audiência:**

Se o autor não comparecer a qualquer das audiências do processo, seja a de conciliação seja a de instrução, o processo será extinto sem julgamento de mérito e o autor será condenado nas custas processuais. Contudo, se o autor comprovar que não compareceu em razão de força maior, o juiz poderá isentá-lo do pagamento das custas.

b) **A ação não for admissível nos Juizados:**

Pode ocorrer de a ação ser proposta e depois venha a se verificar que ela não é admissível nos Juizados. Se isso acontecer, o processo deverá ser extinto sem julgamento de mérito.

c) **Incompetência de foro:**

O processo também deverá ser extinto se for reconhecida a incompetência territorial.

d) **Incapacidade das pessoas:**

Se for reconhecido qualquer dos impedimentos previstos no art. 8º da Lei nº 9.099/95, o processo também deverá ter o mesmo fim, isto é, ser extinto sem se adentrar ao mérito.

e) **Morte do autor:**

O falecimento do autor no curso do processo também é causa de extinção sem julgamento do mérito, porém somente se a habilitação de qualquer herdeiro depender de sentença ou não se der no prazo de 30 (trinta) dias.

f) **Morte do réu:**

Ocorrendo a morte do réu incumbe ao autor promover a citação dos sucessores no prazo de 30 (trinta) dias da ciência do fato. Se o autor não fizer isso no prazo assinalado, o processo será extinto.

Importante consignar que qualquer que seja o motivo que justifique a extinção do processo sem julgamento do mérito, independerá de prévia intimação pessoal das partes.

15. DA EXECUÇÃO DOS JULGADOS

A execução de sentença far-se-á nos próprios autos e perante o mesmo Juizado que tenha julgado a causa.

Nesta fase, é possível pedir a desconsideração da personalidade jurídica que se processará nos moldes como estabelecido no Novo Código de Processo Civil (ver CPC, art. 1.062).

O que se espera é que proferida a sentença o réu cumpra espontaneamente com o que foi decidido. Não cumprida voluntariamente a sentença transitada em julgado, proceder-se-á desde logo à execução cujo requerimento de início pode ser por escrito ou verbal. Nesta fase não é necessária nova citação.

Tratando-se de obrigação de entregar, de fazer, ou de não fazer, o próprio juiz, na sentença ou na fase de execução, fixará uma multa diária, arbitrada de acordo com as condições econômicas do devedor, para forçar o devedor ao cumprimento da obrigação. Não cumprida a obrigação, o credor poderá requerer a elevação da multa ou a transformação da condenação em perdas e danos, que o juiz de imediato arbitrará, seguindo-se a execução por quantia certa, incluída a multa vencida de obrigação de dar, quando evidenciada a malícia do devedor na execução do julgado.

Tratando-se de obrigação de fazer, o juiz pode determinar o cumprimento por terceiros às custas do devedor, fixando-se desde logo o valor que o devedor deve depositar para as despesas, sob pena de multa diária.

Na alienação forçada dos bens, o juiz poderá autorizar o devedor, o credor ou terceira pessoa idônea a tratar da alienação do bem penhorado, a qual se aperfeiçoará em juízo até a data fixada para a praça ou leilão. Sendo o preço inferior ao da avaliação, as partes serão ouvidas. Se o pagamento não for à vista, será oferecida caução idônea, nos casos de alienação de bem móvel ou hipotecado o imóvel.

Cabe ainda alertar que é dispensada a publicação de editais em jornais, quando se tratar de alienação de bens de pequeno valor.

Em sua defesa o executado poderá apresentar embargos, nos próprios autos da execução, alegando eventual falta ou nulidade da citação no processo, se ele correu à sua revelia; excesso de execução; erro de cálculo; ou ainda, qualquer causa impeditiva, modificativa ou extintiva da obrigação, desde que posterior à sentença.

16. EXECUÇÃO DE TÍTULO EXTRAJUDICIAL

É cabível o ingresso da parte nos Juizados Especiais para fazer cumprir execução que decorra de título executivo extrajudicial. Nesse caso, só é cabível para os títulos cujo valor seja inferior a 40 (quarenta) salários mínimos.

A novidade é que depois de o réu citado, caso não ocorra o cumprimento, após a penhora ele será intimado para comparecimento em audiência de conciliação, na qual poderá oferecer seus embargos do devedor, por escrito ou de forma oral.

O objetivo da audiência é buscar soluções o mais rápido e eficaz para a solução do litígio, se possível com dispensa da alienação judicial, devendo o conciliador propor, entre outras medidas cabíveis, o pagamento do débito a prazo ou a prestação, a dação em pagamento ou a imediata adjudicação do bem penhorado.

Não encontrados bens do devedor passíveis de serem penhorado, o processo será imediatamente extinto, devolvendo-se os documentos ao autor.

17. DAS DESPESAS PROCESSUAIS

Em primeiro grau de jurisdição o acesso ao Juizado Especial é livre do pagamento de quaisquer despesas, sejam as custas, taxas ou honorários advocatícios.

Contudo, em segundo grau haverá o pagamento de custas. Nesse caso, o preparo do recurso, compreenderá todas as despesas processuais, inclusive aquelas dispensadas em primeiro grau de jurisdição, ressalvada a hipótese de quem tenha obtido os benefícios da assistência judiciária gratuita.

Em segundo grau, o recorrente, vencido, pagará as custas e honorários de advogado, que serão fixados entre 10% (dez por cento) e 20% (vinte por cento) do valor de condenação ou, não havendo condenação, do valor corrigido da causa.

De outro lado, na execução de julgados não serão contadas custas, salvo quando: reconhecida a litigância de má-fé; se for improcedentes os embargos do devedor; ou, tratar-se de execução de sentença que tenha sido objeto de recurso improvido do devedor.

18. HOMOLOGAÇÃO DE ACORDOS EXTRAJUDICIAIS

Admite a Lei n° 9.099/95 que os acordos extrajudiciais realizados pelas partes, de qualquer natureza ou valor, possa ser homologado pelo juízo competente, independentemente de termo. Homologado o acordo judicial, ele valerá como sentença e terá força de título executivo judicial. Aliás, essa disposição é regra geral do processo civil (ver CPC, art. 515, III).

Valerá também como título extrajudicial o acordo celebrado pelas partes, por instrumento escrito, referendado pelo órgão competente do Ministério Público.

Segunda Parte

DANO MORAL EM ESPÉCIE

Capítulo 9

Dano Moral: Bancos e Instituições Financeiras

1. NOTAS INTRODUTÓRIAS

Cumpre ressaltar inicialmente que as instituições financeiras de crédito e bancária se sujeitam às normas do Código de Defesa do Consumidor, de sorte que respondem objetivamente pelos danos que vierem a causar aos consumidores por falhas na prestação de serviço. Significa dizer que, para propor ação de reparação de dano, bastará ao consumidor lesado demonstrar a ocorrência do dano e o nexo de causalidade que o liga ao serviço defeituosamente prestado, não sendo necessário discutir a culpa do agente causador do evento lesivo.[1]

Nesse aspecto, é de esclarecer que o Supremo Tribunal Federal decidiu, em 7 de junho de 2006, que os bancos estão sujeitos às regras do Código de Defesa do Consumidor, ao julgar improcedente a ação direta de inconstitucionalidade contra o § 2º do art. 3º da Lei nº 8.078/90, que define serviços como toda e qualquer atividade fornecida ao mercado de consumo, mediante remuneração, inclusive as de natureza bancária, financeira, de crédito e securitária. Assim, os Ministros da nossa Suprema Corte entenderam ser perfeitamente aplicáveis aos bancos, sem nenhuma restrição, as regras insculpidas na lei consumerista, encerrando de vez a polêmica de que os bancos, por se subordinarem à legislação que regula o mercado financeiro, estariam fora do alcance da legislação protetiva do consumidor.[2]

1. Súmula 297 do STJ: O Código de Defesa do Consumidor é aplicável às instituições financeiras.
2. Os bancos, através da Confederação Nacional de Instituições Financeiras, propuseram, em dezembro de 2001, Ação Direta de Inconstitucionalidade (ADI) questionando, especifica-

Importante tecer essas considerações iniciais porque o fato de as demandas contra bancos serem enquadradas dentre aquelas que devem ser regidas pela lei consumerista traz, para o consumidor, algumas vantagens. Não se olvide que a aprovação da Lei nº 8.078/90 provocou uma verdadeira revolução nas concepções vigentes no direito pátrio, notadamente no que diz respeito à responsabilidade civil e às regras processuais, impondo alguns postulados que visam facilitar o efetivo exercício dos direitos do consumidor, notadamente os de serviços bancários, e, embora já tenhamos mencionado, pela importância, cabe rememorar os seguintes:

a) o princípio da da boa-fé objetiva, pelo qual se exige das partes que procedam segundo um mínimo de lealdade e padrão ético e em estrito respeito às leis (art. 4º, III), decorrendo desse princípio outros deveres anexos, tais como o dever de informação, de lealdade, de cooperação mútua e de assistência técnica;
b) a possibilidade de cumulação do dano moral com o dano patrimonial, de forma efetiva, isto é, integral, e sem tarifação, com vistas à efetiva prevenção e reparação de danos individuais ou coletivos (art. 6º, VI);
c) a inversão do ônus da prova, como forma de facilitação da defesa do consumidor em juízo (art. 6º, VIII);
d) a responsabilidade objetiva do fornecedor em face da prestação de serviços defeituosos, tanto com relação ao consumidor, ao utente, como a qualquer outra pessoa eventualmente atingida pelo evento danoso (arts. 14 e 17 c/c o art. 6º, VI);
e) a responsabilidade solidária do fornecedor por seus prepostos ou representantes autônomos, em face da teoria da aparência (art. 34);

---

mente, a aplicação do § 2º do art. 3º às instituições bancárias e financeiras. Em abril de 2002, o então Ministro Carlos Velloso (hoje aposentado) considerou aplicável a norma em questão, porém fazia uma ressalva quanto à questão dos juros, que, para ele, deveriam ser regulados pelo Sistema Financeiro Nacional. Na mesma linha de entendimento foi o voto do Ministro Nelson Jobim (também já aposentado). Todos os demais Ministros, quando da retomada do julgamento, julgaram totalmente improcedente a referida ação. Assim, por maioria de votos, decidiu-se que são aplicáveis aos bancos, em toda sua inteireza, as normas do Código de Defesa do Consumidor.

f) a obrigatoriedade dos bancos de dados e cadastros de consumidores (tipo Serasa e SPC) de informar o consumidor sobre abertura de fichas e cadastros e de suas fontes de informação (art. 43);

g) a interpretação das cláusulas contratuais sempre de forma mais favorável ao consumidor (art. 47);

h) a expressa previsão de nulidade no que tange às cláusulas consideradas abusivas (art. 51 e incisos); e,

i) a facilitação da defesa do consumidor com o estabelecimento de foro privilegiado, em se tratando de ação por responsabilidade civil, visto que a demanda poderá ser proposta no foro do seu domicílio do consumidor (art. 101, I).

Dessa forma, resta evidente que qualquer demanda, quando proposta com base na lei consumerista, carreia para seu autor algumas vantagens, tudo com a finalidade de igualizar a relação entre o consumidor (fraco) e o fornecedor (forte), justificada na máxima aristotélica de tratar igualmente os iguais e desigualmente os desiguais, na exata proporção de suas desigualdades.

Não se deve esquecer, ademais, dos princípios da vulnerabilidade e da hipossuficiência do consumidor, e do alargamento da função judicante, diante do permissivo de que o juiz, em face das máximas de experiência, e desde que verossímeis as alegações, decida a questão à luz dos princípios da boa-fé e da equidade, como forma de fazer justiça ao caso concreto. Referindo-se à equidade, preleciona Rizzatto Nunes: "a equidade supre o erro proveniente do caráter absoluto da disposição legal. Ela é, portanto, a justiça levada a cabo no caso concreto".[3]

São múltiplas as situações em que as instituições financeiras e bancárias podem vir a causar danos aos seus clientes, tanto de ordem material como moral, em razão de falhas na prestação de serviços, por exemplo: devolução de cheque com suficiente provisão de fundos; não creditação dos valores depositados em envelopes de caixa eletrônico; pagamento de cheque com assinatura falsificada; abertura de conta com documentos falsificados, entre tantas outras. Da mesma forma naquilo que diz respeito ao atendimento e abordagem de seus clien-

3. RIZZATTO NUNES, Luiz Antonio. Comentários ao Código de Defesa do Consumidor, p. 21.

tes, desrespeitando a dignidade das pessoas, expondo-as a situações vexatórias, tais como reter o cliente em porta giratória; prestar-lhe atendimento desrespeitoso; negar-lhe crédito sob argumento discriminatório etc.

Há também de ser lembrado que os bancos têm responsabilidade extracontratual com aqueles que se utilizam de seus serviços e até mesmo com aqueles que transitam nas imediações das agências bancárias, o que implica dizer que há um dever de segurança ínsito à atividade bancária que, em vindo a ser descumprido, poderá gerar o direito indenizatório para o lesado.[4]

Em razão da multiplicidade de ilícitos possíveis de ocorrência, oriundos de situações como as expostas, todas geradoras de danos às pessoas, abordaremos cada uma delas em tópicos individualizados para melhor compreensão do tema.

2. FALHAS NO SERVIÇO DE ATENDIMENTO

No concernente às falhas no atendimento ao cliente, referem-se não só à prestação do serviço, mas também ao seu direito de, por exemplo, ao adentrar uma agência bancária em busca de esclarecimento sobre os produtos ou serviços prestados pela instituição, não ser discriminado, não ser violentado em seus valores íntimos, de transitar em segurança, sem risco de ser assaltado ou vitimado em razão de deficiência nos serviços de segurança.

2.1. Dano moral por falhas de segurança

A responsabilidade das instituições bancárias com relação a seus clientes é contratual; com relação a terceiros, é extracontratual. Em ambas as situações podem ser aplicadas as normas insculpidas no Código de Defesa do Consumidor, porquanto os bancos são prestadores de serviços e, como tais, subordinados às regras consumeristas.

No desempenho de suas atividades, os bancos têm o dever de segurança ínsito ao fornecimento dos serviços. É sua responsabilidade oferecer segurança a seus clientes, bem como ao público em geral, quando em suas instalações se encontrarem, consoante o

4. Sobre o dever de segurança dos bancos, ver Lei n. 7.102/83.

disposto na Lei nº 7.102/83, que disciplina a matéria, impondo uma série de requisitos de segurança sem os quais as agências bancárias não estão autorizadas a funcionar. Em face do que determina a lei retromencionada, a doutrina e a jurisprudência têm entendido que a responsabilidade dos bancos se funda no risco integral, não cabendo invocar caso fortuito, força maior, culpa exclusiva da vítima ou fato de terceiro.[5]

Assim, acidentes ocorridos próximo a instalações bancárias (agências, caixas eletrônicos) têm gerado a obrigação indenizatória para os bancos, tanto em relação a seus clientes como a terceiros, em face de falhas na prestação desses serviços. Nessa linha de proceder, o magistrado Ênio Santarelli Zuliani já teve oportunidade de decidir sobre questão correlata, e assim o fez: "os bancos são prestadores de serviços e, por dever contratual, obrigam-se a reparar os prejuízos por vício de qualidade do serviço que prestam (art. 14 da Lei nº 8.078/98 e Lei nº 7.102/83), sem que possam invocar caso fortuito (do art. 393, do CC), como excludente da responsabilidade civil perante cliente alvejado por assaltantes que não encontraram resistência para a consumação de roubo (fortuito interno)".[6]

Também o Ministro Aldir Passarinho Júnior, do E. Superior Tribunal de Justiça, deixou assentado que, tendo ocorrido assalto "dentro da agência bancária onde o cliente sacava valor de caixa eletrônico após o horário do expediente, responde a instituição ré pela indenização respectiva, pelo seu dever de proporcionar segurança adequada no local, que está sob a sua responsabilidade exclusiva".[7]

Quer dizer, os caixas eletrônicos constituem-se um serviço colocado à disposição dos consumidores, revelando-se extensão da agência bancária, mesmo após o encerramento do expediente. Decerto, o banco tem o dever legal de garantir a segurança de todas as pessoas presentes em seu estabelecimento, bem como nas imediações de caixas eletrônicos. A jurisprudência, inclusive, consolidou o entendimento, segundo o qual esse dever de segurança remanesce mesmo no caso de roubo, que poderia ser considerado típico fato doloso de terceiro,

---

5. Nesse sentido ver Carlos Roberto Gonçalves, Responsabilidade civil, p. 354 e Sérgio Cavalieri Filho, Programa de responsabilidade civil, p. 356.
6. (TJSP, AC 135.708-4/6, 3ª C. Dir. Priv., Rel. Des. Ênio Santarelli Zuliani, j. 28-1-2003).
7. (STJ, REsp 488.310/RJ, 4ª T., DJU, 22-3-2004, p. 312).

circunstância excludente de responsabilidade. Isso porque se considera que o roubo é fato previsível na atividade bancária, restando, por isso, inserido nos seus normais riscos de exploração, sendo aquilo que a doutrina denomina de "fortuito interno". Com efeito, o artigo 14, do Código de Defesa do Consumidor prevê a responsabilidade do fornecedor pelos defeitos relativos à prestação de serviços e, em seu § 1º, define serviço defeituoso como sendo aquele que não fornece a segurança que o consumidor dele pode esperar. Sendo assim, se o réu disponibiliza o serviço, deve prestá-lo com condições mínimas de segurança, o que, infelizmente, não é verificado em nosso cotidiano, em que caixas eletrônicos são colocados em locais ermos, sem qualquer tipo de vigilância ou segurança.[8]

Ademais, não se alegue que em determinados horários a agência pode estar fechada ao público, porque se o serviço de caixa eletrônico estiver disponível aos clientes e, eventualmente sejam roubados, eles estavam realizando atividades bancárias, independente se estava no horário de expediente ou não, de sorte que se isso acontecer, o banco deve responder pela falha na prestação do serviço.

Da mesma forma se a agência bancária disponibiliza estacionamento para seus clientes. Nesse sentido o Superior Tribunal de Justiça tem decidido que, em se tratando de estacionamento de veículos oferecido por instituição financeira, o roubo sofrido pelo cliente, com subtração do valor que acabara de ser sacado e de outros pertences não caracteriza caso fortuito apto a afastar o dever de indenizar, tendo em vista a previsibilidade de ocorrência desse tipo de evento no âmbito da atividade bancária, cuidando-se, pois, de risco inerente ao seu negócio.[9]

Em se tratando do dever de segurança, portanto, entendemos que a responsabilidade dos bancos é integral, não cabendo invocar nenhuma das tradicionais excludentes de responsabilidade civil.

Provados o dano e o nexo de causalidade, nascerá para as instituições financeiras o dever inarredável de indenizar, porquanto,

---

8. (TJ-RJ – APL: 00120534520208190054, Relator: Des(a). Renata Machado Cotta, Data de Julgamento: 22/06/2022, Terceira Câmara Cível, Data de Publicação: 23/06/2022).
9. (STJ – AgInt no AgInt no REsp: 1930547 RS 2021/0095932-5, Rel: Min. Antonio Carlos Ferreira, Data de Julgamento: 14/02/2022, T4 – Quarta Turma, Data de Publicação: DJe 17/02/2022).

conforme decidiu, de forma magnífica e precursora, o Desembargador Batalha de Camargo, do Tribunal de Justiça de São Paulo, "a segurança ao público, dentro dos estabelecimentos bancários, deve ser mantida pela sua direção e em favor, primacialmente, dos usuários que correm riscos e não auferem lucros. O banco é que, ao revés, auferindo o lucro, deve assumir a responsabilidade pela culpa de seus prepostos, encarregados da segurança, quando não cumprem com o dever e permitem a lesão".[10]

2.2. Dano moral por retenção em porta giratória

A porta giratória e outros instrumentos de segurança utilizados pelas instituições bancárias são necessários e fazem parte da obrigação de segurança que estas têm de oferecer a seus clientes, funcionários e transeuntes, que, de uma forma ou de outra, utilizem ou estejam expostos aos efeitos gerados pela procura dos serviços bancários. Não se pode descurar que, nesta época em que a violência urbana atinge níveis alarmantes, a existência de porta detectora de metais nas agências bancárias é medida que se impõe para a segurança de todos, a fim de prevenir furtos e roubos no interior desses estabelecimentos de crédito. Daí ser compreensível que ocorram aborrecimentos e até mesmo transtornos causados pelo mau funcionamento do equipamento, que, às vezes, trava, acusando a presença de não mais que um molho de chaves. E dissabores dessa natureza, por si sós, não ensejam reparação por dano moral.[11]

Contudo, a utilização desses equipamentos deve realizar-se dentro de parâmetros de razoabilidade, e toda vez que houver excesso poderá surgir o dever indenizatório, já que, em diversas situações, as pessoas são expostas de maneira vexatória, o que fere o princípio da dignidade humana.

Muitas vezes o fato de a pessoa ficar retida na porta giratória não é, por si só, fonte maior de dissabores. Grave, no mais das vezes, é o desdobramento do fato, ou seja, as atitudes que a instituição bancária, através de seus prepostos, venha a tomar no momento, as quais poderão minorar os efeitos da ocorrência, fazendo com que assuma

10. (TJSP, Ap. 252.881, j. 13-7-1976, RT, 502/84).

11. (STJ, Ag. 200300937945 – (524457/RJ), 3ª T., Rel. Min. Castro Filho, DJU, 9-5-2005, p. 392).

contornos de mero dissabor ocasional, ou, ao invés, agravá-los, a ponto de, degenerando o que poderia ser um simples contratempo, transformá-lo em fonte de vergonha e humilhação, passível, agora sim, de reparação a título de dano moral.

Assim, é de concluir que pequenos dissabores - ou mesmo um prejuízo de pequena monta enfrentado em determinadas situações -, como a trava da porta giratória ao se detectar a possibilidade de o usuário estar portando algum objeto metálico, e até mesmo sua revista, com a limitação temporária do seu ingresso, enfim, a invasão da sua privacidade, com vistas tão somente a preservar a segurança da coletividade na utilização dos serviços bancários, não podem ser considerados elementos ensejadores de reparação por danos morais, mesmo porque tais dissabores já foram incorporados ao cotidiano dos indivíduos.[12]

De outro lado, a conduta dos funcionários ou prepostos da instituição que extrapola os limites do razoável, com o emprego de métodos que vão além de uma simples e corriqueira revista, determinando, por exemplo, que o usuário retire a camisa e se desfaça do cinto, adotando postura intimidatória com exposição ostensiva de armamento, ou dirigindo palavras fortes e empregando métodos coercitivos para averiguação das razões do travamento da porta, poderá, nessas circunstâncias, justificar uma reparação pelo eventual dano moral impingido em razão do tratamento dispensado ao usuário-consumidor.

Por ilustrativo, vejamos uma situação real pela qual passou uma cliente de banco que foi barrada na porta giratória e teve seu acesso negado ao interior da agência, mesmo após apresentação de documentos pessoais e vistoria de seus pertences. No caso, desde a exibição dos documentos pessoais da autora, aliás, portadora de deficiência física (próteses nos dois joelhos), bem como da averiguação de seus pertences, já era possível a autorização de sua entrada no estabelecimento bancário. Todavia, teve que aguardar do lado externo da agência, sem olvidar o acionamento da polícia militar e, por fim, diante da animosidade da situação, houve desentendimento com o segurança, sofrendo agressão verbal e física, tudo isso diante

12. (TRF 2ª R., AC 2002.02.01.001544-2 – (278446), 5ª T., Rel. Juiz fed. conv. Franca Neto, DJU, 6-12-2004, p. 139).

de pessoas que estavam na agência, fato este que, a toda evidência, causa dano moral.[13]

Repita-se: não se desconhece a necessidade de as instituições financeiras implementarem métodos de segurança em suas agências, dentre elas, o controle de ingresso de pessoas através de portas contendo detectores de metais. Contudo, a abordagem deve se dar de maneira cordial.

2.3. Dano moral em face de atitudes discriminatórias

Qualquer atitude discriminatória deve ser repudiada com todo vigor, não importando se a discriminação é em função de raça, de credo religioso, de posição social, de opção sexual ou de qualquer outro motivo, porquanto a nossa Carta Maior, de forma taxativa, assegura a igualdade a todos, sem distinção de qualquer natureza (arts. 3º, IV, e 5º, *caput*).

Não se pode permitir que, em nome da segurança, seja promovida a discriminação de pessoas a ponto de atentar contra seus valores íntimos. Embora os bancos devam zelar pela segurança, não podem, em nome desse dever, exceder os limites da urbanidade e respeito aos direitos personalíssimos de seus clientes.

Não se pode admitir, por exemplo, constrangimento e humilhação a pessoa portadora de necessidades especiais, que, por estar usando bengala, muleta ou mesmo cadeira de rodas, venha a ser barrada em porta giratória, sendo-lhe dispensado pelos prepostos dos bancos tratamento pouco ou nada digno. Em verdade, o que se espera é que essas pessoas recebam tratamento diferenciado, pois o fato de portarem alguma deficiência deveria ser motivo para facilitar-lhes a entrada em estabelecimento bancário e não o contrário.[14]

Da mesma forma é de condenar tratamento e atitudes preconceituosas com relação aos idosos, aos que normalmente estão trajados de maneira simples etc. Qualquer ato, ou mesmo palavras, atentatório

13. (TJ SP AC: 00304048220108260196 SP 0030404 82.2010.8.26.0196, Relator: Sandra Galhardo Esteves, Data de Julgamento: 30/03/2022, 12ª Câmara de Direito Privado, Data de Publicação: 30/03/2022).

14. Juiz Alexsander Fernandes Mendes, Vara Federal de Tubarão (SC), Processo n. 2002.72.07.005588-1. Disponível em: https://www.conjur.com.br/2003-jul-14/banco_condenado_barrar_deficiente_porta_sc, Acesso em 14-7-2003.

à dignidade da pessoa poderá ensejar a reparação pela via da indenização por danos morais.

Não se olvide que, em uma sociedade pautada pelo racismo estrutural como a nossa, muitas vezes a discriminação é o fundamento interno para várias atitudes que tornam as pessoas negras alvo de fiscalizações mais rigorosas e abordagens mais frequentes, o que é abominável e deve ser combatido em uma sociedade igualitária, democrática e plural.[15]

Não se esqueça ademais que, com relação às práticas discriminatórias por desrespeito à identidade de gênero e/ou orientação sexual são considerados crimes, devido à ADO nº 26/DF, tese vinculante firmada pelo Supremo Tribunal Federal em 2019, afirmando que atitudes LGBTfóbicas são abrangidas pelo conceito de "racismo social" adotado pela Lei nº 7.716/89 (Lei de Racismo).

3. FALHAS NA PRESTAÇÃO DOS SERVIÇOS

Além do dever de prestar serviços de qualidade, o fornecedor de produtos ou serviços tem um dever adicional que é o "dever de segurança" que consiste na exigência de que produtos ou serviços ofertados no mercado, ofereçam a segurança esperada, ou seja, não tenham por resultado a causação de dano aos consumidores tomados individual ou coletivamente. O dever de segurança é noção que abrange tanto a integridade psicofísica do consumidor, quanto sua integridade patrimonial.[16]

Quanto aos deveres de segurança que se espera das instituições financeiras é que ofereçam serviços seguros que não exponham seus clientes a riscos de perdas, sejam patrimoniais ou mesmo morais.

Nesse cenário diversas situações do cotidiano bancário acabam por lesionar os direitos personalíssimos de seus clientes e, em vindo a ocorrer, justifica indenizar por danos morais, vejamos.

---

15. Trecho da sentença proferida pela juíza Lorena Danielly Nobrega de Almeida disponível em: <https://www.jusbrasil.com.br/jurisprudencia/tj-sp/1410938561/inteiro-teor-1410938563> Acesso em 07.março.2023.
16. MIRAGEM, Bruno. Tendências da responsabilidade das instituições financeiras por danos ao consumidor. Revista de Direito do Consumidor. Col. 87, 2013, p. 51 – 91.

3.1. Dano moral pela inclusão indevida em banco de dados

Nos dias atuais, as situações que mais se assemelham ao abuso de direito são aquelas derivadas da relação de consumo de crédito, que, por falhas as mais diversas, acabam por implicar protestos indevidos, bem como a inclusão irregular do nome dos "maus pagadores" nos registros dos bancos de dados da Serasa e do SPC.

Evidentemente que, no exercício regular de seus direitos, as empresas credoras podem e devem negativar o nome de seus clientes inadimplentes nos serviços de proteção ao crédito, com a inclusão no sistema da Serasa ou do SPC. Tanto é assim que o próprio Código de Defesa do Consumidor reconheceu como de caráter público as entidades de proteção ao crédito e congêneres (art. 43, § 4º).[17]

Nesse particular aspecto, analisando o referido dispositivo legal, Rui Stoco afirma "inexistir proibição a que essas empresas ou entidades procedam ao registro, ainda que negativo, de atos e fatos da vida comercial da pessoa". Mais adiante conclui o magistrado paulista que, "por se constituir atividade de caráter público, passa a ter interesse social, de modo que impõe-se regramento específico e protetivo do consumidor correto e pontual".[18]

É aí que reside o nó da questão. Efetivamente, os credores podem fazer uso dos sistemas de proteção ao crédito para neles registrar o nome dos maus pagadores. Esse é um direito líquido e certo. Contudo, muitas vezes acontece que, por desorganização ou displicência, ou ainda pela complexidade e impessoalidade das grandes empresas, procede-se à inscrição irregular de clientes nesses cadastros, ou levam-se a protesto títulos que não deveriam ser protestados. Nesses casos, excede-se o limite do exercício regular de um direito para adentrar no campo do ilícito, que autoriza pleitear indenização.

Ocorre que, operado o ilícito, a sua reparação *in natura* é quase impossível, uma vez que não se pode retroceder no tempo e apagar

---

17. Art. 43. O consumidor, sem prejuízo do disposto no art. 86, terá acesso às informações existentes em cadastros, fichas, registros e dados pessoais e de consumo arquivados sobre ele, bem como sobre as suas respectivas fontes.

    (...)

    § 4º Os bancos de dados e cadastros relativos a consumidores, os serviços de proteção ao crédito e congêneres são considerados entidades de caráter público.

18. STOCO, Rui. Tratado de responsabilidade civil, p. 1478.

o ato ilicitamente praticado. Como diz o magistrado José Luiz Gavião de Almeida, "nenhuma indenização, por mais alta que possa ser, tem força de apagar os prejuízos, a humilhação e as dificuldades enfrentadas pela vítima, que teve seu crédito abalado em virtude da conduta negligente de alguém. Dinheiro algum pode devolver o bom nome de alguém que teve sua reputação indevidamente arranhada".[19]

Nos últimos tempos, controverte-se a indenização pecuniária do dano moral. Averbam-se tais indenizações como uma fonte de enriquecimento sem causa e a própria constatação desta espécie de dano, em inúmeros ilícitos, como uma trava perniciosa à vida em sociedade. Esse é o introito do bem articulado artigo escrito pelo Dr. Araken de Assis, que o utiliza para, em contraponto, afirmar com toda a veemência que, "com tais proposições, honestamente, não posso concordar. Em geral, elas provêm de contumazes contraventores de regras de conduta e de litigantes contumazes, interessados em minimizar os efeitos dos seus reiterados atos ilícitos. Ao contrário do que se alega, é imperioso, na sociedade de massas, inculcar respeito máximo à pessoa humana, frequentemente negligenciada, e a indenização do dano moral, quando se verificar ilícito e dano desta natureza, constitui um instrumento valioso para alcançar tal objetivo".[20]

Ainda no mesmo artigo, ao discorrer sobre a liquidação do dano, o renomado mestre assevera que o órgão judiciário deve agir com prudência e severidade na fixação do quantum, e explicita que, em alguns casos, a indenização deverá punir exemplarmente o ofensor, com o fito de impedir sua reiteração, citando como exemplo o caso das empresas de banco que com indiferença cruel consignam informações negativas sobre seus clientes e devedores em cadastros que vedam ou tolhem o acesso ao crédito e, posteriormente, se desculpam com o pretexto de erro operacional.

Há situações mais graves, máxime quando se verifica que empresas inescrupulosas se utilizam da ameaça de inclusão do nome do possível devedor naquele sistema legal com o único intuito de obrigar o devedor a satisfazer os supostos créditos. É a configuração do abuso de direito.

---

19. (1º TACivSP, Ap. 832.057-2, 9ª C., j. 19-3-2002, LEX-JTACSP, 195/199).
20. ASSIS, Araken de. Indenização do dano moral, Revista Jurídica, n. 236, p. 5.

Como ensina Antônio Herman de Vasconcellos e Benjamin, "evidentemente (que) todo credor – mesmo usurário – quer receber de volta o que emprestou, somado à sua remuneração. Para tanto vai, muitas vezes, às últimas consequências: a cobrança judicial. Só que esta, face aos obstáculos inerentes ao processo, não é nunca a opção primeira do credor. Em decorrência da demora e custos envolvidos em um processo judicial, o credor, provavelmente, fará uso, a princípio, de táticas extrajudiciais de cobrança".[21]

3.2. Dano moral pela inclusão em bancos de dados enquanto se discute o montante da dívida

Há diversos registros de situações em que, independentemente da eventual discussão, judicial ou extrajudicial, acerca do débito existente, o consumidor se depara com a ameaça da inclusão de seu nome em bancos de dados, o que, inegavelmente, lhe acarreta constrangimentos e dissabores, e viola os objetivos principais do estatuto. Tais situações caracterizam "desvio de finalidade dos arquivos de consumo, pois a implementação prestou-se mais para cobrar dívida, do que para proteger o crédito como originariamente previsto".[22] É o típico caso do consumidor que, não concordando com os valores que lhe são cobrados, seja com relação ao principal, seja com relação aos juros incidentes sobre a dívida, procura discutir seus débitos administrativamente. No curso das negociações depara-se com a ameaça de inclusão de seu nome nos bancos de dados de consumo, o que, a toda evidência, o coloca em posição de inferioridade na discussão sobre os elementos que compõem o montante da dívida.

Nesse sentido, quando a discussão da dívida se dá em juízo, nossos Tribunais vinham decidindo que, enquanto se discute o montante da dívida, não há falar em inclusão do nome do consumidor nos cadastros de maus pagadores. O ilustre Desembargador Vicente Barroco Vasconcelos, do Tribunal de Justiça do Rio Grande do Sul, a esse respeito se posicionou de maneira peremptória, nos seguintes termos: "Havendo discussão acerca do direito de crédito, é pelo menos razoável não fique o suposto devedor sujeito às consequências danosas

---

21. BENJAMIN, Antônio Herman de Vasconcellos e. Código brasileiro de Defesa do Consumidor, p. 255.

22. COVIZZI, Carlos Adroaldo Ramos. Práticas abusivas da Serasa e do SPC, p. 23.

do lançamento de seu nome em cadastros de maus pagadores, onde sequer lhe é concedido o direito de defesa. Há que se aplicar o bom senso, e sempre haverá maior facilidade para o credor ressarcir-se de prejuízos advindos da falta de lançamento do nome do devedor do cadastro de maus pagadores, que o devedor se livrar das consequências, às vezes, imprevisíveis, de tal inscrição".[23]

Da mesma forma, o não menos ilustre Desembargador Orlando de Almeida Perri, do E. Tribunal de Justiça do Mato Grosso, assim decidiu: "Não obstante a necessidade da existência de bancos de dados na sociedade moderna, que facilitam as relações de consumo, ele não pode servir de instrumento de coação ao consumidor, máxime quando se está a discutir a própria legitimidade do débito inscrito ou a extensão dele".[24]

Esse também era o posicionamento do Egrégio Superior Tribunal de Justiça; por exemplar, colacionamos trecho de julgado da lavra do então Ministro Ruy Rosado de Aguiar, que, decidindo matéria atinente a questão, deixou consignado: "São por demais conhecidos os efeitos negativos do registro em bancos de dados de devedores; daí por que inadequada a utilização desse expediente enquanto pende ação consignatória, declaratória ou revisional, uma vez que, inobstante a incerteza sobre a obrigação, já estariam sendo obtidos efeitos decorrentes da mora. Isso caracteriza um meio de desencorajar a parte a discutir em juízo eventual abuso contratual".[25]

A questão que se coloca é se o atraso, eventualmente existente, se deve por culpa exclusiva do devedor ou se o credor também tem sua parcela de culpa no inadimplemento. Nesse aspecto, o magistrado paulista Nivaldo Balzano, em acórdão de brilhante teor, do qual se transcreve trecho, brinda-nos com uma magnífica lição sobre inadimplemento e mora, para concluir que é necessário cautela antes do envio do nome de devedor aos registros de maus pagadores, nos seguintes termos: "Esse registro é antijurídico na medida em que não distingue a mora do inadimplemento, nem do retardamento. O inadimplemento é a não satisfação da obrigação no prazo. A mora decorre do inadimplemento comprovado, sem causa ou injusto, mas

---

23. (TJRS, AGO 197729155/RS, 7ª C. Cív., j. 18-3-1998, Juris Síntese, 164/35).
24. (TJMT, AI 9.565, 1ª C., j. 31-5-1999, RT, 770/337).
25. (STJ, REsp 172.854/SC, 4ª T., j. 4-8-1998, DJU, 8-9-1998).

nem toda retardação caracteriza a mora do devedor, podendo ocorrer de fato inimputável ao obrigado e sim imputável ao pretenso credor, como exemplo, exigência de encargos excessivos pelas instituições financeiras, aplicação de índices de reajustamentos indevidos, capitalização de juros vedada, falta de demonstração inequívoca de débito, enfim, tantas outras práticas do dia a dia que não encontram amparo no direito". E arremata: "o singelo decurso do prazo de uma obrigação, sem perquirição de outros fatores, por si só, não gera o direito de enviar os dados do retardante a um cadastro de restrições amplas ao crédito, comprometendo todas suas atividades negociais. Remetido, o autor deve responder pelos danos morais causados, sem necessidade de se comprovar o reflexo concreto porque desnecessário a partir da Constituição Federal de 1988 que contemplou o direito à reparação desse dano isoladamente".[26]

Contudo, temos de fazer uma ressalva, pois o atual posicionamento do Superior Tribunal de Justiça é no sentido de que o simples fato de a dívida estar sendo discutida em juízo não impede, por si só, a inscrição do nome do devedor em bancos de dados; assim como se tiver ocorrido a inscrição, não caracteriza dano moral. Essa orientação mais recente, que tem como precedente decisão do Min. Cesar Asfor Rocha (REsp 527.618/RS, 2ª seção, v.u., DJU, 24-11-2003), que não admite que a simples discussão judicial da dívida possa obstaculizar ou remover a negativação nos bancos de dados, exceto quando for efetivamente demonstrado o reflexo positivo da ação no valor devido (com base na jurisprudência dominante do STJ ou do STF), ou depositada ou caucionada a parte incontroversa, se o desacordo for apenas parcial.[27]

Segundo essa nova orientação do Superior Tribunal de Justiça, para obtenção da tutela antecipatória proibindo a inclusão ou para exclusão de apontamento junto a bancos de dados, o suposto devedor deverá atender aos seguintes requisitos: a) que haja ação proposta pelo devedor contestando a existência integral ou parcial do débito; b) que haja efetiva demonstração de que a contestação da cobrança indevida se funda na aparência do bom direito; c) sendo a contestação

26. (1º TACSP, Ap. 815.072-5, 5ª Câm., j. 13-12-2000, LEX-JTACSP, 188/181).

27. Nesse sentido: STJ, AgRg-Ag 1.145.419, Proc. 2009/0006437-7/SP, 4ª T., Rel. Min. Aldir Guimarães Passarinho Junior, j. 23-3-2010, DJE 16-4-2010.

apenas de parte do débito, que deposite o valor referente à parte tida por incontroversa, ou preste caução idônea, ao prudente arbítrio do magistrado.[28]

Conquanto seja um posicionamento respeitável, ousamos reafirmar nosso entendimento de que, ainda que a dívida esteja sendo discutida tão somente no âmbito administrativo, e enquanto não solucionada a pendência pelo titular do crédito, seria precipitada a inclusão do nome do devedor nos cadastros de proteção ao crédito. E tal se justifica porque, como diz Marcio de Mello Casado, "por constituir em bem público, jamais a concessão de crédito poderia estar tão simplificada ao ponto de uma simples informação na tela do computador, fria, mormente incompleta, às vezes equivocada, servir para o fechamento absoluto das portas do sistema financeiro ao pretenso consumidor de crédito". Ademais, adverte o mesmo autor que as atividades da Serasa acabaram por se converter em meio de cobrança abusiva, o que estaria a contrariar o disposto no art. 42 do estatuto consumerista.[29]

Não é por outra razão que Sebastião Flávio da Silva Filho, ainda que não acompanhado por seu pares, sentenciou: "Ninguém desconhece hoje o caráter estigmatizante decorrente da deformação da utilidade inicial desse serviço de proteção ao crédito mantido pela Serasa, o qual, se foi concebido com o bom propósito de proporcionar um cadastro geral para a segurança na concessão de créditos bancários, hoje tem mais o perfil de criar uma generalizada suspeita de insolvência ou de inadimplência contumaz, sem distinguir cada situação de 'per si'. E não é por outra razão que se valem as instituições financeiras dessa deformação para compelir a pagamento ou a renegociação de seus créditos, sabedoras de que informação sobre pendência creditícia implica gravíssimas restrições ao prosseguimento dos negócios do atingido, em face desse apontado caráter estigmatizante, verdadeira morte civil".[30]

Aliás, nesse mesmo sentido, acórdão do TJSP, da lavra do eminente Desembargador Irineu Pedrotti, que deferiu a tutela antecipada

---

28. Nesse sentido: STJ, AgRg-Ag 807.493, Proc. 2006/0190293-7/SC, 4ª T., Rel. Min. Luis Felipe Salomão, j. 23-3-2010, DJE 12-4-2010.

29. CASADO, Marcio de Mello. Proteção do consumidor de crédito bancário e financeiro, cit., p. 181.

30. Em voto vencido na Ap. 826.731-6, 9ª Câm., j. 3-8-2000, LEX-JTACSP, 186/170.

determinando a proibição (ou exclusão) do nome de cliente em cadastros restritivos de crédito, enquanto discutia-se a dívida em juízo. Ao justificar a concessão da medida, o ilustre julgador assim sentenciou: "A concessão é, nas circunstâncias, medida que se impõe, para que a Agravante possa discutir o débito sem ter que ficar monitorando a 'espada de Dâmocles'[31] que lhe paira sobre a cabeça".[32]

Assim, ainda que os tribunais tenham flexibilizado essa questão, reafirmamos nosso entendimento de que qualquer materialização da inclusão do nome do (suposto) inadimplente nos cadastros restritivos de crédito, enquanto se discute no âmbito judicial o montante da dívida, a sua origem e seus adicionais, cabe indenização por danos morais e, inclusive essa inscrição pode ser sustada, por decisão judicial, enquanto pendente processo no qual o débito esteja sendo discutido, via tutela antecipada.

3.3. Dano moral pela cobrança de dívida já paga

Inicialmente, há de se fazer um paralelo entre o previsto no Código Civil (art. 940) e o previsto no Código de Defesa do Consumidor (art. 42, parágrafo único), para melhor compreensão do tema, visto que os dois institutos tratam do mesmo procedimento.

Na dicção do Código Civil, o credor que demandar por dívida já paga ou pedir mais do que lhe for devido poderá sofrer a sanção de devolução em dobro do que estiver cobrando, no primeiro caso, ou o equivalente ao que estiver exigindo, no segundo, exceto se ocorrer a prescrição (art. 940).

Atendo-se tão somente à questão da dívida já paga, verifica-se que a pena para quem demandar a esse título, é extremamente severa. Talvez por essa razão, nossos Tribunais têm sido benevolentes na aplicação deste preceito legal, exigindo, via de regra, a demonstração do ilícito, nominando de má-fé, dolo ou, em outros casos, de malícia.

---

31. O Rei Dionísio, o Velho, tirano da Siracusa (Itália) que viveu no início do século IV a.C., convidou Dâmocles, cortesão familiar, para substituí-lo num banquete. Ele aceitou e já se sentia o homem mais feliz do mundo quando notou suspensa por um único fio de crina de cavalo uma espada sobre a sua cabeça. Por essa razão a "espada de Dâmocles" passou a simbolizar o perigo que corre um homem em plena fortuna aparente.

32. (TJSP, AI n. 990.10.101332-0, 34ª Câm. Dir. Priv., Rel. Des. Irineu Pedrotti, j. 5-4-2010, v.u., disponível no site do TJSP).

Tanto é assim, que o Supremo Tribunal Federal editou a súmula 159 que expressamente diz: "a cobrança excessiva, mas de boa-fé, não dá lugar às sanções do art. 1.531".[33]

Nessa mesma linha de proceder o Egrégio Superior Tribunal de Justiça já decidiu, pelo voto abalizado do então Ministro Aldir Passarinho Junior, que "a aplicação do art. 1.531 do Código Civil {referia-se ao Código de 1916 - ver art. 940 do Código Civil 2002} tem recebido da jurisprudência tratamento afastado da mera exegese literal da norma, exigindo, para que a indenização tenha lugar, comportamento doloso do pretenso credor, pela cobrança maliciosa da dívida sobre a qual tem plena consciência de que é indevida ou já está paga".[34]

Desta forma, segundo a previsão do art. 940 do Código Civil, há três condições para que o lesado possa pedir a repetição do indébito, quais sejam: a) que a dívida já tenha sido paga; b) que esteja sendo cobrando judicialmente; e c) que o credor tenha agido com dolo ou má-fé na cobrança da dívida. Desta forma, para que surja o direito do devedor não basta que a cobrança seja indevida, é preciso que o credor aja de forma maliciosa, buscando receber aquilo que já tenha recebido e, mais, com a intenção malévola de causar o dano, ou seja, dolosamente.

Apesar dessa posição consolidada nos nossos Tribunais, somos de entendimento contrário: basta a cobrança indevida para fazer surgir o direito do demandado à repetição ao indébito. Assim, independentemente da existência de dolo, malícia ou má-fé, o fato objetivo da cobrança indevida já autorizaria o demandado a pleitear a devida indenização, pois entendemos que o objetivo da lei é apenar o demandante pelo simples fato da cobrança abusiva. Melhor aclarando a questão: a dívida pode até existir, porém isto não autoriza que o credor acione a máquina do judiciário para cobrar a mais do que lhe é devido ou por aquilo que não lhe é devido. Desta forma, o só simples fato de propositura da ação de cobrança, já autoriza o demandado a cobrar a repetição do indébito.

De toda sorte, é importante destacar que, no que se refere ao pedido de repetição, é preciso atentar para a necessidade de proposi-

33. A referência é do Código de 1916, cujo art. 1.531 teve sua reprodução ipsis litteris no art. 940 do Código Civil de 2002.

34. (STJ – RESP 127705 – MG – 4ª T. – Rel. Min. Aldir Passarinho Junior – DJU 02.12.2002).

tura de ação autônoma ou de reconvenção, quando possível. Muitas vezes, o devedor demandado faz o requerimento na própria peça de contestação e, algumas vezes até na peça recursal que, em ambos os casos, são vias impróprias para a obtenção de sucesso. Para que sejam aplicadas as sanções previstas no art. 940 do Código Civil, é necessário que o devedor deduza tal pleito em ação própria ou mesmo em sede de reconvenção, não se admitindo que o faça, inclusive, em sede de embargos à execução, até pela total incompatibilidade de procedimento.[35]

Já no que diz respeito ao Código de Defesa do Consumidor, é preciso assinalar que, por expressa previsão legal, o consumidor somente terá direito à repetição do indébito em face daquilo que pagou em excesso, quando então, terá direito à repetição, pelo valor igual ao dobro do que pagou excessivamente, ressalvada a hipótese de engano justificável por parte do credor (art. 42, parágrafo único).

Neste caso, para que o consumidor tenha direito à repetição de indébito, é preciso preencher quatro condições: a) que a dívida seja decorrente da relação de consumo; b) que o consumidor tenha pago indevidamente determinada quantia; c) que a cobrança tenha se realizado, não importando se via extrajudicial ou judicial; e, d) que o credor tenha agido com dolo ou culpa.

Atente-se para as diferenças: no Código Civil, a simples cobrança indevida, já autoriza que o suposto devedor acione aquele que o estiver indevidamente demandando. No caso da lei consumerista, é preciso que tenha havido o pagamento indevido para autorizar a repetição do indébito. Ademais, na legislação protetiva do consumidor, não importa por que meios a cobrança e o pagamento se materializou, enquanto que no *civile codex* é necessário que a cobrança tenha sido realizada através do judiciário. No Código Civil não há ressalva quanto a erro justificável, enquanto que no Código de Defesa do Consumidor, existe a hipótese de engano justificável, como forma de exonerar o suposto credor da dívida inexistente.

Importante consignar que o consumidor tem direito à restituição em dobro do montante que tiver efetivamente pago, não bastando tão somente a cobrança indevida. Repita-se: o pagamento indevido,

35. Veja-se Carlos Roberto Gonçalves. Comentários ao Código Civil, p. 514-515.

segundo a interpretação do art. 42, parágrafo único, do Código de Defesa do Consumidor, gera para o consumidor o direito de receber em dobro a quantia paga em excesso, com correção e juros.

Cumpre assinalar por fim que, se além da cobrança indevida, suposto credor promoveu a inclusão do "devedor" nos cadastros de proteção ao crédito, não há mais falar-se em tão somente repetição de indébito, pois aí terá ocorrido, concomitantemente, uma outra violação que enseja o pedido autônomo de indenização por danos morais, qual seja – a inclusão indevida do nome do "devedor" em bancos de dados.

3.4. Dano moral pelos saques/operações com cartão magnético clonado ou roubado

Diuturnamente nos deparamos com as mais diversas situações que, derivadas das relações de consumo de crédito, acabam por lesionar a honra e o bom nome dos consumidores. Os grandes conglomerados no afã de aumentar sua clientela e, por conseguinte, seus lucros, realizam negócios sem as cautelas mínimas necessárias, tais como abertura de contas ou mesmo concessão de crédito para falsários; fornecimento de produtos ou serviços via atendimento telefônico, sem nenhuma aferição da veracidade das informações, principalmente no que diz respeito a quem está solicitando; disponibilização de serviços pela internet, além de outras várias outras situações.

Nessas circunstâncias, aquele que teve seus dados indevidamente utilizados para realização do negócio fraudulento por terceiros, somente irá descobrir o acontecido quando ocorrer o inadimplemento da prestação assumida pelo falsário/fraudador, com a consequente inclusão de seu nome nos bancos de dados de consumo. O que é mais grave, irá descobrir que seu nome se encontra negativado da pior maneira possível e imaginável, quando for utilizado de seu crédito na praça.[36]

A experiência nos mostra que nesses casos, a primeira medida que o consumidor sempre adota é reclamar perante o fornecedor de que a inscrição é indevida tendo em vista não ter realizado com ele

36. Não se esqueça que o dever de informar previamente a inscrição não se materializará por duas boas razões: a uma, porque o falsário/fraudador não irá fornecer o endereço da pessoa de quem está se servindo para lesar a praça; e, a dois, porque o banco de dados está dispensado de comunicar por AR antes de proceder a inscrição (STJ – Súmula 404).

nenhum negócio, solicitando providências quanto ao cancelamento da mesma. A experiência também nos mostra que, nesses casos, o proceder do fornecedor é sempre o mesmo, qual seja, ignorar os reclamos do consumidor. Conclusão: só resta ao consumidor lesado buscar junto ao judiciário a restauração de seus direitos.

Cabe então questionar se o fornecedor de serviços, no caso a instituição financeira, responde ou não pelos prejuízos decorrentes da clonagem do cartão de débito/crédito, por falhas na prestação dos serviços. É evidente que sim, uma vez que é dever do fornecedor zelar pela efetiva prestação de todos os seus serviços, sob pena de ver-se responsabilizado por qualquer dano causado ao consumidor, e neste dever preventivo inclui-se a segurança na prestação do serviço.

O Superior Tribunal de Justiça tem firmado a posição de que cabe às administradoras, em parceria com o restante da cadeia de fornecedores do serviço (proprietárias das bandeiras, adquirentes e estabelecimentos comerciais), a verificação da idoneidade das compras realizadas com cartões magnéticos, utilizando-se de meios que dificultem ou impossibilitem fraudes e transações realizadas por estranhos em nome de seus clientes, independentemente de qualquer ato do consumidor, tenha ou não ocorrido roubo ou furto. A vulnerabilidade do sistema bancário, que admite operações totalmente atípicas em relação ao padrão de consumo dos consumidores, viola o dever de segurança que cabe às instituições financeiras e, por conseguinte, incorre em falha da prestação de serviço. Evidente que, para a ocorrência do evento danoso, isto é, o êxito do estelionato, necessária concorrência de causas: (i) por parte do consumidor, ao fornecer o cartão magnético e a senha pessoal ao estelionatário, bem como (ii) por parte do banco, ao violar o seu dever de segurança por não criar mecanismos que obstem transações bancárias com aparência de ilegalidade por destoarem do perfil de compra do consumidor.[37]

Em época de avanços tecnológicos e científicos, em que a maioria dos bancos evita o contato cliente/funcionários, não deixando, muitas vezes, outra opção que não a utilização dos chamados caixas eletrônicos ou via aplicativos para a realização dos mais variados serviços e finalidades, não mais se pode entender segurança no serviço como mera garantia física contra roubos e furtos dentro de

37. (STJ – REsp: 1995458 SP 2022/0097188-3, Rel. Min. Nancy Andrighi, T3, DJe 18/08/2022).

seus estabelecimentos; deve aquela ser mais abrangente, ou seja, deve haver segurança em toda a gama de serviços eletrônicos colocados à disposição do consumidor.[38]

Nisso se enquadra a situação do correntista/consumidor que tem o seu cartão de crédito clonado e, posteriormente, confirma quantias sacadas ou transferida de sua conta, por meio de caixas eletrônicos ou via aplicativos. É evidente que estamos diante de um defeito da prestação do serviço em decorrência da falta de segurança no seu oferecimento, devendo a instituição financeira responder objetivamente pelos danos dele decorrente, pois restaria caracterizado o típico acidente de consumo (art. 14, § 1º, do CDC).

O mesmo pode acontecer no caso de cartão magnético roubado, porém nessa hipótese faz-se necessário que o titular do cartão faça, além do correspondente boletim de ocorrência, a prévia comunicação ao agente bancário com o fim de que possa tomar as providências de bloqueio do cartão extraviado. A falta de dessa comunicação desloca a responsabilidade para o usuário/consumidor e, se danos ocorrer, será por decorrência da culpa exclusiva da vítima.

3.5. Dano moral pela abertura de conta com documentos roubados ou falsificados

O banco que permite, sem qualquer conferência, a abertura de conta por alguém que nem sequer é apresentado por correntista e que utiliza o número de CPF de terceiro, concedendo-lhe ainda cartão de crédito e/ou cheque especial, oportunizando-lhe, assim, perpetrar fraudes, age com negligência e deve ser condenado a reparar o dano. Veja-se que em situações como essa o estelionatário frauda o comércio em geral bem como o terceiro inocente de cujos documentos se apossou, o qual terá, inevitavelmente, o seu nome inscrito em bancos de dados e seu crédito abalado em decorrência do estelionato, que não teria ocorrido se houvesse o cuidado devido na abertura de conta.

Ocorrência desse tipo, que redunda em levar o nome de inocentes para os bancos de dados de proteção ao crédito, deve merecer forte reprimenda por parte do Judiciário, com a condenação da institui-

38. (TJ-RO, Ap. 02.001574-7, C. Cív., j. 17-9-2002, Rel. Des. Renato Mimessi, RT, 806/331).

ção financeira e a fixação de um *quantum* a título de indenização ao lesado, cujo valor deve ser relevante, em face da gravidade dos fatos e da intensidade da culpa por negligência na prestação de serviços. Advirta-se que a situação pode ser ainda mais agravada se dos fatos resultar, além da inscrição do nome do lesado em bancos de dados, protesto de título.

Todos esses possíveis dissabores e constrangimentos poderiam ser evitados com a adoção de um mínimo de rigor na conferência dos documentos apresentados no momento da abertura de conta. Se o banco assim procedesse, impediria que pessoas inescrupulosas, utilizando-se de documentos furtados ou falsificados, perpetrassem seu intento de abertura de conta.

Poderíamos até considerar de má-fé essa atitude negligente dos bancos, que acabam por contribuir com esse tipo de estelionato, o qual, repetimos, poderia ser perfeitamente evitado se fosse adotada uma postura mais rígida no momento da abertura de novas contas correntes.[39]

Observe-se que o prejudicado, cujo documento furtado ou extraviado serviu para o estelionatário abrir a conta, poderá acionar o banco por falha na prestação de serviço (CDC, art. 14). Mas não é só o titular do documento indevidamente utilizado que poderá acionar o banco pelos dissabores e constrangimentos eventualmente sofridos; também o comerciante lesado tem legitimidade para acionar a instituição financeira com o intuito de ver-se indenizado pelos valores dos cheques "frios" que recebeu como pagamento, com base no que dispõe o Código de Defesa do Consumidor (art. 14 c/c o art. 17).[40]

Cabe ainda registrar que nestes casos as instituições financeiras respondem objetivamente pelos danos gerados aos seus clientes tendo em vista que essas fraudes e delitos praticados por terceiros no âmbito de operações bancárias, classifica-se como fortuito interno, isto é, falha na prestação dos serviços (ver súmula 479 do STJ).

39. (TAMG, Ap. 0336962-4 – Belo Horizonte, 1ª C. Cív., Rel. Juíza Vanessa Verdolim Andrade, j. 28-6-2001, RT, 817/381).

40. Nesse sentido ver decisão do STJ no REsp 47.335/SP julgado pela 4ª Turma, Rel. Min. Ruy Rosado de Aguiar, RT, 719/297.

3.6. Dano moral por falhas no processamento de depósito em caixas eletrônicos

Assente-se por primeiro que a responsabilidade pelo não creditamento de depósito realizado em caixa eletrônico é da instituição financeira, sendo caso típico de inversão do ônus da prova (CDC, art. 6º, VIII). Nesse sentido, conforme já deixou assentado o magistrado Dárcio Lopardi Mendes, "o depósito bancário pelo sistema de autoatendimento, disponibilizado e muitas vezes imposto, coloca os clientes à mercê da instituição financeira, porquanto não participam da operação de abertura e verificação do conteúdo do envelope utilizado. Como o cliente, consumidor no caso, encontra-se em extrema desvantagem e não tem elementos para demonstrar o depósito efetivado, a não ser o comprovante emitido pela máquina, deve ser feita a inversão do ônus da prova, cabendo ao banco tomar as providências no sentido de comprovar suas alegações".[41]

Rememore-se que a cada dia os bancos disponibilizam menos pessoas para o atendimento de seu público usuário e colocam à disposição desse mesmo público uma série de "facilidades", como os caixas eletrônicos, que servem para a realização das mais variadas operações: pagamento de contas, transferência de valores, depósito em envelopes para crédito em conta-corrente, além de inúmeras operações via aplicativos de celular.

O Superior Tribunal de Justiça já deixou assentado que, nestes casos, a responsabilidade da instituição bancária é decorrente do risco da atividade, ao disponibilizar ao usuário a alternativa de efetuar depósitos caixas eletrônicos de autoatendimento. Assim, deve ser responsabilizada pelas informações referentes ao processamento dos depósitos por meio de envelopes.[42] Quer dizer, tais operações realizadas por meio de terminal eletrônico de autoatendimento contêm cláusula que permite ao depositário conferir posteriormente o valor do depósito, sem a presença do depositante. Essa é uma condição que se pode considerar abusiva, pois reflete o desequilíbrio da relação contratual, submetendo o depositante à vontade do

41. (TAMG, Ap. 0400659-1 – (84224) – Belo Horizonte, 6ª C. Cív., Rel. Juiz Dárcio Lopardi Mendes, j. 4-12-2003, Juris Síntese, n. 54, jul./ago. 2005).

42. (STJ – AREsp: 1643549 GO 2019/0382348-2, Relator: Ministro Francisco Falcão, DJ 30/09/2022).

depositário. Na hipótese de desaparecimento do dinheiro, não há como o depositante provar que o tenha colocado no envelope de depósito, ficando dependente dos procedimentos administrativos do banco depositário. Também a cláusula que autoriza o estorno do lançamento a critério exclusivo do depositário é abusiva, podendo ser ilidida, porquanto o depósito deveria ser conferido à vista do cliente. Se isso não acontece é porque o sistema informatizado é do interesse do banco, que lucra com a substituição de funcionários pelas máquinas computadorizadas.

3.7. Fraudes em operações realizadas via Pix

Não resta a menor dúvida quando ao fato de que as transferências via Pix revolucionou o mercado financeiro com a possibilidade de movimentações bancárias super simplificadas que, em muito, facilitou a vida dos usuários dos serviços bancários. Atualmente, em poucos segundos, é possível realizar transferências ou pagamentos sem nenhuma cobrança de taxas. O lado triste da questão é que o número de golpes e fraudes com Pix vem crescendo muito nos últimos meses.

Importante destacar que os golpistas acompanham a evolução da tecnologia, buscando novas estratégias para enganar seus alvos. Principalmente por ser uma tecnologia nova, o Pix requer cuidado redobrado para o usuário não perder dinheiro.

Cumpre esclarecer que a regulamentação do Pix se deu através do Banco Central, art. 88 do Regulamento anexo à Resolução BCB nº 01/2020 tendo deixado assentado que o fornecedor (instituição financeira) ao aderir ao serviço declara ciência dos riscos da utilização de tal plataforma, *in verbis*:

"Art. 88. Ao aderir ao Pix, os participantes declaram estar cientes de que, em decorrência da natureza de suas atividades, estarão sujeitos, em especial, aos seguintes riscos:

I – operacional, conforme definido no inciso I do art. 2º da Circular nº 3.681, de 4 de novembro de 2013, e regulamentação posterior;".

A Circular nº 3.681/2013 acima referida dispõe em seu art. 2º que, para os efeitos desta Circular, define-se "risco operacional" como sendo a possibilidade de ocorrência de perdas resultantes dos seguintes eventos:

a) falhas na proteção e na segurança de dados sensíveis relacionados tanto às credenciais dos usuários finais quanto a outras informações trocadas com o objetivo de efetuar transações de pagamento;
b) falhas na identificação e autenticação do usuário final;
c) falhas na autorização das transações de pagamento;
d) fraudes internas (...).

Logo, inclusive, com fundamento no art. 33, inciso V, do regulamento do Pix (Resolução BCB nº 01/2020), é dever do fornecedor responsabilizar-se por fraudes no âmbito do Pix decorrentes de falhas nos seus mecanismos de gerenciamento de riscos.[43]

A Federação do Bancos (Febraban) fez um alerta sobre golpes envolvendo o uso do Pix. De acordo com a entidade, criminosos têm aproveitado o crescimento no uso de soluções digitais pela população para tentar aplicar golpes, principalmente com uso de técnicas de engenharia social, que consistem na manipulação psicológica do usuário para que ele lhe forneça informações confidenciais ou faça transações em favor das quadrilhas.

Sob pena de redundância vamos rememorar que a orientação jurisprudencial pátria é no sentido de que contratação dos serviços, mediante conduta praticada por terceiro falsário, por constituir risco inerente à atividade econômica das Instituições Financeiras, não elide a responsabilidade destas pelos danos daí advindos, à luz da teoria do risco profissional conforme consta da súmula 479 do STJ, de seguinte teor: "As instituições financeiras respondem objetivamente pelos danos gerados por fortuito interno relativo a fraudes e delitos praticados por terceiros no âmbito de operações bancárias".

Por fim cabe observar que se a transferência via Pix se deu de maneira voluntária pelo consumidor, através de pedido do fraudador via redes sociais como o WhatsApp, passando-se por amigo da vítima, não se pode falar em falha na prestação dos serviços bancários, pois

43. (TJ-SP – AC: 10088504120218260438 SP, Rel: Achile Alesina, Data de Julgamento: 20/06/2022, 15ª Câmara de Direito Privado, Data de Publicação: 20/06/2022).

neste caso o que ocorreu deve ser classificado como culpa exclusiva da vítima ou de terceiros.

Nessas circunstâncias o conselho que se pode dar ao público usuário é: ao receber qualquer pedido de dinheiro pare, pense e desconfie, tendo em vista que as pessoas devem sempre suspeitar quando recebe uma mensagem de algum contato dizendo estar em alguma situação de emergência. Também se deve alertar que os dados pessoais do cliente jamais são solicitados ativamente pelas instituições financeiras, tampouco funcionários de bancos ligam para clientes para fazer testes com o Pix, testes de transações, pagamentos ou estornos de lançamentos.[44]

As instituições financeiras que oferecem transação de valores por meio de Pix – modalidade de pagamento instantâneo desenvolvida pelo Banco Central do Brasil para facilitar as operações de compra e venda – devem implementar mecanismos de segurança para mitigar danos causados aos consumidores, especialmente em relação às fraudes praticadas por terceiros. Em caso de golpe decorrente de falha na segurança, o banco responde objetivamente pelos danos morais gerados ao cliente, em razão do desgaste, angústia e impotência capazes de configurar violação a direito da personalidade.[45]

Conclusão que exsurge é que, em se tratando de "golpe PIX", cabe à instituição bancária identificar o caminho do dinheiro, haja vista que todo o trânsito do valor ocorre de forma eletrônica. Assim, ao banco é disponibilizado todo o aparato para a reparação do dano, impedindo que o fraudador tenha sucesso em sua empreitada criminosa. Mesmo que o valor venha a ser sacado imediatamente após a transferência PIX fraudulenta, cabe ao banco identificar quem, onde e quando houve o saque. Da mesma forma, caso a conta beneficiada pela transferência PIX tenha sido aberta com documentos fraudados, a responsabilidade é do banco de diligenciar para impedir que um estelionatário consiga abrir conta bancária com documentos falsos.

44. Adriano Volpini, diretor do Comitê de Prevenção a Fraudes da Febraban. Artigo disponível em: https://exame.com/invest/minhas-financas/6-golpes-mais-comuns-com-o-uso-do-pix--veja-como-evitar/. Acesso em 10.4.23.

45. (TJ-DF, 07102861020228070016, Relator: Carlos Alberto Martins Filho, Terceira Turma Recursal do Distrito Federal, data de julgamento: 28/9/2022, publicado no DJe: 10/10/2022).

Pouco importa que a conta beneficiada pelo PIX seja em outro banco, tendo em vista que cabe ao banco que sofreu a fraude buscar junto às demais instituições financeiras as medidas de reparação do dano e identificação do beneficiado fraudador.[46]

Isso porque, conforme já assinalamos, o risco do empreendimento deve ser do fornecedor do serviço, e não do consumidor, e em se tratando do sistema bancário brasileiro, é notório os lucros bilionários auferidos todos os anos.

4. RESPONSABILIDADE EXTRACONTRATUAL DOS BANCOS

A responsabilidade das instituições bancárias com relação a seus clientes é contratual. Com relação a terceiros sua responsabilidade é extracontratual. Em ambas as situações podem ser aplicadas as normas insculpidas no Código de Defesa do Consumidor, porquanto os bancos são prestadores de serviços e, como tal, subordinados às regras consumeristas de sorte que, mesmo o utente eventualmente atingido, será considerado consumidor por equiparação (CDC, art. 17) e poderá se beneficiar das normas da na legislação protetiva do consumidor.

É importante destacar que os bancos, no desenvolvimento de suas atividades, têm o dever de segurança ínsito ao fornecimento dos serviços. É sua responsabilidade oferecer segurança a seus clientes bem como ao público em geral quando em suas instalações se encontrarem, porquanto a Lei n° 7.102/83, que dispõe sobre segurança para estabelecimentos financeiros, impõem uma série de requisitos de segurança, sem os quais, as agências bancárias não estariam autorizadas a funcionar. Em face do que dispõe a lei retro mencionada, a doutrina e jurisprudência tem entendido que a responsabilidade dos bancos se funda no risco integral, não cabendo invocar caso fortuito, força maior, culpa exclusiva da vítima ou fato de terceiro.[47]

Por essa razão, acidentes ocorridos próximo às instalações bancárias, tais como agências e caixas eletrônicos, têm gerado a obrigação indenizatória para os bancos, tanto em razão de acidentes com seus

46. (TRF1, Juiz Jucelio Fleury Neto, Processo: 1012269-66.2021.4.01.3100).
47. Nesse sentido, ver Carlos Roberto Gonçalves e Sérgio Cavalieri Filho.

clientes quanto com terceiros, em face de falhas na prestação destes serviços. Nessa linha de proceder o magistrado Ênio Santarelli Zuliani já teve oportunidade de decidir sobre questão correlata e assim o fez: "Os bancos são prestadores de serviços e, por dever contratual, obrigam-se a reparar os prejuízos por vício de qualidade do serviço que prestam (art. 14, da Lei nº 8.078/98 e Lei nº 7.102/83), sem que possam invocar caso fortuito (do art. 1.058, do CC {a referência é ao Código Civil de 1916}), como excludente da responsabilidade civil perante cliente alvejado por assaltantes que não encontraram resistência para a consumação de roubo (fortuito interno)".[48]

Também o Ministro Aldir Passarinho Junior, do Egrégio Superior Tribunal de Justiça, deixou assentado que tendo ocorrido assalto "dentro da agência bancária onde o cliente sacava valor de caixa eletrônico após o horário do expediente, responde a instituição ré pela indenização respectiva, pelo seu dever de proporcionar segurança adequada no local, que está sob a sua responsabilidade exclusiva".[49]

Assim, em se tratando do dever de segurança, a responsabilidade das instituições financeiras é integral, não cabendo invocar nenhuma das excludentes do nosso ordenamento jurídico. E isso se justifica exatamente em face da natureza da atividade desenvolvida, que é de extremado e permanente risco, tanto com relação aos seus funcionários, quanto aos usuários, sejam eles clientes ou não.

Provado o dano e o nexo de causalidade, nascerá para as instituições financeiras o dever inarredável de indenizar porquanto, conforme teve oportunidade de deixar assentado, de forma magnífica e precursora, o Desembargador Batalha de Camargo, do Tribunal de Justiça de São Paulo, "a segurança ao público, dentro dos estabelecimentos bancários, deve ser mantida pela sua direção e em favor, primacialmente, dos usuários que correm riscos e não auferem lucros. O banco é que, ao revés, auferindo o lucro, deve assumir a responsabilidade pela culpa de seus prepostos, encarregados da segurança, quando não cumprem com o dever e permitem a lesão".[50]

48. (TJ-SP – AC 135.708-4/6 – 3ª CDPriv. – Rel. Des. Ênio Santarelli Zuliani – J. 28.01.2003).

49. (STJ – RESP 488310 – RJ – 4ª T. – Rel. Min. Aldir Passarinho Junior – DJU 22.03.2004, p. 00312).

50. (TJ-SP – Ap. 252.881 – j. 13.07.1976 – RT 502/84).

Advirta-se ainda que a responsabilidade das instituições financeiras se estende também aos eventuais acidentes ocorridos com seus funcionários por conta do desempenho de suas funções que, neste caso, será enquadrado como acidente de trabalho.

Capítulo 10

Dano Moral em Razão do Uso de Cartão de Crédito

1. CARTÃO DE CRÉDITO FURTADO OU EXTRAVIADO

A utilização indevida de cartão de crédito por terceira pessoa, em razão de extravio ou furto, ou mesmo por clonagem, pode gerar diversas situações constrangedoras para aquela pessoa em cujo nome tenha sido emitido referido cartão.

O extravio do cartão pode dar-se em virtude de diversos motivos: quando já em uso por seu titular, nas situações em que tenha havido perda ou furto; no caso de remessa pelo correio, quando tenha sido entregue a terceira pessoa ou o próprio carteiro tenha sido vítima de assalto.

Há situações em que o usuário de cartão de crédito, por exemplo, constatando sua perda, extravio ou roubo, comunica o fato à administradora e surpreende-se, ao depois, com cobranças decorrentes da utilização do cartão após a data da comunicação. Evidente que, se ficar provada a solicitação do bloqueio do cartão de crédito em face de extravio, e a administradora permitiu o seu uso e consequente lançamento de valores na fatura, caberá ao titular do cartão ser indenizado por danos morais se, em razão desse débito posterior, ocorrer o bloqueio na utilização do cartão ou, mais grave ainda, se desse débito irregularmente apontado advier a inscrição de seu nome nos cadastros de restrição ao crédito.

Há entendimentos de que somente a partir da comunicação do furto ou do extravio é que a administradora do cartão de crédito passa a ter responsabilidade pelo seu uso indevido. Antes disso, a responsabilidade é do titular do cartão pelas despesas eventualmente realizadas, porquanto há um dever ínsito de cautela na sua guarda e conservação, que se exige de seu titular. Nesse sentido já decidiu o magistrado Ciro Bonilha, quando no extinto Primeiro Tribunal de Alçada Civil de São Paulo: "Em caso de furto de cartão de crédito, é válida a cláusula contratual que estabelece ser o titular o responsável pelas compras efetuadas, até a comunicação do fato à administradora".[1]

Contudo, essa orientação não é mais prevalente. Não se pode descurar do fato de que às administradoras de cartão de crédito incumbe o dever de ofertar serviços seguros, de sorte que devem assumir a responsabilidade se houver falhas no sistema de segurança, não podendo transferir para o consumidor os riscos do empreendimento. A inserção desse tipo de cláusula em contrato tipicamente de adesão é de ser considerada nula de pleno direito, porquanto abusiva na exata medida em que exonera as administradoras de responsabilidade legal sobre as falhas na segurança (CDC, art. 51, I), coloca o consumidor em excessiva desvantagem, mostrando-se incompatível com a equidade e boa-fé (CDC, art. 51, IV), além de estar em desacordo com o sistema de proteção ao consumidor (CDC, art. 51, XV). Ademais, é típica cláusula de não indenizar, o que é também vedado pelo estatuto consumerista (CDC, art. 25).

O risco do negócio deve ser suportado pelo administrador do cartão e não pelo consumidor final, responsabilidade que também envolve os comerciantes conveniados, os quais detêm obrigações na operação, especialmente a de conferir a identidade e a assinatura do cliente, no momento de uma compra.

Como bem deixou assentado o Des. Rubens Cury: "não é possível a administradora presumir a má-fé do usuário do cartão e a cláusula contratual que isenta a administradora da responsabilidade pelos gastos efetivados até a devida comunicação de furto e/ou roubo é abusiva, devendo ser declarada nula de pleno direito. Caso contrário, estaria anulado o risco profissional assumido pelos fornecedores de crédito".[2]

Cabe às administradoras de cartões de crédito desenvolver sistemas de prevenção e de controle quanto ao uso e aos gastos realizados

---

1. (1º TACSP, Ap. 833.357-1, 1ª C., j. 18-3-2002, Rel. Juiz Ciro Bonilha, RT, 802/232).
2. (TJ-SP, Ap. 991.09.091427-0, 18ª Câm. Dir. Priv., Rel. Des. Rubens Cury, j. 9-11– 2010, disponível no site do TJSP).

com cartões. Com isso, podem aferir gastos que refogem ao padrão do usuário; repetitividade de operações em breve espaço de tempo; e outros métodos capazes de detectar o uso indevido do cartão.

Ademais, os comerciantes são como espécies de prepostos das administradoras de cartões de crédito, incumbindo-lhes também responsabilidades. Se o comerciante aceitar a venda mediante a exibição do cartão de crédito, o mínimo que se espera é que seja diligente e, dependendo das circunstâncias, exija do comprador documento de identificação, para se certificar que se trata do titular do cartão de crédito utilizado como meio de pagamento. Mencionamos este fato porque existem casos que vão ao extremo de o titular ser do sexo feminino e a compra ser realizada por pessoa do sexo masculino.[3]

Nesse sentido é importante destacar a jurisprudência do Superior Tribunal de Justiça que tem adotado o posicionamento de considerar que se as transações contestadas forem feitas com o cartão original e mediante uso de senha pessoal do correntista, passa a ser do consumidor a incumbência de comprovar que a instituição financeira agiu com negligência, imprudência ou imperícia ao efetivar a entrega de numerário a terceiros. Contudo, se as compras foram realizadas no lapso existente entre o furto e a comunicação ao banco, tal fato não afasta a responsabilidade da instituição financeira. Isso porque cabe às administradoras, em parceria com o restante da cadeia de fornecedores do serviço (proprietárias das bandeiras, adquirentes e estabelecimentos comerciais), a verificação da idoneidade das compras realizadas com cartões magnéticos, utilizando-se de meios que dificultem ou impossibilitem fraudes e transações realizadas por estranhos em nome de seus clientes, independentemente de qualquer ato do consumidor, tenha ou não ocorrido roubo ou furto.

Quer dizer, a vulnerabilidade do sistema bancário, que admite operações totalmente atípicas em relação ao padrão de consumo dos consumidores, viola o dever de segurança que cabe às instituições financeiras e, por conseguinte, incorre em falha da prestação de serviço. Para a ocorrência do evento danoso, isto é, o êxito do estelionato, necessária concorrência de causas: (i) por parte do consumidor, ao

3. Informe constante do site do TJDFT, Processo: 2015.07.1.00663923, acesso em 14/4/23 e disponível em: <https://www.tjdft.jus.br/institucional/imprensa/noticias/2016/marco/loja-deve-ressarcir-consumidora-por-compra-efetuada-com-cartao-roubado>

fornecer o cartão magnético e a senha pessoal ao estelionatário, bem como (ii) por parte do banco, ao violar o seu dever de segurança por não criar mecanismos que obstem transações bancárias com aparência de ilegalidade por destoarem do perfil de compra do consumidor.[4]

Ademais, cabe aqui rememorar que "as instituições financeiras respondem objetivamente pelos danos gerados por fortuito interno relativo a fraudes e delitos praticados por terceiros no âmbito de operações bancárias" nos exatos termos como consta da súmula 479 do Superior Tribunal de Justiça (STJ).[5]

2. SEGURO CONTRA FURTO, ROUBO E EXTRAVIO

Todas as operadoras de cartões de crédito oferecem, como serviço adicional e remunerado, a contratação de seguro relacionado ao uso fraudulento do cartão por terceiros, inclusive nas hipóteses de perda, furto, roubo ou extravio. Nesse caso, o pagamento de despesas que não tenham sido realizadas pelo titular do cartão será assumido pelo seguro contratado. Trata-se, a bem da verdade, de exigência imposta ao consumidor, que premido pela necessidade, acaba por realizar a contratação desse serviço adicional exatamente para se ver livre de problemas decorrentes do eventual uso indevido do cartão.

Nesse cenário, a maioria dos titulares de cartões de crédito opta por contratar o seguro oferecido pelas administradoras visando, primacialmente, sua própria tranquilidade.

Ocorre que essa exigência imposta ao consumidor também pode ser considerada abusiva e conseguintemente nula, porquanto decorre da imposição da cláusula contratual de exclusão de responsabilidade.

Vamos rememorar que as instituições bancárias respondem objetivamente pelos danos causados aos consumidores por vício na prestação de serviços, consoante o disposto no Código de Defesa do Consumidor, ressalvada a culpa exclusiva do consumidor ou de terceiro (art. 14, § 3º, II). Dessa forma é nula a cláusula que impõe ao portador do cartão, com exclusividade, a responsabilidade pelas des-

4. (STJ – REsp: 1995458 SP 2022/0097188-3, Relatora: Ministra Nancy Andrighi, Data de Julgamento: 09/08/2022, T3 – Terceira Turma, Data de Publicação: DJe 18/08/2022).

5. Data da Publicação – *DJe* 1-8-2012.

pesas realizadas anteriormente à comunicação de sua perda, extravio, furto ou roubo, ou ainda quando houver suspeita da sua utilização por terceiros. A despeito de ser a instituição bancária a responsável, em regra, pela segurança das transações realizadas com cartão de crédito, haverá hipóteses em que essa responsabilidade poderá ser afastada, a exemplo da inexistência de falha na prestação do serviço ou a ocorrência de culpa exclusiva do consumidor ou de terceiros. O só fato de não estar a responsabilidade das instituições bancárias fundada no risco integral basta para justificar a contratação de seguros, cabendo ao consumidor avaliar de modo livre e consciente a conveniência de sua adesão ao respectivo contrato, desde que não configuradas as hipóteses de venda casada, inclusão de serviço não solicitado ou com informações insuficientes ou inadequadas sobre sua fruição e riscos.[6]

Assim, vale rememorar que a responsabilidade pelas eventuais despesas realizadas após o extravio, roubo ou furto do cartão é da administradora, independentemente da contratação de seguro. Mesmo que exista uma cláusula contratual nesse sentido ela deve ser considerada nula porque ela impõe exclusivamente ao consumidor a responsabilidade por compras realizadas com cartão de crédito furtado, extraviado, perdido ou roubado, até o momento da comunicação do furto à administradora, e tal cláusula coloca o consumidor em extrema desvantagem e milita contra a boa-fé e a equidade.

3. REMESSA DE CARTÃO SEM SOLICITAÇÃO DO DESTINATÁRIO

É prática corriqueira das empresas administradoras de cartões de crédito o envio destes sem a prévia solicitação do consumidor. Tal método, decorrente de campanhas promocionais agressivas, visa, em última análise, forçar o consumidor a aderir a determinada bandeira em face da suposta facilidade que lhe foi outorgada: receber um cartão de crédito em sua residência sem sequer ter tido a necessidade de solicitá-lo.

O problema surge quando, por falha na prestação do serviço, referido cartão não chega às mãos daquele para quem foi emitido.

6. (STJ – REsp: 1737411 SP 2016/0280921-6, Relator: Ministra Nancy Andrighi, Data de Julgamento: 26/03/2019, T3 – Terceira Turma, Data de Publicação: DJe 12/04/2019).

Nessas circunstâncias, o "titular" somente vai saber que foi emitido um cartão de crédito em seu nome ao receber faturas cobrando-lhe a anuidade e, eventualmente, a conta das despesas efetuadas em seu nome.

As administradoras de cartão de crédito, ao enviar o cartão pelo correio, não constatando reclamação por parte do usuário consumidor, entendem que houve uma aceitação tácita. Ocorre que, em muitas situações, apesar de o consumidor reclamar, informando que não deseja utilizar aquele cartão, é perfeitamente possível ocorrerem falhas no sistema de atendimento ao cliente e restar inútil sua comunicação. Por isso, essa é uma das situações em que nossos Tribunais têm aceitado a inversão do ônus da prova com certa naturalidade, porquanto não se poderia exigir do consumidor a prova de que não solicitou o cartão, ou a prova de que não recebeu nem utilizou o cartão.

Diz a Lei n. 8.078/90 que o fornecedor de produtos ou serviços está proibido, entre outras práticas abusivas, de enviar ou entregar ao consumidor qualquer produto, ou fornecer qualquer serviço, sem solicitação prévia nesse sentido (art. 39, *caput*, e inciso III). Portanto, o simples fato do envio de cartão de crédito sem a solicitação do usuário já estaria a configurar um ilícito. Ademais, o mesmo dispositivo legal faz expressa menção ao fato de que os produtos ou serviços assim fornecidos equiparam-se a amostra grátis, não tendo o consumidor nenhuma obrigação quanto ao pagamento, significando dizer que o produto ou serviço se torna gratuito (art. 39, parágrafo único).

Depreende-se do exposto, portanto, que a cobrança de anuidade desses cartões é ilegal mesmo quando o consumidor o receber e desejar ficar com ele. Diz a lei consumerista que a remessa do cartão de crédito sem ter sido expressamente solicitado é abusiva e não obriga o consumidor; logo, só se pode concluir que a cobrança de anuidades e outras despesas de manutenção deverão ser consideradas nulas, porquanto o serviço se equipara a amostra grátis; não pode ser cobrado.

Daí podemos afirmar que o Código de Defesa do Consumidor acaba por representar uma mudança importante no espírito das relações de consumo, de tal sorte que é preciso entender que suas normas sobre contratos impõem ao fornecedor a obrigação de adaptar suas práticas comerciais, tais como publicidade, oferta e técnica de venda, aos novos princípios emanados do estatuto consumerista – de transparência, boa-fé e equilíbrio contratual.[7]

Há de ser destacado outro ilícito cometido pelas administradoras com relação à matéria aqui versada: a violação da intimidade/privacidade do cidadão. Rememore-se que, para emitir o cartão, a administradora colheu os dados do consumidor em algum lugar, violando sua privacidade, já que os coletou e manipulou sem a devida anuência do usuário ou mesmo sem o seu conhecimento.[8]

Além disso, sendo o cartão enviado pelo correio, a situação se agrava quando há extravio ou subtração e a utilização indevida por terceira pessoa ou, ainda, quando o cartão é enviado para endereço desatualizado do consumidor e é recebido por outra pessoa, que passa a, fraudulentamente, utilizá-lo. A toda evidência que os valores decorrentes dessa utilização não poderão ser imputados ao consumidor. Os prejuízos decorrentes da utilização indevida devem ser suportados pela administradora que se expôs ao risco, presumível, de que tal fato ocorresse.

Como decorrência dessa utilização indevida, podem ocorrer cobranças indevidas e até negativação do nome do consumidor inocente em banco de dados de consumo em face daquela falsa inadimplência, já que o uso se deu por terceiro sem o conhecimento do consumidor.

Nesse sentido já decidiu o E. Superior Tribunal de Justiça, pelo voto abalizado do Ministro Aldir Passarinho Júnior, que "o banco é parte legitimada passivamente e comete ato ilícito, previsto no art. 39, inciso III, da Lei nº 8.078/90, quando, fornecendo ao cliente cartão de crédito por ele não solicitado, dá-se ulterior extravio e indevida utilização por terceiros, gerando inadimplência fictícia e inscrição do nome do consumidor em cadastros restritivos de crédito, causadora de dano moral indenizável".[9]

Para que dúvidas não pairem sobre a ilegalidade dessa prática adotada pelas administradoras de cartões de crédito, o Superior Tribunal de Justiça editou a súmula 532 de seguinte teor: "Constitui prática comercial abusiva o envio de cartão de crédito sem prévia e expressa

7. MARQUES, Claudia Lima. Contratos no Código de Defesa do Consumidor, p. 684.
8. RIZZATTO NUNES, Luiz Antonio. Comentários ao Código de Defesa do Consumidor, p. 486.
9. (STJ, REsp 514.358/MG, 4ª T., Rel. Min. Aldir Passarinho Júnior, DJU, 3-5– 2004, p. 172).

solicitação do consumidor, configurando-se ato ilícito indenizável e sujeito à aplicação de multa administrativa".[10]

A pesar da clareza mediana da súmula mencionada é importante deixar consignado que existem decisões de tribunais estaduais considerando que a simples remessa de cartão de crédito sem prévia solicitação do destinatário, embora vedado pelo Código de Defesa do Consumidor (artigo 39, III, do CDC), tal fato por si só, não dá direito à indenização por danos morais, o que é lamentável.[11]

4. INSCRIÇÃO INDEVIDA EM BANCOS DE DADOS

Já nos ocupamos da questão dos bancos de dados ao abordar o dano moral em razão das atividades bancárias, porém vale tratar novamente do assunto no que pertine aos cartões de crédito, em razão de determinadas especificidades.

Defendemos a tese de que, estando em discussão o valor da dívida, descabida a inclusão do devedor em órgãos de restrição ao crédito. Assim, se o débito apontado pela administradora estiver sendo contestado pela via judicial, incabível será o apontamento do devedor nos cadastros dos bancos de dados de consumo.

Situação muito comum nos tempos de crise econômica é a "renegociação de dívida" entre a operadora e o consumidor, resultando disso novação contratual, que significa dizer que houve uma nova constituição de dívida, com extinção e substituição da anterior (CC, art. 360, I). Se tal fato ocorreu, incumbe à administradora do cartão providenciar o cancelamento da anotação do nome do cliente nos bancos de dados de proteção ao crédito, bem como a exclusão de seu nome da chamada "lista negra", de forma imediata. Se assim não proceder, e o consumidor for submetido a constrangimento em estabelecimento comercial, em razão da não exclusão de seu nome que ainda esteja constando nos bancos de dados em face daquela dívida sobre a qual ocorreu a novação, estará se sujeitando a ter de indenizar o consumidor por dano moral.

10. Súmula 532, Corte Especial, julgado em 03/06/2015, DJe 08/06/2015.
11. (TJ-MG – AC: 10000212217426001 MG, Relator: Fernando Lins, Data de Julgamento: 23/03/2022, 20ª Câmara Cível, Data de Publicação: 24/03/2022).

Em outras situações, a operadora de cartão promove o apontamento restritivo de crédito nos bancos de dados de consumo e esse apontamento de débito se originou de lançamentos indevidos de valores na fatura de cartão de crédito. Nessa circunstância, comete ato ilícito, a ensejar indenização por danos morais, em face da afetação ao patrimônio íntimo do usuário do cartão de crédito.

Outra possibilidade, já comentada, é aquela em que o cartão é enviado pelo correio a determinado consumidor, que não o havia solicitado, e, tendo sido extraviado, vem a ser utilizado por terceira pessoa, gerando uma dívida em nome do "titular". Se em face dessa dívida fictícia o consumidor a quem o cartão foi enviado tiver seu nome apontado nos cadastros de proteção ao crédito, terá direito a indenização por danos morais em face do ilícito cometido pela operadora de cartão.

5. CANCELAMENTO OU BLOQUEIO DO CARTÃO SEM PRÉVIO AVISO

O cancelamento ou bloqueio de cartão de crédito por parte da operadora quando o cliente se encontra adimplente pode ensejar a indenização a título de dano moral, máxime se o titular do cartão vem a tomar ciência de tal impedimento ao tentar utilizá-lo em estabelecimento comercial credenciado.

O cancelamento ou bloqueio indevido de cartão de crédito, sem que tenha sido precedido da devida comunicação, dá ensejo a indenização por dano moral porque causa constrangimento ao consumidor, em face da impossibilidade de concretização das compras pretendidas, e por frustrar a legítima expectativa criada quando da contratação dos serviços oferecidos pela administradora. Ademais, é de ser considerada atitude digna de reprovação promover o cancelamento ou bloqueio de cartão de crédito sem estabelecer critérios palpáveis para tanto e sem comunicar ao usuário.

O fornecimento de crédito pelo banco é feito mediante análise do perfil do consumidor, de modo que a não concessão ou redução do crédito são atividades que, em regra, não configuram ato ilícito. Todavia, a redução, o cancelamento ou o bloqueio de limite do cartão de crédito, de forma inesperada e sem prévio aviso, viola a boa-fé contratual e configura falha na prestação do serviço.

Nossos tribunais têm decidido que, ainda que a concessão de crédito não seja um dever, mas sim uma faculdade do estabelecimento de crédito, uma vez concedido, passa a gerar no consumidor a expectativa legítima de poder usufruir dele. Em caso de cancelamento ou bloqueio injustificado do uso do cartão, dá ensejo à indenização por dano moral, posto que, além de causar situação vexatória, em face da negativa de crédito no ato de qualquer compra, frustra as legítimas expectativas do consumidor quando da contratação dos serviços. Isso representa uma conduta abusiva e ilegal, portanto, falha na prestação de serviços que dá ensejo a indenização por danos morais que, nesse caso, prescinde da prova do prejuízo in concreto, sendo o dano moral puro presumível.[12]

Em síntese, se a instituição concedeu o cartão de crédito, o cancelamento deve ser precedido de aviso, em observância ao dever de informação e à boa-fé que regem as relações consumeristas. A ausência de aviso prévio ao cancelamento da função crédito do cartão, submetendo o consumidor a constrangimento perante terceiros ante a recusa do pagamento, é suficiente para atingir os atributos da personalidade, caracterizando dano moral *in re ipsa*.[13]

---

12. (TJ-SP – AC: 10019496120218260081-SP, Relator: Salles Vieira, Data de Julgamento: 24/03/2022, 24ª Câmara de Direito Privado, Data de Publicação: 24/03/2022).
13. (TJ-DF 07164227820218070009 1614064, Relator: Edi Maria Coutinho Bizzi, Data de Julgamento: 14/09/2022, Terceira Turma Recursal, Data de Publicação: 22/09/2022).

Capítulo 11

Dano Moral por Erro Médico

1. NOTAS PRELIMINARES

A atividade médica, bem assim como dos profissionais liberais como um todo, constitui-se, em geral, em obrigação de meio, sendo certo que o descumprimento daquilo que fora contratado há que ser provado mediante a demonstração cabal de que o profissional agiu com imprudência, negligência ou imperícia. Há evidentemente exceções porquanto algumas contratações podem implicar em obrigação de resultado tal qual aquela em que o cirurgião estético possa assumir o compromisso de realização de cirurgia de embelezamento com determinados resultados buscado pelo seu cliente.[1]

Muito já se discutiu se a atividade médica seria contratual ou extracontratual. Atualmente já não há mais dúvida quanto à questão: a responsabilidade médica é contratual, ainda que se possa considerar um tipo de contrato *sui generis*, pelo qual o profissional da medicina se obriga à prestação de um serviço consciencioso e de acordo com as técnicas científicas disponíveis, sendo assim, uma obrigação de meios.[2]

Assim também é o entendimento de Miguel Kfouri Neto ao afirmar que "a jurisprudência tem sufragado o entendimento de que, quando o médico atende a um paciente, estabelece-se entre ambos um verdadeiro contrato".[3] Nesse particular aspecto, Aguiar Dias faz uma ressalva, alertando que o fato de se considerar como contratual a responsabilidade médica não tem, ao contrário do que poderia parecer,

1. Ver nossa obra Responsabilidade civil por erro médico (4ª. edição), editora Mizuno, 2023.
2. Cf. Aguiar Dias. Da responsabilidade civil, pp. 272 e segs.
3. KFOURI NETO, Miguel. Responsabilidade civil do médico, p. 53.

o resultado de presumir a culpa. O médico não se compromete a curar, mas a proceder de acordo com as regras e os métodos da profissão.[4]

Independentemente da polêmica quanto a definição da natureza jurídica da atividade médica, a conduta do médico e os resultados de sua ação há que ser aferida, qualquer que seja o resultado, com uma certa dose de flexibilidade, até porque contrariamente, não se pode atribuir responsabilidade total ao médico, porque algumas situações independem de sua vontade ou competência, como por exemplo, nos casos em que o paciente tenha uma conduta inadequada no tocante ao prescrito ou ainda se o mesmo abandona o tratamento, além do fato de que cada organismo pode reagir de forma diferente em face do mesmo tratamento.

Assim, não se pode querer ignorar os desígnios da natureza e, nem querer que o médico seja o Deus supremo da vida, sob risco de o fazendo, cometer-se uma grande injustiça na exata medida em que não se pode atribuir ao médico o poder supremo da vida, da saúde, da perfeição física e da morte, o que, sem nenhuma alusão a convicções religiosas, somente a Deus cabe decidir.[5]

Preocupado com a qualidade dos serviços médicos e especialmente com o compromisso de respeito aos pacientes, o Conselho Federal de Medicina atualizou os preceitos éticos e editou a Resolução CFM nº 2.217/2018, Código de Ética Médica (CEM), em vigor a partir de 30 de abril de 2019. O novo texto atualizou o texto anterior que era de 2009.

Neste novo texto foi mantido 26 princípios fundamentais do exercício da medicina, 11 normas diceológicas, 117 normas deontológicas e 4 disposições gerais, atento às determinações da medicina brasileira do século XXI, bem como aos avanços tecnológicos, científicos, à autonomia e direitos do paciente. Dentre esses princípios, um de transcendental importância afirma que a medicina não pode, em nenhuma circunstância, servir ao comércio.

Pela importância do tema, cabe aqui relacionar os 26 princípios fundamentais do exercício da medicina, que são os seguintes:

---

4. DIAS, Aguiar. Responsabilidade civil, v. 1, p. 273.
5. Conforme Rosana Jane Magrini. Responsabilidade civil do médico, Júris Síntese nº 31.

I – A medicina é uma profissão a serviço da saúde do ser humano e da coletividade e será exercida sem discriminação de nenhuma natureza.

II – O alvo de toda a atenção do médico é a saúde do ser humano, em benefício da qual deverá agir com o máximo de zelo e o melhor de sua capacidade profissional.

III – Para exercer a medicina com honra e dignidade, o médico necessita ter boas condições de trabalho e ser remunerado de forma justa.

IV – Ao médico cabe zelar e trabalhar pelo perfeito desempenho ético da medicina, bem como pelo prestígio e bom conceito da profissão.

V – Compete ao médico aprimorar continuamente seus conhecimentos e usar o melhor do progresso científico em benefício do paciente e da sociedade.

VI – O médico guardará absoluto respeito pelo ser humano e atuará sempre em seu benefício, mesmo depois da morte. Jamais utilizará seus conhecimentos para causar sofrimento físico ou moral, para o extermínio do ser humano ou para permitir e acobertar tentativas contra sua dignidade e integridade.

VII – O médico exercerá sua profissão com autonomia, não sendo obrigado a prestar serviços que contrariem os ditames de sua consciência ou a quem não deseje, excetuadas as situações de ausência de outro médico, em caso de urgência ou emergência, ou quando sua recusa possa trazer danos à saúde do paciente.

VIII – O médico não pode, em nenhuma circunstância ou sob nenhum pretexto, renunciar à sua liberdade profissional, nem permitir quaisquer restrições ou imposições que possam prejudicar a eficiência e a correção de seu trabalho.

IX – A medicina não pode, em nenhuma circunstância ou forma, ser exercida como comércio.

X – O trabalho do médico não pode ser explorado por terceiros com objetivos de lucro, finalidade política ou religiosa.

XI – O médico guardará sigilo a respeito das informações de que detenha conhecimento no desempenho de suas funções, com exceção dos casos previstos em lei.

XII – O médico empenhar-se-á pela melhor adequação do trabalho ao ser humano, pela eliminação e pelo controle dos riscos à saúde inerentes às atividades laborais.

XIII – O médico comunicará às autoridades competentes quaisquer formas de deterioração do ecossistema, prejudiciais à saúde e à vida.

XIV – O médico empenhar-se-á em melhorar os padrões dos serviços médicos e em assumir sua responsabilidade em relação à saúde pública, à educação sanitária e à legislação referente à saúde.

XV – O médico será solidário com os movimentos de defesa da dignidade profissional, seja por remuneração digna e justa, seja por condições de trabalho compatíveis com o exercício ético-profissional da medicina e seu aprimoramento técnico-científico.

XVI – Nenhuma disposição estatutária ou regimental de hospital ou de instituição, pública ou privada, limitará a escolha, pelo médico, dos meios cientificamente reconhecidos a serem praticados para estabelecer o diagnóstico e executar o tratamento, salvo quando em benefício do paciente.

XVII – As relações do médico com os demais profissionais devem basear-se no respeito mútuo, na liberdade e na independência de cada um, buscando sempre o interesse e o bem-estar do paciente.

XVIII – O médico terá, para com os colegas, respeito, consideração e solidariedade, sem se eximir de denunciar atos que contrariem os postulados éticos.

XIX – O médico se responsabilizará, em caráter pessoal e nunca presumido, pelos seus atos profissionais, resultantes de relação particular de confiança e executados com diligência, competência e prudência.

XX – A natureza personalíssima da atuação profissional do médico não caracteriza relação de consumo.

XXI – No processo de tomada de decisões profissionais, de acordo com seus ditames de consciência e as previsões legais, o médico aceitará as escolhas de seus pacientes relativas aos procedimentos diagnósticos e terapêuticos por eles expressos, desde que adequadas ao caso e cientificamente reconhecidas.

XXII – Nas situações clínicas irreversíveis e terminais, o médico evitará a realização de procedimentos diagnósticos e terapêuticos desnecessários e propiciará aos pacientes sob sua atenção todos os cuidados paliativos apropriados.

XXIII – Quando envolvido na produção de conhecimento científico, o médico agirá com isenção, independência, veracidade e honestidade, com vista ao maior benefício para os pacientes e para a sociedade.

XXIV – Sempre que participar de pesquisas envolvendo seres humanos ou qualquer animal, o médico respeitará as normas éticas nacionais, bem como protegerá a vulnerabilidade dos sujeitos da pesquisa.

XXV – Na aplicação dos conhecimentos criados pelas novas tecnologias, considerando-se suas repercussões tanto nas gerações presentes quanto nas futuras, o médico zelará para que as pessoas não sejam discriminadas por nenhuma razão vinculada à herança genética, protegendo-as em sua dignidade, identidade e integridade.

XXVI – A medicina será exercida com a utilização dos meios técnicos e científicos disponíveis que visem aos melhores resultados.

Após estas breves notas introdutórias, analisemos as questões quanto a cumulatividade do dano moral com o dano estético, considerando que este possa ser um dano material reflexo e, as questões voltadas à responsabilização do profissional de medicina, seus auxiliares e hospitais.

2. ERRO MÉDICO: OBRIGAÇÃO DE MEIO OU DE RESULTADO?

A disposição, no que concerne à responsabilização de médicos já tinha expressa previsão no vetusto Código Civil de 1916. Veja-se que o art. 1.545 (correspondente ao atual art. 951) exigia-se, para a responsabilização do médico, que deveria estar provado um dos três pressupostos da culpa: imprudência, negligência ou imperícia. Neste particular aspecto, cumpre destacar que no Código de Defesa do Consumidor, também aplicável às relações de prestação de serviços, nele incluído as atividades dos médicos, a aferição da responsabilidade estará também ligada à comprovação da culpa, tanto nas relações contratuais quanto extracontratuais, em razão do expressamente previsto no art. 14, § 4°,[6] que se aplica não somente aos médicos, mas aos profissionais liberais em geral.

Há um consenso, senão uma unanimidade, quanto a considerar que a obrigação que o médico assume é de meio. Ele não assume o compromisso de curar o doente, o que seria contra a lógica dos fatos, mas de prestar-lhe uma assistência conscienciosa, de acordo com as regras de sua profissão e condizente com as modernas técnicas da medicina colocadas à sua disposição. Assim, a responsabilidade médica, no geral, é subjetiva, com culpa provada (ônus do paciente).[7]

Quando se tratar de obrigação de resultado, o dever de indenizar nascerá a partir da prova de não obtenção do sucesso esperado. Esta prova caberá ao lesado que deverá demonstrar que o prestador dos serviços médico não logrou alcançar os objetivos propostos, porém a prova de que não houve negligência, imprudência ou imperícia, e que os resultados só não foram alcançados por razões estranhas ao procedimento, é do profissional. Nesse caso, a responsabilidade continua sendo subjetiva, porém com culpa presumida (ônus do médico).

Algumas atividades médicas são comumente classificadas como obrigações de resultados, tais como as de vacinações, de transfusão de sangue, exames biológicos, anestesia, dentre outras. Também se inserem nas obrigações de resultado as cirurgias plásticas.

No tocante às cirurgias plásticas há que se fazer uma diferença entre a intervenção cirúrgica com caráter corretivo e aquelas que se destinam exclusivamente a melhorar a aparência. No primeiro caso, a doutrina unanimemente classifica como obrigação de meio, tendo em vista que se busca corrigir defeito congênitos ou adquiridos em face de acidentes, sendo muitas vezes quase impossível restaurar-se a aparência por completo. Já na cirurgia de embelezamento ou cos-

---

6. Lei 8.078, de 11 de setembro de 1990:

   Art. 14. O fornecedor de serviços responde, independentemente da existência de culpa, pela reparação dos danos causados aos consumidores por defeitos relativos à prestação dos serviços, bem como por informações insuficientes ou inadequadas sobre sua fruição e riscos.

   (...)

   § 4º. A responsabilidade pessoal dos profissionais liberais será apurada mediante a verificação de culpa.

7. Nesse sentido ver Caio Mario da Silva Pereira, op. cit., p. 150; e, Sergio Cavalieri Filho, op. cit., p. 360; dentre vários outros.

metológica, a obrigação será de resultado, pois não se admite que o médico prometa o resultado pretendido pelo paciente e não o venha a alcançar.

Em que pese estas rápidas pinceladas, há que se consignar que esta situação não é pacífica na doutrina, nem na jurisprudência, havendo posições respeitáveis considerando que, mesmo na cirurgia estética de embelezamento, a obrigação continua sendo de meio.

Dentre aqueles que defendem que a cirurgia estética, qualquer que seja ela, é uma obrigação de meio, até por sua autoridade como ex-Ministro do Superior Tribunal de Justiça, destacamos o posicionamento de Ruy Rosado de Aguiar Junior. Para ele, "na cirurgia estética, o dano pode consistir em não alcançar o resultado embelezador pretendido, com frustração da expectativa, ou em agravar os defeitos, piorando as condições do paciente", concluindo que nas duas situações deva ser aplicado o princípio que norteia a obrigação de meio esclarecendo, contudo, que é possível melhor visualizar a imprudência ou imperícia do médico no segundo caso, o que justificaria exigir-se do profissional a contraprova como excludente do dever de indenizar. [8]

Independentemente das divergências doutrinárias e jurisprudenciais sobre a matéria, não podemos deixar de lembrar que o magistrado pode, a todo e qualquer momento, em face de verossimilhança do caso e da hipossuficiência do consumidor, determinar a inversão do ônus da prova, conforme expressamente autorizado pela lei consumerista (Lei n° 8.078/90, art. 6°, VIII). Tal aspecto tem relevância para os casos em que a obrigação for de meio porquanto nas obrigações de resultado, conforme já asseverado, tal inversão é da lógica natural do contrato.[9]

3. DO DANO ESTÉTICO E DO DANO MORAL

Conforme leciona Humberto Theodoro Junior, mesmo antes da Constituição de 1988, o Código Civil já continha norma específica (refere-se ao art. 1.538, § 1°, do Código de 1916) que autorizava, no caso de lesões corporais, não só o ressarcimento das perdas patrimo-

8. AGUIAR JUNIOR, Ruy Rosado de. Responsabilidade Civil do Médico. Revista dos Tribunais n° 718, Ago/1995, p. 33-53.
9. Ver nossa obra "Responsabilidade civil por erro médico", p. 71.

niais infligidas ao ofendido, como também a imposição ao ofensor de uma verba referente à lesão estética (aleijume ou deformação permanente). Considerando que, após a vigência plena da ressarcibilidade do dano moral, querer, em razão de deformidade, a indenização pela lesão deformante e também por danos morais, seria na sua opinião, um *bis in idem.*[10]

Contudo, em que pese o respeito pela douta opinião externada, ousamos considerar que, além da cumulação do dano estético com o dano moral, não se poda afastar a possibilidade de cumulação dos dois com o dano material, mormente se, do erro médico, resulta deformações que exigem para sua reparação nova intervenção, quando então estaremos diante da necessidade da fixação de um *quantum* que se destine a correção do erro e, outro aplicado a título de dano moral pelo sofrimento impingido à vítima ou a seus familiares, ou ainda, a título de pensionamento por eventual incapacitação profissional temporária ou permanente. Não poderia ser diferente porquanto se do ato médico podem decorrer prejuízos de natureza as mais diversas, tais como: morte, invalidez, deformidades, incapacitação para o exercício regular da atividade profissional ou ainda problemas orgânicos, tudo isso podendo afetar o psique do paciente ou de seus entes queridos, nada mais correto do que, independentemente dos problemas materiais decorrente do ato, que se preveja a possibilidade de ressarcimento por dano moral e por dano estético, de forma autônoma, em razão dos sofrimentos que se lhe possa acarretar.[11]

Por ilustrativo trazemos à colação posicionamento do E. Ministro Cesar Asfor Rocha, que em julgado do qual foi relator, no tocante à matéria, assim se posicionou: “Permite-se a cumulação de valores autônomos, um fixado a título de dano moral e outro a título de dano estético, derivados do mesmo fato, quando forem passíveis de apuração em separado, com causas inconfundíveis”.[12]

Da mesma forma o ilustre desembargador Flávio Pinheiro do Egrégio Tribunal de Justiça do estado de São Paulo, para quem o dano estético e o dano moral não se confundem, já que o “dano estético

---

10. THEODORO JUNIOR, Humberto. Dano moral, p. 18.
11. Veja-se a esse respeito os arts. 948 a 951 do Código Civil.
12. (STJ, 4ª. Turma, REsp. n° 210.351-RJ, j. 25.09.2000 in LEX – JSTJ e TRF – v. 137 – p. 230).

diz respeito a qualquer alteração morfológica, abrangendo aleijão e deformidades", enquanto que o "dano moral está ligado à ofensa de interesses não patrimoniais provocada por fato lesivo", concluindo que as "indenizações, por esses motivos, são acumuláveis".[13]

No mesmo sentido, a opinião abalizada do magistrado Gustavo A. K. Leite que, em julgado do qual foi relator, no qual se apreciava a possibilidade de cumulação de dano material com dano moral e dano estético, decorrente de acidente com passageiro de composição ferroviária, assim deixou assentado: "também reconhece-se a possibilidade de se acumular o dano estético com os outros dois, porque cada um deles tem fundamento diferente. O dano material traduz o que efetivamente deixou de ganhar, o moral o sofrimento suportado em consequência do acidente e o estético pela deformação sofrida".[14]

Embora a questão possa ainda suscitar controvérsias nos Tribunais estaduais, a questão restou pacificada no Superior Tribunal de Justiça com a edição da súmula 387, de seguinte teor: "É lícita a cumulação das indenizações de dano estético e dano moral".[15]

4. DEVER DE INFORMAÇÃO

Em qualquer que seja o procedimento médico, o dever de informação é inarredável. Por isso mesmo, se exige do profissional que obtenha o consentimento informado do seu paciente, ou dos parentes, antes de promover qualquer tratamento de risco ou intervenção cirúrgica, por expressa determinação do Código de Ética Médica (art. 22). Mais não é só uma obrigação ética do médico, é também um dever legal por imposição do que prescreve o Código Civil (art. 15). Além disso, a informação é direito do cliente/consumidor conforme expressamente previsto no Código de Defesa do Consumidor (art. 6°, III).

De sorte que mesmo não havendo erro médico, mas tendo ocorrido algum problema decorrente de alguma intervenção cirúrgica, o não atendimento a esse preceito, poderá significar a condenação

13. (TJ-SP, ap. Cível n° 84.756-4, j. 27.07.1999 in LEX – JTJ – Volume 225 – Página 99).
14. (TACRJ – AC 11856/93 – (Reg. 4706-2) – Cód. 93.001.11856 – 1ª C. – Rel. Juiz Gustavo A. K. Leite – J. 07.12.1993, (Ementário TACRJ 35/94 – Ementa 37141).
15. DJe STJ 01.09.2009, rep. DJe STJ 02.09.2009 e DJe STJ 03.09.2009.

do médico a indenizar por danos morais. Nesse sentido já decidiu o Superior Tribunal de Justiça pelo voto do Ministro Ary Pargendler que "o médico que deixa de informar o paciente acerca dos riscos da cirurgia incorre em negligência, e responde civilmente pelos danos resultantes da operação".[16]

Assim também o sempre Ministro Ruy Rosado de Aguiar, que deixou assentado: "A despreocupação do facultativo em obter do paciente seu consentimento informado pode significar - nos casos mais graves - negligência no exercício profissional. As exigências do princípio do consentimento informado devem ser atendidas com maior zelo na medida em que aumenta o risco, ou o dano".[17]

Verifica-se assim que o dever de informar é imprescindível e na cirurgia embelezadora, esse dever desempenha papel relevante seja no que diz respeito ao médico, seja no que diz respeito ao paciente. Por isso mesmo Miguel Kfouri Neto assevera que o médico deve, "em primeiro lugar, apreciar a veracidade das informações prestadas pelo paciente; depois verificar a oportunidade da cirurgia. Convencido da necessidade da intervenção incumbe-lhe expor ao paciente as vantagens e desvantagens, a fim de obter seu consentimento. Na cirurgia plástica estética a obrigação de informar é extremamente rigorosa. Mesmos os acidentes mais raros, as sequelas mais infrequentes, devem ser relatados, pois não há urgência, nem necessidade de se intervir" naquele organismo sadio.[18]

O sempre atual Aguiar Dias, referindo-se à cirurgia estética, advertia: "embora reconhecida a necessidade da operação, deve o médico recusar-se a ela, se o perigo de intervenção é maior que a vantagem que poderia trazer ao paciente". Alertava ainda, de que nada valia o consentimento do cliente se o médico não provasse que a operação não oferecia riscos desproporcionais em relação aos objetivos a serem buscados. Na matéria em que predomina o princípio da integridade do corpo humano, norma de ordem pública, não vale a máxima *volenti non fit injuria*.[19]

---

16. (STJ – AgRg no Ag 818144 / SP – 3a. T – Rel Min. Ary Pargendler – DJU 05.11.2007, p. 264).
17. (STJ – REsp 436827/SP – 4ª. T – Rel. Min. Ruy Rosado de Aguiar – DJ 18/11/2002, p. 228).
18. KFOURI NETO, Miguel. Responsabilidade civil do médico, p. 153.
19. AGUIAR, Dias. Da responsabilidade civil, v. 1, p. 301.

5. A PROVA DO ERRO MÉDICO E A INVERSÃO DO ÔNUS DA PROVA

Esta é outra questão tormentosa, em se tratando de erro médico e, como adverte Ruy Rosado de Aguiar, as dificuldades para a realização da prova nestes casos, são consideráveis, seja porque os fatos se desenrolam em ambientes reservados, seja porque o leigo tem dificuldades de entender e avaliar se os procedimentos estão corretos, seja ainda porque a eventual perícia para aferição da responsabilidade será sempre feita por outro colega daquele ao qual se imputa o dano, comprometendo a isenção e imparcialidade do laudo. [20]

Como se sabe, o juiz é o destinatário das provas que serão produzidas nos autos, cuja finalidade é formar o seu convencimento, cabendo-lhe deferir, ou indeferir, a realização das mesmas (CPC, art. 370). Assim, pelo sistema processual brasileiro, a questão do deferimento de uma determinada prova depende de avaliação do julgador, dentro do quadro probatório existente e da necessidade da prova requerida. Havendo hipossuficiência técnica do consumidor, a inversão do ônus da prova é pertinente ao profissional liberal (CDC, art. 6º, VIII), principalmente quando envolve questões de erro médico, já que ao profissional compete provar que agiu corretamente, dentro da técnica de sua profissão e que não causou dano ao seu paciente.[21]

Conforme leciona Ênio Santarelli Zuliani, em determinadas situações e, especialmente em algumas hipóteses de erro médico, a inversão do ônus da prova se constitui na única alternativa para que o processo civil consiga atingir a sua função de revelar ao juiz a realidade fática (prova justa), o que permitirá a expedição de uma sentença qualitativa.[22]

Assim, embora se recomende prudência ao analisar as questões voltadas a identificar o erro médico é a consequente responsabilização do profissional, não se pode deixar de destacar que, se é injusto condenar o profissional por erro a que não deu causa, mas injusto ainda, é deixar a vítima indene tão somente porque ela não se desincumbiu do rígido ônus probatório. Ou como preleciona Ênio Santarelli Zu-

20. AGUIAR JUNIOR, Ruy Rosado de. Op. cit., p. 33-53.

21. (TJ-MT – Ap 87502/2009 – Red. Des. Carlos Alberto Alves da Rocha – DJe 05.03.2010 – p. 17).

22. ZULIANI, Ênio Santarelli. Responsabilidade civil do advogado. Revista Síntese de Direito Civil e Processual Civil nº 21 – JAN-FEV/2003, p. 127.

liani, "espera-se que a 'inversão do ônus da prova' sirva ao processo socialmente justo e, tal como a pólvora que foi utilizada para mudar o mundo, transforme-se em modelo de construção de sentenças que cicatrizem, pela reparação civil, as sequelas do erro médico comprovado, pela culpa, ou não explicado pela ciência, permitindo que se projete, nesses casos, a luz da justiça".[23]

6. RESPONSABILIDADE POR ATO PRÓPRIO E POR FATO DE TERCEIRO

O médico, além de responder por ato próprio, responde também por atos de terceiros que estejam sob suas ordens, sendo certo que somente se eximirá se provar que as ações eram autônomas, de tal sorte a individualizar as condutas intervenientes no ato lesivo que se pretenda ver indenizado, mas mesmo assim, poderá ser solidariamente responsabilizado em face da culpa *in eligendo* ou *in vigilando*.

Nesse sentido posicionamento do Ministro Barros Monteiro que, em julgamento do qual foi relator e que tratava de queimaduras no paciente em face do acionamento do bisturi elétrico assim decidiu: "hipótese em que o cirurgião-chefe não somente escolheu o auxiliar, a quem se imputa o ato de acionar o pedal do bisturi, como ainda deixou de vigiar o procedimento cabível em relação àquele equipamento. Para o reconhecimento do vínculo de preposição, não é preciso que exista um contrato típico de trabalho; é suficiente a relação de dependência ou que alguém preste serviços sob o comando de outrem".[24]

O médico pode também ser responsabilizado pelo fato da coisa que pode haver em face de equipamentos inadequados que tenham sido utilizados no tratamento ou mesmo em intervenções cirúrgicas, se desse uso incorreto restar danos para o paciente.

7. RESPONSABILIDADE OBJETIVA DOS HOSPITAIS

Outro aspecto a ser abordado refere-se à responsabilidade dos hospitais naquilo que diz respeito às falhas de pessoal e de equipamentos. Neste caso, o hospital responde na condição de patrão ou comitente,

---

23. ZULIANI, Ênio Santarelli. Responsabilidade civil fundada em erro médico: inversão do ônus da prova. Revista Síntese de Direito Civil e Processual Civil nº 26 – NOV-DEZ/2003, p. 135.
24. (STJ – REsp 200831 – RJ – 4ª T. – Rel. Min. Barros Monteiro – DJU 20.08.2001 – p. 00469).

a teor do que dispõe o Código Civil, art. 932, III, e conforme já por nós assentado, responde objetivamente pelo ato culposo de seus empregados ou prepostos (art. 933), incluindo-se o médico empregado.

Cabe ainda ressaltar que, os hospitais, por serem prestadores de serviços, podem ser enquadrados dentre as regras estatuídas no Código de Defesa do Consumidor, donde também depreender que a sua responsabilidade é objetiva em face dos danos decorrentes de falhas na prestação dos serviços médicos (art. 14, *caput*).

Este não é um posicionamento pacifico tendo em vista que existem discordâncias quanto à responsabilização objetiva dos hospitais porquanto alguns doutrinadores entendem que, referindo-se à prestação de serviços médicos, a responsabilidade seria subjetiva (CDC, art. 14, 4º). Ousamos não fazer tal distinção porquanto o hospital deve responder, conforme já demonstrado, pelos atos de seus servidores funcionários, somente se eximindo do dever de reparar o dano, se provar que o defeito na prestação do serviço inexistiu, e se dano sobreveio foi por culpa exclusiva do paciente ou de terceiro (CDC, art. 14, 3º., I e II).

Nesse passo, com a sabedoria que lhe é peculiar o Ministro Ruy Rosado de Aguiar Junior já sentenciou que, "a responsabilidade dos hospitais, como pessoa jurídica, é objetiva, e até mesmo nas atividades de natureza médica, segundo a corrente doutrinária majoritária no tema, não se incluindo na exceção feita pela lei quanto aos profissionais liberais (cuja culpa tem natureza subjetiva)".[25]

Da mesma forma o Ministro Sidnei Beneti que, em recente julgamento, deixou assentado: "A responsabilidade do hospital é objetiva quanto à atividade de seu profissional plantonista (CDC, art. 14), de modo que dispensada demonstração da culpa do hospital relativamente a atos lesivos decorrentes de culpa de médico integrante de seu corpo clínico no atendimento".[26]

Ainda com relação aos serviços médicos hospitalares, embora a questão seja controvertida, entendemos que o hospital não responde pelo ato do médico que, não sendo seu funcionário, dele tão somente

---

25. (STJ, 4ª. Turma, REsp. nº 259.816-RJ, j. 27.11.2000 in LEX – JSTJ e TRF – Volume 139 – p. 221).
26. (STJ – REsp. 696.284 – (2004/0144963-1) – 3ª T – Rel. Min. Sidnei Beneti – DJe 18.12.2009 – p. 1428).

se serviu enquanto instalações para o atendimento de seu paciente, caso em que, o erro médico, se danoso, implicará na responsabilização do profissional e não do hospital.

Contudo, mesmo sendo utilizado por médico não vinculado ao seu quadro de funcionários o hospital responde objetivamente pelas falhas de equipamentos, pela qualidade das instalações, pela inadequação dos materiais utilizados, por falhas do corpo de pessoal seja clínico, seja administrativo.

Capítulo 12

Dano Moral em Face de Planos de Saúde

1. NOTAS INTRODUTÓRIAS

As empresas de planos de saúde respondem objetiva e solidariamente com os médicos e hospitais por eles credenciados, pelos danos eventualmente causados aos seus afiliados em face de falhas na prestação de serviços médico-hospitalar. E isso ocorre porque os médicos e hospitais credenciados agem, a bem da verdade, como verdadeiros prepostos das empresas de planos de saúde.

Embora possa haver discordâncias, é de se reafirmar que as empresas de planos de saúde, ao disponibilizarem uma relação de hospitais ou profissionais credenciados, há que ter se acercado das garantias mínimas de que, tais entidades e profissionais estão aptos a prestarem um serviço de boa qualidade, não podendo se eximir ao argumento de que a escolha foi feita pelo usuário dos serviços.

As operadoras de planos de assistência à saúde estão regulamentadas pela Lei nº 9.656, de 3 de julho de 1998, e encontram-se submetidas à regulamentação e fiscalização da Agência Nacional de Saúde Suplementar (ANS).[1] Além de se submeterem à lei especial e às normas de fiscalização administrativa expedidas pela agência governamental, os contratos de planos de saúde e a prestação dos serviços por eles estabelecida, estão submetidos às normas insculpidas na lei consumerista (Lei nº 8.078/90). Se dúvida restar, veja-se o que diz a Lei nº 9.656/98, em seu art. 35-G: "Aplicam-se subsidiariamente aos

1. A ANS foi criada pela Lei nº 9.961/2000.

contratos entre usuários e operadoras de produtos de que tratam o inciso I e o § 1º do art. 1º desta Lei as disposições da Lei nº 8.078, de 1990".[2]

Para espancar de vez qualquer dúvida que ainda paire sobre a questão, o Superior Tribunal de Justiça editou a Súmula 608 de seguinte teor: "Aplica-se o Código de Defesa do Consumidor aos contratos de plano de saúde, salvo os administrados por entidades de autogestão". Cumpre esclarecer que referida súmula veio em substituição à súmula 469 que, já em 2010, consolidava entendimento, de há muito pacificado no STJ, de que "a operadora de serviços de assistência à saúde que presta serviços remunerados à população tem sua atividade regida pelo Código de Defesa do Consumidor, pouco importando o nome ou a natureza jurídica que adota".[3]

Com relação aos planos de saúde cujos contratos foram firmados em data anterior à vigência da lei regulamentora, hão de se aplicar as normas gerais do Código de Defesa do Consumidor, em especial as que limitam a aplicação das cláusulas abusivas (art. 51 e seus incisos), a da interpretação mais favorável ao consumidor (art. 47) e a do princípio geral da boa-fé (art. 4º, III), como forma de preservar os direitos dos consumidores.

Cabe também anotar que a obrigação assumida pelos planos de saúde é de resultado. Da relação contratual estabelecida entre a operadora e seus associados surge uma obrigação de resultado, devendo o serviço possuir a qualidade e adequação impostas em face da nova doutrina contratual. Por esse contrato a operadora se obriga a prestar serviços médicos, reembolsar quantias, fornecer exames, alimentação, medicamentos e internações, independentemente de o consumidor se curar ou não.[4]

De destacar também que algumas situações vivenciadas cotidianamente pelos aderentes aos planos de saúde, podem ser consideradas práticas abusivas e, portanto, ensejadora de indenização por dano moral e, dentre estas, destacamos: negativa de autorização

---

2. Artigo acrescentado pela Medida Provisória nº 2.177-44, de 24 de agosto de 2001, DOU, 27-8-2001, em vigor conforme o art. 2º da EC nº 32/2001.
3. (STJ – REsp 267.530/SP, Rel. Min. Ruy Rosado de Aguiar, DJe, 12-3-2001).
4. MARQUES, Claudia Lima. Saúde e responsabilidade: seguros e planos de assistência privada à saúde, p. 125.

para internação ou tratamento; limitação temporal de internação; e, negativa de atendimento sob alegação de doença preexistente.

2. DANO MORAL POR NEGATIVA DE AUTORIZAÇÃO PARA INTERNAÇÃO OU TRATAMENTO

A recusa de autorização para internação ou para tratamento ou cirurgia por empresa de plano/seguro de saúde é motivo ensejador da reparação por danos morais, que terá caráter compensatório e de atenuação do sofrimento físico e/ou psíquico do paciente, diante da negativa de atendimento.

É importante registrar que a recusa injustificada de autorização para internação, realização de tratamento ou para cirurgia por empresa de planos de saúde constitui-se em ilícito, mormente se a prescrição emana de médico atestando aquela necessidade. A negativa de cobertura de internação de emergência gera a obrigação de indenizar o dano moral daí resultante, considerando a severa repercussão na esfera íntima do paciente, já frágil pela patologia aguda que o acomete, vindo a ser surpreendido com a informação de negativa por parte do plano de saúde.[5]

Nesse sentido é esclarecedor o posicionamento do Desembargador Nilsoni de Freitas Custódio, que, em julgado do qual foi relator, assim deixou assentado: "não se pode exigir um comportamento que fuja dos parâmetros da razoabilidade, sacrificando a consumidora, que, apesar de cumprir religiosamente com as suas obrigações, se vê coarctada de efetivar procedimento cirúrgico indicado por profissional médico, em virtude da não autorização da administradora do plano de saúde". Diante desse contexto, "a reparação do dano moral deve ser impositiva, toda vez que a prática de qualquer ato ilícito viole a esfera íntima da pessoa, causando-lhe humilhações, vexames, constrangimentos e dores".[6]

---

5. A portaria nº 3/99, da Secretaria de Direito Econômico, vinculada ao Ministério da Justiça, aditou novas cláusulas ao rol inserto no art. 51, do Código de Defesa do Consumidor, determinando serem abusivas as cláusulas que imponham limites ou restrições a procedimentos médicos contrariando prescrição médica, em contratos de planos de saúde, mesmo os firmados anteriormente à Lei nº 9.656/98.
6. (TJ-DF, ACJ 20020111007260, 1ª TRJE, Rel. Des. Nilsoni de Freitas Custodio, DJU, 13-12-2004, p. 35).

De ressaltar, todavia, que na doutrina e mesmo na jurisprudência de alguns Tribunais, no que diz respeito ao tema em comento, encontramos posicionamento divergente, sob a alegação de tratar-se de mero inadimplemento contratual, que poderia gerar, quando muito, reflexo no campo obrigacional, e, assim, devendo ser perseguida a indenização por dano material se ocorrente a internação em hospital particular, não se podendo falar em dano moral por descumprimento de contrato.

Com o devido respeito, ousamos discordar desse entendimento, porquanto a negativa das empresas operadoras dos planos de saúde não se exaure pura e simplesmente na inexecução de obrigação; tal atitude tem reflexos de natureza extrapatrimonial, na exata medida em que cria frustrações e ansiedades com a impossibilidade de realização do tratamento ou cirurgia.

O Superior Tribunal de Justiça já foi instado a manifestar-se sobre a negativa de uma empresa de seguro-saúde em autorizar o internamento de uma associada que necessitava ser submetida a cirurgia para retirada de cálculos na vesícula e, por esse motivo e pela urgência da cirurgia, teve de ser atendida em hospital público. Em seu voto o Ministro Fernando Gonçalves destacou que os danos morais não decorrem do simples inadimplemento contratual, mas da própria situação vexatória (*in re ipsa*) criada pela conduta da seguradora, marcada pelo descaso e pelo desprezo, no momento que a segurada mais precisava, omitir-se em providenciar o atendimento por médico de seus quadros e autorizar a necessária cirurgia, preferindo, em vez disso, deixar a doente sofrendo dores insuportáveis em uma emergência de hospital, tendo a associada de submeter-se ao tratamento cirúrgico em hospital público, quando tinha direito líquido e certo de ser atendida na rede conveniada.[7]

Em posicionamento intermediário encontra-se Yussef Said Cahali, para quem a reparação por dano moral só se justifica se ficar evidenciado que a seguradora agiu com manobras protelatórias, com o uso abusivo do direito ou de má-fé, sendo que o paciente deverá provar de forma cabal que a conduta da seguradora lhe impingiu sofrimento, angústia ou mesmo aflição.[8]

---

7. (STJ, 4ª T., REsp 357.404/RJ (2001/0132984-3), Rel. Min. Fernando Gonçalves, j. 4-10-2005, DJU, 24-10-2005, p. 327).
8. CAHALI, Yussef Said. Dano moral, p. 584.

3. DANO MORAL EM FACE DA LIMITAÇÃO TEMPORAL DA INTERNAÇÃO

Mas não é só a negativa de internação que gera dano moral. Pode ocorrer que a autorização seja concedida por determinado período, findo o qual o paciente ficará excluído da proteção de seu plano de saúde. Nessas circunstâncias, a limitação do tempo de internação, no caso de doença coberta pelo plano de saúde, é cláusula abusiva, sendo pertinente a indenização por dano moral, pois se depreende que da negativa de manutenção da internação advêm abalos psíquicos, além dos constrangimentos naturais que o paciente ou seus familiares enfrentam para encerrar a internação, sabendo que a patologia continua em curso.

Nesse diapasão, basilar o voto do saudoso Ministro Carlos Alberto Menezes Direito, que, tratando da limitação temporal da internação, considerou que "é abusiva a cláusula que limita no tempo a internação do segurado, o qual prorroga a sua presença em unidade de tratamento intensivo ou é novamente internado em decorrência do mesmo fato médico, fruto de complicações da doença, coberto pelo plano de saúde. O consumidor não é senhor do prazo de sua recuperação, que, como é curial, depende de muitos fatores, que nem mesmo os médicos são capazes de controlar. Se a enfermidade está coberta pelo seguro, não é possível, sob pena de grave abuso, impor ao segurado que se retire da unidade de tratamento intensivo, com o risco severo de morte, porque está fora do limite temporal estabelecido em uma determinada cláusula. Não pode a estipulação contratual ofender o princípio da razoabilidade, e se o faz, comete abusividade vedada pelo art. 51, IV, do Código de Defesa do Consumidor. Anote-se que a regra protetiva, expressamente, refere-se a uma desvantagem exagerada do consumidor e, ainda, a obrigações incompatíveis com a boa-fé e a equidade".[9]

Da mesma forma o posicionamento do sempre Ministro Ruy Rosado de Aguiar Júnior considerando que "a limitação do número de dias de internação não prevalece quando o doente tiver a necessidade, reconhecida pelo médico que ordenou a sua baixa em

9. (STJ, REsp 158.728/RJ, 3ª T., Rel. Min. Carlos Alberto Menezes Direito, j. 16– 3-1999, LEX-JSTJ e TRF, 122/188).

estabelecimento hospitalar, de ali permanecer por mais tempo do que o inicialmente previsto no contrato de seguro-saúde. A natureza desse contrato e a especificidade do direito a que visa proteger estão a exigir sua compreensão à luz do direito do contratante que vem a necessitar do seguro para o pagamento das despesas a que não pode se furtar, como exigência do tratamento de sua saúde".[10]

Aliás, foi com base nesses precedentes, dentre outros, que a matéria restou sumulada pelo E. Superior Tribunal de Justiça, nos seguintes termos: "É abusiva a cláusula contratual de plano de saúde que limita no tempo a internação hospitalar do segurado" (Súmula 302).

No que diz respeito aos chamados planos novos, aqueles submetidos ao regime da Lei nº 9.656/98, a própria lei prevê proteção aos aderentes aos planos de saúde, pois estabelece de maneira clara que é vedada a limitação do prazo de internação, admitindo-se a exclusão tão somente para os procedimentos obstétricos (art. 12, II).

Dessa forma, qualquer limitação temporal ao período de internação é ilegal e abusiva, autorizando o consumidor a bater às portas do Judiciário para fazer cumprir o contrato de plano de saúde, sem prejuízo de eventual indenização por danos morais em face dos transtornos porventura decorrentes da limitação imposta.

Apesar de tudo quanto acima externado é preciso destacar que no tocante as internações psiquiátricas, a ANS editou a Resolução Normativa nº 428/2017 prevendo a possibilidade de coparticipação, ressalvando, porém, que referida coparticipação somente poderá ser exigida após ultrapassados 30 dias de internação contínuos ou não, nos 12 meses de vigência, estando limitada ao máximo de 50% do valor contratado entre a operadora e o respectivo prestador de serviços de saúde.

De destacar que o Superior Tribunal de Justiça validou, por assim dizer, referida resolução pois em julgamento pelo rito de recurso repetitivos, em dezembro de 2020, a 2ª Seção deixou assentado a seguinte tese: "Nos contratos de plano de saúde não é abusiva a cláusula de coparticipação expressamente ajustada e informada ao consumidor, à razão máxima de 50% (cinquenta por cento) do valor das despesas, nos casos de internação superior a 30 (trinta) dias por

10. (STJ, REsp 251.024/SP (2000.0023828-7), j. 27-9-2000, LEX-JSTJ e TRF, 151/127).

ano, decorrente de transtornos psiquiátricos, preservada a manutenção do equilíbrio financeiro".[11]

Advirta-se que tal limitação apenas se aplica as internações porquanto com relação ao número de sessão a ANS aprovou em 2022 o fim da limitação do número de consultas e sessões com psicólogos, fonoaudiólogos, terapeutas ocupacionais e fisioterapeutas. A medida vale para os usuários de planos de saúde com qualquer doença ou condição de saúde listada pela Organização Mundial de Saúde, como, por exemplo, paralisia cerebral, síndrome de Down e esquizofrenia.

Dessa forma, foram excluídas as Diretrizes de Utilização (condições exigidas para determinadas coberturas) para as consultas e sessões com psicólogos, fonoaudiólogos, terapeutas ocupacionais e fisioterapeutas, e o atendimento passará a considerar a prescrição do médico assistente.

4. DANO MORAL POR NEGATIVA DE ATENDIMENTO SOB ALEGAÇÃO DE DOENÇA PREEXISTENTE

Também a negativa de atendimento sob o argumento de que o consumidor é portador de doença preexistente, é exigência que pode ser considerada iníqua e abusiva, logo incompatível com os princípios da boa-fé e da equidade (CDC, art. 51, III).

A lei que regulamenta a atuação dos planos de saúde no mercado brasileiro (Lei nº 9.656/98) estabelece claramente que é vedada a exclusão de cobertura às doenças e lesões preexistentes à data da contratação dos planos ou seguros de saúde, depois de decorrido vinte e quatro meses da contratação, condicionado a que a operadora prove que o consumidor tinha conhecimento prévio da moléstia que o acometia (art. 11). Quer dizer, até o prazo de 24 meses da contratação, mesmo que o cliente seja portador de doença preexistente, cabe ao plano de saúde provar duas coisas: a) que, de fato a doença era preexistente à contração: e, b) que o consumidor sabia disso e omitiu no momento da celebração do contrato. Porém, passados os vinte e quatro meses, não há mais falar-se em doença preexistente.

11. (STJ, REsp 1755866/SP, Rel. Min. Marco Buzzi, 2ª Seção, julgado em 09/12/2020, DJe 16/12/2020).

Do texto de lei extraem-se duas situações: primeira – o consumidor portador de doença preexistente não está impedido de ser atendido, a qualquer tempo, mas não fará jus à cobertura se a operadora provar que, à época da contratação, ele tinha pleno conhecimento da moléstia que o acometia (típico caso de inversão do ônus da prova); segundo – decorrido o prazo de vinte e quatro meses, a partir da assinatura do contrato, não poderá ver-se excluído de atendimento porque terá ocorrido a carência que a própria lei estabelece, de tal modo que, mesmo sendo a doença preexistente, isso não autorizará negativa por parte da seguradora.

Veja-se: no primeiro caso, não basta alegar que não transcorreu o prazo estabelecido de vinte e quatro meses; é preciso que a seguradora arque com o ônus da prova de que o consumidor tinha conhecimento prévio da doença; no segundo caso, não há argumentação possível para excluir o atendimento porque a lei criou uma espécie de carência estabelecendo que, transcorrido o período de vinte e quatro meses, não há falar em exclusão sob o argumento de doença preexistente.

Nesse aspecto, nossos tribunais já vinham decidindo, mesmo para os contratos firmados em data anterior à promulgação da lei dos planos de saúde, que "a empresa que explora plano de saúde e admite o associado sem prévio exame de suas condições de saúde, e passa a receber as suas contribuições, não pode escusar-se ao pagamento da sua contraprestação, recusar a assistência devida sob a alegação de que o segurado deixara de prestar informações sobre o seu estado de saúde".[12]

O Superior Tribunal de Justiça tem, jurisprudência consolidada, de um lado, que o reconhecimento da má-fé do segurado quando da contratação do seguro-saúde necessita ser devidamente comprovada, não podendo ser presumida, e, de outro, que não pode a seguradora recusar a cobertura securitária alegando a existência de doença pré-existente se deixou de exigir, antes da contratação, a realização de exames médicos pela parte segurada. Nesse sentido é o teor da súmula 609: "A recusa de cobertura securitária, sob a alegação de doença

12. (STJ, 4ª T., REsp 86.095 (96.0003009-0) – SP, Rel. Min. Ruy Rosado de Aguiar, j. 22-4-1996, LEX-STJ, 86/233).

preexistente, é ilícita se não houve a exigência de exames médicos prévios à contratação ou a demonstração de má-fé do segurado".[13]

Ademais, é pacífica a jurisprudência do STJ no sentido de reconhecer a existência do dano moral nas hipóteses de recusa injustificada pela operadora de plano de saúde, em autorizar tratamento a que estivesse legal ou contratualmente obrigada, por configurar comportamento abusivo.

Tratando-se dos casos de urgência ou emergência, a lei reguladora dos planos de saúde não firmou nenhum limite temporal de atendimento ao paciente e consignou que a carência, nessa hipótese, seria apenas e tão-somente de vinte e quatro horas (art. 12, V, c), de sorte a afirmar que, nos casos de urgência ou emergência, as operadoras de planos de saúde não podem alegar doença preexistente como forma de impedir o acesso ao atendimento médico-hospitalar de urgência.

Nesse sentido o Superior Tribunal de Justiça colocou, por assim dizer, uma pá de cal sob o tema ao editar a súmula 597, de seguinte teor: "A cláusula contratual de plano de saúde que prevê carência para utilização dos serviços de assistência médica nas situações de emergência ou de urgência é considerada abusiva se ultrapassado o prazo máximo de 24 horas contado da data da contratação".

5. SOLIDARIEDADE PASSIVA ENTRE PLANOS DE SAÚDE, MÉDICOS E HOSPITAIS

As empresas operadoras de planos de saúde são solidariamente responsáveis, juntamente com os médicos e hospitais credenciados, que agem, em verdade, como seus verdadeiros prepostos. Registre-se que há discordância; contudo, as empresas de planos de saúde, ao disponibilizarem uma relação de hospitais ou profissionais credenciados, hão de ter-se acercado das garantias mínimas de que tais entidades estão aptas a prestar um serviço de boa qualidade, não podendo se eximir ao argumento de que a escolha foi feita pelo usuário dos serviços.

13. Devemos consignar que o Superior Tribunal de Justiça editou súmula 609 que, embora trate de contrato de seguro, não resta dúvida que referida súmula pode ser perfeitamente aplicável aos planos de saúde, conforme já deixou assentado o ilustre Ministro Raul Araújo (STJ – AgInt no AREsp: 1919305 SP 2021/0185619-0, Data de Julgamento: 25/10/2021, T4 – Quarta Turma, Data de Publicação: DJe 26/11/2021).

Neste particular aspecto, o Ministro Aldir Passarinho Júnior foi enfático ao proferir voto cuja ementa tem o seguinte teor: "A prestadora de serviços de plano de saúde é responsável, concorrentemente, pela qualidade do atendimento oferecido ao contratante em hospitais e por médicos por ela credenciados, aos quais aquele teve de obrigatoriamente se socorrer sob pena de não fruir da cobertura respectiva".[14]

Não dissente desse pensar a Ministra Nancy Andrighi, ao afirmar que "o médico contratado pelo plano de saúde não é um empregado do plano, é um prestador de serviços autônomo que a operadora contrata para atender a convênios que firme com o objetivo de lucro. Portanto, responde concorrentemente porque contrata para em seu nome prestar o serviço que se comprometeu com os conveniados. Os objetivos do plano de saúde não se limitam a administrar e cobrir os custos da prestação de serviço médico. Além dessa prestação, assume a obrigação de prestar o serviço médico mediante profissionais qualificados e capazes de observarem as regras científicas e técnicas da ciência médica. Por isso, em qualquer acidente de consumo, isto é, falha no serviço prestado pelo médico, impõe-se a responsabilidade pelos danos para a operadora e o médico, sendo que aquela responderá objetivamente em virtude do risco proveito assumido pela empresa que desenvolve esta atividade com a finalidade de lucro.[15]

O Superior Tribunal de Justiça reafirmou esse posicionamento em julgamento do qual foi relator o desembargador convocado Honildo de Mello Castro, em caso de erro médico ocorrido no Rio Grande do Sul contra uma consumidora que foi internada para fazer coleta de material num dos seios e teve, sem seu consentimento, as duas mamas retiradas. O STJ reconheceu a legitimidade passiva do plano de saúde é do médico pelos danos causados à paciente. Tal entendimento – já pacificado pelos ministros do Tribunal, com vários precedentes – de que quem se compromete a prestar assistência médica, por meio de profissionais que indica, é responsável pelos serviços que estes prestam. Isso porque o plano de saúde tinha alegado, anteriormente, ilegitimidade passiva em relação a ação. Nesse caso inclusive, a condenação restou majorada de R$ 50 mil para R$ 120 mil porque, segundo o relator, no caso concreto as particularidades supracitadas "acabam

14. (STJ – REsp. n° 164.084-SP – 4ª. T. – Rel. Min. Aldir Passarinho Júnior – DJU de 17.04.2000).
15. (STJ – REsp. n° 138.059-MG – 3a. Turma – j. 11.06.2001 – LEX-JSTJ e TRF – v. 146 p. 104).

por compor um quadro chocante de uma absurda sucessão de erros e de descaso para com a saúde alheia, de desrespeito à pessoa por aquele profissional que deveria zelar pela saúde, uma vez que abraçou como profissão a medicina". Ainda segundo o relator, é importante majorar o valor anteriormente arbitrado, diante de "tantos erros, ofensas e desrespeitos".[16]

Assim, ocorrendo o prejuízo ao usuário-consumidor, independente de culpa do terceiro contratado, pelas leis civis, ou pelas leis trabalhistas a operadora responderá pelo acidente de consumo. Esta é a força da responsabilidade objetiva e solidária que o CDC impõe com o objetivo claro de proteger e ampliar os meios de reparação aos danos que o consumidor sofra".[17]

---

16. Com informações da Coordenadoria de Editoria e Imprensa do STJ em 28/07/2010.
17. (STJ, 3ª T., REsp 138.059/MG, j. 11-6-2001, LEX-JSTJ e TRF, 146/104).

Capítulo 13

Supermercados, Shoppings e Centros de Compras

1. DANO MORAL POR ACUSAÇÃO DE FURTO

O empresário comerciante tem todo o direito de acautelar-se no sentido de defender seu patrimônio, de tal sorte que manter guardas de segurança, dispositivos antifurtos, câmeras de vigilância, e outros aparatos inibidores da ação delituosa de seus clientes, é perfeitamente possível e está dentro das prerrogativas do uso regular de um direito.

A questão muda de figura quando, no afã de proteger seu patrimônio, a empresa ou seus prepostos extrapola o limite do razoável e invade a esfera da intimidade ou privacidade da pessoa suspeita. Nesse caso, poderá ocorrer o uso abusivo de direito, ensejador da indenização por danos morais, por se configurar em ilícito indenizável.

Ao suspeitar de um cliente, o que se espera é que os funcionários de qualquer estabelecimento comercial ajam com urbanidade e polidez, pois até aquele momento existe apenas uma suspeita e não uma certeza do furto. Logo, se, em vez de atuar cautelosamente, o segurança do estabelecimento comercial aborda o cliente na presença do público consumidor, submetendo-o a situação vexatória e constrangedora, deve o empregador ser responsabilizado pelo ato abusivo de seu preposto.

A falsa imputação de um crime perante o público gera no indivíduo acusado injustamente sentimentos de humilhação, angústia e incômodo, que, por si sós, configuram o dano moral. Ademais, se, além de ser acusado, o consumidor é revistado e abordado com violência, tem-se que o abalo é ainda mais grave, em virtude da forma ríspida e violenta como foi tratado pelos funcionários ou prepostos do comerciante.

Não se esqueça que o "consumidor" por nós aqui mencionado inclui, além do consumidor stricto sensu, o consumidor por equiparação nos termos do artigo 17 do Código de Defesa do Consumidor, que rege as obrigações por ato ilícito decorrentes de vícios por insegurança advindos tanto dos produtos como da prestação dos serviços ofertados do mercado de consumo.

2. DANO MORAL POR DISPARO DE ALARME ANTIFURTO

Cabe destacar inicialmente que atualmente a jurisprudência dos nossos tribunais é majoritária no sentido de que o simples acionamento do sistema antifurto no interior de supermercado ou em lojas em geral, em razão da não retirada do lacre de segurança em mercadoria que o consumidor adquiriu e pagou, não caracteriza, por si só, ato ilícito passível de indenização, a título de dano moral.

Quer dizer, se soa o alarme e não há indicação de que houve tratamento abusivo de nenhum empregado da loja, no caso, o segurança, não se pode identificar a existência de constrangimento suficiente para deferir o dano moral. Para que a indenização por dano moral seja procedente é necessário que haja alguma atitude que exponha o consumidor a uma situação de humilhação, de constrangimento, tal qual a revista de seus pertences em público a vista de todo mundo.[1]

Esse é o posicionamento majoritário de nossos tribunais, porém com ele não concordamos porque entendemos que o simples disparo do alarme já e causa de constrangimentos e dissabores em face da exposição do consumidor/comprador.

Se dúvidas restar, imagine-se a situação do consumidor que, embora tenha pago regularmente, no caixa, os produtos que adquiriu e que, por desatenção do funcionário que não removeu o dispositivo antifurto, vem a ser barrado na saída do estabelecimento comercial em face do disparo do referido dispositivo de segurança. Nessas cir-

1. (STJ, REsp 658.975/RS, Rel. Ministro Carlos Alberto Menezes Direito, Terceira Turma, julgado em 29/11/2006, DJ 26/02/2007, p. 583).

cunstâncias, todos os clientes presentes no estabelecimento terão sua atenção voltada para o suposto infrator, que, pelo fato de ser barrado naquela situação, induz a pensar que ele tenha se apropriado indevidamente de algum produto.

Tal exposição, por si só, já se traduz em constrangimento, pois, conforme asseverou o Ministro Ruy Rosado de Aguiar, "o soar falso do alarme magnetizado na saída da loja, a indicar o furto de mercadorias do estabelecimento comercial, causa constrangimento ao consumidor, vítima da atenção pública e forçado a mostrar os seus pertences para comprovar o equívoco", situação que caracteriza o dano moral, que deve ser indenizado.[2] Mesmo entendimento manifestou o Ministro Aldir Passarinho Júnior, que assim sentenciou: "O soar de alarme antifurto em estabelecimento comercial de grande porte, chamando a atenção de todos para o cliente que portava mercadorias adquiridas, uma das quais continha etiqueta equivocadamente não destacada no caixa, acarreta dano de ordem moral e o dever de pagar pela indenização respectiva".[3]

A humilhação pública do cidadão submetido a abordagem e revista por agentes de segurança, em estabelecimento comercial, configura ato ilícito passível de indenização, porquanto a eventual suspeita de furto não tem o condão de autorizar a prática de constrangimento ilegal, cumprindo ao interessado, se for o caso, solicitar a atuação das autoridades constituídas.

Se após o acionamento do alarme, a abordagem realizada pelos seguranças for desrespeitoso e cause humilhação ou vexame à suposta vítima, este fato deverá ser considerando como um agravante que irá influir na fixação do valor indenizatório.

Importante reiterar que é perfeitamente valido e legal qualquer empresa manter um sistema antifurtos, com a finalidade de impedir ou mesmo dificultar a ocorrências de furtos em suas dependências. Porém, devemos reiterar que os excessos eventualmente cometidos acabam por caracterizar exercício abusivo deste direito.

---

2. (STJ, REsp 327.679/SP (2001/0055425-8), 4ª T., Rel. Min. Ruy Rosado de Aguiar, j. 4-12-2001, DJU, 8-4-2002, p. 223).
3. (STJ, REsp 552.381/MG (2003/0071450-2), 4ª T., Rel. Min. Aldir Passarinho Júnior, 28-9-2004, DJU, 27-6-2005, p. 402).

3. DANO MORAL: FALHAS NO DEVER DE SEGURANÇA

Já tivemos oportunidade de assinalar que o Código de Defesa do Consumidor (Lei nº 8.078/90), ao tratar da responsabilidade civil do fornecedor pelos defeitos de serviços (art. 14), prevê expressamente que a responsabilidade pela reparação dos danos causados aos consumidores, em face dos serviços colocados no mercado de consumo, independe da existência de culpa; logo, trata-se de responsabilidade objetiva.

Ademais, de destacar que a responsabilidade que o Código de Defesa do Consumidor impõe ao fornecedor é um dever de qualidade e de segurança (art. 4º, *caput*). Isso quer dizer que aquele que coloca um produto ou serviço no mercado tem a obrigação legal de ofertá-lo ao consumidor sem risco para sua saúde, para sua integridade física ou para o seu patrimônio.

Tal dever de segurança impõe alguns cuidados no que tange à proteção, segurança e precaução, significando dizer que o fornecedor tem o dever de cuidado com a integridade física do consumidor, com a sua segurança pessoal e de seus pertences, pois a proteção que o Código lhe impõe diz respeito não só à incolumidade física e psíquica do consumidor como também à proteção do seu patrimônio econômico. Se assim não proceder, o serviço poderá ser considerado defeituoso, por não oferecer a segurança que o consumidor dele pode esperar, ensejando o dever indenizatório, por falha na prestação dos serviços.

3.1. Acidentes no interior do estabelecimento

Qualquer acidente ocorrido nas dependências de estabelecimento comercial e que cause dano ao consumidor fará, como regra, recair a responsabilidade pela reparação à custa do empreendedor.

Assim, a queda de um consumidor em supermercado, em razão de piso escorregadio sem aviso ou qualquer sinalização, é fato suficiente para ensejar a reparação pecuniária por dano moral, sem prejuízo da eventual indenização pelos danos materiais em face das despesas realizadas para tratamento, bem como os lucros cessantes se do acidente restou incapacitação para o exercício regular de funções.

Quer dizer, se o consumidor sofre uma queda em estabelecimento comercial, em virtude da falta de advertência de que o piso se encontrava molhado e escorregadio, resta configurado o defeito na prestação de serviços e enseja reparação pelos danos morais, além de outros eventualmente sofridos.

Da mesma forma, a queda de equipamentos tais como andaimes, luminárias, dutos de refrigeração e painéis fixados no teto, que venham a atingir o consumidor, causando-lhe danos físicos, faz surgir o dever indenizatório por dano material e moral em face da dor e dos aborrecimentos que enfrentará. A queda de equipamentos e produtos, expostos de forma inadequada em prateleiras, que venham a ferir o consumidor, também ensejará a respectiva indenização por dano moral.

A título de exemplo, vejamos um caso ocorrido num shopping center de Brasília em razão da queda de uma luminária, que se desprendeu do teto atingindo a cabeça de uma senhora que transitava pela praça de alimentação. Considerou a magistrada sentenciante que a aflição de quem é atingido por uma luminária que despenca do teto e lhe cai sobre a cabeça, num local presumidamente mais seguro que a rua, já é causa suficiente para caracterizar o dano moral. Considerou, ademais, que o objetivo maior desse tipo de estabelecimento é oferecer mais conforto e segurança às pessoas, como uma forma de marketing agressivo ou emotivo de venda, devendo, pois, arcar com o ônus decorrente de falhas na prestação dos serviços.[4]

A indenização por dano moral nestas circunstâncias deve ser fixada com rigor, mormente visando à melhora do serviço prestado pelas lojas, mercados e shopping, que deve melhor orientar e treinar seus funcionários, de sorte a prestar um serviço de qualidade e com segurança.[5]

3.2. Falhas na segurança

Com certa frequência, a justiça tem responsabilizado os grandes centros de compras até no que diz respeito à segurança pessoal dos frequentadores e seus pertences, por entender que, ao estabelecer um

4. (TJ-DF, Proc. 2002.0110741670, juíza Monica Jannini. Disponível em: <http// www.conjur.com.br/2005-out.-06/shopping_indenizad_mulher_ferida_queda_ luminaria>. Acesso em: 6-10-2005).

5. (TJ-SP – AC: 00133406520148260084 SP 0013340-65.2014.8.26.0084, Relator: Maria Lúcia Pizzotti, Data de Julgamento: 06/07/2021, 30ª Câmara de Direito Privado, Data de Publicação: 06/07/2021).

sistema próprio de vigilância sobre a área de lojas, de circulação e até no estacionamento, o objetivo do estabelecimento é oferecer segurança aos seus frequentadores e dessa forma atrair mais e melhor clientela. Assim, são da responsabilidade do estabelecimento comercial a guarda do veículo e de tudo quanto possa estar em seu interior, por aplicação analógica da Súmula 130 do STJ, bem como será responsabilizado no caso de furto, roubo ou sequestro-relâmpago de que possam ser vítimas seus clientes, uma vez que, ao disponibilizar tais serviços, assumiu o dever de vigilância e de segurança.[6]

No que diz respeito aos acidentes ocorridos em estacionamento, decorrentes de furto, roubo, assalto ou mesmo sequestro-relâmpago, a responsabilidade do estabelecimento comercial decorre do dever de guarda e de segurança, e o ressarcimento dos prejuízos se impõe mesmo na ausência de contrato escrito ou em face da suposta gratuidade do serviço prestado, porque a responsabilização do estabelecimento comercial se dá em razão do risco de sua atividade. Nesse sentido, o posicionamento da Ministra Nancy Andrighi, que já teve a oportunidade de analisar a questão, e assim deixou assentado: "A prestação de segurança aos bens e à integridade física do consumidor é inerente à atividade comercial desenvolvida pelo hipermercado e pelo shopping center, porquanto a principal diferença existente entre estes estabelecimentos e os centros comerciais tradicionais reside justamente na criação de um ambiente seguro para a realização de compras e afins, capaz de induzir e conduzir o consumidor a tais praças privilegiadas, de forma a incrementar o volume de vendas". Concluindo que, "por ser a prestação de segurança e os riscos ínsitos à atividade dos hipermercados e shoppings centers, a responsabilidade civil desses por danos causados aos bens ou à integridade física do consumidor não admite a excludente de força maior derivada de assalto à mão armada ou qualquer outro meio irresistível de violência".[7]

Quer dizer, se o estabelecimento comercial oferece serviço de estacionamento assume, automaticamente, a responsabilidade inerente ao contrato de depósito dos veículos estacionados em suas dependên-

---

6. STJ, Súmula 130: "A empresa responde, perante o cliente, pela reparação de dano ou furto de veículo ocorridos em seu estacionamento".
7. (STJ, REsp 419.059/SP (2002/0021402-6), 3ª T., Rel. Min. Nancy Andrighi, j. 19-10-2004, DJU, 29-11-2004, p. 315).

cias, devendo zelar pela vigilância e guarda não só do veículo como também dos bens deixados no seu interior pelos clientes. Sendo assim, o furto de veículo em estacionamento gera, além dos danos matérias, danos morais indenizáveis, em razão dos transtornos e desconfortos suportados pela vítima.[8]

Advirta-se, por fim, conforme as lições de Carlos Roberto Gonçalves, que o fato de a pessoa nada adquirir, no interior do shopping ou supermercado, não afasta a responsabilidade indenitária porque, seja qual for a intenção do frequentador ao ingressar nesses complexos comerciais, subsistirá sempre a potencialidade de consumo, haja vista que todo o aparato que os caracteriza foi montado com o objetivo de atrair possíveis clientes, em razão das facilidades de compras e estacionamento, além da segurança com que lhes acenam.[9]

4. DANO MORAL PELA APRESENTAÇÃO ANTECIPADA DE CHEQUE "PRÉ-DATADO"

Ainda que uso do cheque pré-datado esteja em declínio, devemos registrar que essa pratica comercial ainda é muito frequente Brasil afora, como forma de pagamento parcelado de compras.[10]

Popularmente conhecido como pré-datado, o cheque nessas circunstâncias se desnatura e deixa de ser uma ordem de pagamento à vista, transformando-se numa espécie de garantia de dívida, equiparando-se a uma nota promissória.[11]

---

8. (TJ-MG – AC: 10000204979363001 MG, Relator: Marcos Lincoln, Data de Julgamento: 18/11/2020, 11ª Câmara Cível, Data de Publicação: 19/11/2020).

9. Carlos Roberto Gonçalves, Responsabilidade civil, p. 440. Veja-se também o Capítulo 3 da presente obra onde tratamos do "consumidor por equiparação".

10. Embora a prática diária tenha consagrado a expressão "pré-datado", o correto é pós-datado. Othon Sidou explica que "'Pré' (latim, prae) é afixo que denota anterioridade, antecipação, contraposto a 'Pós'" (latim, post), que indica ato ou fato futuro. Tanto quanto pré-natal significa antes do nascimento, uma ordem, qualquer ordem, expedida post diem, indica que ela deverá ser executada na ou a partir da data indicada, não antes" (Do Cheque, 4ª. ed. Rio de Janeiro: Forense, 2000).

11. A denominada Lei do Cheque (Lei nº 7.357/85) explicita em seu art. 32 que "o cheque é pagável à vista", e complementa, "considera-se não escrita qualquer menção em contrário". Para reforçar a ideia de ordem de pagamento à vista, o parágrafo único do retrocitado artigo estipula: "O cheque apresentado para pagamento antes do dia indicado como data de emissão é pagável no dia da apresentação". Em face do expresso texto de lei é que o sacado considera como não escrita qualquer anotação feita na cártula, de sorte que o

O cheque pós-datado, enquanto acordo de compensação em data futura, é uma obrigação civil acessória, normalmente vinculada à compra e à venda realizadas no varejo em geral, sendo também utilizado em outros negócios jurídicos, vinculando o emitente e o recebedor, que são as partes contraentes.

Também faz parte dos usos e costumes o cheque pós-datado ser utilizado pelo comércio para pagamento de seus compromissos, sendo repassado a terceiro mesmo antes do seu vencimento. Outras vezes, por necessidade de caixa, o comerciante desconta os pré-datados em *factoring* e bancos, recebendo antecipadamente o valor representado pelo cheque, descontada a remuneração do agente financeiro. Mesmo havendo esses repasses, espera-se que aquele que aceitou descontar antecipadamente o cheque, respeite a data de apresentação constante dele.

Em face dos abusos cometidos pelos recebedores de cheques pós-datados e de inúmeras decisões dos tribunais brasileiros condenando a prática desleal do depósito antecipado, o Superior Tribunal de Justiça editou a Súmula 370, estabelecendo que "caracteriza dano moral a apresentação antecipada de cheque pré-datado", sedimentando posição que já era adotada naquele sodalício e baseou-se, fundamentalmente, no princípio da boa-fé objetiva.[12] O credor que deposita antecipadamente o cheque pós-datado estará traindo a lealdade e a confiança que o emitente nele depositou. Rememore-se que a boa-fé é um princípio ético que deve imperar nas relações negociais, qualquer que seja o negócio jurídico (CDC, art. 4º, III, e CC, arts. 113 e 422). Se o credor agiu de maneira precipitada e descumpriu o pactuado, é correto que sofra a devida reprimenda, nesse caso representada pela indenização por dano moral que deverá suportar.

Contudo cabe registrar que o mesmo Superior Tribunal de Justiça tem ultimamente adotado uma postura que consideramos deprimente ao considerar que, a apresentação antecipada de cheque pré-datado pode ensejar danos morais, porém o lesado deverá comprovar os desdobramentos com o ato capaz de gerar o dano extrapatrimonial. Quer dizer, a apresentação antecipada de cheque pós-datado deve

---

portador de um cheque pós-datado pode apresentá-lo ao banco sacado sem a necessidade de aguardar o prazo estipulado à margem deste.

12. DJe, 25-2-2009, RSTJ, v. 213, p. 548.

trazer aborrecimentos ao emissário, mas, se nada houve que lhe causasse constrangimento ou abalo à honra ou credibilidade, tal conduta do depositante não gera direito, por si só, à indenização por danos morais.[13]

Com a devida vênia, ousamos discordar de tal posicionamento tendo em vista que o dano moral em face da apresentação antecipada de cheque pós-datado gera dano moral que existirá *in re ipsa*. Se do depósito antecipado ocorreu consequências mais sérias como, por exemplo, o cheque ter sido devolvido e tenha gerado a inclusão do emitente em cadastros de proteção ao crédito, tal fato deverá ser considerado como um agravante que irá influir no valor da indenização a ser outorgada à vítima.

Por fim, cabe observar que o chamado cheque enquanto ordem de pagamento à vista, pouco importa ter sido pré-datado, porque ele não perde a cambiaridade, nem a consequente executividade, seja o cheque emitido em garantia de dívida ou o cheque a que falte a data de emissão ou pós-datado.[14] Quer dizer, o cheque enquanto ordem de pagamento à vista que é, não pode ter sua apresentação ao banco sacado e sua cobrança judicial condicionadas ao cumprimento de eventuais obrigações assumidas pelo credor. Assim, ainda que passado em garantia, não perde suas características de título executivo, isto é, não perde sua exequibilidade.[15]

---

13. (STJ – AgInt no AREsp: 1910344 SC 2021/0172454-0, Relatora: Ministra Maria Isabel Gallotti, Data de Julgamento: 27/06/2022, T4 – Quarta Turma, Data de Publicação: DJe 30/06/2022).
14. Estabelece a Lei do Cheque que prescreve em seis meses o prazo para a execução judicial do cheque não pago (art. 59), contados a partir da expiração do prazo para a apresentação do título ao banco sacado que é de 30 dias da emissão do título, se for cheque da mesma praça, ou 60 dias se o cheque for de praça diferente daquela do pagamento (art. 33).
15. FAZZIO JÚNIOR, Waldo. Manual de Direito Comercial, 4ª. ed. São Paulo: Atlas, 2004, p. 441.

Capítulo 14

Dano Moral em Razão das Atividades de Transportes

1. DA RESPONSABILIDADE NO TRANSPORTE EM GERAL

O contrato de transporte pode ter por objeto a condução de pessoas, coisas ou notícias, e tem como conteúdo jurídico, a obrigação do transportador de efetuar o transporte oferecido, nas condições e no tempo contratado, além do dever de custódia ou de segurança que garante, em maior ou menor grau, a incolumidade da pessoa transportada ou o dever de guarda e conservação quando se tratar de coisas.[1]

Assim, a responsabilidade do transportador é contratual e implica numa obrigação de resultado, qual seja: transportar pessoas ou coisas de um lugar para outro, com eficiência, segurança e diligência. No que diz respeito ao transporte de pessoas há, implicitamente, uma regra de incolumidade, pela qual o transportador se obriga a levar o transportado até o seu destino, são e salvo, sob pena de ser responsabilizado pelos danos que o passageiro vier a sofrer, somente se exonerado se provar a ocorrência de caso fortuito ou força maior ou, ainda, culpa exclusiva da vítima. No que diz respeito ao transporte de mercadorias, a obrigação do transportador está intimamente ligada ao dever de guarda, conservação e restituição da coisa, conforme se depreende do insculpido no art. 749 do Código Civil, que preceitua: "o transportador conduzirá a coisa ao seu destino, tomando todas as

1. DIAS, Aguiar. Da responsabilidade civil, p. 249.

cautelas necessárias para mantê-la em bom estado e entregá-la no prazo ajustado ou previsto".

Outro aspecto que cumpre destacar desde logo é que o contrato de transporte é um verdadeiro contrato de adesão, pelo qual o transportador estabelece as condições e o contratante adere unilateralmente às condições impostas. A lei, no entanto, impõe o dever de segurança ou obrigação de custódia, seja em relação aos passageiros, seja em relação às mercadorias é o que nos ensina a doutrina.[2]

No Brasil, com relação à responsabilização do transportador, o marco histórico foi o Decreto n° 2.681, de 07 de dezembro de 1912, também chamado de 'Lei das Estradas de Ferro'. Referido decreto foi pioneiro e revolucionário na medida em que adotou a teoria objetiva como regra para fixar o dever de indenizar das estradas de ferro, que somente se eximiriam se provassem algumas das seguintes excludentes: caso fortuito e força maior ou culpa exclusiva da vítima. Se dúvida restar, vejamos o que diz art. 17, *verbis*: "As estradas de ferro responderão pelos desastres que nas suas linhas sucederem aos viajantes e de que resulte a morte, ferimento ou lesão corpórea. A culpa será sempre presumida, só se admitindo em contrário alguma das seguintes provas: I – caso fortuito ou força maior; II – culpa do viajante, não concorrendo culpa da estrada".

Fica claro pelo texto acima transcrito, que as estradas de ferro somente se eximiriam, se provassem caso fortuito, força maior ou culpa do viajante, sem a concorrência da estrada. Assim, a nosso sentir, a responsabilidade, na lei em comento, é objetiva, embora o artigo retro citado fale em culpa presumida. Não é por outra razão que o Supremo Tribunal Federal editou a súmula 187, exatamente com base nos arts. 17 e 19 do retro mencionado decreto, na qual é explicitado que "a responsabilidade contratual do transportador, pelo acidente com o passageiro, não é elidida por culpa de terceiro, contra o qual tem ação regressiva".

Na sua magistral obra sobre responsabilidade civil, Aguiar Dias deixou assentado que "o decreto legislativo n° 2.681, como vimos, estabelece a responsabilidade das estradas de ferro pelos desastres ocorridos em suas linhas em critério nitidamente objetivo. A estrada

2. MONTENEGRO, Antonio Lindenberg. Responsabilidade civil, p. 159.

só se exonera da obrigação de reparar provando o caso fortuito ou de força maior ou a culpa do viajante, sem concorrência de culpa da estrada".[3]

Da mesma forma Agostinho Alvim que, inclusive, vai mais longe, ao admitir que a 'Lei das Estradas de Ferro' adotou a teoria do risco ao afirmar: "o que nos leva a sustentar que a responsabilidade, em face da lei nº 2.681, prende-se ao risco e independe de culpa é a maneira de entender o caso fortuito ou de força maior, a que ela se refere". Daí faz uma minuciosa explanação sobre as diferenças entre o fortuito interno e externo para concluir que "só se excluiria a responsabilidade pela força maior (caso fortuito externo), isto é, por um fato sem ligação alguma com a empresa ou negócio, como, p. ex., fenômenos naturais".[4]

Cabe também destacar que, referida legislação foi adotada pelos nossos tribunais como paradigma para regular a responsabilidade civil de todo e qualquer acidente envolvendo outros tipos de transporte, e sua vigência prolongou-se no tempo e no espaço, mesmo depois do advento de legislação mais recente como o Código de Defesa do Consumidor.

Por oportuno, devemos registrar que o Código de Defesa do Consumidor foi outro marco histórico, no que diz respeito aos transportes de passageiros, porquanto é entendimento pacífico, tanto na doutrina quanto na jurisprudência, que as normas consumeristas são aplicáveis aos transportes rodoviários, ferroviários, fluviais, marítimos e aéreos, não importando se prestados por entes públicos ou privados. O inovador na questão é que a responsabilização agora muda de enfoque não tendo mais relação tão somente com a questão da incolumidade física do transportado ou com a guarda da coisa transportada, mas também com o defeito na prestação do serviço, a teor do que dispõe o art. 14, *in verbis*: "O fornecedor de serviço responde, independentemente da existência de culpa, pela reparação dos danos causados aos consumidores por defeitos relativos à prestação dos serviços".

Questão das mais importantes é no tocante às excludentes de responsabilidade que, segundo alguns, seriam tão somente as duas

3. DIAS, Aguiar. Op. cit. p. 233.
4. ALVIM, Agostinho. Da inexecução das obrigações, pp. 301-302.

taxativamente elencadas no § 3° do art. 14, quais sejam: a inexistência de defeito na prestação do serviço e a culpa exclusiva do usuário ou de terceiro. Outros entendem que se pode invocar o caso fortuito ou a força maior já que estas causas excluiriam o nexo de causalidade, sendo ademais regra geral de direito, não podendo ser rejeitada a sua aplicação ainda que não expressamente prevista na legislação consumerista. De toda sorte, esta questão será melhor aclarada no desenvolver deste capítulo.

Se a matéria, no que diz respeito ao transporte de pessoas, pode ser englobada dentre as relações reguladas pelo Código de Defesa do Consumidor, como tratar a regulamentação feita pelo novo Código Civil, principalmente quando estabelece que o transportador responde pelos danos causados às pessoas transportadas e suas bagagens, salvo motivo de força maior, sendo nula qualquer outra cláusula excludente da responsabilidade (art. 734), explicitando ainda, que a responsabilidade contratual do transportador por acidente com o passageiro não é elidida por culpa de terceiro, contra o qual o agente deverá manejar a correspondente ação regressiva (art. 735)?

A contradição é somente aparente porque não há nenhuma incompatibilidade entre os dois institutos, senão vejamos. O Código Civil fez duas ressalvas importantes: a primeira no art. 731 ao prescrever que "o transporte exercido em virtude de autorização, permissão ou concessão, rege-se pelas normas regulamentares e pelo que for estabelecido naqueles atos, sem prejuízo do disposto neste Código"; e, a segunda no art. 732, ao dispor que "aos contratos de transporte, em geral, são aplicáveis, quando couber, desde que não contrariem as disposições deste Código, os preceitos constantes da legislação especial e de tratados e convenções internacionais".[5]

Daí ser possível afirmar, que o conjunto de regras legais que regem os meios de transportes são complementares, sendo certo que se houver colisão entre as normas, há de prevalecer aquelas insculpidas no novo Código Civil. Assim, a aplicação da Convenção de Montreal de 1999 (recepcionada pelo Decreto 5.910 de 27.09.2006), do Código Brasileiro de Aeronáutica (Lei n° 7.565 de 19.12.1986) ou mesmo a aplicação da Lei das Estradas de Ferro (Decreto-Lei n° 2.681 de 7.12.1912), ou ainda, a aplicação das normas gerais do Código de

5. Cf. Carlos Roberto Gonçalves. Responsabilidade civil, p. 278.

Defesa do Consumidor (Lei n° 8.078 de 11.09.1990), são perfeitamente possíveis frente ao caso concreto.

2. DO TRANSPORTE DE PASSAGEIROS

Como vimos, a responsabilidade do transportador é objetiva, desde os idos tempos de 1912, conforme preconiza o Decreto 2.681. Tal princípio foi reafirmado pela entrada em vigor, primeiro do Código de Defesa do Consumidor Lei n° 8.078/90, art. 14), e mais recentemente, pelo Código Civil (Lei n° 10.406/02, art. 734 e 749).

É preciso destacar que a relação entre o passageiro e o transportador é uma relação contratual por adesão e que se inicia, no caso de transporte coletivo, por exemplo, a partir do momento em que o indivíduo acena para o veículo que se aproxima e se perfaz pelo galgar o veículo, quando então adentra na esfera da obrigação de garantia que o transportador deve oferecer ao usuário de seus serviços, e se estende até saída deste mesmo usuário em seu ponto de chegada.

Sendo assim, será importante analisarmos cada um dos tipos de transportes e as peculiaridades que cerca cada uma dessas atividades.

2.1. Transporte aéreo

O transporte aéreo, tanto de pessoas como de cargas, é disciplinado de duas formas diferentes: se for interno, ou nacional, será regulado pelo Código Brasileiro de Aeronáutica (Lei nº 7.565/86); se for internacional, será regulado pelas normas da Convenção de Varsóvia, recepcionada pelo ordenamento jurídico pátrio através do Decreto nº 20.704, de 24 de novembro de 1931. Contudo, em alguns aspectos, tanto num caso como noutro, podem incidir as regras do Código de Defesa do Consumidor (Lei nº 8.078/90), naquilo que for mais favorável ao consumidor.

Os casos mais frequentes de indenização em matéria de transporte aéreo dizem respeito aos atrasos nos voos e ao extravio de bagagens, nas quais os prejudicados reivindicam danos morais. Advirta-se que a responsabilidade do transportador aéreo é objetiva, a teor do que dispõe o art. 14 da Lei nº 8.078/90, corroborado pelo art. 17 da Convenção de Varsóvia e pelo art. 256 do Código Brasileiro de Aeronáutica.

A questão controvertida com relação à matéria fica por conta da indenização tarifada, limitada, no caso da Convenção de Varsóvia, ao previsto em seu art. 22, e no caso do Código Brasileiro de Aeronáutica, fixado em seu art. 257, o que confronta diretamente com o princípio da reparação integral do dano preceituado no art. 6º, VI, do Código de Defesa do Consumidor.

O entendimento majoritário da doutrina e da jurisprudência é que o Código de Defesa do Consumidor deve prevalecer em relação aos dois institutos que regulam o transporte aéreo especialmente quando se tratar de danos morais. Esse posicionamento agora encontra-se consolidado conforme recente decisão do Supremo Tribunal Federal que, reconhecendo o caráter constitucional do tema e a repercussão geral, acabou firmando a tese de que "Não se aplicam as Convenções de Varsóvia e Montreal às hipóteses de danos extrapatrimoniais decorrentes de contrato de transporte aéreo internacional".[6]

Advirta-se, contudo, que, em se tratando de danos materiais o entendimento consolidado do Supremo Tribunal Federal é que se aplicam as regras dos Tratados Internacionais, conforme tese 210, portanto com repercussão geral reconhecida, que fixou tese jurídica no sentido de que, nos termos do artigo 178 da Constituição da República, as normas e os tratados internacionais limitadores da responsabilidade das transportadoras aéreas de passageiros, especialmente as Convenções de Varsóvia e Montreal, têm prevalência em relação ao Código de Defesa do Consumidor, ressalvando contudo que esse entendimento tem aplicação apenas aos pedidos de reparação por danos materiais. Quer dizer, com relação às indenizações por danos morais decorrentes de extravio de bagagem e de atraso de voo não estão submetidas à tarifação prevista na Convenção de Montreal, devendo-se observar, nesses casos, a efetiva reparação do consumidor conforme preceituado no Código de Defesa do Consumidor.[7]

Outro detalhe importante é que, com relação à prescrição, o entendimento consolidado do Supremo Tribunal Federal é que se aplica as regras do Código de Defesa do Consumidor cujo prazo é de cinco

6. (STF – RE: 1394401 SP, Relator: Ministra Presidente Rosa Weber, Data de Julgamento: 15/12/2022, Tribunal Pleno, DJe-039 em 03-03-2023).
7. (STF – RE: 636331 RJ, Relator: Gilmar Mendes, Data de Julgamento: 25/05/2017, Tribunal Pleno, Data de Publicação: 13/11/2017).

anos (ver art. 27) e não aquela prevista na Convenção de Varsóvia e na Convenção de Montreal que estabelece o prazo de dois anos, exatamente por ser regra mais favorável ao consumidor e, portanto, esse posicionamento da nossa Suprema Corte reafirma, por assim dizer, o princípio constitucional de proteção ao consumidor, previsto no art. 5º, XXXII e no art. 170, V, da Constituição.[8]

Nesse sentido é importante rememorar que a Constituição Federal, no seu artigo 5º, inciso XXXII, alçou a defesa do consumidor a direito humano fundamental, bem como elevou, no artigo 170, inciso V, a princípio da ordem econômica. Nessa esteira, com o fito de realizar os comandos constitucionais, a Lei nº 8.078/90, no seu artigo 1º tratou de se autodenominar como norma de ordem pública e de interesse social, logo, de incidência cogente às relações de consumo, podendo o juiz, inclusive, conhecê-las de ofício. Ademais, aplica-se a legislação consumerista aos contratos de transporte, porquanto os passageiros inserem-se no conceito de consumidores, enquanto destinatários finais, e, as empresas aéreas, por seu turno, enquadram-se como fornecedoras, na medida em que oferece o serviço (arts. 2º e 3º, do CDC).

Superada essa questão, outro aspecto que releva comentar é que quando se trata de transporte aéreo, cuja passagem é comprada, via de regra, com uma certa antecedência, a responsabilização do transportador por eventuais acidentes somente se iniciará no momento em que for dado início à execução do contrato de transporte. Isto ocorre porque, assim como no transporte rodoviário de passageiros, os aeroportos não são administrados pelas companhias aéreas, de tal sorte que acidentes ocorridos em suas dependências não obrigam o transportador. Por essa razão, um dos aspectos mais importante com relação à responsabilização do transportador, é precisar com exatidão o momento de início e de término da vigência do contrato de transporte.

O início da execução do contrato se dá com a operação de embarque e o movimento do passageiro em direção ao setor de embarque, em obediência às instruções do transportador, o que se faz, ordinariamente, nos aeroportos, por meio do sistema interno de som, convidando os passageiros de determinada linha a se dirigirem ao

8. (STF – RE: 1392563 RS 0123030-17.2022.1.00.0000, Relator: Alexandre de Moraes, Data de Julgamento: 08/08/2022, Data de Publicação: 09/08/2022).

avião; e a operação de desembarque, o movimento, também ordenado e dirigido pelo transportador, que o viajante executa para atingir a saída do aeroporto.[9]

Cumpre esclarecer ainda que o transporte aéreo tanto pode ser nacional quanto internacional. Será considerado transporte nacional ou interno, também chamado de doméstico, aquele em que os pontos de partida, intermediário e de destino estejam situados em território nacional, quando então, para a responsabilização do transportador deverá ser aplicada as regras do Código Brasileiro de Aeronáutica (Lei n° 7.565 de 19 de dezembro de 1986) e o Código de Defesa do Consumidor.

Quando tratar-se de transporte internacional, aquele em que um dos pontos esteja situado fora do território nacional, o mesmo será regulado pelos tratados ou acordos bilaterais dos quais o Brasil seja signatário ou na sua falta, pelo Tratado de Montreal ou pelas normas do já referido Código Brasileiro do Ar e, conforme o caso o Código de Defesa do Consumidor. Atente-se para o fato de que o que caracteriza o transporte aéreo internacional não é a aeronave, que tanto pode ser brasileira quanto estrangeira, mas sim, os pontos de partida, de chegada ou de eventual escala.

O Tratado de Montreal adota a responsabilidade fundada na culpa presumida do transportador aéreo, tanto no que se refere ao passageiro, quanto à sua bagagem, que poderá se ilidida pela contraprova porquanto o art. 20 estabelece que a empresa não será responsável "se o transportador prova que a pessoa que pede indenização, ou a pessoa da qual se origina seu direito, causou o dano ou contribuiu para ele por negligência, erro ou omissão, ficará isento, total ou parcialmente, de sua responsabilidade com respeito ao reclamante, na medida em que tal negligência, ou outra ação ou omissão indevida haja causado o dano ou contribuído para ele".[10]

No tocante ao Código Brasileiro de Aeronáutica (Lei n° 7.565 de 19 de dezembro de 1986), o legislador adotou a teoria do risco

---

9. DIAS, Aguiar. Da responsabilidade civil, p. 254.

10. Decreto nº 5.910, de 27 de setembro de 2006 (DOU 28.09.2006), promulgou a Convenção para a Unificação de Certas Regras Relativas ao Transporte Aéreo Internacional, celebrada em Montreal, em 28 de maio de 1999, que veio substituir a Convenção de Varsóvia de 1929.

da atividade para responsabilizar o transportador, haja vista que ali está prescrito que o transportador responde pelo dano decorrente de morte ou lesão de passageiro, causada por acidente ocorrido durante a execução do contrato de transporte aéreo, a bordo de aeronave ou no curso das operações de embarque e desembarque; somente se eximindo se provar que a morte ou lesão decorreu, exclusivamente, do estado de saúde do passageiro, ou se o acidente decorrer de sua culpa exclusiva (art. 256, I, *b*). Veja-se que referido diploma legal expressamente determina, como única causa exonerativa de responsabilidade, o fato de o acidente decorrer do próprio estado de saúde do passageiro, podendo ainda obter a redução ou até exclusão da indenização, se provar que tenha havido culpa concorrente ou exclusiva da vítima. Cumpre ainda destacar que segundo esse mesmo diploma legal, a responsabilidade do transportador estende-se aos seus tripulantes, diretores e empregados que viajarem na aeronave acidentada, sem prejuízo de eventual indenização por acidente de trabalho, assim como, aos passageiros gratuitos, que viajarem por cortesia (art. 256, § 2°, *a* e *b*).

2.2. Transporte rodoviário

No tocante ao transporte rodoviário em geral, a responsabilização do transportador terá início com a execução efetiva do contrato de transporte, isto é, a partir do momento em que o passageiro estiver na plataforma de embargue, prestes a adentrar no veículo e se estenderá até o seu efetivo desembarque no local de destino. A explicação para tal fato, conforme adverte Carlos Roberto Gonçalves, se justifica "tendo em vista que a estação não pertence à transportadora, (logo) a execução se inicia somente com o embarque do passageiro, e só termina com o desembarque",[11] o que significa dizer que qualquer acidente ocorrido no interior da estação rodoviária, não terá nenhum reflexo de responsabilização para o transportador.

No tocante aos transportes coletivos nos grandes centros urbanos, o contrato de transportes se inicia quando o passageiro faz sinal para o coletivo e termina quando vem a desembarcar no ponto de destino, de tal sorte que, acidentes ocorridos neste interregno, geram

11. GONÇALVES, Carlos Roberto. Op. cit., p. 290.

por via de consequência, o dever indenizatório a ser suportado pela empresa transportadora.

Em ambos os casos, acidentes tais como quedas no interior do veículo; ou ainda, na entrada ou saída do mesmo, como decorrência de partidas ou paradas bruscas; agressões promovidas por cobradores ou motoristas contra usuários; lesões por decorrências de fechamento irregular de portas, dentre outras ocorrências, são passíveis de indenização, por defeito na prestação de serviços, aplicando-se subsidiariamente o Código de Defesa do Consumidor.

De outra sorte, quando ocorrer acidente envolvendo terceiro estranho à relação de transporte, a responsabilidade do transportador também será objetiva, porém, calcada no que dispõe a Constituição Federal, que em seu art. 37, § 6º, expressamente determina: "As pessoas jurídicas de direito público e as de direito privado prestadoras de serviços públicos responderão pelos danos que seus agentes, nessa qualidade, causarem a terceiros, assegurado o direito de regresso contra o responsável nos casos de dolo ou culpa".

As empresas permissionárias ou concessionárias de serviços públicos exercem atividades de interesse coletivo típicas do Estado, por delegação deste, ou seja, são *longa manus* do Estado, assumindo todos os riscos decorrentes da execução desses serviços. Desta forma, em se tratando de danos decorrentes da atividade de transporte coletivo, a empresa concessionária desse serviço público responderá pelos danos daí decorrentes, causados a terceiros, usuários ou não usuários dos seus serviços. O abalroamento de outro veículo, por exemplo, com danos ao próprio veículo ou ao seu condutor, faz surgir para a empresa permissionária o dever de recompor os prejuízos causados (material e moral), com direito a ação de regresso contra seu funcionário, se provar a culpa ou dolo do mesmo.

Quer dizer, o terceiro estranho à relação de transporte e que venha a sofrer um dano como, por exemplo, o dono do veículo abalroado ou o pedestre atropelado, poderá se ver ressarcido dos prejuízos advindos, porém deverá fundamentar seu pleito no dispositivo constitucional mencionado.[12]

12. Nesse sentido, ver Carlos Roberto Gonçalves, Responsabilidade civil, p. 303.

2.3. Transporte ferroviário e metroviário

Já no que diz respeito aos transportes ferroviários e metroviários, diferentemente dos transportes rodoviário e aéreo, a responsabilidade do transportador começa a partir do momento em que o passageiro ingressa na estação de embarque ou desembarque. Isto acontece porque todo o complexo que compõe a estação, faz parte do acervo do transportador, de tal sorte que podemos afirmar que a sua responsabilidade se inicia a partir do momento em que o transportado passar pela roleta e somente cessará com a saída do passageiro na estação de desembarque.[13]

Vale rememorar que o transporte ferroviário ainda é regido pelas normas do vetusto Decreto 2.681 de 1912, subsidiariamente naquilo que não colida com o previsto no Código Civil e no Código de Defesa do Consumidor.

Quanto ao sistema de transporte metroviário, não há lei específica que regule esse meio de transportes de sorte que cabe utilizar as normas do Código Civil e do Código de Defesa do Consumidor além de outras legislações esparsas que se possa aplicar por analogia.

Em se tratando de transporte metroviário ou mesmo ferroviário é importante consignar que tais atividades decorrem de concessão pública, de sorte a afirmar que a empresa transportadora exerce atividade privativa do Estado e, nos termos do art. 37, § 6º, da Constituição Federal, equipara-se, para efeito de responsabilização, às pessoas jurídicas de direito público, cuja responsabilidade é objetiva.

Quando se trata de transporte coletivo ferroviário e metroviário (é também rodoviário) uma das questões mais controvertidas e definir com clareza o que seja fortuito interno ou externo. Isso é importante porque se a causa do dano for um defeito do próprio serviço, isto será considerado fortuito interno e por conseguinte não isentará o detentor da atividade.

Uma das situações mais presente neste tipo de transporte são os incômodos ou mesmo danos causados por ação dolosa de um passageiro, contra outro passageiro. Nestas circunstâncias, tal fato deverá

13. Cf. Sergio Cavalieri Filho. Programa de responsabilidade civil, p. 256.

ser considerada como fortuito externo, excludente de responsabilidade do transportador.

Nesse sentido, a lição sempre atual de Sergio Cavalieri Filho, segundo a qual o fato doloso de terceiro não pode ser considerado como fortuito interno, inerente ao contrato de transporte, porque, além de absolutamente irresistível e inevitável, não guarda nenhuma ligação com os riscos do transportador; é fato estranho à organização do seu negócio, pelo qual não pode responder. Por isso, a melhor doutrina caracteriza o fato doloso de terceiro, vale dizer, o fato exclusivo de terceiro, como fortuito externo, pois ele exclui o próprio nexo causal, equiparável à força maior, e, por via de consequência, exonera de responsabilidade o transportador.[14]

2.4. Transporte clandestino

A responsabilidade do transportador está fundada na existência de um contrato de transporte; desta forma, se o lesado for um clandestino, não se poderá falar em dever indenizatório na exata medida em que o transportador sequer tomou ciência da existência do transportado e das condições em que o mesmo se alojou para efeitos da viagem.

Para o laureado Aguiar Dias, se "alguém embarca clandestinamente, pretendendo fraudar a empresa, não tendo bilhete, portanto, e não pretendendo pagá-lo, não é possível cogitar de contrato e, consequentemente, de responsabilidade, com base na obrigação de incolumidade".[15]

Doutrinando sobre a matéria Gagliano e Pamplona Filho defendem que o transporte clandestino não encontra amparo legal. Citam como exemplo, o viajante que sofre grave lesão ao adentrar, clandestinamente, o compartimento de cargas de um navio. Nesse caso, o lesado agiu por sua conta e risco, sendo o caso de culpa exclusiva da vítima, não cabendo direito a indenização e, se viesse a falecer, seus familiares também não teriam, pelas mesmas razões, direito a indenização.[16]

Ainda com relação à matéria, Sergio Cavalieri Filhos é mais contundente ao prelecionar ser "despiciendo dizer que não se pode

14. CAVALIERI FILHO, Sergio. Programa de Responsabilidade Civil, p. 337.
15. DIAS, Aguiar. Op. cit. p. 223.
16. GAGLIANO, Pablo Stolze; PAMPLONA FILHO, Rodolfo. Responsabilidade civil, p. 345.

responsabilizar o transportador pelo dano sofrido pelo viajante clandestino, nem com base na responsabilidade contratual, porque não há contrato, nem na delitual, por isso que o evento decorre de fato exclusivo da própria vítima", sendo o transporte "apenas a ocasião do evento, e não a sua causa".[17]

Mesmo entendimento tem Silvio de Salvo Venosa ao asseverar que, nesse tipo de transporte, o transportador não tem conhecimento de que está levando essa pessoa de sorte que o mesmo será considerado clandestino como, por exemplo, quem viaja nessas condições em trens, ônibus, caminhões, aeronaves, navios. Dessa forma, provada a clandestinidade, não há falar-se em responsabilidade do transportador, nem com base na responsabilidade contratual, muito menos na responsabilidade aquiliana.[18]

3. DO TRANSPORTE GRATUITO OU DE CORTESIA

No transporte gratuito de pessoas, a responsabilidade do transportador será apurada com base na culpa aquiliana, em razão da inexistência de contrato, conforme expressamente prevê o Código Civil em seu art. 736, *verbis*: "Não se subordina às normas do contrato de transporte o feito gratuitamente, por amizade ou cortesia".

O Código Civil, coerente com a doutrina prevalente, acolheu a tese pela qual se justificava dar tratamento diferenciado ao transporte gratuito ou de cortesia. Nesse passo, a jurisprudência sedimentada no Colendo Superior Tribunal de Justiça, já havia sumulado a questão, nos seguintes termos: "no transporte desinteressado, de simples cortesia, o transportador só será civilmente responsável por danos causados ao transportado quando incorrer em dolo ou culpa grave" (Súmula 145).

O Código Civil de 2002 veio a pacificar questão das mais tormentosas porquanto, conforme afirma Silvio Rodrigues, "parece chocante impor-se ao motorista, que é solicitado a transportar gratuitamente uma pessoa, a responsabilidade pelos danos por ela experimentados e decorrentes de acidente, a menos que possa desincumbir-se do pesado ônus de provar a culpa exclusiva da vítima ou caso fortuito".

17. CAVALIERI FILHO, Sergio. Op. cit. p. 262.
18. VENOSA, Silvio de Salvo. Direito civil: responsabilidade civil, p. 174.

Também seria igualmente chocante, continua o grande mestre, deixar a vítima sem a possibilidade de reparação dos danos nos casos em que o motorista tenha agido com culpa grave. Em face dessa contradição, o nobre autor propunha a solução que agora vemos inserta no Código Civil, qual seja, de que nos casos de transporte gratuito a responsabilidade pela reparação do dano causado ao transportado só se caracterizará se provado ficar que (o transportador) agiu com dolo ou culpa grave.[19]

No mesmo sentido os ensinamentos do não menos ilustre Caio Mário da Silva Pereira que, prelecionando sobre a matéria, afirmou: "Não me parece de boa fundamentação jurídica que o motorista que faz um obséquio sem auferir qualquer proveito e muitas vezes movido por puro altruísmo (como no caso de conduzir um ferido ou doente apanhado na rua e levado a um hospital) possa ser questionado pelo que venha a ocorrer com a pessoa transportada, e compelido a indenizar pelo dano sofrido pelo passageiro durante o trajeto", concluindo que, nestas circunstâncias, a responsabilidade deva ser apurada com base no art. 186 do Código Civil, ou seja, deslocando-se da responsabilidade contratual para a responsabilidade aquiliana.[20]

Ocorre que em muitas situações, importa ressaltar, o transporte, embora aparentemente gratuito, está agregado a outros interesses do transportador. Por essa razão o Código Civil fez uma importante ressalva, no parágrafo único do artigo 736, *in verbis*: "não se considera gratuito o transporte quando, embora sem remuneração, o transportador auferir vantagens indiretas".

Tal ressalva é importante porque alguns tipos de transporte aparentam ser gratuito, contudo, seus protagonistas têm fundado interesse no oferecimento daquele serviço. Logo, se a prestação do serviço estiver agregada a uma ação negocial, tal qual o corretor de imóveis que transporta o cliente até o imóvel a ser visitado; ou, a empresa que oferece transporte gratuito para seus funcionários entre o local de trabalho e suas residências; ou ainda, o oferecimento de transporte público gratuito para crianças ou idosos, por empresas privadas, entes públicos ou seus permissionários, casos em que estaremos diante de uma gratuidade aparente.

19. RODRIGUES, Silvio. Direito Civil, vol. IV, pp. 111-116.

20. PEREIRA, Caio Mário da Silva. Responsabilidade civil, p. 215.

Nestas circunstâncias não se pode falar em transporte puramente gratuito. Há uma aparência de gratuidade, porquanto o transportador, no primeiro caso, estará oferecendo tal serviço atrelado a outros interesses, qual seja a venda do imóvel; e, no segundo caso, estará inserindo tais custos nos produtos ou serviços que ofereçam ao público; e, no terceiro caso, os custos serão socializados e incidirá nos custos das passagens pagas pelos particulares ou serão subsidiados pelo Poder Público.

Conforme assevera Carlos Roberto Gonçalves, "não se pode, pois, afirmar que o transporte é totalmente gratuito quando o transportador, embora nada cobrando, tem interesse no transporte do passageiro". Ou seja, havendo qualquer interesse do transportador na realização do transporte, este não poderá ser enquadrado como verdadeiramente gratuito, "devendo ser regido, pois, pelas disposições do Código Civil – arts. 730 e 734 –, que estabelece a culpa presumida do transportador, só elidível em caso de culpa exclusiva da vítima ou caso fortuito e força".[21]

Quando tratar-se de transporte aéreo, o enfoque deverá ser diferente. No transporte aéreo gratuito ou de cortesia, não se poderá falar em exclusão da responsabilidade porquanto a norma que rege a matéria, explicitamente preceitua que o transportador responde pelo dano decorrente de morte ou lesão de passageiro, causada por acidente ocorrido durante a execução do contrato de transporte aéreo, a bordo de aeronave ou no curso das operações de embarque e desembarque, inclusos nesta proteção, os tripulantes, diretores e empregado da companhia transportadora, além daqueles que estejam viajando por cortesia, a teor do que dispõe o art. 256 do Código Brasileiro de Aeronáutica.

4. DO TRANSPORTE DE COISAS

A responsabilidade do transportador de mercadorias segue, em linhas gerais, os mesmos princípios do transporte de pessoas, já que o fim colimado é o da entrega da carga incólume ao seu destinatário. Qualquer causa que retarde ou impeça ou ainda deteriore a mercadoria a ser entregue, gerará, para o transportador, o dever de indenizar.

21. GONÇALVES, Carlos Roberto. Responsabilidade civil, p. 337.

A matéria está disciplinada no Código Civil em seus arts. 743 a 756, cabendo destacar que a responsabilidade do transportador é conduzir a coisa até seu destino mantendo-a em bom estado e entregando-a no prazo ajustado (art. 749), quando então, aquele que a receber, deverá conferi-la e apresentar eventuais reclamações, sob pena de decair de seus direitos (art. 754).

Outro aspecto que releva comentar é que a responsabilidade do transportador começa quando do recebimento da coisa, por si ou por seu preposto, e termina com a entrega da mesma ao seu destinatário, e estará circunscrita, em termos de valores, ao montante do valor que haja sido declarado no conhecimento e quando não encontrado o destinatário, deverá ser depositada em juízo (art. 750).

Se atentarmos para o contido no Decreto 2.681 poderemos verificar que muito pouco se inovou na matéria. Referido dispositivo legal, regulava o transporte de mercadorias nos artigos 1° ao 16, cabendo, dentre estes, destacar o art. 3° que previa claramente que "a responsabilidade começará ao ser recebida a mercadoria, na estação, pelos empregados da estrada de ferro, antes mesmo do despacho, e terminará ao ser efetivamente entregue ao destinatário", assim como o art. 5° que obrigava o remetente a declarar o valor da mercadoria, para eventual ressarcimento.[22]

O Código Civil, no capítulo que trata dos transportes, prevê duas hipóteses de decadência de direitos. No primeiro caso, ao assegurar o direito do transportador de ser indenizado em razão de prejuízos decorrentes de informações inexatas no tocante à coisa transportada, cuja ação deverá ser exercitada no prazo de cento e vinte dias (art. 745). No segundo, ao assegurar o direito de reclamação ao usuário em razão de avarias ou perdas nas mercadorias transportadas, cujo prazo é de dez dias a contar da data da efetiva entrega (art. 754 *caput* e parágrafo único).

Outro aspecto interessante a ser destacado é que há expressa previsão no que diz respeito à guarda e conservação das mercadorias transportadas quando se demonstre a impossibilidade de efetiva entrega ao destinatário. Por primeiro, quando por qualquer razão o transporte não puder ser realizado e, comunicado o remetente sem que haja sua

22. Sugerimos a leitura dos artigos 1° ao 16 do Decreto n° 2.681 para que se possa fazer uma comparação com os artigos do Código Civil que regulam a matéria.

manifestação, o transportador poderá vendê-la ou depositá-la em juízo (art. 753 e parágrafos). Por segundo, quando houver dúvidas acerca de quem seja o destinatário e, na impossibilidade de obter instruções do destinatário, depositá-la em juízo e, no caso de ser deteriorável, vendê-la depositando em juízo os valores apurados (art. 755).

Prevê também o nosso estatuto civil a solidariedade entre os transportadores perante o remetente, quando tratar-se de transporte cumulativo, ressalvada a hipótese de apuração da responsabilidade entre os envolvidos, com o objetivo de distribuir proporcionalmente os prejuízos entre os que tenham, efetivamente, dado azo ao dano (art. 756).

É aplicável, no que couber, as disposições contidas no Código de Defesa do Consumidor (Lei n° 8.078/90), assim como, a Lei das Estradas de Ferro (Decreto 2.6181/12), além das normas regulamentares que tratem da matéria, conforme já tivemos oportunidade de frisar.

5. DAS EXCLUDENTES DE RESPONSABILIDADE

Com relação aos diversos tipos de transportes (rodoviário, aéreo, marítimo e ferroviário), seja de passageiros quanto de carga, as causas excludentes de responsabilidade do transportador merecem um capítulo especial, pois com a entrada em vigor do Código Civil de 2002, a matéria passou a ser regulado pelo novo estatuto, ressalvada a aplicação subsidiária das normais especiais, tratados e convenções internacionais naquilo que não lhes sejam contrárias (Lei n° 10.406, art. 732).

Em que pese a responsabilidade do transportador ser objetiva, não se pode falar que a nossa legislação tenha adotado a teoria do risco integral, logo cabendo discutir as eximentes possíveis de aplicação ao caso concreto. Assim, podemos afirmar que o transportador se exonerará do dever de indenizar se provar: caso fortuito ou força maior ou ainda, a culpa exclusiva da vítima. A discussão fica por conta da colidência entre o estatuído no Código de Defesa do Consumidor no tocante à culpa de terceiro (art. 14, § 3°, II – o fornecedor não será responsabilizado quando provar culpa exclusiva de terceiro) e o expressamente previsto no Código Civil (art. 735 – a responsabilidade do transportador não será ilidida por culpa de terceiro). Voltaremos ao tema no capítulo que trata da culpa de terceiro.

5.1. Caso fortuito e força maior

Ao regular a matéria, o Código Civil estabelece que o transportador responderá pelos danos causados às pessoas transportadas e as suas bagagens, salvo se provar a ocorrência de força maior (art. 734, *caput*).

Sem entrarmos à discussão sobre as diferenças entre caso fortuito e força maior, o que releva comentar é que para a configuração de qualquer dos institutos, faz-se necessários a presença de imprevisibilidade e da inevitabilidade. De outro lado, é preciso considerar, conforme ensinamentos de Silvio Rodrigues que o caso fortuito ou de força maior é o ato alheio à vontade das partes contratantes ou do agente causador do dano e que tampouco derivou da negligência, imprudência ou imperícia daquelas ou deste, sendo uma das eximentes mais importantes porquanto põe fim à relação de causalidade entre o ato do agente e o resultado danoso experimentado pela vítima.[23]

O sempre ministro Sálvio de Figueiredo Teixeira, escudando-se nas lições de Clovis Bevilaqua, deixou assentado que "caso fortuito é 'o acidente produzido por força física ininteligente, em condições que não podiam ser previstas pelas partes', enquanto a força maior é 'o fato de terceiro, que criou, para a inexecução da obrigação, um obstáculo, que a boa vontade do devedor não pode vencer', com a observação de que o traço que os caracteriza não é a imprevisibilidade, mas a inevitabilidade".[24]

Discorrendo sobre a matéria, Sergio Cavalieri Filho, com base em sedimentada doutrina, faz uma distinção entre o que chama de fortuito interno e fortuito externo, conceituando "fortuito interno (como) o fato imprevisível e, por isso, inevitável, que se liga à organização da empresa, que se relaciona com os riscos da atividade desenvolvida pelo transportador", exemplificando as situações que o caracterizaria, tais como: o estouro de um pneu, incêndio do veículo e mal súbito do motorista, dentre outros possíveis, e o "fortuito externo (como sendo) também fato imprevisível e inevitável, mas estranho à organização do

---

23. RODRIGUES, Silvio. Direito civil, vol. 4, p. 191.
24. (STJ – REsp 264589 – RJ – 4ª T. – Rel. Min. Sálvio de Figueiredo Teixeira – DJU 18.12.2000, p. 00207).

negócio", tais como as tempestades e as enchentes, concluindo que a sua configuração estaria ligada a duas características: "autonomia em relação aos riscos da empresa e inevitabilidade, razão pela qual alguns autores o denominam de força maior".[25]

Nossos tribunais, e especialmente o Superior Tribunal de Justiça tem alargado a compreensão do caso fortuito considerando equiparável a fortuito externo situações tais como a de disparos de arma de fogo contra o coletivo, assim como o arremesso de pedras e outros objetos que venha a ferir passageiros. Em verdade, estar-se-ia diante de fato de terceiro, na exata medida em que o ocorrido não guarda nenhuma conexidade com o contrato de transporte e o dano decorre de causa alheia totalmente estranho ao transporte em si. Ademais, a responsabilidade pela segurança pública é do Estado não se podendo exigir do transportador que transforme seus veículos em verdadeiros carros fortes ou que os faça circular com escolta de segurança para prevenir assaltos.[26]

De toda sorte, esta situação não é pacífica, pois é possível encontrar julgados como o do então Ministro Cesar Asfor Rocha que deixou assentado: "tendo se tornado fato comum e corriqueiro, sobretudo em determinadas cidades e zonas tidas como perigosas, o assalto no interior do ônibus já não pode mais ser genericamente qualificado como fato extraordinário e imprevisível na execução do contrato de transporte, ensejando maior precaução por parte das empresas responsáveis por esse tipo de serviço, a fim de dar maior garantia e incolumidade aos passageiros".[27]

5.2. Culpa exclusiva de terceiro

Ao analisarmos a questão, uma dúvida exsurge: se considerarmos que o Código de Defesa do Consumidor prevê, como causa exonerativa de responsabilidade, o fato exclusivo de terceiro (art. 14, § 3°, II) e o novo Código Civil expressamente afasta esta eximente (art. 735), como compatibilizar as duas normas colidentes? Em verdade, é tão

25. CAVALIERI FILHO, Sergio. Programa de responsabilidade civil, p. 246.

26. Ibidem, p. 251.

27. (STJ – REsp 232649 – SP – 4ª T. – Rel. p/o Ac. Min. Cesar Asfor Rocha – DJU 30.06.2003 – p. 00250).

somente aparente o conflito das normas, posto que o fato doloso de terceiro é que poderia ser entendido como fato exclusivo de terceiro, que seria equivalente ao chamado fortuito externo e, por conseguinte, ao excluir o nexo causal, se equipararia à força maior.

A nosso sentir, o terceiro a que se refere o Código Civil, é aquele que guarda relação direta com os riscos do transportador, portanto, inerentes à atividade de transporte, também chamado de fortuito interno, a exemplo dos acidentes de trânsito entre o veículo em que viaja o passageiro e outro veículo estranho ao contrato de transporte. Nesta situação, o passageiro que venha a sofrer um dano, demandará a empresa que o transportava, pouco importando se foi ela que deu causa ou não ao acidente porque, nesta situação, a colisão entre os veículos, é algo perfeitamente previsível e dentro dos riscos inerentes à atividade de transporte de passageiro, não sendo útil a ilidir a responsabilidade do transportador.

O mesmo não ocorrerá quando o fato for totalmente estranho ao contrato de transporte e se possa classificar como imprevisível e inevitável, tais como o disparo de arma de fogo, efetuado por terceiro, contra trens e ônibus urbanos, que venham a ferir passageiro. Nesta situação, estaremos diante daquilo que a doutrina e a jurisprudência têm denominado de fortuito externo, equiparável a força maior, porquanto o incidente não guardaria nenhuma conexidade com o contrato de transporte, ou seja, o acidente não ocorreu em função do transporte, mas por motivo totalmente alheio ao contrato firmado entre o transportado e o transportador.

Nesse sentido pedimos vênia par colacionar a lição de Arnaldo Rizzardo que, doutrinando sobre a matéria, deixou assentado que "o fato de terceiro não vincula a relação de causalidade entre o dano e o desempenho do contrato. Falta conexidade nas duas realidades. A primeira ação, causadora da lesão, é de tal força e intensidade que exclui a liberdade de ação de quem provocou o evento". E exemplifica: "é o que se verifica na pedra lançada de inopino por um malfeitor contra o para-brisa de um veículo, furtando a visão ao motorista e determinando a colisão com outro veículo. Tal evento tipifica um fato súbito e imprevisível, alheio às preocupações normais daquele que dirige e aos perigos decorrentes do trânsito. Do mesmo modo quanto ao disparo de arma de fogo". Ressalvando que, embora a responsabilidade do transportador seja objetiva, tanto em relação aos passageiro quanto com relação a terceiros, a mesma pode "ser excluída pelo denominado fortuito externo, que se entende como o fato imprevisível e, principalmente inevitável que não guarda relação com os riscos do negócio de transporte, exatamente a hipótese do assalto à mão armada, já que não se pode conceber como possa o transportador municiar-se a ponto de poder evitar o evento externo e estranho à sua atividade"'.[28]

De toda sorte, é importante frisar que, tanto num caso quanto noutro, para que se possa falar em excludente de responsabilidade, há que se fazer presente a imprevisibilidade (caso fortuito) ou a inevitabilidade (força maior). Registre-se ademais que, qualquer que for o caso, dependerá de robusta prova, de sorte a afirmar que é preciso cautela na avaliação desta excludente porquanto há divergências de entendimento em nossos tribunais que, em situações similares, tem adotando posicionamento diametralmente oposto, conforme já demonstrado.

5.3. Culpa exclusiva da vítima

Quanto à culpa exclusiva da vítima, é importante frisar que tal fato afasta a responsabilidade do transportador na exata medida em que não pode ser responsabilizado por evento ao qual não deu causa, tendo, quando muito, servido como mero instrumento para a sua consecução. Rememore-se que o art. 17 da Lei das Estradas de Ferro faz expressa previsão quanto à exoneração do dever de indenizar quando ocorrente a culpa exclusiva do viajante, como também faz a mesma ressalva o Código de Defesa do Consumidor (art. 14, § 3°, II da Lei n° 8.078/90).

Já tivemos oportunidade de frisar que não poderia ser de outra forma. Se o agente em nada contribuiu para o evento, tendo sido tão somente o instrumento pelo qual o mal se materializou, não há falar-se que exista nexo entre o resultado lesivo e a ação praticada. É o caso do chamado "surfista ferroviário" que, apesar da responsabilidade das estradas de ferro ser objetiva, nestas circunstâncias não se

28. RIZZARDO, Arnaldo. Responsabilidade civil, p. 165.

pode responsabilizar a empresa operadora dos serviços, por ato cuja responsabilidade é única e exclusivamente da vítima, que assumiu os riscos de sua empreitada e, por conseguinte, deve arcar com os resultados lesivos advindos de seu impensado ato.[29]

Não é por outra razão que o Código Civil exige da pessoa transportada, o dever de diligência, devendo subordinar-se às normas estabelecidas pelo transportador, abstendo-se de atos que possam causar incômodos ou prejuízos ao veículo ou a terceiros (art. 738, *caput*). Por isso mesmo, Caio Mário da Silva Pereira, com a percuciência que lhe era peculiar, observava que "não se pode considerar que o usuário é dispensado de velar pela própria segurança; a responsabilidade da ferrovia é ilidida se o acidente proveio de culpa do usuário".[30]

5.4. Culpa concorrente

No tocante a minorante da concorrência de culpa, embora não admitida no Código de Defesa do Consumidor, a mesma foi expressamente prevista no Código Civil, no parágrafo único do art. 738, que assim dispõe: "se o prejuízo sofrido pela pessoa transportada for atribuível à transgressão de normas e instruções regulamentares, o juiz reduzirá equitativamente a indenização, na medida em que a vítima houver concorrido para a ocorrência do dano". Aliás, este princípio foi adotado como regra geral da responsabilidade civil no capítulo próprio, pois o art. 945 prevê que "se a vítima tiver concorrido culposamente para o evento danoso, a sua indenização será fixada tendo-se em conta a gravidade de sua culpa em confronto com a do autor do dano".

Considerando que se deve aplicar as normas do Código Civil, o magistrado Carlos Roberto Gonçalves adverte que "não poderão mais os tribunais condenar as empresas de transporte a pagar indenização integral às vítimas de acidentes, em casos de culpa concorrente desta, como vinha acontecendo, por exemplo, nas hipóteses de passageiros que viajam no estribo do vagão ou como 'pingentes', dependurados nas portas, caracterizando culpa

29. Ver nossa obra, Dano moral – problemática: do cabimento à fixação do quantum, p. 39.
30. Responsabilidade civil (Apud: Carlos Roberto Gonçalves. Responsabilidade civil, p. 291).

do passageiro e também da ferrovia, por não prestar o serviço com a segurança que dele legitimamente se espera, obrigando as pessoas que tem necessidade de usá-lo a viajar em condições perigosas, e por não vigiar para que tal não se verifique".[31]

Verifica-se assim, que esta será mais uma questão a merecer reflexão dos doutos, pois, certamente, suscitará acirrado debate.

31. GONÇALVES, Carlos Roberto. Op. cit. pp. 282-283.

Capítulo 15

Serasa: Um Verdadeiro Tribunal de Exceção

1. BREVE HISTÓRICO

Os bancos de dados e cadastros relativos a consumidores, tais como a Serasa, SPC, Cadin e outros congêneres, são considerados entidades de caráter público, assim reconhecidos pelo Código de Defesa do Consumidor (Lei nº 8.078/90, art. 43, § 4º). Logo, é perfeitamente legal a existência de bancos de dados e, por conseguinte, lícita sua atuação no que diz respeito à armazenagem de dados de consumidores.

Nesse passo, somos levados a concordar com aqueles que defendem que os arquivos de consumo desempenham uma função positiva na sociedade atual. Não se nega, também, o benefício que conferem a seus associados, proporcionando-lhes mais segurança em suas atividades comerciais. Contudo, referidos arquivos somente se justificam se forem implantados para servir ao bom funcionamento da sociedade de consumo, respeitando a individualidade e a privacidade do consumidor.[1]

Diversos são os bancos de dados de consumo existentes no Brasil. Os mais conhecidos são: a Serasa Experian; o SPC Brasil – Serviço de Proteção ao Crédito; o CCF – Cadastro de Emitente de Cheques sem Fundos e o Cadin – Cadastro Informativo dos Créditos não Quitados do Setor Público Federal.

1. BENJAMIN, Antônio Herman de Vasconcellos e. Código brasileiro de Defesa do Consumidor, p. 268-271.

A origem dos bancos de dados no Brasil remonta à metade do século passado. Conta-se que foi em Porto Alegre que surgiu o primeiro Serviço de Proteção ao Crédito (SPC), patrocinado pela Associação Comercial local, em julho de 1955. Daí em diante, várias outras cidades organizaram seus serviços, até que, em 1962, em Belo Horizonte, era organizado o primeiro seminário nacional dessas organizações.[2]

No que diz respeito à Serasa, trata-se de uma empresa destinada à coleta e centralização de informações para orientar a tomada de decisão dos bancos e instituições financeiras em geral, que são, na origem, seus sócios fundadores. Alguns chegam mesmo a dizer que a Serasa seria uma segmentação da Federação Brasileira de Bancos - Febrabam.[3]

De toda sorte, segundo o seu próprio site: "Desde 2007, fazemos parte da Experian, que é líder mundial do segmento, está presente em 30 países e foi eleita pela revista Forbes uma das empresas mais inovadoras do mundo. A experiência e a abrangência de uma companhia global potencializam nossa capacidade de decodificar informações para transformá-las em vantagem estratégica. Essa expertise também fortalece nossa visão inovadora que amplia possibilidades, tornando as decisões de consumidores e empresas mais seguras e confiáveis. Se você também acredita que dados geram mais resultados, conte com a Serasa Experian!".[4]

A Serasa atua com completa cobertura nacional e internacional por meio de acordos operacionais com as principais empresas de informações de todos os continentes. Neste capítulo pretende-se discutir a legalidade da atuação da Serasa no mercado de consumo brasileiro e as práticas habitualmente desenvolvidas por essa empresa e seus associados.

Em dadas circunstâncias, fica difícil aceitar o argumento de que o registro do nome do inadimplente nos serviços cadastrais do comércio é medida protetora da atividade econômica, uma vez que, em contrapartida, gera o efeito perverso e corporativista de excluir o possível inadimplente de toda e qualquer prática negocial: o cadastrado fica impedido de movimentar contas correntes especiais; fica tolhido

2. COVIZZI, Carlos Adroaldo. Práticas abusivas da Serasa e do SPC, p. 15-16.
3. Nesse sentido, ver Rui Stoco, Tratado de responsabilidade civil, p. 1477.
4. < https://www.serasaexperian.com.br/sobre-nos/quem-somos/>, acesso em: 11.4.23.

de negociar a prazo; sofre constrangimento por não aceitarem seus cheques, sua assinatura. A própria pessoa passa a ser considerada de forma jocosa nos balcões de atendimento quando tenta realizar negócios.[5]

Assim, apesar da relevância social da Serasa, é certo que os efeitos deletérios que causa, em face dos abusos amiúde cometidos, podem representar graves violações aos direitos da personalidade. Daí poder-se afirmar que a iniciativa da remessa do nome do devedor ao serviço protetivo do crédito deveria ser precedida de cautelas no que diz respeito à preservação do direito constitucional à ampla defesa, ao devido processo legal e aos direitos da personalidade, o que não vem ocorrendo no Brasil.

2. A SERASA COMO TRIBUNAL DO CRÉDITO

A inclusão do nome do consumidor nos cadastros restritivos de crédito mantidos pela Serasa ocorre de forma unilateral e traduz-se, na vida prática, na proibição a esse consumidor de adquirir produtos e serviços no mercado de consumo mediante financiamento. Corresponde a uma verdadeira sanção civil aplicada por um ente particular. Em última análise, representa, em rigor, uma "sentença" à qual o suposto inadimplente é condenado, ficando estigmatizado como devedor contumaz, até prova em contrário.

A nosso ver, são feridas aqui, de uma só vez, duas garantias constitucionais inalienáveis: o devido processo legal e o princípio do contraditório e da ampla defesa (CF, art. 5º, LIV e LV).

A Serasa se arvora de ser legalmente habilitada e detentora dos mecanismos hábeis a inserir os nomes dos inadimplentes em seus cadastros, tal qual penas lançadas ao vento pelo Rei Salomão, tanto que chega a ponto de afirmar, nos processos que lhe são movidos, competir às vítimas adotar todas as providências tendentes à retificação dos assentamentos privados, se constatada neles alguma inexatidão, comprovando-a documentalmente. "Só essa postura já subverte toda a ordem jurídica, na medida em que se lançam os nomes de outrem na vala dos inadimplentes, quando ainda não podem

5. Cf. o Des. Aclibes Burgarelli, quando relator do AI 682.289, 3ª C., 2º TACSP, j. 27-3-2001, LEX-JTACSP, 189/341.

ser assim qualificados, à vista da singela relação de feitos ajuizados, sem outras investigações, maculando a honra, e ainda exige que o interessado promova perante ela, uma sociedade anônima privada, um procedimento retificatório instruído com documentos, quando a averbação não poderia ter sido feita sem a garantia da veracidade e da extensão da informação lida na imprensa. Imputa-se um fato, gera-se uma ferida moral para depois atribuir aos ofendidos o encargo de apresentar uma defesa ou versão diversa".[6]

Não se pode descurar que o crédito é um bem de natureza imaterial, integrante do patrimônio econômico e moral das pessoas, tanto físicas como jurídicas, não podendo a sua proteção ficar restrita àqueles que dele fazem uso especulativo.[7] Se o crédito é um bem, seu perdimento não pode ocorrer por determinação dos bancos de dados tipo Serasa, já que a Constituição Federal expressamente determina que ninguém será privado de seus bens sem o devido processo legal (art. 5º, LIV).

Ademais, a inclusão indevida do nome do consumidor nos cadastros da Serasa corresponde também a uma violação aos direitos da personalidade (ao nome, à honra e à imagem – CF, art. 5º, X, e CC, arts. 12 e 20), constitui um ilícito indenizável, tendo em vista que "os erros ou a desatualização dos bancos de dados constituem permanentes fontes de agressão à intimidade".[8]

As palavras "negativar" e "negativação" correspondem às velhas marcas de iniquidade que existem desde o início dos tempos. Em certas sociedades, os iníquos eram punidos com a perda do nariz, como acontecia entre os assírios. Na França do rei Luís XIII, as prostitutas eram marcadas, com uma flor-de-lis, com ferro em brasa. Na sociedade de hoje, os devedores são marcados com ferretes ainda mais eficientes, dada a qualidade e modernidade dos meios de comunicação. Esse ato de negativar, esse juízo inflexível sobre a natureza humana, deve comportar algum tipo de temperamento, alguma forma de limitação, em uma sociedade democrática.[9]

---

6. Des. Nivaldo Balzano (relator) no julgamento da Apelação Cível n. 120.273-4, TJSP, 8ª C. Dir. Priv., j. 12-12-2001, LEX-JTJ, 253/113.
7. CAHALI, Yussef Said. Dano moral, p. 396.
8. SANTOS, Antonio Jeová. Dano moral indenizável, p. 392.
9. Trechos da sentença do Juiz Fernando Sebastião Gomes (Proc. 2.472/96), disponível em: <www.espacovital.com.br/colunaespacovital26112004d.htm>.

Não é por outra razão que o magistrado Sebastião Flávio da Silva Filho, à época no extinto Primeiro Tribunal de Alçada Civil de São Paulo, ainda que não acompanhado por seu pares, sentenciou: "Ninguém desconhece hoje o caráter estigmatizante decorrente da deformação da utilidade inicial desse serviço de proteção ao crédito mantido pela Serasa, o qual, se foi concebido com o bom propósito de proporcionar um cadastro geral para a segurança na concessão de créditos bancários, hoje tem mais o perfil de criar uma generalizada suspeita de insolvência ou de inadimplência contumaz, sem distinguir cada situação de 'per si'. E não é por outra razão que se valem as instituições financeiras dessa deformação para compelir a pagamento ou a renegociação de seus créditos, sabedoras de que informação sobre pendência creditícia implica gravíssimas restrições ao prosseguimento dos negócios do atingido, em face desse apontado caráter estigmatizante, verdadeira morte civil".[10]

Para nós, a perda de crédito na praça em decorrência do apontamento nos serviços de proteção ao crédito equipara-se a uma sanção que somente poderia ser considerada legitimada se aplicada pelo Poder Judiciário, significando dizer que, imposta pela Serasa, ou por outros bancos de dados, equipara-se àquelas deduzidas pelos juízos ou tribunais de exceção, o que é expressamente proibido pelo nosso ordenamento constitucional (art. 5º, XXXVII – não haverá juízo ou tribunal de exceção).[11]

3. DESVIO DE FINALIDADE

Não bastasse o já abordado, a realidade atual tem demonstrado que os bancos de dados (Serasa, SPC e outros) cumprem um papel não previsto em lei e, portanto, equivalente a um desvio de finalidade, qual seja, em última análise, um instrumento utilizado pelos credores para cobrança de dívidas, haja vista que a ameaça de inclusão do nome do consumidor em lista de inadimplentes representa não só a proibição de novas contratações a crédito, como também sujeita o inscrito a carregar a pecha de mal pagador.

10. Em voto vencido na Ap. 826.731-6, 9ª C., j. 3-8-2000, LEX-JTACSP, 186/170.

11. COVIZZI, Carlos Adroaldo Ramos. Práticas abusivas da Serasa e do SPC, p. 29.

Nessas circunstâncias, o consumidor, para não perder seu crédito, vê-se compelido a honrar o pagamento do que lhe é cobrado, abrindo mão do seu legítimo direito de questionamento do principal, juros e outros serviços da dívida. Partindo dessa premissa é que o Ministro Ruy Rosado de Aguiar já decidiu que o registro em bancos de dados, por iniciativa do credor, é uma forma de forçar o devedor a saldar seu débito no balcão, onde lhe são comumente exigidas taxas e comissões abusivas, sem qualquer controle judicial, passando o banco de dados a servir como instrumento de cobrança, opressivo e não institucionalizado, com evidente desvio de sua finalidade.[12]

Há diversos registros de situações em que, independentemente de eventual discussão, judicial ou extrajudicial, acerca do débito existente, o consumidor se vê ante a ameaça de inclusão de seu nome naqueles bancos de dados, o que, inegavelmente, lhe acarreta constrangimentos e dissabores, e viola os objetivos principais do estatuto. Tais situações caracterizam "desvio de finalidade dos arquivos de consumo, pois a implementação prestou-se mais para cobrar dívida, do que para proteger o crédito como originariamente previsto".[13] É o típico caso do consumidor que, não concordando com os valores que lhe são cobrados, seja com relação ao principal, seja com relação aos juros incidentes sobre a dívida, procura discutir seus débitos administrativamente. No curso das negociações depara-se com a ameaça de inclusão de seu nome nos bancos de consumo, o que, a toda evidência, coloca-o em posição de inferioridade na discussão dos elementos que compõem o montante da dívida.

Se o contrato está sendo discutido, nenhuma razão de direito ou de fato pode atribuir à palavra do credor maior valor do que a do devedor. Se a alegada inadimplência do devedor está sendo por ele contestada pelos meios adequados, somente depois da rejeição do pedido formulado pelo consumidor é que o credor poderá requerer a inclusão do seu nome no referido cadastro. Não se afigura justo e correto que se aniquile com o crédito de alguém que ainda está discutindo os termos do contrato que assinou. Do contrário, seria a aceitação da pressão social e psicológica para obrigar o devedor a desistir da ação intentada.

---

12. Conforme julgado publicado na RSTJ, 77/207-208 (apud: Antonio Jeová Santos, Dano moral indenizável, p. 442).
13. COVIZZI, Carlos Adroaldo Ramos. Práticas abusivas da Serasa e do SPC, p. 23.

Nesse sentido, trazemos à colação posicionamento do magistrado paulista Nivaldo Balzano, em acórdão de brilhante teor, do qual se transcreve trecho, que nos brinda com magnífica lição sobre inadimplemento e mora, para concluir que é necessário cautela antes do envio do nome de devedor aos registros de maus pagadores. Veja-se: "Esse registro é antijurídico na medida em que não distingue a mora do inadimplemento, nem do retardamento. O inadimplemento é a não satisfação da obrigação no prazo. A mora decorre do inadimplemento comprovado, sem causa ou injusto, mas nem toda retardação caracteriza a mora do devedor, podendo ocorrer de fato inimputável ao obrigado e sim imputável ao pretenso credor, como exemplo, exigência de encargos excessivos pelas instituições financeiras, aplicação de índices de reajustamentos indevidos, capitalização de juros vedada, falta de demonstração inequívoca de débito, enfim, tantas outras práticas do dia a dia que não encontram amparo no direito. (...) o singelo decurso do prazo de uma obrigação, sem perquirição de outros fatores, por si só, não gera o direito de enviar os dados do retardante a um cadastro de restrições amplas ao crédito, comprometendo todas suas atividades negociais".[14]

Tal aspecto é de suma importância porquanto, conforme lição de Antônio Herman de Vasconcellos e Benjamin, "sem garantias mínimas de segurança e validade do débito, todo o sistema resvala para a constituição de tribunais privados de exceção, pois o credor, por desvio de função do instrumento, afasta o que sobra de constitucionalidade a tal prática, baseada na presunção de que o que se protege é o crédito, visto genericamente. Não sendo assim, terminamos com um mecanismo ilícito de cobrança, embasado no uso de coação social, constrangimento público, estigmação e execração do *homo economicus*".[15]

4. DEVER DE COMUNICAR ANTES DA ABERTURA DE CADASTRO

Registre-se, de início, que a inclusão do nome do devedor nos cadastros restritivos de crédito deve, obrigatoriamente, ser precedida de sua devida comunicação com vistas a dar-lhe oportunidade de aferir

14. (1º TACSP, Ap. 815.072-5, 5ª C., j. 13-12-2000, LEX-JTACSP, 188/181).
15. BENJAMIN, Antônio Herman de Vasconcellos e. Código brasileiro de Defesa do Consumidor, p. 370 (apud: Renato Afonso Gonçalves. Banco de dados nas relações de consumo, p. 58).

a veracidade e a correção de tal medida. Defendemos a tese de que é indiferente se os dados sobre o devedor foram fornecidos pelo credor ou coletados pelo arquivista em outros órgãos, pois entendemos que o dever de informar existe, não importando a forma pela qual tais informações chegaram ao banco de dados.

Se assim não proceder, o banco de dados deverá ser responsabilizado pelo descumprimento do dever legal de comunicação contido na lei consumerista (Lei nº 8.078/90, art. 43, §§ 2º e 3º).

Nessas circunstâncias, "estão os serviços de proteção ao crédito obrigados a avisar, por escrito, previamente o consumidor de que irão fazer a anotação".[16] Significa dizer que há uma obrigação legal da parte dos bancos de dados de informar o consumidor que irão cadastrá-lo, isso como forma de permitir-lhe verificar a exatidão ou não dos dados sobre sua pessoa.[17]

Advirta-se, ademais, que o fato de a dívida ser inquestionável não exonera o arquivista do dever de informar. Da mesma forma, não o exonera o fato de o suposto devedor inadimplente já contar com outras inscrições naquele banco de dados.

Como se sabe, os bancos de dados são alimentados, em geral, pelas empresas credoras, que lhes informam sobre os dados de seus clientes inadimplentes. Há, contudo, casos em que é o próprio banco de dados que busca a informação e alimenta seu arquivo. Trata-se de anotações sobre consumidores a partir da obtenção de dados referentes, por exemplo, a títulos protestados. Outra forma de alimentação do banco de dados por iniciativa do próprio arquivista dá-se em face da distribuição de alguma ação judicial indicativa de inadimplemento financeiro, tais como as ações de execução em geral, de cobrança, de despejo, de busca e apreensão, entre outras.[18]

Quer dizer, a simples distribuição de uma ação de execução, que pode ser devida ou indevida, já negativa o nome do executado

---

16. RIZZATTO NUNES, Luiz Antonio. Comentários ao Código de Defesa do Consumidor, p. 524.
17. Assim também Eduardo Gabriel Saad, Comentários ao Código de Defesa do Consumidor, p. 409.
18. À guisa de ilustração, vige, no Estado de São Paulo, um convênio firmado entre o Tribunal de Justiça e a Serasa pelo qual o Tribunal fornece, diariamente, a listagem das ações distribuídas às diversas varas cíveis de todo o Estado – processo CG 85.232/88. Com isso a Serasa anota os dados dos réus nas ações proposta que possam indicar algum inadimplemento.

junto ao Serasa. Muitas vezes, o processo foi distribuído, mas ainda não aconteceu a citação do suposto devedor. Diante da lentidão da Justiça e outros problemas como mudança de endereço, a citação do Executado pode demorar meses para ocorrer e, enquanto isso, o suposto devedor fica impedido de obter crédito junto às instituições financeiras.

Atente-se para o fato de que a mera distribuição de uma execução não significa, necessariamente, que o executado é mau pagador, pois é muito comum que tais ações sejam julgadas improcedente, em razão de diversos fatores, como pelo fato do débito executado poder ser indevido, seja por já ter sido pago, seja pela ocorrência da prescrição, seja pela ilegitimidade da parte executada, dentre outros fatores. Este Convênio firmado entre o TJSP e o Serasa está eivado de nítida inconstitucionalidade, pois impõe sanções ao suposto devedor antes de ter sido lhe dado a oportunidade de defesa nos autos da execução.[19]

De afirmar que o procedimento, adotado pela Serasa, de recolher informações diretamente nos cartórios distribuidores sobre ações propostas na justiça brasileira é abusivo, atenta contra os direitos do consumidor e desvirtua a própria finalidade dessas instituições arquivistas, principalmente quando o fazem sem ao menos comunicar o consumidor a respeito da inscrição. A simples falta dessa comunicação, sujeitando o consumidor a possíveis vexames, é fato capaz de ensejar reparação por dano moral, independentemente de qualquer outra perquirição.[20]

Assim, os bancos de dados, quando acionados na justiça, procuram eximir-se do dever indenizatório alegando que apenas coletam e armazenam os dados que são públicos, não tendo responsabilidade sobre suas origens nem o dever de comunicar o consumidor. Embasam tal assertiva alegando não poderem ser responsabilizados porquanto os dados que alimentam seus arquivos são públicos e do conhecimento do devedor, razão por que haveria dispensa do dever de comunicar fato que já é do conhecimento do público em geral e também do devedor.

---

19. Informes publicado por Márcio Balduchi e disponível no site do JusBrasil. Acesso em 13/4/23.
20. Nesse sentido, decisão do TJDFT, ACJ 20030110195818 – DF, 1ª TRJE, Rel. Des. Gilberto Pereira de Oliveira, DJU, 3-12-2003, p. 92.

Laboram, porém, em equívoco aqueles que assim entendem. Cumpre esclarecer que a lei consumerista não faz nenhuma distinção quanto ao fato de a informação ter sido obtida em base de dados que é pública ou por meio de pesquisas efetuadas pela própria entidade, ou, ainda, se os dados foram informados pelos credores associados ao arquivista. Em todos os casos, o que a lei exige é a comunicação prévia do consumidor. Rememore-se, ademais, que tal disciplinamento está contido na seção que trata de banco de dados e cadastros de consumidores (Seção VI do CDC); logo, por uma questão de lógica, a norma é dirigida aos bancos de dados, os quais, portanto, têm o dever de comunicar o consumidor que estão promovendo sua inscrição em arquivo de dados de consumo, para lhe permitir aferir a veracidade e exatidão das informações apontadas (CDC, art. 42, § 3º).

O magistrado Ênio Santarelli Zuliani deixou assentado que, se "o consumidor, prejudicado com a inscrição de seu nome no Serasa, pretender mover ação para compensar os danos que sofreu por falta de comunicação (§ 2º do art. 43 do CDC), deverá colocar o Serasa no polo passivo, que é o sujeito responsável pelo cerceamento de seu direito de defesa administrativo e não o credor (pessoa física ou normalmente um banco) titular da dívida não satisfeita". No mesmo julgado o ilustre magistrado paulista destaca que o Superior Tribunal de Justiça já teve oportunidade de decidir questão similar, tendo concluído que "é ao Serasa que cabe a responsabilidade de comunicar a existência da inscrição, de sorte que, por qualquer fato daí decorrente, por ação ou omissão, cabe a ele – e só a ele – responder. Não há legitimidade passiva do banco, na hipótese".[21]

No caso do Estado de São Paulo, para espancar de vez qualquer dúvida sobre a obrigatoriedade de o banco de dados proceder à comunicação do consumidor, a Assembleia Legislativa aprovou a Lei estadual n. 10.337/99, que expressamente determina: "Ficam os responsáveis por bancos de dados e cadastros de consumidores, bem como serviços de proteção ao crédito e congêneres, que atuem no Estado, obrigados a comunicar, imediatamente e por escrito, ao consumidor, quando da abertura de qualquer cadastro, ficha ou registro de dados pessoais e de consumo, que envolvam seu nome ou

---

21. (TJ-SP, Ap. 136.210-4/0, 3ª C. Férias, jan./2003, j. 28-1-2003, Rel. Des. Ênio Santarelli Zuliani, RT, 814/208).

número de inscrição no Cadastro de Pessoas Físicas do Ministério da Fazenda – CPF/ MF" (art. 1º, *caput*).

Contudo, conforme asseverado, a responsabilidade pela comunicação prevista na lei consumerista é do arquivista, e a sua falta renderá ensejo a que o consumidor maneje a ação competente para a exclusão do seu nome do apontamento, sem prejuízo da indenização por danos morais, que estará legitimado a pedir porque, conforme já reiterado, o registro somente deve ser realizado se for precedido da informação ao interessado, a fim de habilitá-lo a tomar as medidas cabíveis, fundadas na defesa que eventualmente tiver, inclusive a inexistência do débito.

Esse posicionamento agora se encontra pacificado no Egrégio Superior Tribunal de Justiça com a edição da Súmula 359 de seguinte teor: "Cabe ao órgão mantenedor do Cadastro de Proteção ao Crédito a notificação do devedor antes de proceder à inscrição". Outra súmula que complementa a matéria aqui versada é a de nº 404, que, lamentavelmente, preceitua: "É dispensável o aviso de recebimento (AR) na carta de comunicação ao consumidor sobre a negativação de seu nome em bancos de dados e cadastros".[22] Lamentamos porque a simples comprovação de envio da notificação não traduz a certeza de que o suposto inadimplente tenha, efetivamente, recebido a comunicação a que tem direito.

Em conclusão, pode-se afirmar que o primeiro direito do consumidor, em se tratando de arquivos de consumo, é tomar prévio conhecimento de que alguém começou a estocar informações a seu respeito, independentemente de sua provocação ou aprovação. Esse dever de comunicação, além da expressa previsão do art. 43, é corolário dos direitos básicos e genéricos do consumidor estatuídos no art. 6º da lei consumerista, e a sua falta configura ato ilícito, gerando, por via de consequência, a obrigação de indenizar.

Advirta-se, contudo, que apesar desse nosso posicionamento o Superior Tribunal de Justiça tem adotado outro posicionamento e, por ilustrativo, colacionamos trecho da ementa de julgado em processo que se deu pelo rito de repetitivos, cujo relator foi o Ministro Luis Felipe Salomão, de seguinte teor: "Diante da presunção legal de veracidade e

22. Súmula 359: DJe, 8-9-2008; RSTJ, v. 211 p. 548; Súmula 404: DJe 24-11-2009; RSTJ, v. 216, p. 759.

publicidade inerente aos registros do cartório de distribuição judicial, a reprodução objetiva, fiel, atualizada e clara desses dados na base de órgão de proteção ao crédito – ainda que sem a ciência do consumidor – não tem o condão de ensejar obrigação de reparação de danos".[23]

5. QUANTO TEMPO PODE PERMANECER O APONTAMENTO?

Outro aspecto que releva comentar é que o prazo máximo de estocagem da informação negativa do nome do devedor está limitado a cinco anos, ressalvando-se que deve ser contado da data do fato que deu origem à inscrição, isto é, a contar da data em que a dívida deveria, mas não foi paga (data de vencimento) e não da data da inserção no banco de dados.

É importante registrar que, o Superior Tribunal de Justiça tem jurisprudência no sentido de que em respeito à exigibilidade do crédito e ao princípio da veracidade da informação, o termo inicial do limite temporal de cinco anos em que a dívida pode ser inscrita no banco de dados de inadimplência é contado do primeiro dia seguinte à data de vencimento da dívida.[24] Para que dúvidas não pairem vejamos o entendimento do Ministro João Otávio De Noronha que em julgado do qual participou deixou assentado: "Interpretação literal, lógica, sistemática e teleológica do enunciado normativo do § 1º, do art. 43, do CDC, conduzindo à conclusão de que o termo *a quo* do quinquênio deve tomar por base a data do fato gerador da informação depreciadora. Ou seja, vencida e não paga a obrigação, inicia-se, no dia seguinte, a contagem do prazo, independentemente da efetivação da inscrição pelo credor.[25]

Importante anotar que o § 1º, do art. 43 do CDC, proíbe a manutenção de informações negativas por período superior a cinco anos e o § 5º impede a inserção de quaisquer informações que possam dificultar novo acesso ao crédito junto aos fornecedores, de modo que a dívida prescrita não é passível de publicidade por meio dos bancos de dados

23. (STJ – REsp: 1344352 SP 2012/0194674-7, Relator: Ministro Luis Felipe Salomão, Data de Julgamento: 12/11/2014 – Segunda Seção, Data de Publicação: DJe 16/12/2014).
24. (STJ, REsp 1630889/DF, Rel. Ministra Nancy Andrighi, Terceira Turma, julgado em 11/09/2018, DJe 21/09/2018) e
25. (STJ, REsp: 1316117 SC 2012/0075829-7, Relator: Ministro João Otávio De Noronha, Data De Julgamento: 26/04/2016, T3 – Terceira Turma, Data de Publicação: DJe 19/08/2016).

das empresas de proteção ao crédito. Portanto, viola as disposições contidas no § 1º do art. 43 do Código de Defesa do Consumidor o órgão de proteção ao crédito que mantiver por mais de cinco anos o apontamento do nome de inadimplente em seus cadastros.

Nesse sentido vejamos a Súmula 323 do Superior Tribunal de Justiça, editada em 2005 e reformulado em 2009, de seguinte teor: "A inscrição do nome do devedor pode ser mantida nos serviços de proteção ao crédito até o prazo máximo de cinco anos, independentemente da prescrição da execução".[26]

Nesse aspecto, se a permanência da inscrição por lapso superior a cinco anos for causa de constrangimento ao consumidor, faculta-lhe a lei ingressar com ação para compelir a Serasa a promover a exclusão de seu nome, sem prejuízo da ação competente visando à indenização em face do dano moral ocorrido.

Nesse sentido, e até por ilustrativo, trazemos à colação trecho de ementa de julgado em que foi relator o Desembargador Sebastião Chaves, que assim sentenciou: "...o ato de manter o nome do apelado inscrito na Serasa com a informação de inadimplente por mais de cinco anos, conforme restou soberbamente comprovado nos autos, gera para o devedor o direito de obter, perante o poder judiciário, a exclusão de seu nome do cadastro negativo e a reparação dos danos decorrentes desse ato ilícito, e para o credor a obrigação de indenizar os danos sofridos pelo devedor, nos termos dos arts. 186 e 187 do novo Código Civil".[27]

Advirta-se, contudo, que esse prazo de cinco anos pode ser eventualmente reduzido se a ação para cobrança do crédito inadimplido estiver prescrita. Assim já decidiu a Ministra Nancy Andrighi: "o nome do devedor só pode ser retirado dos cadastros de inadimplentes quando decorrido o prazo de 5 anos previsto no art. 43, § 1º, do CDC. Todavia admite-se a retirada em prazo inferior quando verificada a prescrição do direito de propositura de ação de conhecimento para cobrança da dívida, conforme consta do § 5º do mesmo artigo, e não simplesmente do direito de ação para execução do título que ensejou a negativação" (REsp 615.908/RS).[28]

26. DJe 16.12.2009 – ed. 501

27. (TJ-RO, AC 100.001.2002.004401-0, C. Cív., Rel. Des. Sebastião T. Chaves, j. 3-8-2004).

28. Cf. Roberta Densa, Direito do consumidor, p. 114.

Portanto, mesmo que a ação de execução esteja prescrita, se remanescer o direito de cobrança por qualquer outra forma, o devedor inadimplente não poderá exigir que seja retirado seu nome dos bancos de dados em prazo inferior a cinco anos, a não ser que tenha havido a quitação da dívida. Tome-se como exemplo o cheque: a prescrição quanto à execução é de seis meses, nos termos do art. 59 da Lei n. 7.357/85, porém, prescrita a executoriedade do cheque, resta ainda ao credor escolher entre a ação de locupletamento indevido, a de cobrança ou a monitória. A ação monitória, sendo um procedimento cognitivo, deve obedecer aos mesmos prazos prescricionais inerentes à obrigação contraída originariamente; já no tocante à ação de locupletamento, a prescrição será de dois anos e seis meses,[29] e na ação de cobrança o prazo prescricional será de três anos.[30]

6. TUTELA PROVISÓRIA DE URGÊNCIA DE NATUREZA ANTECIPADA PARA SUSTAR OS EFEITOS DA INSCRIÇÃO

Ocorrente o ilícito no que diz respeito à negativação do nome do consumidor, a sua reparação *in natura* é praticamente impossível, visto que não se pode retroceder no tempo e apagar os efeitos deletérios do ato ilicitamente praticado. Como diz, com maestria, José Luiz Gavião de Almeida, "nenhuma indenização, por mais alta que possa ser, tem força de apagar os prejuízos, a humilhação e as dificuldades enfrentadas pela vítima, que teve seu crédito abalado em virtude da conduta negligente de alguém. Dinheiro algum pode devolver o bom nome de alguém que teve sua reputação indevidamente arranhada".[31]

Ocorrendo a inscrição indevida junto à Serasa, caberá ao consumidor prejudicado bater às portas do Judiciário para fazer cessar a inscrição irregular, porquanto é lícito a qualquer consumidor requerer a exclusão de seu nome dos cadastros de inadimplentes em qualquer banco de dados, seja porque foi inscrito enquanto estava discutindo judicialmente o valor do débito ou mesmo quando a inclusão se deu

29. Ver o art. 61 da Lei n. 7.357/85.
30. Ver Código Civil, art. 206, § 3º, VIII.
31. (1º TACSP, Ap. 832.057-2, 9ª C., j. 19-3-2002, LEX-JTACSP, 195/199).

de forma manifestamente irregular. Tal medida pode ser requerida no próprio processo em que se irá discutir a origem do apontamento, seja no momento da propositura da ação, seja de forma incidental, se já existir um processo em andamento.

Advirta-se, contudo, que para a concessão da tutela provisória de urgência de natureza antecipada, nos termos do art. 300 do CPC, mostra-se indispensável a comprovação de elementos que evidenciem a probabilidade do direito invocado pelo autor, somado ao perigo de dano ou o risco ao resultado útil do processo. Além disso, a inscrição irregular também motiva o pedido de indenização por dano moral, independentemente da prova objetiva do prejuízo.

E isso é importante porque qualquer que seja a situação, a exclusão do nome do consumidor do banco de dados é positiva para o consumidor, pois com isso evita a publicidade negativa e todas as restrições em torno de seu nome e, de outro lado, não configura nenhum prejuízo para a empresa supostamente credora, uma vez que tal exclusão não obsta a que o credor promova a cobrança da dívida pela via própria.

Conforme deixou assentado o magistrado Carlos Luiz Bianco, "negativar-se 'a priori' afigura-se situação eminentemente kafkiana e surrealista – o que, mais e mais, vem se tornando deselegante e antissocial padrão ético de conduta das instituições financeiras pátrias, causando inúmeros e imotivados percalços aos sofridos cidadãos – instando seja a mesma coibida através da *longa manus* da Justiça, cujo objetivo primeiro é exatamente empecilhar atitudes atrabiliárias e díspares como a ora vituperada".[32]

Assim, estando presente a probabilidade do direito invocado pelo consumidor e diante da alegada irregularidade dos débitos cobrados, bem como o perigo de dano ou o risco ao resultado útil do processo decorrente da restrição de crédito com a inscrição irregular na Serasa ou em qualquer outro banco de dados, justifica a concessão da liminar para retirada do apontamento do débito.[33]

---

32. (1º TACSP, 5ª C., AI 1.020.318-4, Rel. Carlos Luiz Bianco, j. 15-8-2001, LEXJTACSP, 192/28).
33. (TJ-MG – AI: 10000221162068001 MG, Relator: Shirley Fenzi Bertão, Data de Julgamento: 17/08/2022, 11ª Câmara Cível, Data de Publicação: 17/08/2022).

7. DANO MORAL PELA SEGUNDA INCLUSÃO EM BANCO DE DADOS

Surpreendentemente o Superior Tribunal de Justiça editou a Súmula 385 de seguinte teor: "Da anotação irregular em cadastro de proteção ao crédito, não cabe indenização por dano moral, quando preexistente legítima inscrição, ressalvado o direito ao cancelamento".[34]

Se qualquer empresa enviar o nome de seu cliente para inclusão em banco de dados de forma totalmente indevida (por exemplo, o cliente não deve o débito apontado), isto se constitui em ilícito e autoriza ao lesado postular judicialmente uma indenização por dano moral que, nesse caso, é presumido. Contudo, vejam a contradição em face da súmula editada: se esse mesmo cliente já tiver outra inscrição preexistente, a segunda inscrição, ainda que indevida, não será considerada um ato ilícito passível de indenização.

Com essa súmula o Superior Tribunal de Justiça criou algumas presunções: a) qualquer cidadão que tenha uma segunda inscrição em banco de dados é um devedor contumaz; b) se é assim, uma segunda inscrição não aumenta o descrédito contra essa pessoa, no meio social em que ele convive; c) se é devedor contumaz, uma segunda inscrição não ofende a sua honra.

Vamos imaginar que um consumidor honesto, cumpridor de seus deveres e adimplente na praça, tem seu nome incluído em bando de dados em face de negócio realizado por algum estelionatário que utilizou seus dados (situação das mais comuns atualmente). Obviamente o estelionatário informa um endereço qualquer, de sorte que a comunicação prévia que será enviada pela Serasa não chegará às mãos do nosso honesto consumidor, tendo em vista que o banco de dados está dispensado de promover a comunicação com AR (súmula 404). Se este nosso "honesto consumidor" tiver uma segunda inscrição, por qualquer que seja a razão, não poderá pleitear indenização por danos morais, sendo-lhe assegurado, quando muito, o direito de pleitear a exclusão da indevida inscrição.

A edição dessa súmula veio contrariar orientação que vigorava até o ano de 2008 naquele Egrégio Sodalício, como de resto contraria orientação dos Tribunais Estaduais, de que, mesmo havendo inscrição preexistente em banco de dados, isso não tinha o condão de eximir

34. DJe STJ 08.06.2009, rep. DJe STJ 09.06.2009 e DJe STJ 10.06.2009.

o infrator. No máximo tal fato iria influir na fixação do valor da indenização. Quer dizer, apesar do consumidor já ter uma inscrição anterior, isto não deixaria isento de responsabilização a empresa que tivesse promovida, de forma irregular, a segunda inscrição. Nesse sentido vale rememorar voto do ex-Ministro Fernando Gonçalves, datado de 2005, de cuja emenda se extrai o seguinte trecho: "Esta Corte entende que a existência de outras inscrições anteriores em cadastros de proteção ao crédito em nome do postulante dos danos morais não exclui a indenização, dado o reconhecimento de existência de lesão. Os valores fixados, nesses casos, porém, devem ser módicos".[35]

Obviamente que, dentro da liberdade outorgada ao julgador, quando havia diversas inscrições em nome do postulante, o órgão julgador ponderava tal fato e poderia excluir a pretensão indenizatória porque aí sim, estava configurado que, naquele caso em particular, quem pleiteava indenização era um devedor habitual.

O magistrado Gerivaldo Alves Neiva criticando essa nova orientação do Superior Tribunal de Justiça, escreveu: "Depois de proteger os bancos por meio das Súmulas n°s. 380, 381 e 382, duas novas interpretações do STJ colocam agora um escudo de proteção nos fornecedores de produtos e serviços, violando flagrantemente princípios consagrados no Código de Defesa do Consumidor e na Constituição Federal com relação à vulnerabilidade do consumidor, da eficiência e continuidade da prestação de serviços, da proibição de constranger o consumidor inadimplente, do devido processo legal, do contraditório, da cidadania, da dignidade da pessoa humana e da solidariedade". Referia-se o ilustre magistrado à decisão do STJ no tocante a possibilidade de interrupção dos serviços públicos por inadimplemento (ver RESp 592477) e da Súmula 385. Em conclusão vaticina: "para o 'Tribunal da Cidadania', como se auto define o STJ, o consumidor que já tiver alguma anotação anterior não tem mais moral a ser reparada, não será mais merecedor do respeito e da proteção do CDC, pois é como a 'Geni', é feita prá apanhar, dá prá qualquer um e é boa de cuspir" (da letra da música "Geni" de Chico Buarque de Hollanda, 1977).[36]

35. (STJ – REsp 777.726 – RS – 4ª T. – Rel. Min. Fernando Gonçalves – DJU 24.10.2005 – p. 347).

36. Consumidor vira "Geni". Matéria disponível no site do Espaço Vital em <https://espaco-vital.jusbrasil.com.br/noticias/1259197/consumidor-vira-geni >. Acesso em 14/12/22.

Mais recentemente, a ministra Nancy Andrighi manteve o entendimento do Tribunal de Justiça do Estado de São Paulo de que, até o reconhecimento judicial definitivo acerca da inexigibilidade das dívidas, deve-se presumir como legítima a negativação. Contudo, admite-se a flexibilização da súmula 385/STJ para reconhecer o dano moral nos casos de inscrição indevida, ainda que não haja o trânsito em julgado das demais demandas que apontam irregularidades preexistentes, desde que haja elementos aptos a demonstrar a verossimilhança das alegações.[37]

Quer dizer, a aplicação da Súmula 385 foi afastada, por peculiaridades do caso em julgamento, ou seja, dependendo da questão *sub judice* é possível abrandar o rigor da referida súmula quando a outra negativação também estiver sendo discutida em juízo, ou ainda, em situações especificas frente ao caso concreto.

8. O QUE É O SERASA LIMPA NOME?

Segundo o próprio site da Serasa informa, o "Serasa Limpa Nome" é um serviço gratuito desenvolvido para ajudar os brasileiros a negociar suas dívidas, limpar o nome e melhorar o seu histórico financeiro.[38]

O sistema "Serasa Limpa Nome" se constitui em um serviço disponibilizado aos consumidores, em ambiente digital, que tem por escopo intermediar condições de negociação e renegociação de contas em atraso e dívidas negativadas, não se confundindo propriamente com cadastro restritivo de crédito, traduzindo-se em forma de composição extrajudicial com a finalidade de extinguir débitos ali anotados.

Apesar de não se tratar de cadastro de inadimplentes propriamente dito, o "Serasa Limpa Nome" se caracteriza como forma indireta de cobrança extrajudicial de débitos, o que configura ato ilícito, uma vez que, especialmente nos casos de prescrição, o débito torna-se inexigível, não sendo autorizada a sua cobrança direta ou indireta, seja pela via judicial ou mesmo extrajudicial.

---

37. (STJ – REsp: 1704002 SP 2017/0266552-2, Relator: Ministra Nancy Andrighi, Data de Julgamento: 11/02/2020, T3 – Terceira Turma, Data de Publicação: DJe 13/02/2020).

38. Acessar: <https://www.serasa.com.br/limpa-nome-online/blog/como-funciona-serasa-limpa-nome/> Acesso em 13/4/23.

Cumpre esclarecer que as dívidas prescritas são, tradicionalmente, consideradas obrigações naturais, significando dizer que não são exigíveis, porém o devedor pode quitar esse débito se assim desejar, porém não poderá ser obrigado a tal. Em sua origem, as dívidas prescritas são obrigações civis que, por força do fenômeno legal da prescrição, transformam-se em naturais, razão pela qual são denominadas como obrigações civis degeneradas. Fulminados os débitos objeto da demanda pelo instituto da prescrição, não restam dúvidas de que se transmudaram em obrigação natural, não sendo, portanto, exigíveis. É cediço que a prescrição não fulmina o direito em si, mas apenas a pretensão, isto é, a exigibilidade da obrigação. Contudo, ao atingir a exigibilidade dos débitos, a prescrição impede que o credor busque coercitivamente a satisfação da dívida, tanto por meios judiciais, quanto por meios extrajudiciais.[39]

Nesse mesmo sentido já decidiu o ilustre magistrado Rubens Hideo Arai[40] no sentido de que a inclusão na plataforma "Serasa Limpa Nome" de débito prescrito, é ilegal não podendo figurar qualquer indicação eletrônica em prejuízo do consumidor. Isso porque, ainda que persista a obrigação natural, esta não é exigível sequer indiretamente, havendo, tão somente, a possibilidade de o devedor daquela realizar espontaneamente o pagamento, mas não o do credor de tomar qualquer atitude de forma a compeli-lo a tanto.

9. DANO MORAL PELA INCLUSÃO NO SERASA LIMPA NOME

Não temos dúvidas em afirmar que a inclusão e a manutenção do nome de qualquer pessoa nesta plataforma gera dano moral indenizável, até porque, conforme decisões do Tribunal de Justiça de São Paulo, não pode prosperar a tese de que a inclusão do nome do consumidor no serviço "Serasa Limpa Nome" não cause qualquer dano aos direitos da personalidade, pois, ainda que se alegue que o intuito do serviço seja unicamente de regularizar as dívidas com propostas de acordo, o nome do serviço, por si só, deprecia a imagem do con-

39. (TJ-DF 07060471520218070010 1437822, Relator: Carmen Bittencourt, Data de Julgamento: 13/07/2022, 1ª Turma Cível, Data de Publicação: 08/08/2022).
40. (TJ-SP • Procedimento do Juizado Especial Cível • Perdas e Danos • Processo 0004204-21.2022.8.26.0001, j. 17 de maio de 2022).

sumidor, configurando dano moral *in re ipsa*, podendo ser exigido que cesse a lesão ao direito da personalidade, com indenização por perdas e danos, nos termos do art. 12 do Código Civil.

Sendo assim, a outra conclusão não é possível chegar senão a de que o serviço "Serasa Limpa Nome" é uma forma criada para compelir o consumidor a quitar uma dívida, no mais das vezes prescrita, algo que lhe é mera faculdade moral, sendo certo que, embora não se enquadre na modalidade clássica do rol de maus pagadores, apresenta efeitos análogos, vez que acaba por veicular informações que podem trazer dificuldades para obtenção de créditos ou para a formalização de negócios.[41]

Nesse mesmo sentido já decidiu a ilustre magistrada Cristina Zucchi quando afirma que a alegação da Serasa de que a inscrição do nome do consumidor nos cadastros do "Serasa Limpa Nome" não seria uma cobrança de dívida, mas tão somente uma oferta de negociação por meio do tal serviço, não se sustenta na medida em que se trata de uma evidente modalidade de cobrança, forçando o suposto devedor, direta ou indiretamente, a efetivar o pagamento do valor da "negociação" ofertada.

Quer dizer, a alternativa que se apresenta no "Serasa Limpa Nome" à parte indicada como detentora de "conta atrasada" é somente a de aceitar a "negociação" proposta pelo credor para ter seu nome limpo. Note-se que, popularmente, para não se ter qualquer restrição ao crédito é preciso que o nome não esteja "sujo". Se a plataforma é denominada de "limpa nome", infere-se que, aos olhos do consumidor, não aceitar a "oferta de negociação" significará permanecer com o "nome sujo", uma vez que somente se limpa o que se encontra sujo.[42]

Ademais, o apontamento do suposto devedor nos cadastros do "Serasa Limpa Nome" irá influir na sua conceituação no mercado, tendo em vista que se o *score* é aumentado em razão do pagamento da dívida constante daquele cadastro, forçoso concluir que, embora

41. (TJ-SP – AC: 10301211720208260576 SP 1030121-17.2020.8.26.0576, Relator: L. G. Costa Wagner, Data de Julgamento: 07/02/2022, 34ª Câmara de Direito Privado, Data de Publicação: 23/02/2022).

42. (TJ-SP – AC: 10000946420228260161 SP 1000094-64.2022.8.26.0161, Relator: Cristina Zucchi, Data de Julgamento: 27/07/2022, 34ª Câmara de Direito Privado, Data de Publicação: 27/07/2022).

não negativado, a indicação de "conta atrasada" naquela plataforma produz reflexos negativos no *score*, abalando o nome da pessoa indicada como devedora, seja de dívida prescrita ou sem comprovação da origem, já que veiculam informações que podem dificultar o crédito ou até mesmo a formalização de negócios.

Ser negativado ou ter diminuído seu *score* de crédito devem ser consideradas situações semelhantes para fins de ação de reparação de danos morais. Isso porque a existência de informações relativas a dívidas, ou mesmo um excesso de consultas à plataforma pode impactar negativamente no *score* de crédito do consumidor, que é amplamente consultado por empresas previamente à concessão de créditos, conforme aponta o próprio site da Serasa. Assim, um consumidor com baixa pontuação nos *scores* como aquele mantido pela Serasa terá mais dificuldade de obter crédito no mercado.[43]

Por tudo quanto foi exposto, não temos dúvidas em afirmar que a inclusão do nome do consumidor no cadastro "Serasa Limpa Nome" gera dano moral pois acaba por ter efeito desabonador sobre o perfil de quem é indicado como devedor e, tratando-se de restrição creditícia indevida, desabonadora do nome da consumidora, o dano moral existe *in re ipsa*.

No entanto devemos consignar que existem magistrados que entendem que não há falar-se em dano moral porque a mera inscrição do nome do consumidor naquela plataforma para renegociação de débito em atraso, ainda que eventualmente indevido, não gera o dever de indenizar porque não implica abalo de crédito, até porque não impõe qualquer restrição cadastral, de sorte que não terá ocorrido nenhuma lesão à honra objetiva ou subjetiva do consumidor.[44]

Assim como existem outros que entendem que a plataforma visa apenas viabilizar acordos extrajudiciais, tanto que no site do Serasa informa que as contas não negativadas no cadastro Serasa Experian, ou delas já retiradas pela prescrição, não impactam no *score* do

---

43. (TJ-SP; Apelação Cível 1045761-94.2019.8.26.0576; Relator: Artur Marques; Órgão Julgador: 35a Câmara de Direito Privado; Data do Julgamento: 22/03/2021; Data de Registro: 22/03/2021).

44. (TJ-SP – AC: 10265755320228260100-SP, Relator: Plinio Novaes de Andrade Júnior, Data de Julgamento: 17/12/2022, 24ª Câmara de Direito Privado, Data de Publicação: 17/12/2022)

consumidor,[45] daí porque incidiria o previsto na Súmula 550 do STJ que preceitua: "A utilização de escore de crédito, método estatístico de avaliação de risco que não constitui banco de dados, dispensa o consentimento do consumidor, que terá o direito de solicitar esclarecimentos sobre as informações pessoais valoradas e as fontes dos dados considerados no respectivo cálculo".[46]

Contudo reafirmamos nosso entendimento de que é cabível indenização por dano moral pela inclusão nesse banco de dados porque embora não se trate de cobrança, mas de oferta de negociação por meio do serviço "Serasa Limpa Nome", é evidente que essa afirmação constante no site do banco de dados não se sustenta na medida em que se trata de uma evidente modalidade de cobrança, forçando a devedora, direta ou indiretamente, a efetivar o pagamento do valor da "negociação" ofertada e, enquanto isso não for feito, seu nome estará inscrito naquela plataforma e irá impactar qualquer tentativa do consumidor em utilizar seu crédito na praça.

Portanto, o uso da plataforma não consiste de singelo exercício de aproximação das partes, já que o uso não autorizado do nome da suposta devedora tem por finalidade principal compeli-la a pagar uma dívida, indevida ou prescrita, bem como a servir de instrumento para análise de crédito por parte dos parceiros econômicos da Serasa.

Isso porque a inscrição do nome da pessoa no "Serasa Limpa Nome" é uma situação que deve ser considerada como de equivalência à inscrição no rol de inadimplentes, ainda que de forma mais atenuada. Esse serviço tem um tom depreciativo e traz influência no score de crédito daquele que deveria ter o nome efetivamente limpo, sem qualquer restrição ou criação de dificuldade de acesso ao crédito, em respeito ao disposto no art. 43, § 1º e § 5º do Código de Defesa do Consumidor, vez que a dívida divulgada é irregular ou está prescrita. Esse tipo de inscrição afeta o princípio da informação ao consumidor na medida em que o confunde, induzindo-o a erro, criando falsa percepção da realidade, com afirmações no sentido de que a dívida prescrita ainda poderá lhe acarretar prejuízos, como forma de compeli-lo a cumprir obrigação não mais exigível de forma

---

45. (TJ-SP – AC: 10143557320218260224-SP, Relator: Carlos Dias Motta, Data de Julgamento: 25/08/2022, 26ª Câmara de Direito Privado, Data de Publicação: 01/09/2022).

46. STJ. 2ª Seção. Aprovada em 14/10/2015, DJe 19/10/2015.

judicial. O Código de Defesa do Consumidor que é norma de ordem pública, deve ser interpretado de forma mais favorável ao consumidor. Manter o nome da pessoa nesta plataforma especialmente quando o suposto débito está prescrito viola os direitos da personalidade e enseja reparação por dano moral.[47]

Assim, ainda que possa haver posições divergentes, entendemos que a simples anotação do nome do consumidor na plataforma "Serasa Limpa Nome" é um fator que vai impactar negativamente a vida desse consumidor quando ele necessitar de crédito, além de lhe diminuir o *score*, razão pela qual equipara-se a um cadastro negativo e, por conseguinte, justifica plenamente a indenização por danos morais.

47. (TJ-SP – AC: 10118543820218260066-SP, Relator: L. G. Costa Wagner, Data de Julgamento: 30/09/2022, 34ª Câmara de Direito Privado, Data de Publicação: 30/09/2022).

Capítulo 16

Existe uma Indústria do Dano Moral?

1. NOTAS INTRODUTÓRIAS

Na atual realidade brasileira, algumas críticas são dirigidas ao instituto do dano moral e, entre elas, merece especial destaque aquela atinente à questão da chamada "indústria do dano moral", em face do crescente número de ações a esse título que tem chegado aos Tribunais nos últimos anos.

Sabemos que na vida moderna há o pressuposto da necessidade de coexistência do ser humano com os dissabores que fazem parte do dia a dia. Dessa forma, alguns contratempos e transtornos são inerentes ao atual estágio de desenvolvimento de nossa sociedade. Concordamos que se há de ter prudência na propositura de ação a título de dano moral, pois, como assevera o mestre Antônio Chaves, não é todo e qualquer melindre, toda susctibilidade exacerbada, toda exaltação do amor-próprio pretensamente ferido, a mais suave sombra, o mais ligeiro roçar das asas de uma borboleta, mimos, escrúpulos, delicadezas excessivas, ilusões, insignificantes desfeitas, que hão de caracterizar a existência de ilícito autorizador da propositura de ação na busca de indenização por danos morais.[1]

Contudo, a crítica daqueles que, com base no grande volume de ações decorrentes de dano moral, usam esse parâmetro para afirmar que tais ações visam promover a loteria do dano moral, não merece prosperar. Nesse aspecto necessário se faz uma reflexão: desvios existem, não há dúvidas, contudo não serão os desvios que irão nortear nossa compreensão desse nobre instituto. Aqueles que assim o fazem

1. Tratado de direito civil, v. 3, p. 637.

acabam por inverter a ordem natural das coisas, pois transformam a exceção em regra.

A nosso sentir, o aumento das demandas de caráter indenizatório por danos morais decorre de duas premissas básicas: uma, o despertar de cidadania da população brasileira, que, como decorrência natural, faz com que cada dia mais os cidadãos passem a ter consciência dos seus efetivos direitos e, mais do que isso, a exercê-los em toda sua plenitude; outra, a incidência, cada vez maior, de violação da intimidade das pessoas, principalmente em face da impessoalidade das relações negociais.

Não podemos concordar com aqueles que, em nome dos infratores habituais, procuram minimizar os efeitos deletérios da agressão à dignidade humana perpetrada diuturnamente pelos chamados infratores contumazes, com os argumentos que denotam desprezo pela honra, imagem, nome e intimidade das pessoas.

Em verdade, grande parte das demandas a título de dano moral decorre de falhas na prestação dos serviços ligados aos grandes conglomerados econômicos, como as instituições financeiras, as empresas de cartões de crédito, as empresas de telefonia, os supermercados etc. Por mais que os computadores se sofistiquem, a impessoalidade que impera em seus sistemas de controle impede a avaliação pessoal de cada caso, de maneira a individualizar cada cliente. Conclusão: qualquer falha no sistema gera relatórios imprecisos e, por conseguinte, falhas na prestação dos serviços, resultando em inscrições irregulares nos bancos de dados, procedimentos equivocados de cobrança, protesto de títulos já quitados, negativas de cumprimento de contrato, enfim inúmeras situações ensejadoras da propositura de ações de indenização por danos morais.

No que diz respeito às falhas operacionais, exemplar é o posicionamento do magistrado Dimas Carneiro, em acórdão no qual se analisavam os danos causados a consumidor por utilização de documentos falsos para abertura de conta corrente, quando deixou assentado: "A apelada tornou-se vítima da sua própria negligência consistente em não manter em seu quadro funcional pessoas mais atentas ao exame da documentação daqueles que negociam com a empresa cuja boa organização é sua obrigação. As empresas, por motivo de economia, insistem em negligenciar a qualidade da sua própria organização, considerando que é mais dispendioso melhor se organizar do que pagar eventuais e parcas indenizações às vítimas dos incidentes frutos desse raciocínio empresarial draconiano que somente se inverterá quando sofrerem consequências mais drásticas no campo indenizatório. O valor indenizatório por dano moral deve atender aos elevados objetivos reparatório e profilático que lhe cabe cumprir.[2]

Quanto à impessoalidade, basta tomarmos como exemplo as relações bancárias, e iremos verificar que já se foi o tempo em que a análise do inadimplemento do cliente era feita pelo gerente da conta. Nos dias atuais, pouca diferença faz se o suposto inadimplente é cliente recente da instituição ou cliente antigo, daqueles que ao longo de vários anos sempre tiveram um proceder escorreito. Caindo nas malhas do sistema computadorizado, não importa perquirir sobre o perfil do cliente; independentemente de qualquer análise pessoal, seu nome será levado ao banco de dados de controle de crédito, por exemplo, e ele que prove a inexistência dos fatos que levaram à inclusão de seu nome naquele órgão.

Como muito bem assinalou o mestre Araken de Assis, "nos últimos tempos, controverte-se a indenização pecuniária do dano moral. Averbam-se tais indenizações como uma fonte de enriquecimento sem causa e a própria constatação desta espécie de dano, em inúmeros ilícitos, como uma trava perniciosa à vida em sociedade". E conclui de forma peremptória, que, "com tais proposições, honestamente, não posso concordar. Em geral, elas provêm de contumazes contraventores de regras de conduta e de litigantes contumazes, interessados em minimizar os efeitos dos seus reiterados atos ilícitos. Ao contrário do que se alega, é imperioso, na sociedade de massas, inculcar respeito máximo à pessoa humana, frequentemente negligenciada, e a indenização do dano moral, quando se verificar ilícito e dano desta natureza, constitui um instrumento valioso para alcançar tal objetivo".[3]

Considere-se também o fato de que historicamente, pelo menos no Brasil, nunca se deu muita importância aos valores atinentes ao patrimônio moral do indivíduo. Sempre atribuímos mais valor às coisas materiais do que à pessoa ou ao espírito. Não se indenizam com tanta frequência, por exemplo, as ofensas pessoais ou espirituais que possam ter atingido o cidadão, no entanto indenizam-se os danos

---

2. (TJSP, Ap. 994.09.275124-2 (voto n. 9325) – 7ª Câm. Dir. Priv., j. 10-2-2010, disponível no site do TJSP).
3. ASSIS, Araken de. Indenização do dano moral, Revista Jurídica, n. 236, p. 5.

materiais decorrentes de qualquer fato. Quer dizer, uma bicicleta, um automóvel e tantos outros bens materiais têm mais valor que a honra, a imagem, a privacidade e a boa fama do cidadão.[4]

Essa preocupação de cunho exclusivamente materialista vem, contudo, cedendo espaço à necessária proteção aos direitos extrapatrimoniais das pessoas, que deveriam, a bem da verdade, merecer proteção mais acurada, pois os direitos inerentes à personalidade mostram-se, axiologicamente, mais relevantes.[5]

2. O DESPERTAR DE CIDADANIA

Rememore-se que somente após a Constituição Federal de 1988 é que a possibilidade de proteção aos direitos personalíssimos, via indenização por danos morais, ganhou aceitação incontroversa (art. 5º, V e X). Foi também a partir da atual Carta Magna que a dignidade do cidadão brasileiro foi alçada a proteção constitucional, de tal sorte que todo cidadão brasileiro tem constitucionalmente assegurado o direito à dignidade (art. 1º, III). Outro instituto que alicerça esse despertar de cidadania é o Código de Defesa do Consumidor (Lei nº 8.078/90), editado em 1990, mas, até hoje, ainda pouco compreendido e aplicado. Também a facilitação de acesso à Justiça com a criação dos juizados especiais foi outro grande passo para possibilitar ao consumidor lesado a busca pela completa indenização (Lei nº 9.099/95).

Assim, não há falar em indústria do dano moral, porquanto as inúmeras demandas propostas a esse título, diuturnamente, contra as mais variadas empresas, decorrem, como já frisamos, de duas premissas básicas: primeira, o despertar da cidadania da população para o exercício pleno de seus direitos e para a valorização de seu patrimônio imaterial; segunda, o aumento de falhas na prestação dos serviços, decorrentes, no mais das vezes, da impessoalidade das relações negociais associada à busca desmedida do lucro, com o comprometimento da qualidade dos produtos e serviços.

Para coibir os eventuais excessos no manejo de ações a título de danos morais, existem em nosso ordenamento remédios jurídicos

4. (TJ-RS, Des. Milton dos Santos Martins, AC 38.677, j. 29-10-1981, RJTJRS, 91/320).

5. ASSIS, Araken de in AC 597.118.926, j. 7-8-1997, Bol. AASP, n. 2044.

próprios. Não se olvide que o uso irregular de um direito pode caracterizar abuso de direito e, como tal, um ato ilícito, sendo aplicável, ao caso concreto, a regra insculpida no art. 187 do nosso Código Civil. Assim, a propositura de demanda manifestamente temerária, descabida ou mesmo oportunista, ensejará oportunidade para que o suposto réu utilize de remédio já existente no nosso ordenamento jurídico (CC, art. 186 e 187 c/c o art. 927), pois se considerarmos esse tipo de ação como abuso de direito, aberta estará a via de reparação à custa do autor, através de reconvenção (ou pedido contraposto), sem prejuízo da sucumbência e eventual litigância de má-fé (CPC, arts. 79 a 81).

Nesse passo cabe indagar: será que não existe uma "indústria do engodo" no Brasil?

Explica-se: os infratores contumazes, a exemplo das empresas de telefonia (fixa ou móvel), financeiras, cartões de crédito, planos de saúde e outras similares, violam, diuturnamente, contratos firmados com seus clientes e quando acionados na justiça se saem com a desculpa pífia de erro operacional e contra-atacam a ação do autor aduzindo que a pretensão indenizatória se assemelha a uma "loteria do dano moral". Sabemos, por experiência própria, que muitos dos lesados não vão ao Judiciário buscar uma reparação e, dentre aqueles que buscam se socorrer da justiça, sabemos também que muitos vão se deparar, ao final do processo, com um valor indenizatório pouco representativo, pífio, vergonhoso até.

Dentre inúmeros casos de condenações pífias que se poderiam colacionar, vejamos dois exemplos, apenas para ilustrar:

Primeiro: O brilhante advogado Wagner Rodrigues não conseguiu inocentar seu cliente (que era réu na ação e foi condenado), porém obteve, ainda que por vias tortas, uma grande vitória, pois a condenação imposta ao seu cliente, por dano moral decorrente de inscrição irregular no SPC, foi fixada em R$ 30,25. Isso mesmo: trinta reais e vinte e cinco centavos. Veja o absurdo: o magistrado reconheceu que a conduta da empresa Ré era recriminável, por ter inserido no cadastro do SPC o nome da Autora de forma indevida, de sorte que a condenou, contudo acabou por premiar a referida empresa com a fixação do valor indenizatório pífio.[6]

6. (TJ-SP, processo n. 587.01.2005.00357-8, j. 18-6– 2007 – JEC de São Sebastião/SP; com informação do Dr. Felipe Fonseca Fontes).

Segundo: Outro exemplo, nos fornecido pela Dra. Ideina Lobo Dias, representou uma perfeita vitória de pirro, pois em ação de indenização por danos morais contra a Telefônica, decorrente do corte indevido dos serviços de telefonia, a condenação da empresa foi no valor de R$ 160,00. Isso mesmo, o juiz, após um longo arrazoado e discorrendo sobre os princípios da razoabilidade e da proporcionalidade, decidiu fixar a condenação por danos morais em cento e sessenta reais, valor obtido com base na média das três últimas contas de consumo. Quer dizer, uma vergonha para dizer o mínimo.[7]

3. AS CONDENAÇÕES DEVERIAM SER EXEMPLARES

Ao contrário da finalidade repressiva/exemplar, as condenações pífias representam um estímulo à ilicitude e à perpetuação dos maus serviços. De outro lado, decisões sábias têm sido adotadas por nossos tribunais e à guisa de exemplo vejamos decisão do Desembargador Carlos Prudêncio, do Egrégio Tribunal de Justiça de Santa Catarina, que, em ação que versava sobre vício de fabricação de veículos, assim deixou assentado: "Nestes casos, onde é evidente que a empresa tem boa experiência profissional e que tinha meios evidentes de minimizar a ocorrência, é que o dano moral assume o caráter substancialmente punitivo, desprezando-se o suposto enriquecimento sem causa, para obrigar a montadora a medidas que proporcionem maior respeito ao cliente. Condenações módicas em casos como o ocorrido jamais terão efeito persuasivo desejado, sendo infinitamente mais atraente para o ofensor continuar o procedimento, bem mais barato e cômodo, que é litigar com alguns insatisfeitos, do que mudar rotinas". E continua: "Assim, a conclusão a que se chega é que a tão falada indústria do dano moral corre agora ao inverso, porquanto, ao que tudo indica, os valores não estão servindo ao fim pretendido, devendo por isso mesmo ser aumentados como medida pedagógica e punitiva. Com isto, certamente, poremos termo à ilicitude, ao desrespeito ao cidadão, bem como à necessidade de vir à Justiça pela falta cometida". Nesse caso, a condenação por danos morais foi de 100 mil reais.[8]

---

7. (TJ-SP, processo 454/2007, j. 28-9-2007 – JEC de Jacupiranga/SP; com informação da Dra. Ideina Lobo Dias).
8. (TJ-SC, Ap. Cív. 2009.024946-5-Blumenau, Rel. Des. Carlos Prudêncio, j. 8-9– 2010, v.u., disponível no site do TJSC).

Portanto, entrevê-se que o próprio Judiciário, ainda que de forma tímida, começa a discutir se as condenações arbitradas nas indenizações por danos morais estão sendo eficazes ou não, alterando o paradigma estabelecido da "Indústria do Dano Moral" pelo seu inverso, "a Indústria do Engodo", pois, afinal, tornou-se mais importante coibir do que reparar.[9]

Em face do exposto, podemos concluir: no mundo moderno, a desmedida corrida em busca do lucro, sem o respeito à ética e à moral nas relações negociais, transformou os consumidores de produtos e serviços em frios e abstratos números. O melhor método de garantir o respeito à dignidade e aos direitos fundamentais da personalidade humana somente atingirá seus desígnios se for adotada pelo Judiciário uma postura sólida de reprimenda aos abusos amiúde cometidos com a fixação do *quantum* indenizatório a título de danos morais em valores expressivos e, não como vem acontecendo, em valores pífios e vergonhoso.

Costumo dizer aos meus alunos que, em muitas situações, as pessoas vão ao judiciário em busca de indenização por dano moral como uma forma de reprimenda contra aquele mau fornecedor que cometeu algum ilícito. O problema é que depois do regular tramite do processo ganha a ação e agora sofre um segundo dano moral, desta vez causado pelo judiciário, que, considerou que o postulante tinha razão em reclamar na justiça, porém fixou o valor para reparação de sua dignidade ferida em valores pífios.

4. A INDÚSTRIA DO MERO ABORRECIMENTO

Se alguns entendem que no Brasil existe uma "indústria do dano moral" ousamos afirmar que, ao contrário disso, existe é uma "indústria do mero aborrecimento", alimentada por lamentáveis decisões dos nossos tribunais que, conforme afirma Amanda Flávio de Oliveira, podem estar enviando estímulos ao mercado de que vale a pena ser negligente com os consumidores ou descuidado com os produtos e serviços que fornece ao mercado porque o custo do desleixo é muito baixo ou nenhum. Do ponto de vista da competitividade entre as empresas, esse incentivo pode ser nefasto, muito mais do que o da

9. Conforme o advogado Dr. José Marco Crevelaro, anotações em petição, não publicado.

alegada "indústria do dano moral". É sabido que fornecer produtos e serviços seguros e de boa qualidade custa caro. É igualmente notório que o custo de se respeitar os padrões da lei é repassado no preço. Contudo, se o desrespeito não é punido economicamente pelo nosso judiciário, o produto inseguro e de qualidade duvidosa se torna mais barato e tende a ganhar mais mercado por esse motivo.[10]

A configuração do dano moral frente ao caso concreto é uma análise que deve ser feita de forma objetiva pelo magistrado, devendo ser verificado se houve, ou não, lesão a direitos fundamentais conforme deixou consignado o ilustre magistrado Fernando Antônio De Lima. Não se indaga a dor, o sofrimento da vítima aspectos de difícil mensuração. Por isso, conforme veremos, é incorreto, segundo a doutrina mais moderna, falar-se em mero aborrecimento, locução que vem servindo para desproteger o bem jurídico tutelado, afastando o dano moral em situações nas quais há evidente ofensa objetiva a direitos fundamentais, prestigiando por vias tortas os maus prestadores de serviços.[11]

Nesse mesmo julgado encontramos algumas pérolas que ousamos transcrever para melhor compreensão do tema em análise, tendo em vista que essa construção da tese do "mero aborrecimento", com a devida vênia, é ofensiva ao constitucionalismo moderno, que se acumula, e se fortalece, e se enriquece com o acréscimo de novos direitos e novas perspectivas hermenêuticas. Quer dizer, ou há ofensa a algum direito fundamental, e o dano moral se configura, ou não há ofensa a direito fundamental, e o dano moral não se configura.

Conforme bem explicado pelo mestre Marcos Dessaune, o conceito de dano moral não pode ficar restrito a enfatizar as consequências emocionais da lesão. É preciso, isto sim, evoluir-se para centrar-se no bem jurídico atingido. Referido estudioso, de forma engenhosa, construiu uma nova teoria, hoje bastante prestigiado na jurisprudência de que há dano moral, quando ocorre a perda do tempo útil, isto é, quando os fornecedores não atendem às reclamações dos consumi-

10. No brilhante artigo A indústria do mero aborrecimento. Acesso em 15/4/23 e disponível em: <https://esanacional.oab.org.br/Content/Arquivos/a-industria-do-mero-aborrecimento--por-amanda-flavio-pereira.pdf>.

11. (TJ-SP, processo 1002159-61.2019.8.26.0541, relator Fernando Antônio De Lima, julgado em 29 de abril de 2021).

dores em tempo razoável. É aquilo que passou a ser denominado de "dano moral pela perda do tempo útil" que o consumidor enfrenta buscando a solução de problemas criados pelo próprio fornecedor de produtos e serviços.[12]

Nessa linha de proceder é importante considerar que a procrastinação na solução de um problema sem razão aparente, pode ser algo que vai causar extremo desgaste ao consumidor. Além disso, o esforço e a desnecessária perda de tempo útil empregado para o reconhecimento dos seus direitos, pode ensejar direito a uma indenização por danos morais em face da "Teoria do Desvio Produtivo do Consumidor", sendo independente o meio pelo qual foi solicitado a solução do seu problema, pessoalmente, por meio de *call center* ou via aplicativo, porque em dadas circunstâncias, o não atendimento aos reclamos do consumidor pode ter extrapolado o limite do mero aborrecimento, atingindo a esfera pessoal, motivando a reparação por dano moral".[13]

Importante esclarecer que o substantivo "aborrecimento" traduz um sentimento negativo qualificado pelo adjetivo "mero", que significa simples, comum, trivial. Em outras palavras, a jurisprudência baseada na tese do "mero aborrecimento" está implicitamente afirmando que, em determinada situação, houve lesão à integridade psicofísica de alguém apta a gerar um sentimento negativo ("aborrecimento"), porém, segundo se infere dessa mesma jurisprudência, tal sentimento é trivial ou sem importância ("mero"), portanto incapaz de romper o equilíbrio psicológico da pessoa e, consequentemente, de configurar o dano moral reparável.

Como afirma Marcos Dessaune a jurisprudência tradicional revela um raciocínio erigido sobre bases equivocadas que, naturalmente, conduzem a essa conclusão errônea quanto a existência de meros aborrecimentos. O primeiro equívoco é que o conceito de dano moral enfatizaria as consequências emocionais da lesão, enquanto ele já evoluiu para centrar-se no bem jurídico atingido; ou seja, o objeto do dano moral era essencialmente a dor, o sofrimento, o abalo psíquico,

---

12. DESSAUNE, Marcos. Teoria aprofundada do desvio produtivo do consumidor: um panorama. Revista de Direito do Consumidor. vol. 119. ano 27. p. 89-103. São Paulo: Ed. RT, set-out 2018.
13. (TJ-DF, Processo 07623639820198070016, Relator: Carlos Alberto Martins Filho, Terceira Turma Recursal dos Juizados Especiais do Distrito Federal, data de julgamento: 12/5/2021).

e se tornou a lesão a qualquer bem extrapatrimonial juridicamente tutelado, abrangendo os bens objeto dos direitos da personalidade. O segundo equívoco é que, nos eventos de desvio produtivo, o principal bem jurídico atingido seria a integridade psicofísica da pessoa consumidora, enquanto, na realidade, são o seu tempo vital e as atividades existenciais que cada pessoa escolhe nele realizar — como trabalho, estudo, descanso, lazer, convívio social e familiar. O terceiro equívoco é que esse tempo existencial não seria juridicamente tutelado, enquanto, na verdade, ele se encontra protegido tanto no rol aberto dos direitos da personalidade quanto no âmbito do direito fundamental à vida. Por conseguinte, o lógico é concluir que os eventos de desvio produtivo do consumidor acarretam, no mínimo, dano moral *lato sensu* compensável.[14]

Apesar desse nosso posicionamento não podemos deixar de consignar que os nossos tribunais, inclusive o Superior Tribunal de Justiça, ainda resistem em reconhecer a existência de dano moral em situações que fogem à normalidade como, por exemplo, reconhecer que é ilícita a negativa do plano de saúde no que diz respeito à autorização para realização de cirurgia de gastroplastia da beneficiária de plano de saúde e, ao mesmo tempo, entender que a negativa não produziu piora no estado de saúde da paciente, portanto não há nenhum dano moral a ser reconhecido, pois o caso relatado não ultrapassa o mero dissabor cotidiano.[15]

Ou como decidiu recentemente o Ministro Raul Araújo, em ação que foi proposta pelo consumidor para o fim de declarar inexigível a cobrança de dívida prescrita, na qual o tribunal estadual reconheceu que a cobrança efetuada pela empresa, ainda que indevida, não causou ao autor mais do que meros aborrecimentos da vida cotidiana, pois não houve inscrição indevida em cadastro de inadimplentes nem dificuldade para a celebração de outros negócios jurídicos. Quer dizer, segundo o ilustre julgador, justificando a decisão do tribunal de origem, afirmou que não há falar em dano moral *in re ipsa* em

14. A ampliação do conceito de dano moral e a superação da tese do 'mero aborrecimento'. Disponível em: https://www.conjur.com.br/2021-nov-10/garantias-consumo-ampliacao--conceito-dano-moral-superacao-tese-mero-aborrecimento. Acesso em 16/4/23.
15. (STJ – REsp: 1684257 SP 2017/0163577-6, Relator: Ministra Nancy Andrighi, Data de Julgamento: 14/08/2018, T3 – Terceira Turma, Data de Publicação: DJe 17/08/2018)

virtude de cobrança indevida, quando inexistente ato restritivo de crédito ou inscrição em cadastro de inadimplentes.[16]

Em conclusão devemos registrar que, esperamos que nossos julgadores se coloquem sempre no lugar da vítima e analisem se naquela determinada situação consideraria normal e corriqueira a atitude adotada pelo fornecedor ou se naquelas circunstâncias consideraria que se sentiu lesado. Se a negativa ou o mau atendimento para ele for considerado como algo normal e corriqueiro, estaremos diante do mero aborrecimento, porém se entender que naquelas circunstâncias se sentiria aviltado, dano moral indenizável existirá.

Daí nos cabe perguntar: como alguém pode considerar normal a atitude de uma empresa de plano de saúde que nega autorização para um determinado procedimento, obrigando o lesado a se socorrer do judiciário para se ver atendido? Será que o magistrado que entende que isso é mero aborrecimento, assim entenderia se a negativa fosse para o atendimento de um seu ente querido?

Fica como uma reflexão para os estudiosos do tema....

16. (STJ, AgInt no AREsp n. 1.689.624/GO, Relator Ministro Raul Araújo, Quarta Turma, julgado em 15/3/2021, DJe 7/4/2021).

Capítulo 17

Por uma Nova Teoria da Reparação por Danos Morais

1. PREMISSAS BÁSICAS

A definição da verba indenizatória, a título de danos morais, deveria ser fixada tendo em vista três parâmetros: o caráter compensatório para a vítima; o caráter punitivo e dissuasório para o causador do dano e o caráter exemplar e pedagógico para a sociedade como um todo.

Para a vítima, este caráter compensatório nada mais seria do que lhe ofertar uma quantia capaz de lhe proporcionar alegrias que, trazendo satisfações pudesse compensar a injusta agressão sofrida, além do sentimento de que a justiça foi realizada.

No tocante ao agressor, o caráter punitivo teria uma função de desestímulo que agisse no sentido de demonstrar ao ofensor que aquela conduta é reprovada pelo ordenamento jurídico, de tal sorte a que não volte a reincidir no ilícito.

Quanto ao caráter exemplar, a condenação deveria servir como medida educativa para o conjunto da sociedade que, cientificada de que determinados comportamentos são eficazmente reprimidos pelo Judiciário, tenderia a ter maior respeito aos direitos personalíssimo do indivíduo.

Em face deste trinômio e tendo em vista o caráter da efetividade da condenação por danos morais, defendemos que, na fixação do *quantum*, o juiz além de ponderar os aspectos contidos no binômio punitivo-compensatório, poderia adicionar outro componente, qual seja, um *plus* que servisse como advertência de que a sociedade não aceita aquele comportamento lesivo e o reprime, de tal sorte a melhor mensurar os valores a serem impostos como condenação aos infratores por danos morais.

Neste particular aspecto, para evitar-se o chamado enriquecimento sem causa, esse *plus* advindo da condenação não seria destinado à vítima, mas sim, para entidades que defendam o interesse público ou coletivo gratuitamente (entidades de benemerência, assistenciais, filantrópicas ou de pesquisas) tais como as Santas Casas e outros hospitais congêneres; lares e casas de apoio às crianças ou aos idosos; entidades religiosas com trabalho social relevante; entidades de pesquisa ou investigação científica, preferencialmente localizada na comarca onde o dano foi perpetrado.

Na hipótese de inexistência de entidades que se qualifiquem e preencham os requisitos para o recebimento acima preconizado, o juiz destinará esses valores para o fundo estadual de interesses difusos.

O aspecto inovador na propositura acima esposada, é que, partindo da premissa de que quanto maior for a pena, menor será o índice de reincidência, associado ao fato de que se a sociedade tomar ciência de que determinadas condutas são reprimidas com vigor pelo Poder Judiciário, acredita-se que os direitos humanos e a dignidade das pessoas sofreriam menos agressões, na exata medida em que o peso da condenação seria sentido no bolso do infrator como fator de desestímulo.

De outro lado, ao adotar-se que a destinação desse *plus* condenatório deveria ser destinado a entidades de benemerência ou ao fundo estadual de interesses difusos, estar-se-ia atingido dois objetivos relevantes: recompensando-se o corpo social, já que último destinatário dos comandos jurisdicionais e, de outro lado, evitando o chamado "enriquecimento sem causa" da vítima, argumento atualmente muito utilizado como fator limitativo do montante indenizatório.

Dessa forma, o juiz ao fixar o quantum indenizatório, deveria levar em consideração, frente ao caso concreto, os seguintes aspectos:

a) A angústia e o sofrimento da vítima: de tal sorte a lhe propiciar uma indenização possível de lhe compensar os sofrimentos advindos da injusta agressão.

b) A potencialidade do ofensor: para que não lhe impinja uma condenação tão elevada que signifique sua ruína, gerando por via de consequência a impossibilidade de cumprimento da medida, e nem tão pequena que avilte a dor da vítima.

c) A necessidade de demonstrar à sociedade que aquele comportamento lesivo é condenável e que o Estado juiz não admite e nem permite que sejam reiterados tais ilícitos sem que o ofensor sofra a devida reprimenda.

d) E, finalmente, fixar o valor da indenização com prudência, severidade e coragem, fugindo dos extremos que vão, atualmente, dos valores irrisórios ou dos montantes exagerados, para não colocar em descrédito o Poder Judiciário e o instituto do dano moral.

Diferentemente do direito americano, onde vige o *exemplary damages*, pelo qual a vítima é quem se beneficia do *plus* condenatório outorgado a título de condenação penal, propomos que esses valores sejam destinados a entidades de benemerência, voltadas para obras de assistência social ou de pesquisa científica, de sorte que esses valores, retornem para sociedade, ainda que de forma indireta.

Assim, podemos concluir: o mundo moderno, onde a desmedida corrida em busca do lucro, sem que se respeitem a ética e a moral nas relações negociais, transformou os seres humanos em frios e abstratos números. O melhor método de garantir o respeito à dignidade e aos direitos fundamentais da pessoa humana, somente atingirá seus desígnios, se for adotada uma postura sólida de reprimenda aos abusos amiúde cometidos.

O peso da indenização no "bolso" do infrator é, a nosso sentir, a resposta mais adequada que o ordenamento jurídico pátrio pode oferecer para garantir não sejam ofendidos diuturnamente os bens atinentes aos direitos da personalidade.

Em resumo:

1. A condenação por danos morais deve ter o caráter de atender aos reclamos e anseios de justiça, não só do cidadão, mas da sociedade como um todo.
2. Na questão de danos morais, a sentença deve atender ao binômio efetividade e segurança, de tal sorte que as decisões do Judiciário possam proporcionar o maior grau possível de

reparação do dano sofrido pela parte, independentemente do ramo jurídico em que se enquadre o direito postulado.

3. Conquanto o brio, o amor próprio, a honradez e a dignidade não tenham preço para a pessoa de bem, a condenação do ofensor em valores significativos, poderá representar para o ofendido o sentimento de justiça realizada.
4. Ademais, a indenização por dano moral deverá ter como objetivo, além do caráter pedagógico, a finalidade de combater a impunidade, já que servirá para demonstrar ao infrator e a sociedade que aquele que desrespeitou às regras básicas da convivência humana, poderá sofrer uma punição exemplar.
5. Desta forma, a teoria que melhor se coaduna com os anseios da sociedade moderna, no tocante à reparação por danos morais, é aquela que tem um caráter tríplice, qual seja: punitivo, compensatório e exemplar.
6. A aceitação da tese de criação de uma pena pecuniária adicional, que pode ser chamada de multa civil, com o fito de servir como desestímulo à prática de novos ilícitos, cuja verba deva ser revertida para entidades de benemerência ou ao fundo estadual de interesses difusos, é a melhor solução para evitar que a vítima venha a ser beneficiária do chamado "enriquecimento sem causa".
7. Aos grandes conglomerados econômicos cabe exigir atitudes de vigilância quanto à qualidade dos serviços prestados ou de produtos ofertados, especialmente no tocante à prevenção dos chamados erros operacionais, cometidos amiúde por seus funcionários e prepostos, de tal sorte a reduzir a incidência de afrontas aos direitos e a dignidade dos usuários de tais produtos e serviços.
8. A utilização desmedida do instituto do dano moral poderá criar o descrédito e vir a banalizar tão importante instrumento, por isso que se recomenda ao Judiciário a adoção de critérios sólidos na aferição e na quantificação da indenização por ilícitos desta ordem e, aos operadores do direito, que utilizem de cautela e prudência na propositura de demandas a esse título.

9. O fato de existirem desvios, não pode ter o condão de invalidar tão importante preceito legal. É preciso que se aperfeiçoem os instrumentos postos à disposição daqueles que manejam o direito, de tal sorte que os excessos possam ser coibidos.

2. PROPOSTA DE ALTERAÇÃO DO CÓDIGO CIVIL

Desta forma, sugere-se ao Congresso Nacional, a alteração do art. 944 do Código Civil, para contemplar a possibilidade de uma indenização adicional nas ações decorrentes de dano moral, além da justa indenização à vítima, cuja redação, em que pese a eventual imperfeição legislativa da propositura, poderia ter o seguinte teor:

> Proposta de alteração do Código Civil - Lei nº 10.406/02:[1]
>
> Art. 944. A indenização mede-se pela extensão do dano.
>
> § 1º Se houver excessiva desproporção entre a gravidade da culpa e o dano, poderá o juiz reduzir, equitativamente, a indenização.
>
> § 2º Nas ações de reparação por dano moral, poderá o juiz, de ofício, sopesando o grau de culpa ou dolo do infrator, bem como seu potencial econômico, fixar, além da justa indenização para a vítima, uma prestação pecuniária a ser destinada às entidades de benemerência da comarca ou ao fundo de interesses difusos.
>
> § 3º Na fixação do valor indenizatório, o juiz levará em consideração:
>
> I – a angústia e o sofrimento da vítima, com a finalidade de compensar o constrangimento advindo da injusta agressão.
>
> II – a potencialidade econômica do ofensor para não lhe impor uma condenação tão elevada que signifique

1. O Deputado Alexandre Leite de São Paulo apresentou o PL 3872/2015 na Câmara dos Deputados, visando regulamentar essa proposta.

> sua ruína, nem tão pequena, que avilte a dor da vítima.
>
> III – a reiteração da conduta ilícita do ofensor.
>
> IV – a necessidade de demonstrar à sociedade a reprovabilidade daquela conduta lesiva e que o Estado não admite e nem permite que referidos atos sejam praticados impunemente.

Quer dizer, a função pedagógica da indenização por dano moral deve ser preponderante sobre a reparadora, razão pela qual o valor da indenização deverá ser arbitrado com rigor, de modo a que o ofensor, e todos que tomarem conhecimento da condenação, se abstenham de praticar conduta semelhante no futuro.[2]

Conforme já deixou assentado o saudoso Ministro Paulo de Tarso Sanseverino "a extensão do dano moral sofrido deve ser fixado guardando proporcionalidade não apenas com o gravame propriamente dito, mas levando-se em consideração também suas consequências, em patamares comedidos, ou seja, não exibindo uma forma de enriquecimento para o ofendido, nem, tampouco, constitui um valor ínfimo que nada indenize e que deixe de retratar uma reprovação à atitude imprópria do ofensor, considerada a sua capacidade econômico-financeira. Ressalte-se que a reparação desse tipo de dano tem tríplice caráter: punitivo, indenizatório e educativo, como forma de desestimular a reiteração do ato danoso.[3]

Assim, o caráter punitivo da indenização por dano moral deve prevalecer em relação ao caráter compensatório. Se dúvida restar, tomemos como exemplo dois acidentes de trânsito com vítima: um causado por simples imprudência, no qual o agente socorre a vítima e lhe fornece toda a assistência; outro causado dolosamente ou de maneira gravemente reprovável e na qual o agente nada faz em favor da vítima, evadindo-se do local. Condenar os dois motoristas a pagar indenização por danos morais em valores iguais atentaria contra o princípio constitucional da igualdade e o senso comum de justiça. Quer dizer, não se pode defender indenizações idênticas para danos

---

2. TJMG – APCV nº 1969682-21.2005.8.13.0702, Uberlândia – 18ª. Câmara Cível – Rel. Des. Elpidio Donizetti – j. 13/09/2010 – DJEMG 30/09/2010.
3. STJ – AgRg no AREsp: 193799 RJ 2012/0129515-7, Relator: Ministro Paulo de Tarso Sanseverino, Data de Julgamento: 04/02/2014, T3 – Terceira Turma, Data de Publicação: DJe 13/02/2014.

iguais, porque eles podem ter sido causados por condutas completamente distintas em termos de reprovação.[4]

Sob pena de redundância, vejamos outro exemplo: duas pessoas têm seus nomes incluídos indevidamente no Serasa. Ambas reclamam extrajudicialmente com as empresas que apontaram seus nomes: uma das empresas atende prontamente o consumidor e corrige a falha operacional, excluindo o nome de seu cliente daquele banco de dados; a outra, queda-se silente e nada faz, de sorte que o consumidor só consegue a retirada de seu nome daquele cadastro negativo de crédito através de decisão judicial. Em situação como esta, não se pode condenar por danos morais ambas as empresas em valores iguais, sob pena de premiar a incúria daquela que, mesmo instada, nada fez.

Por isso entendemos que as condenações, em face de determinadas condutas, devem ser exemplares, quer dizer, em valores significativos, de sorte a fazer com que os grandes conglomerados econômicos, especialmente as instituições financeiras, os planos de saúde e as empresas de telefonia (fixa ou móvel), apenas para citar alguns exemplos, repensem seus conceitos de atendimento aos clientes.

Quer dizer, as sentenças poderão ser transformadas em armas de uma política de conscientização dos fornecedores de produtos e serviços. Isto porque, se os profissionais prestadores de serviços e as empresas de um modo geral, tomarem conhecimento de que as condenações não são mais simbólicas, ou seja, que elas estão rompendo os redutos onde antes reinava a impunidade, é de se esperar que eles criem métodos eficazes de eliminação das reclamações, pois saberão de antemão que assim não procedendo, poderão sofrer severas condenações.[5]

Assim podemos concluir: o instituto do dano moral, expressamente previsto na Constituição Federal (art. 5º, V e X), deve ser visto como instrumento eficaz no sentido de assegurar o direito à dignidade humana (CF, art. 1º, III), e precisa ser aperfeiçoado, de tal sorte que podemos afirmar que a sua efetividade somente ocorrerá, de forma ampla e cabal, quando se puder dotar o juiz da liberdade plena na aplicação "da teoria da exemplaridade", pela qual se possa apenar o ofensor com a tríplice finalidade: punitivo, compensatório e exemplar.

---

4. ZAVALA DE GONZÁLEZ, Matilde. Daño moral por muerte, p. 170-171.
5. ZULIANI, Ênio Santarelli. Inversão do ônus da prova na ação de responsabilidade civil fundada em erro médico, p. 16.

BIBLIOGRAFIA

AGUIAR, Ruy Rosado de. Responsabilidade civil do médico. RT, n. 718, p. 33, ago. 1995.

AGUIAR DIAS, José de. *Da responsabilidade civil*, 3. ed. Rio de Janeiro: Forense, 1954. 2 v.

ALMEIDA, João Batista de. *A proteção jurídica do consumidor*. São Paulo: Saraiva, 1993.

ALVARES, Anselmo Prieto. Uma moderna concepção de assistência jurídica gratuita. RT, n. 778, p. 49, ago. 2000.

ALVIM, Agostinho. *Da inexecução das obrigações e suas consequências*. 3. ed. Rio de Janeiro: Jurídica e Universitária, 1965.

ALVIM, José Manoel de Arruda et al. *Código do consumidor comentado*. São Paulo: Revista dos Tribunais, 1991.

AMARAL JUNIOR, Alberto do. *Proteção do consumidor no contrato de compra e venda*. São Paulo: Revista dos Tribunais, 1993.

AMARANTE, Maria Cecilia Nunes. *Justiça ou equidade nas relações de consumo*. Rio de Janeiro: Lumen Juris, 1998.

ANDRADE, Ronaldo Alves de. *Curso de direito do consumidor*. Barueri: Manole, 2006.

ANDRADE, Vanessa Verdolim Hudson. Aspectos práticos da inversão do ônus da prova no Código de Proteção e Defesa do Consumidor. Revista do Curso de Direito da Faculdade de Ciências Humanas, v. 3, p. 85, 2002.

ANDRIGHI, Fátima Nancy. A desconsideração da personalidade jurídica no Código de Defesa do Consumidor e no novo Código Civil: convergências e assimetrias. Disponível em: <http://bdjur.stj.gov.br/dspace/ handle/2011/11484>. Acesso em: 6-8-2009.

ASSIS, Araken de. Indenização do dano moral. Revista Jurídica, Porto Alegre, n. 236, p. 5.

_____. Benefícios da gratuidade. Ajuris, n. 73, p. 162-181.

BARBOSA, Marcelo Fortes. Responsabilidade civil e penal por dano moral. Revista de Direito Mackenzie, n. 2, p. 119, 2000.

BATALHA, Wilson de Souza Campos. *Introdução ao direito*. São Paulo: Revista dos Tribunais, 1968. v. 1 e 2.

BENJAMIN, Antonio Herman de Vasconcelos et al. *Código brasileiro de Defesa do Consumidor: comentado pelos autores do anteprojeto*. 4. ed. Rio de Janeiro: Forense Universitária, 1996.

_____. *Comentários ao Código de Proteção do Consumidor* (Coordenação de Juarez de Oliveira). São Paulo: Saraiva, 1991.

_____. O conceito jurídico de consumidor. RT, n. 628, p. 69.

BEVILÁQUA, Clóvis. *Teoria geral do direito civil*, 7. ed. Rio de Janeiro: Francisco Alves, 1955.

BITTAR, Carlos Alberto. *Direitos do consumidor*. Rio de Janeiro: Forense Universitária, 1990.

_____. *Reparação civil por danos morais*, 2. ed. São Paulo: Revista dos Tribunais, 1994.

BITTAR FILHO, Carlos Alberto. Dano moral coletivo. Revista de Direito do Consumidor, São Paulo: *Revista dos Tribunais*, n. 12, p. 44, out/dez. 1994.

BOLSON, Simone Hegele. *Direito do consumidor e dano moral*. Rio de Janeiro: Forense, 2002.

BRASIL, Avio. *O dano moral no direito brasileiro*. Rio de Janeiro: Livraria Jacinto Editora, 1944.

CAHALI, Yussef Said. *Dano moral*, 3. ed. São Paulo: Revista dos Tribunais, 2005.

CALDEIRA, Mirella D'Angelo. Inversão do ônus da prova. Disponível em: <www.saraivajur.com.br>.

_____. O conceito de consumidor padrão – art. 2º, *caput*, do Código de Defesa do Consumidor. Disponível em: <www.saraivajur.com.br>.

CARPENA, Heloisa. *Abuso do direito nos contratos de consumo*. Rio de Janeiro: Renovar, 2001.

CASADO, Marcio de Mello. *Proteção do consumidor de crédito bancário e financeiro*. São Paulo: Revista dos Tribunais, 2000.

CASILLO, João. *Dano à pessoa e sua indenização*, 2. ed. São Paulo: Revista dos Tribunais, 1994.

CAVALIERI FILHO, Sérgio. *Programa de responsabilidade civil*, 3. ed. São Paulo: Malheiros, 2002.

_____. *Programa de direito do consumidor*. São Paulo: Atlas, 2008.

CHAVES, Antônio. *Tratado de direito civil*: responsabilidade civil. São Paulo: Revista dos Tribunais, 1985. v. 3.

_____. Responsabilidade civil por erro médico. Revista Jurídica, n. 207, p. 19, jan. 1995.

COELHO, Fábio Ulhoa. *O empresário e os direitos do consumidor*. São Paulo: Saraiva, 1994.

_____. *Curso de direito comercial*, 5. ed. São Paulo: Saraiva, 2002. v. 2.

COMPARATO, Fábio Konder. *A afirmação histórica dos direitos humanos*, 4. ed. São Paulo: Saraiva, 2005.

CORDOBERA, Lidia M. R. Garrido. *Los daños colectivos y la reparación*. Buenos Aires: Editorial Universidad, 1993.

CORTES, Luciano Braga. Código de Defesa do Consumidor: aplicação nos contratos bancários. Revista Jurídica, n. 241, nov. 1997.

COVIZZI, Carlos Adroaldo Ramos. *Práticas abusivas da Serasa e do SPC*, 2. ed. São Paulo: Edipro, 2000.

CRETELLA JUNIOR, José. *Comentários à Constituição de 1998*, 2. ed. Rio de Janeiro: Forense Universitária, 1991.

DEDA, Artur Oscar de Oliveira. *A reparação dos danos morais*. São Paulo: Saraiva, 2000.

DENARI, Zelmo et al. *Código brasileiro de Defesa do Consumidor: comentado pelos autores do anteprojeto*, 4. ed. Rio de Janeiro: Forense Universitária, 1996.

DENSA, Roberta. *Direito do consumidor*, 2. ed. São Paulo: Atlas, 2006.

DESSAUNE, Marcos. Teoria aprofundada do desvio produtivo do consumidor: um panorama. Revista de Direito do Consumidor. vol. 119. ano 27. p. 89-103. São Paulo: Ed. RT, set-out 2018.

_____. A ampliação do conceito de dano moral e a superação da tese do 'mero aborrecimento'. Disponível em: https://www.conjur.com.br/2021-nov-10/garantias-consumo-ampliacao-conceito-dano-moral-superacao-tese-mero-aborrecimento. Acesso em 16/4/23.

DINIZ, Maria Helena. *Curso de direito civil brasileiro*: responsabilidade civil, 16. ed. São Paulo: Saraiva, 2002. v. 7.

DONATO, Maria Antonieta Zanardo. *Proteção ao consumidor*. São Paulo: Revista dos Tribunais, 1994.

EMERIQUE, Lilian Márcia Balmant. O direito de oposição política no estado democrático de direito. Disponível em: <http://www.conpedi. org/manaus/arquivos/anais/recife/politica_lilian_emerique.pdf.>.

FAZZIO JÚNIOR, Waldo. Manual de Direito Comercial, 4ª. ed. São Paulo: Atlas, 2004.

FILOMENO, José Geraldo Brito. *Manual de direitos do consumidor*, 5. ed. São Paulo: Atlas, 2001.

FILOMENO, José Geraldo Brito et al. *Código brasileiro de Defesa do Consumidor: comentado pelos autores do anteprojeto*, 4. ed. Rio de Janeiro: Forense Universitária, 1996.

FIORILLO, Celso Antonio Pacheco. *Direito ambiental brasileiro*, 6. ed. São Paulo: Saraiva, 2005.

FRANÇA, Rubens Limongi. Reparação do dano moral. RT, n. 631, p. 31.

FRANCO, Catherine Martins de Souza. O Dano Moral pela Perda do Tempo Útil nas Relações de Consumo. Disponível em: <https://www.emerj.tjrj.jus.br/paginas/trabalhos_conclusao/2semestre2015/pdf/CatherineMartinsdeSouzaFranco.pdf> Acesso: 01/03/23.

FREITAS, André Vitor de. Litisconsórcio nas ações coletivas do CDC: inovações ou erro de técnica legislativa. Disponível em: <http://www.jusvi.com/site/p_detalhe_artigo.asp?codigo=741>. Acesso em 19-abril-2004.

GAGLIANO, Pablo Stolze; PAMPLONA FILHO, Rodolfo. Responsabilidade civil, 8ª. ed. São Paulo: Saraiva, 2010, v. 3.

GARCEZ NETO, Martinho. *Prática de responsabilidade civil*, 4. ed. São Paulo: Saraiva, 1989.

GONÇALVES, Carlos Roberto. *Responsabilidade civil*, 8. ed. São Paulo: Saraiva, 2003.

_____. *Comentários ao Código Civil*: das obrigações (Coordenação de Antonio Junqueira de Azevedo). São Paulo: Saraiva, 2003. v. 11.

GONÇALVES, Renato Afonso. *Banco de dados nas relações de consumo*. São Paulo: Max Limonad, 2002.

GRECO FILHO, Vicente. *Direito processual civil brasileiro*, 9. ed. São Paulo: Saraiva, 1994. v. 1.

GRINOVER, Ada Pellegrini et al. *Teoria geral do processo*, 15. ed. São Paulo: Malheiros, 1999.

_____. *Código brasileiro de Defesa do Consumidor: comentado pelos autores do anteprojeto*, 4. ed. Rio de Janeiro: Forense Universitária, 1996.

GUSMÃO, Paulo Dourado de. *Introdução ao estudo do direito*, 23. ed. Rio de Janeiro: Forense, 1998.

JOSSERAND, Louis. Evolução da responsabilidade civil. Tradução de Raul Lima. RF, n. 86, p. 556-557.

KANT, Immanuel. *Fundamentação da metafísica dos costumes* (Tradução Paulo Quintela). Lisboa: Edições 70, 1996.

KFOURI NETO, Miguel. *Responsabilidade civil do médico*. São Paulo: Revista dos Tribunais, 1994.

LIMA, Alvino. *Culpa e risco*. São Paulo: Revista dos Tribunais, 1960.

LIMA, Rogério Medeiros Garcia de. *Aplicação do Código de Defesa do Consumidor*. São Paulo: Revista dos Tribunais, 2003.

LIMA, Wanderson Marcello Moreira. Dano moral: uma visão constitucional. Juris Síntese, n. 26, versão em CD-ROM não paginado.

LIPPMANN, Ernesto. *Os direitos fundamentais da Constituição de 1988*. São Paulo: LTr, 1999.

LISBOA, Roberto Senise. *Responsabilidade civil nas relações de consumo*. São Paulo: Revista dos Tribunais, 2001.

_____. Contratos difusos e coletivos. São Paulo: Revista dos Tribunais, 1997.

LOPEZ, Tereza Ancona. *O dano estético*, 3. ed. São Paulo: Revista dos Tribunais, 2004.

LUCCA, Newton de. *Direito do consumidor: teoria geral da relação de consumo*. São Paulo: Quartier Latin, 2003.

MAGRINI, Rosana Jane. Responsabilidade civil do médico. Juris Síntese, n. 31, versão em CD-ROM não paginado.

MANCUSO, Rodolfo de Camargo. *Interesses difusos*, 5. ed. São Paulo: Revista dos Tribunais, 2000.

MARINS, James. *Responsabilidade da empresa pelo fato do produto*. São Paulo: Revista dos Tribunais, 1993.

MARMITT, Arnaldo. *Dano moral*. Rio de Janeiro: Aide, 1999.

MARQUES, Claudia Lima. *Contratos no Código de Defesa do Consumidor*, 4. ed. São Paulo: Revista dos Tribunais, 2002.

_____. Proposta de uma teoria geral dos serviços com base no Código de Defesa do Consumidor. Revista da Faculdade de Direito da UFRGS, v. 18, 2000.

MARQUES, Claudia Lima et al (Coord.). *Saúde e responsabilidade: seguros e planos de assistência privada à saúde*. São Paulo: Revista dos Tribunais, 1999.

MARQUES, Claudia Lima e outros. Comentários ao CDC, 2ª. edição. São Paulo: Revista dos Tribunais, 2006.

MARQUES, José Frederico. *Manual de direito processual civil*. São Paulo: Saraiva, 1974. v. 1.

MATIELO, Fabrício Zamprogna. *Responsabilidade civil do médico*. Porto Alegre: Sagra Luzzatto, 1998.

MAXIMILIANO, Carlos. *Hermenêutica e aplicação do direito*, 16. ed. Rio de Janeiro: Forense, 1996.

MAZZILLI, Hugo Nigro. *A defesa dos interesses difusos em juízo*, 15. ed. São Paulo: Saraiva, 2002.

MELLO, Celso Antonio Bandeira de. *Curso de direito administrativo*, 11. ed. São Paulo: Malheiros, 1998.

MELO, Nehemias Domingos de. *Dano moral – problemática: do cabimento à fixação do quantum*, 3. ed. Leme: Mizuno, 2023.

_____. *Da culpa e do risco como fundamentos da responsabilidade civil*, 3. ed. Leme: Mizuno, 2023.

_____. *Responsabilidade civil por erro médico – doutrina e jurisprudência*, 4. ed. Leme: Mizuno, 2023.

_____. *Código de Processo Civil Anotado e Comentado*, 3. ed. Indaiatuba: Foco, 2023.

_____. *Lições de Processo Civil*, 3. ed. Indaiatuba: Foco, 2022, 3 volumes.

_____. *Da defesa do consumidor em juízo por danos causados em acidentes de consumo*. São Paulo: Atlas, 2010.

MIRAGEM, Bruno. Tendências da responsabilidade das instituições financeiras por danos ao consumidor. Revista de Direito do Consumidor. Col. 87, 2013, p. 51 – 91.

MONTEIRO, Washington de Barros. *Curso de direito civil: parte geral*, 4. ed. São Paulo: Saraiva, 1964. v. 1.

MONTENEGRO, Antonio Lindenberg C. *Responsabilidade civil*. Rio de Janeiro: Anaconda Cultural, 1986.

MORAES, Alexandre. *Constituição do Brasil interpretada*, 7. ed. São Paulo: Atlas, 2007.

MORATO, Antonio Carlos. *A pessoa jurídica consumidora*. São Paulo: Revista dos Tribunais, 2008.

NASCIMENTO, Tupinambá Miguel Castro do. *Comentários ao Código do Consumidor*. São Paulo: Aide, 1991.

NEGRÃO, Theotonio. *Código de Processo Civil e legislação processual em vigor*, 39. ed. São Paulo: Saraiva, 2007.

NEIVA, Gerivaldo Alves. Consumidor vira "Geni". Disponível em: <http://www.espacovital.com.br/noticia_ler.php?id=14969>. Acesso em: 29-7-2010.

NERY JUNIOR, Nelson e NERY, Rosa Maria de Andrade. *Código de Processo Civil comentado*, 6. ed. São Paulo: Revista dos Tribunais, 2002.

_____. *Instituições de direito civil*, 3ª. ed. São Paulo: Revista dos Tribunais, 2022, v. 2.

NERY JUNIOR, Nelson et al. *Código brasileiro de Defesa do Consumidor: comentado pelos autores do anteprojeto*, 4. ed. Rio de Janeiro: Forense Universitária, 1996.

OLIVEIRA, Amanda Flávio de. A indústria do mero aborrecimento. disponível em: <https://esanacional.oab.org.br/Content/Arquivos/a-industria-do-mero-aborrecimento-por-amanda-flavio-pereira.pdf>. Acesso em 15/4/23.

OLIVEIRA, James Eduardo. *Código de Defesa do Consumidor*, 2. ed. São Paulo: Atlas, 2005.

OLIVEIRA, Juarez de. *Comentários ao Código de Proteção do Consumidor* (Coord.). São Paulo: Saraiva, 1991.

OTERO, Paulo. *Legalidade e administração pública: o sentido da vinculação administrativa à juridicidade*. Lisboa: Almedina, 2003.

PAIVA, Mário Antônio Lobato de. A supremacia do advogado face ao jus postulandi. Disponível em: <http://www.angelfire.com/ut/jurisnet/ art92.html>. Acesso em 23.12.2007.

PEREIRA, Caio Mário da Silva. *Responsabilidade civil*, 6. ed. Rio de Ja- neiro: Forense, 1995.

_____. *Instituições de direito civil*. Edição eletrônica em CD-ROM. Rio de Janeiro: Forense, 2002.

PINHEIROS, Eduardo Bezerra de Medeiros Pinheiros. Breves Considerações acerca da Lei 1.060/50, RT, 733/99.

PIOVESAN, Flavia. *Direitos humanos e o direito constitucional internacional*, 3. ed. São Paulo: Max Limonad, 1997.

PONTES DE MIRANDA. *Tratado de direito privado* (Atualizado por Vilson Rodrigues Alves). Campinas: Bookseller, 2001. t. VII e VIII.

QUEIROZ, Odete Novais Carneiro. *Da responsabilidade por vício do produto e do serviço*. São Paulo: Revista dos Tribunais, 1998.

RAMOS, André de Carvalho. Ação civil pública e o dano moral coletivo. Revista de Direito do Consumidor, São Paulo: Revista dos Tribunais, n. 25, p. 80-98, jan./mar. 1998.

REALE, Miguel. *Lições preliminares de direito*, 16. ed. São Paulo: Saraiva, 1988.

REZENDE FILHO, Gabriel de. *Curso de direito processual civil*, 4. ed. São Paulo: Saraiva, 1954. v. 1.

RIPERT, Georges. *A regra moral nas obrigações civis*, 2. ed. (Tradução de Osório de Oliveira). Campinas: Bookseller, 2002.

RIZZARDO, Arnaldo. *Contratos de crédito bancário*, 5. ed. São Paulo: Revista dos Tribunais, 2000.

RIZZATTO NUNES, Luiz Antonio. *Comentários ao Código de Defesa do Consumidor*. São Paulo: Saraiva, 2000.

_____. *Curso de direito do consumidor*, 2. ed. São Paulo: Saraiva, 2007.

_____. *Manual de filosofia do direito*. São Paulo: Saraiva, 2004.

ROCHA, Sílvio Luís Ferreira da. *Responsabilidade civil do fornecedor pelo fato do produto no direito brasileiro*. São Paulo: Revista dos Tribunais, 1992.

_____. A responsabilidade pelo fato do produto no Código de Defesa do Consumidor. Revista Direito do Consumidor, São Paulo: Revista dos Tribunais, n. 5, p. 35.

RODRIGUES, Silvio. *Direito civil: parte geral*, 24. ed. São Paulo: Saraiva 1994. v. 1.

RUGGIERO, Roberto de. *Instituições de direito civil* (Tradução de Ary dos Santos). São Paulo: Saraiva, 1957. v. I.

SAAD, Eduardo Gabriel. *Comentários ao Código de Defesa do Consumidor*, 5. ed. São Paulo: LTr, 2002.

SALES, Fernando Augusto De Vita Borges. Manual da LGPD. Leme: JH Mizuno. 2021.

_____. Direito Digital e as relações privadas na internet. Leme: JH Mizuno. 2022.

SANSEVERINO, Paulo de Tarso Vieira. *Responsabilidade civil no Código do Consumidor e a defesa do fornecedor*. São Paulo: Saraiva, 2002.

SANTANA, Héctor Valverde. *Prescrição e decadência nas relações de consumo*. São Paulo: Revista dos Tribunais, 2002.

SANTOS, Antonio Jeová. *Dano moral indenizável*, 7. ed. Salvador, Juspodivm, 2019.

SERPA LOPES, Miguel Maria de. *Curso de direito civil: obrigações*, 6. ed. Rio de Janeiro: Freitas Bastos, 1988. v. 2.

SIDOU, J. M. Othon. *Proteção ao consumidor*. Rio de Janeiro: Forense, 1977.

SILVA, José Afonso da. *Curso de direito constitucional positivo*, 16. ed. São Paulo: Malheiros, 1999.

SILVA, Wilson Melo da. *O dano moral e sua reparação*, 3. ed. Rio de Ja- neiro: Forense, 1999.

_____. *Responsabilidade sem culpa e socialização do risco*. Belo Horizonte: Bernardo Álvares, 1962.

SIQUEIRA JUNIOR, Paulo Hamilton. *Direito processual constitucional*, 8ª. ed. São Paulo: Saraiva, 2023.

STOCO, Rui. *Tratado de responsabilidade civil*, 7. ed. São Paulo: Revista dos Tribunais, 2007.

STOCO, Rui (organizador). *Dano moral nas relações de consumo*. São Paulo: Revista dos Tribunais, 2015.

TARTUCE, Flavio. Manual de responsabilidade civil. São Paulo: Método, 2018.

THEODORO JÚNIOR, Humberto. *Direitos do consumidor*, 3. ed. Rio de Janeiro: Forense, 2002.

_____. *Dano moral*, 4. ed. São Paulo: Juarez de Oliveira, 2001.

WALD, Arnoldo. Da responsabilização civil do banco pelo mau funcionamento dos seus serviços. Revista dos Tribunais, n. 497, mar. 1977.

VENOSA, Silvio de Salvo. *Direito civil: responsabilidade civil*, 12. ed. São Paulo: Atlas, 2012. v. 4.

ZENUN, Augusto. *Dano moral e sua reparação*, 7. ed. Rio de Janeiro: Forense, 1998.

ZULIANI, Ênio Santarelli. Dano moral: a era da jurisprudência. Revista Síntese de Direito Civil e Processual Civil, n. 13, p. 20.

_____. Inversão do ônus da prova na ação de responsabilidade civil fundada em erro médico. Seleções Jurídicas Adv COAD – Erro médico, v. 1, p. 11-22, dez. 2003.

EDITORA
JusPODIVM
www.editorajuspodivm.com.br

JUS2839